权威·前沿·原创

皮书系列为
"十二五""十三五"国家重点图书出版规划项目

文化贸易蓝皮书

BLUE BOOK OF CULTURAL TRADE

中国国际文化贸易发展报告（2017）

REPORT ON THE DEVELOPMENT OF CHINA'S INTERNATIONAL CULTURAL TRADE (2017)

主　编／李小牧
副主编／李嘉珊

社会科学文献出版社
SOCIAL SCIENCES ACADEMIC PRESS (CHINA)

图书在版编目(CIP)数据

中国国际文化贸易发展报告.2017/李小牧主编
.——北京：社会科学文献出版社，2018.11
（文化贸易蓝皮书）
ISBN 978-7-5201-2972-5

Ⅰ.①中… Ⅱ.①李… Ⅲ.①文化产业-国际贸易-研究报告-中国-2017 Ⅳ.①G124

中国版本图书馆CIP数据核字（2018）第141808号

文化贸易蓝皮书
中国国际文化贸易发展报告（2017）

主　编／李小牧
副　主　编／李嘉珊

出　版　人／谢寿光
项目统筹／蔡继辉　任文武
责任编辑／连凌云

出　　版／社会科学文献出版社·区域发展出版中心（010）59367143
　　　　　地址：北京市北三环中路甲29号院华龙大厦　邮编：100029
　　　　　网址：www.ssap.com.cn
发　　行／市场营销中心（010）59367081　59367083
印　　装／三河市龙林印务有限公司

规　　格／开本：787mm×1092mm　1/16
　　　　　印张：23.5　字数：356千字
版　　次／2018年11月第1版　2018年11月第1次印刷
书　　号／ISBN 978-7-5201-2972-5
定　　价／98.00元

皮书序列号／PSN B-2018-769-1/1

本书如有印装质量问题，请与读者服务中心（010-59367028）联系

▲ 版权所有 翻印必究

中国国际文化贸易发展报告（2017）

编撰单位

北京第二外国语学院国家文化发展国际战略研究院
首都对外文化贸易研究基地
国家文化贸易学术研究平台

学术顾问（以姓氏笔画为序）

李怀亮　中国传媒大学
李　钢　商务部国际贸易经济合作研究院
张　平　北京舞蹈学院
杨正位　国家行政学院
钱建初　《国际贸易》杂志社
程春丽　华谊兄弟传媒股份有限公司
蔡继辉　中国社会科学院社会科学文献出版社

编委会

主　编

李小牧　北京第二外国语学院教授、副校长
　　　　首都对外文化贸易研究基地负责人
　　　　国家文化贸易学术研究平台首席专家

副主编

李嘉珊　北京第二外国语学院教授
　　　　国家文化发展国际战略研究院常务副院长
　　　　首都对外文化贸易研究基地首席专家
　　　　国家文化贸易学术研究平台专家兼秘书长

撰　稿（以姓氏笔画为序）

　　　　门　镜　王丽君　王海文　叶　飞　李小牧
　　　　李嘉珊　李琮洲　李芷缇　李世恒　孙俊新
　　　　曲如晓　任义彪　刘颖昇　朱桐雨　张国庆
　　　　张　伟　张洪波　张毅杰　杨正位　宋瑞雪
　　　　沈言珂　罗　慧　耿　军　高梦彤　程春丽
　　　　程相宾　曾燕萍　缪　珏

主要编撰者简介

李小牧 北京第二外国语学院教授、副校长兼国家文化发展国际战略研究院院长，经济学博士、中国人民大学理论经济学博士后，国家文化贸易学术研究平台首席专家、首都对外文化贸易研究基地负责人。国家社科基金重大项目首席专家。英国纽卡斯尔大学客座研究员。文化部文化改革发展专家咨询小组成员、中国国际贸易学会常务理事。北京市"优秀教师"，北京市高校"拔尖创新人才"。

先后主持完成《国家社科基金国有表演艺术院团体制改革现状调查与发展路径研究》《中国特色文化发展道路理论与实践研究》《首都国家对外文化贸易基地运行机制创新研究》为代表的国家社科基金艺术学重大项目、国家教育科学规划项目、教育部人文社会科学研究规划项目及北京市哲学社会科学规划重点项目等近20项。出版代表性著作《欧元：区域货币一体化的矛盾与挑战》等近10部，发表学术论文《文化保税区：新形势下的实践与理论探索》《国际文化贸易：关于概念的界定与辨析》等近30余篇。

李嘉珊 北京第二外国语学院教授、国家文化发展国际战略研究院常务副院长，首都对外文化贸易研究基地首席专家、国际服务贸易暨国际文化贸易研究中心执行主任，京剧传承与发展（国际）研究中心主任，国家文化贸易学术研究平台专家兼秘书长。兼任中国国际贸易学会专家委员会副主任、常务理事，中国高教学会美育专业委员会常务理事，英国纽卡斯尔大学、伦敦大学金史密斯学院客座研究员。

作为负责人主持并完成国家社科基金艺术学项目《国有表演艺术院团改革及其国际化发展战略研究》、北京市哲学社会科学规划重点项目《京津冀一体化背景下的对外文化贸易发展模式协同创新研究》、国家文物局委托项目《博物馆陈列展览质量提升研究》、北京市哲学社会科学规划项目《首都文化贸易现状及发展对策研究》等20余项，多项研究成果被采纳。出版学术专著《国际文化贸易论》《国际文化贸易研究》，编著《中国文化贸易经典案例研究》《各国驰名院团发展研究——改革与创新》等，编著《中国对外文化贸易概论》《首都文化贸易发展报告》2008～2018年度报告。发表学术论文《演艺进出口：贸易标的独特属性及发展趋势》《"一带一路"倡议背景下中国对外文化投资的机遇与挑战》等30余篇。

摘 要

2014年3月，国务院《关于加快发展对外文化贸易的意见》出台，这是新时期我国推动文化产业发展、促进传统文化"走出去"、改善综合开放水平的标志性文件。随着中国文化领域的繁荣兴盛，以及整体国际贸易的快速发展，文化产品与文化服务贸易备受瞩目。作为中国文化贸易领域第一部年度智库报告，本书应运而生。

《中国国际文化贸易发展报告（2017）》以《"一带一路"背景下中国文化贸易发展的机遇与挑战》作为总报告，梳理分析中国文化贸易年度发展情况。在此基础上，通过行业篇、专题篇、国际借鉴篇和实践创新篇四个部分，对文化贸易理论与实践中的热点、重点问题进行深度研判。行业篇以核心文化行业为视角，对中国广播影视、新闻出版、演艺、动漫网游、创意设计、数字文化等领域进行梳理分析。自"十二五"以来，文化贸易核心行业无论从规模拓展、结构升级还是创新能力等方面都有不同程度的发展，同时普遍存在产品与服务供给质量不高、文化贸易出口驱动不畅通、国际化复合型文化贸易人才不足、需求市场信息缺乏等亟待解决的问题。专题篇选取2011~2016年中国文化贸易发展的热点、焦点问题进行有针对性的分析阐述，涉及"一带一路"倡议、对外文化投资、国际文化贸易合作、民营文化企业国际化、金融服务全球化、艺术品的国际贸易等问题。国际借鉴篇精选国际特色鲜明、成效显著的文化贸易经典案例，通过对国际文化贸易机制、文化贸易政策、文化贸易手段以及发展模式的调查研究，观照与分析其他国家文化贸易发展路径和经验，以资借鉴。实践创新篇聚焦2016年度中国文化贸易在产业贸易实践和学术研究中的创新点，围绕文化授权实践、文化保税探索以及戏剧贸易模式创新等，挖掘中国文化贸易发展中的创新探索与实践成效，凝练并总结在文化贸易理论与实践发展中的"中国智慧"与"中国经验"。

全书以"十二五"以来中国国际文化贸易发展为主要研究对象，结合"一带一路"倡议带来的机遇与挑战，分析全球化背景下中国文化贸易发展的现状、存在的问题，探寻可供借鉴和学习的经验，以期在中国优秀文化的创造性转化和创新性发展中发挥积极作用，在中国文化有效"走出去"的进程中，理性阐明"中国机遇"，表达"中国态度"，实现"中国影响"。

关键词： 文化贸易　文化产业　"一带一路"倡议　中国文化

序

在中国"一带一路"倡议实施的进程中,创新对外文化传播、对外文化交流和对外文化贸易方式,推动中华文化"走出去"提质增效成为十八大以来的一项重要内容。多年来的理论研究和实践表明,发展对外文化贸易和文化投资是实现中华文化有效"走出去"的重要途径。

紧密结合国家文化发展的国际战略,北京第二外国语学院自2003年起即开启了对外文化贸易理论与实践研究,逐步形成一支致力于中国文化"走出去"的优秀教研团队,以文化贸易研究为特色,在中国文化"走出去"中发挥着独特作用。研究成果直接服务于政府决策,推动了2014年3月国务院《关于加快发展对外文化贸易的意见》出台。这是新时期发展文化产业、推动中华文化"走出去"、提升开放型经济水平的重要举措。中国文化产业由传统发展模式向国际化发展模式转变,并以思想创新、科技创新、机制创新激发市场活力,全面提升产品质量和社会经济效益。随着中国整体国际贸易的快速发展,以及文化领域的繁荣兴盛,文化产品与文化服务贸易备受瞩目。

1964年周恩来总理在亚非欧十四国访问回京的飞机上即确定要建立第二所外国语大学,培养既懂得外国语言,又懂得外国文化的外交外事人才;1981年改革开放之初,对外贸易部在北京第二外国语学院设立了国内第一个对外经济合作专业,培养适应我国对外开放的既懂得国际贸易规则,又有外语能力的国际经济合作人才;2003年文化体制改革初年,北京第二外国语学院的一支研究力量自觉自愿自发地开展对外文化贸易研究,2007年开始率先培养既懂得文化贸易规则又熟悉国际文化市场规律的国际化复合型文化贸易人才。2010年,文化部文化体制改革工作领导小组办公室与北京第二外国语学院共建国家文化发展国际战略研究院,2014年又受文化部对外文化联络局的委托牵头组建国家文化贸易学术研究平台,形成以国家文化发展国际战略研究院这一实体机构为统领、独立开放的文化贸易研究服务平台,汇聚国内外大学、研究机构等50家,其中有韩国文化产业振兴院、塞尔维亚国家文化发展研究中心、匈牙利贸易署以及英国、美国、澳大利亚等16家海外合作伙伴。以学术牵头,吸引国内外政产学研各界近百名专家学者搭建沟通交流平台,向影视、演艺、出版等核心领域延展深化,作为综合性学术服务平台,为推动文化贸易全面发展发挥着独特而不可替代的作用。

首都对外文化贸易研究基地成立于2015年7月,是基于北京第二外国语学院在文化贸易领域十余年的科研探索与积累,以国际文化贸易理论与实践研究为特色的北京市哲学社会科学应用对策研究基地。聚焦首都文化发展的国际战略,2016年底入选中国智库检索(CTTI)首批来源智库,是唯一以文化贸易研究为特色的入选智库,2017年底进入高校智库前100。在文化部、商务部等政府相关部门指导下,由北京第二外国语学院作为牵头单位,协同文化企业及有关高校、社会组织共同推动了首都对外文化贸易与文化交流协同创新中心的良性发展。

北京第二外国语学院国家文化发展国际战略研究院承担了国家文化贸易学术研究平台、首都对外文化贸易研究基地和首都对外文化贸易与文化交流协同创新中心的秘书处工作。上述学术机构密切联动,以学术研究与人才培养为抓手,形成推动中华文化"走出去"的学术服务综合体,业已成为中华文化"走出去"理论的探索者与构建者、中华文化"走出去"实践的学术先行者、中华文化"走出去"政府决策咨询的建议者和推动者、中华文化"走出去"人才培养模式创新的领航者、中华文化"走出去"文化遗产传承与发展的护航者以及中华文化"走出去"产业贸易促进的倡导者和服务者,被人文交流机制办公室领导誉为"具有工匠精神的学术机构"。

文化产品与服务作为文化"走出去"的现实载体易于被海外受众接纳,

对于学术思想与学术观点的认同是对文化更高层次的接纳，承载着更鲜明的文化价值因子，具有更为深远的影响力，也是学术外交的价值所在。在自觉、自主、自愿承担"学术外交"角色的过程中，与海外各方互学互鉴，始终坚持"平等对话，自信表达"，以学术关切为立足点，精准对接产业贸易需求。畅通对话渠道、构建交流机制、平等学术话语权，探路学术力量助力文化"走出去"。近年来，充分发挥"学术外交"的独特作用，发起组织中英创意产业与文化贸易论坛、中韩文化产业论坛、中国—澳大利亚创意产业与文化贸易论坛海外学术交流、中国—中东欧国家文化创意产业论坛、中国—欧盟创意产业及文化贸易论坛等。

研究机构以全球文化发展战略的信息智库为定位，展开广视角、多层次的针对性研究，为中国文化发展的国际战略提供信息资源与智力支持。近十几年来积累了丰富而有价值的研究成果，通过主持国家社科基金重大项目、国家社科基金项目、北京市社科特别委托项目以及商务部、文化部、国家文物局等委托项目研究，多项研究成果被政府部门采纳，直接推动文化贸易相关政策与措施出台，并对出台有关政策的合理性与适用性展开研究。多年来凝结成《国际文化贸易论》《国际文化贸易繁荣背景下的我国文化保税研究》《国际化背景下首都文化贸易竞争力提升研究》等学术著作；编著《中国文化贸易经典案例研究》《各国文化的贸易结点：世界城市与文化贸易》《各国驰名院团发展研究——改革与创新》《中英文化创意产业合作案例研究》《重新发现：中国—中东欧十六国文化创意产业概览（汉英对照）》等"国家文化发展国际战略研究院学术文库"系列成果；特别是第一部《首都文化贸易发展报告》于2008年正式发布，至今已经连续10年观测和追踪研究首都对外文化贸易发展，正式出版年度报告10部，为编撰《中国国际文化贸易发展报告》奠定了扎实的基础。

《中国国际文化贸易发展报告》正是基于国家文化贸易学术服务综合体多年来的学术积累与培育，造就了开放融合的国际文化贸易学术服务平台，以期吸引更多专家学者关注国际文化贸易的理论探索与实践创新，构建中国

特色的文化贸易理论与实践体系。

是以为序。

李小牧　教授
北京第二外国语学院副校长
首都对外文化贸易研究基地负责人
国家文化贸易学术研究平台首席专家
2017年12月

目 录

Ⅰ 总报告

B.1 "一带一路"背景下中国文化贸易发展的机遇与挑战
　　……………………………………… 李嘉珊　张　伟 / 001
　一　中国对外文化贸易的特点 ……………………………… / 003
　二　中国对外文化贸易面临的机遇 ………………………… / 008
　三　中国对外文化贸易面临的挑战 ………………………… / 014
　四　中国对外文化贸易发展展望 …………………………… / 017

Ⅱ 行业篇

B.2 广播影视对外贸易发展报告 ………………………………… / 021
B.3 新闻出版对外贸易发展报告 ………………………………… / 044
B.4 演艺对外贸易发展报告 ……………………………………… / 058
B.5 动漫网游对外贸易发展报告 ………………………………… / 080
B.6 创意设计对外贸易发展报告 ………………………………… / 100
B.7 数字文化产业对外贸易发展报告 …………………………… / 118

Ⅲ 专题篇

B.8 中国文化服务业对外贸易发展研究 …………… 李嘉珊 关 赫 / 136

B.9 在"一带一路"建设中增强我国文化创意产业的
国际影响力 ………………………………………… 张国庆 / 155

B.10 中东欧国家和地区文化贸易发展研究 ……… 李小牧 罗 慧 / 166

B.11 我国民营文化企业国际化发展：现状、问题及对策
………………………………………… 王海文 张毅杰 / 176

B.12 金融服务中国文化"走出去"的对策研究 ………… 孙俊新 / 188

B.13 全球化时代下的中国艺术品市场发展研究 ………… 程相宾 / 201

B.14 践行文明自信 打造人类"文明共同体" ………… 杨正位 / 211

B.15 贸易开放是否促进了文化认同
——基于中国 1990~2014 年数据的实证研究
………………………………… 曲如晓 曾燕萍 李世恒 / 217

Ⅳ 国际借鉴篇

B.16 美国纽约市演艺领域 PPP 模式构建研究 ……………… 宋瑞雪 / 233

B.17 韩国演艺基于政府管理机构及法规视角的发展研究
……………………………………………………… 缪 珏 / 248

B.18 荷兰文化发展中 DutchCulture 的角色定位及作用研究
……………………………………………………… 沈言珂 / 265

B.19 俄罗斯图书市场现状、趋势和发展前景研究 ………… 张洪波 / 274

B.20 欧盟文化政策及文化贸易 ………………………………… 门 镜 / 290

Ⅴ 实践创新篇

B.21 文化授权：文化贸易发展的有效路径 …………… 任义彪 / 300

B.22 借力文化保税区优势创新发展影视贸易 …………… 程春丽 / 310

B.23 戏剧高清影像产业的中国之路 …………………… 李琮洲 / 321

B.24 "一带一路"背景下聚橙网的国际音乐剧布局 ……… 耿　军 / 333

Abstract ……………………………………………………………… / 338

Contents ……………………………………………………………… / 340

皮书数据库阅读使用指南

总 报 告

General Report

B.1
"一带一路"背景下中国文化贸易发展的机遇与挑战

李嘉珊 张 伟*

摘 要： 党的十八大以来，在世界经济复苏乏力、局部冲突和动荡频发、全球性问题加剧的大背景下，我国经济发展进入新常态，中国不断统筹推进"五位一体"总体布局、协调推进"四个全面"战略布局，"十二五"规划胜利完成，"十三五"规划顺利实施，改革全面发力、多点突破、纵深推进，着力增强改革系统性、整体性、协同性，压茬拓展改革广度和深度，使得经济建设取得重大成就，发展质量和效益不断提升，供给侧结构性改革深入推进，经济结构不断优化。在这样全方

---

* 李嘉珊，北京第二外国语学院教授，国家文化发展国际战略研究院常务副院长，首都对外文化贸易研究基地首席专家，国家文化贸易学术研究平台专家兼秘书长，研究领域：国际文化贸易等；张伟，华谊兄弟实景娱乐发展合作部项目主管，研究领域：演艺对外贸易等。

位、开创性的成就中,在深层次、根本性的变革环境下,中国文化产业同样蓬勃发展,文化自信得到了有效提升。在"一带一路"倡议引领下,中国对外文化贸易也迎来发展机遇期,呈现迅速增长的态势,无论从对外文化贸易的规模扩大、结构优化还是从国内文化产业的基础夯实,以及国家各级的政策支持看,都表现出持续的内生动力。然而在国际竞争中,中国对外文化贸易也不可避免地面临各种挑战,只有正确对待这些挑战,找到合理的应对策略与措施,中国对外文化贸易才能最大限度地利用经济增长的国内环境,高效准确地站稳国际市场,真正实现中国文化产品与服务的"走进去"。

关键词: 对外文化贸易 "一带一路" 文化产品 文化服务

进入2017年,在中国促进贸易和投资自由化便利化,推动经济全球化朝着更加开放、包容、普惠、平衡、共赢的方向发展的国际主张下,"一带一路"建设铺开了新的时代画卷:合作机制跃升多边,项目合作实现突破,中国倡议凝成更广泛世界共识。"一带一路"倡议构想直接推动了区域经济的发展,联通了区域市场,而经贸往来也必然会带动文化的交往,尤其是文化产品与服务作为承载文化的重要载体,在文化传播当中发挥着不可替代的作用,文化产品与文化服务的国际贸易发展也必将成为中国"一带一路"倡议实施中的重要内容,中国海外文化市场必将突破局限,将贸易的触角伸至更远。从而使得文化贸易可切实推进亚欧互联互通,构建一个更加开放与和谐的国际贸易环境,大力助推中国"一带一路"倡议在更广阔的舞台上发挥积极作用。

积极发展中国对外文化贸易,加强文化企业与海外企业的合作,促进文化"走进去",深入拓展海外文化市场,在一定程度上能够削弱国际贸易壁垒,为主动参与制定对外文化贸易领域规则创造条件。通过对外文化贸易能够强化中国与全球各个国家、地区尤其是"一带一路"沿线国家与地区之间的经济与文化联系。文化贸易不仅是打开各国"文化围城"的最有效手段,更可以柔化中国强势崛起大国形象,以开展文化贸易去润滑和平缓中国经济快速发展、强势成长带来的巨大撞击力。同时利用市场机制,以供求实现文化市场资源的有效配置,推动国际分工与合作的发展,从而为中国同"一带一路"国家战略合作营造适宜的文化土壤和贸易条件。

一 中国对外文化贸易的特点

(一)对外文化贸易相关政策密集出台,支持力度空前

为了推进对外文化贸易的快速、健康发展,2014年国务院及各部委密集出台与文化发展相关的政策,为对外文化贸易提供全方位的支持,力度可谓空前。其中,国务院出台的《关于加快发展对外文化贸易的意见》(以下简称《意见》)明确提出了中国发展对外文化贸易的指导思想,重点突出了坚持"统筹发展、政策引导、企业主体、市场运作"的基本原则,优化了审批流程,加大了财税支持力度。《意见》指出到2020年,也就是"十三五"收官时,要培育一批具有国际竞争力的外向型文化企业,形成一批具有核心竞争力的文化产品,打造一批具有国际影响力的文化品牌,搭建若干具有较强辐射力的国际文化交易平台,使核心文化产品和服务贸易逆差状况得以扭转,对外文化贸易额在对外贸易总额中的比重大幅提高,中国文化产品和服务在国际市场上的份额进一步扩大,中国文化整体实力和竞争力显著提升。[①]《意见》的发布反映了当前中国对外文化贸易发展的新形势、新要

---

① 国务院:《关于加快发展对外文化贸易的意见》,2014年3月17日,http://www.gov.cn/zhengce/content/2014-03/17/content_8717.htm。

求,是对外文化贸易发展的重要里程碑。

2017年亦有其他重要的国家级、长期性、综合性政策文件陆续发布与实施,如2016年末国务院发布的《"十三五"国家知识产权保护和运用规划》,提出"以供给侧结构性改革为主线,深入实施国家知识产权战略,深化知识产权领域改革,打通知识产权创造、运用、保护、管理和服务的全链条,严格知识产权保护,加强知识产权运用,提升知识产权质量和效益,扩大知识产权国际影响力,加快建设中国特色、世界水平的知识产权强国,为实现'两个一百年'奋斗目标和中华民族伟大复兴的中国梦提供更加有力的支撑"[1]。2017年1月文化部印发的《"一带一路"文化发展行动计划(2016~2020年)》,从健全机制建设、促进贸易合作、打造文化品牌等五大方面为"一带一路"文化建设工作的深入开展绘制了路线图;4月文化部发布的《文化部"十三五"时期文化产业发展规划》中指明,要"拓展文化产业国际交流合作新空间。坚持走出去和引进来相结合,吸引外商投资我国法律法规许可的文化产业领域,推动文化产业领域有序开放。建立健全双边、多边政府间文化贸易对话与合作机制。鼓励文化企业与国外有实力的文化机构进行合作,学习先进技术和管理经验。配合'一带一路'建设、京津冀协同发展和长江经济带发展等重大战略,推动沿线城市积极开展对外文化贸易,扩大沿边地区与周边国家和地区的文化贸易往来,引导中西部地区文化贸易发展,形成全方位对外文化贸易格局"[2]。

尤其是2017年5月中共中央办公厅、国务院办公厅印发的《国家"十三五"时期文化发展改革规划纲要》中提出,要"发展对外文化贸易和投资。培育对外文化贸易主体,鼓励和引导各种所有制文化企业参与文化产品和服务出口,加大内容创新力度,打造外向型骨干文化企业……鼓励各类企业在境外开展文化投资合作,建设国际营销网络,扩大境外优质文化资产规

---

[1] 国务院:《"十三五"国家知识产权保护和运用规划》,2017年1月13日,http://www.gov.cn/zhengce/content/2017-01/13/content_5159483.htm。

[2] 文化部:《文化部"十三五"时期文化产业发展规划》,2017年4月20日,http://www.mcprc.gov.cn/whzx/bnsjdt/whcys/201704/t20170420_493285.html。

模。支持文化企业参加重要国际性文化节展"，"健全文化贸易促进政策。简化文化出口行政审批流程，清理规范出口环节经营性服务和收费，推进文化贸易投资外汇管理便利化，提高海关通关便利化。加强对外文化贸易公共信息服务，分领域、分国别发布国外文化市场动态和文化产业政策信息。支持开展涉外知识产权维权工作"。① 表明对外文化贸易已经成为未来长期统筹发展的国家文化战略中的重要一环。

（二）对外文化贸易保持千亿美元规模，结构不断优化

中国对外文化贸易以及贸易投资得到持续发展，成为国家文化软实力不断提高的重要途径。据商务部统计，2016年中国文化产品和服务进出口总额增长到1142.1亿美元，相比2015年增长了12.7%，已连续四年保持千亿美元规模。其中在娱乐业和文化体育业中，对外直接投资增加到39.2亿美元。服务化、数字化也成为对外文化贸易发展中的新趋势、新特点，文化服务出口占比日益上升，2016年文化服务出口在我国服务出口总额的比重比2015年上升0.7个百分点，达到3.1%。2016年，以影视剧作、网络游戏、动漫动画等为代表的新兴文化产品出口同比增长25%。

总体而言，中国对外文化贸易仍以输出有形商品为主，文化服务出口相对较弱，在文化出口高附加值领域与发达国家相比仍存在一定的差距。中国文化服务贸易相比文化产品贸易规模虽仍然较小，但结构亦在不断完善，核心文化服务出口额不断增长。

（三）对外文化贸易产业基础进一步夯实，新兴业态发展迅速

文化产业对于对外文化贸易发展而言具有重要意义。据统计，2016年全国文化及相关产业增加值比上年增加13%，总额突破3万亿元（未扣除价格因素，下同），比同期GDP名义增速高4.4个百分点；占GDP的比重

---

① 中共中央办公厅、国务院办公厅：《国家"十三五"时期文化发展改革规划纲要》，2017年5月7日，http://www.gov.cn/zhengce/2017-05/07/content_5191604.htm。

为4.14%，比上年提高0.17个百分点。[①] 2016年文化及相关产业保持稳步增长，各类占比日益提升，对加速经济转型升级、促进经济健康可持续发展发挥了至关重要的作用。从行业发展角度看，各文化行业对外贸易均有不同程度的改善和进步，新兴业态如动漫、游戏等表现更为不俗。文化IP继续保持高速发展，新型互联网企业、影视网络公司等机构逐渐调整战略，重金投入各类IP，资本大量转入IP产业链和生态圈。对互联网的运用也会让文化产业如虎添翼，带来新的突破，如影视、动漫、演出，依靠互联网众筹的资金实力，创新研发，拓展用户，打造多周边全衍生一体化的产业链；传统出版业也在完成多媒体数字载体设备升级后，创新升级运营系统，融入互联网科技手段和营销模式，实现资产优化和价值增值。

（四）文化体制改革进一步深化，国有民营文化企业"走出去"成绩喜人

经历30多年的经济体制改革与对外开放，中国文化事业已进入继承、吸收、发展和创造的新时期，文化体制改革一方面为文化企业发展创造了良好的外部环境；另一方面，改制后的国有文化企业和新兴的民营文化企业迸发出更大的跨国经营活力，这种改革的溢出效应通过对外文化贸易发展，显著提升中华文化的国际竞争力。

文化体制改革的深化，进一步激发了市场活力。同时为推进文化贸易对外出口，商务部、中宣部、财政部、文化部、国家新闻出版广电总局共同认定并发布了2015～2016年度国家文化出口重点企业和2015～2016年度国家文化出口重点项目，对于文化企业"走出去"发挥了积极的助推作用。现阶段，改革开放仍然是中国经济、政治、文化和社会生活的主旋律，在文化领域对外文化贸易是进行更深层次改革开放、推动中国特色社会主义文化发展的重要引擎。对外文化贸易为文化产品与服务的创作、生产者拓展了回

[①] 国家统计局：《2016年我国文化及相关产业增加值比上年增长13%》，2017年9月26日，http://www.stats.gov.cn/tjsj/zxfb/201709/t20170926_1537729.html。

报，鼓励了文化创作与生产热情，使得文化的传承有了内生动力，文化传统也借由文化产品与服务的载体通过国际市场实现了全球传播，文化生命力和应对国际文化竞争能力得到提升。

（五）文化保税区及自由贸易试验区成为对外文化贸易发展的重要推动力量

文化保税区是中国对外文化贸易领域的一大创举，以其业务拓展创新功能、服务平台支持功能和试验引导示范等功能为文化企业开展海外贸易搭建了重要的平台。中国文化保税实践呈现欣欣向荣之势，此外自由贸易试验区的推进则成为中国对外文化贸易发展的又一重要推动力量。继中国（上海）自由贸易试验区之后，2014年12月，国务院决定在广东、天津和福建设立自由贸易试验区。自由贸易试验区的设立，不仅为文化保税制度及政策创新提供了契机，为文化保税行业拓展和混业融合注入动力，同时为文化保税功能深化和区域协作铺平了道路，为保税区深度参与全球分工创造了条件，当然也为中国对外文化贸易实践开辟了创新试验田。

（六）对外文化投资成为对外文化贸易新的增长点

近年来，中国对外文化直接投资快速发展，层次稳步提高。而海外并购数量呈上升趋势，金额不断扩大。2011~2016年，中国文化、体育以及娱乐业的对外直接投资存量保持持续增长的态势。2016年中国文化服务出口中的文化娱乐和广告服务出口额为54.3亿美元，同比增长31.8%。文化体育和娱乐业对外直接投资额达到39.2亿美元，同比增长188.3%[1]，中国企业在海外体育、娱乐领域并购活跃。

截至2015年末，在全球81个国家和地区设立的中国文化及相关产业类境外企业近千家。另据商务部初步统计，截至2015年末，中国文化及相关

---

[1] 商务部：《商务部召开例行新闻发布会》，2017年3月9日，http://www.mofcom.gov.cn/article/ae/slfw/201703/20170302530610.shtml。

产业类境外企业累计实现各类对外文化投资 188.5 亿美元，其中直接投资 127.9 亿美元，占中国对外直接投资存量比重达到 1.3%①。从投资的产业分类构成情况看，主要分布在文化创意和设计服务方面，占比为 50.2%，广播影视服务占比为 26%，文化艺术服务占比为 2%，文化信息传输服务占比为 13%，工艺美术品的生产占比为 1.8%，而新闻出版发行服务占比仅为 1.1%。在影视、动漫游戏等文化细分行业里，中国国有企业和民营企业舞动资本之手更加引人注目。据不完全统计，2014 年文化产业的并购事件达 150 起，主要集中在影视传媒、游戏动漫、教育培训、移动互联网和旅游户外等热门行业，在充满热情和信心的整体氛围下，文化境外投资的步伐越来越快。

二 中国对外文化贸易面临的机遇

中国经济的快速发展，世界有目共睹，今天中国已经成为全球最大的文化产品出口国，"一带一路"沿线国家必然成为中国对外文化贸易开展的核心区域。作为文化联结的有效纽带和经济共同发展的有效途径，文化产品与服务的对外贸易将迎来优化升级和提质增效的新机遇。

（一）发展文化软实力，推动大国崛起发展的需要

近年来，中国经济飞速发展，提升了中国的国际地位和国家形象，但同时却忽视了经济转型的问题，也带来了国际上对于中国"强势崛起"的过分解读。国家形象是主权国家最重要的无形资产之一，正面、积极的国家形象，就其内部而言，可以推动国内经济、政治、文化等的发展；就其外部而言，能够发展促进与世界各国的友好往来。当前，中国通过文化贸易和交流等多种途径提升国际形象，以此来谋求一个健康发展的国际环境，文化所独

---

① 李嘉珊、宋瑞雪：《"一带一路"倡议背景下中国对外文化投资的机遇与挑战》，《国际贸易》2017 年第 2 期，第 53~57 页。

有的渗透力和感染力，也使发展对外文化贸易拥有了更为重要的战略意义。

文化始终是推动国家间相互理解和认同的最佳载体，尽管文化软实力与硬实力相比难以量化，但是对外文化贸易却可以通过交易额、所占的国际市场份额等指标去体现和印证国家文化软实力。对外文化贸易具有经济和文化的双重属性，可以通过其"润物细无声"的渗透力，让世界从更多层面上了解中国，全面展示和提升国家形象，增进国家及其人民之间在文化甚至政策方面的正面认识，反制敌对势力的抹黑，扫清文化扭曲的障碍，强化国家之间的深入理解与合作，建立各国与中国更加深厚的互信关系，降低与交往国之间发生冲突的可能性，强化软实力建设。发展对外文化贸易，加速将文化资源转变为可交易的文化产品和服务，变"送出去"为"卖出去"，能够吸引更多的贸易伙伴和国际朋友。在"一带一路"倡议实施进程中，中国需要精准、有效逐步拓展海外文化市场，以文化贸易方式柔化中国发展的强势形象。

（二）文化"走出去"提质增效对国际化渠道、平台建设提出要求

"一带一路"建设将通过"需求—供给传导机制"倒逼中国国内文化市场的发展升级。"一带一路"沿线国家文化市场正逐步与中国的文化市场交相关联，紧密相接，中国日益增长的文化消费需求将传导到"一带一路"沿线的各个国家。同时，中国文化产品和服务必将更多地加入国际市场、消费和竞争之中。

通过"需求—供给传导机制"反向促进国内文化产业供给侧深化改革，文化市场优化升级，从而催生出高品质、高效益、高水平的文化产品与服务。

通过对外文化贸易推动中华文化"走出去"，是当前不可替代的最现实手段和最有效途径。对外文化贸易有利于畅通中华文化"走出去"渠道、搭建文化贸易平台。对外文化贸易不仅能够有效整合国内、国际文化资源，深入国内、国际文化市场，有效推动文化产品和服务实现国际化、参与国际竞争，同时还能帮助中国企业取得海外文化市场上各类文化机构的经营权、

控制权，利用当地机构的资源联通贸易渠道，将市场中文化需求和供给有机联结；同时以文化贸易的实体企业或相关机构、部门为纽带，汇集文化市场主体，搭建产品多样、联结有效、信息畅通的国际文化贸易平台，更好地将全球的文化资源合理分置在国际文化市场上各个国家、区域的文化市场，推动文化"走出去"渠道多元发展。

同时，对外文化贸易有利于增强文化"走出去"的有效性，一方面打开当地文化市场，提升其文化市场的丰富程度，扩大其市场规模，增加文化"走出去"的广度；另一方面能够有效利用当地文化资源，挖掘文化市场潜力，最大限度地为文化产品与服务"走出去"创造良好的文化氛围和市场环境，也为文化产品与服务的本土化提供良好的交易市场和发展保障，增加文化"走出去"的深度，从而有效实现从文化"走出去"到文化"走进去"，再到文化"融进去"的过渡。

（三）中国和周边国家经济发展的新机遇

习近平主席提出"构建中国—东盟命运共同体"的目标和"共建21世纪海上丝绸之路"的战略构想，李克强总理提出打造"中国—东盟合作'钻石十年'"的升级版和"2+7合作框架"的行动方案，中国—南亚区域合作联盟的推进等，在国家战略推动下中国与周边国家发展关系日益密切，国内各省区市与东盟等周边国家的合作渠道广泛，与沿线国家合作日趋频繁，合作领域不断拓展，形式越来越丰富。文化产业无论是涵盖领域还是服务方向都与海上丝绸之路高度吻合，将服务于地区贸易投资和民心建设。从涵盖领域看，海上丝绸之路战略构想的核心内容是"五通"，民心相通是其中之一，文化产业的内容与之完全吻合，将可以在21世纪海上丝绸之路建设中发挥更大作用。从服务方向看，文化产业宣传中国政策，服务百姓生活，是互惠互利的，让周边国家都搭上中国经济发展的快车。

"一带一路"沿线国家对与中国开展文化贸易的需求将呈现爆发式增长。随着改革开放进程加快，中国经济实力的增强世界有目共睹，中国对

"一带一路"沿线国家的国际投资额、贸易交易额不断增长,这些国家对中国文化的好奇心持续增强、对广袤的中华大地和中国人民的生活、学习、工作等方面的兴趣会持续提升,对中国图书、电影、演艺、动漫、网络游戏、创意设计等文化产品和服务的需求也将出现突破式的增长。随着"一带一路"沿线国家与中国的文化贸易往来日益频繁,其作为中国文化贸易对象国的重要性显著上升。例如,近10年来中东欧国家文化服务进口水平明显提升,2012年文化服务进口总额突破65亿美元,其中视听和交互媒体服务超过进口总量的60%,而中国的文化服务进口在中东欧国家不足1亿美元。2016年中国与"一带一路"沿线国家和地区文化产品进出口额达到149亿美元,占文化产品进出口总额的16.8%。① 一大批影视作品出口到哈萨克斯坦、吉尔吉斯斯坦、埃及等沿线国家;部分国产动画片也在印尼、土耳其、越南等国得到了本国儿童的热烈反响。中东欧国家对文化产业和文化贸易的重视程度普遍较高,而其又处连接欧亚的枢纽位置,加之中国与中东欧国家形成的"16+1"合作机制也将成为"一带一路"倡议融入欧洲经济圈的重要接口,中欧四大伙伴关系落地的优先区域和中欧合作新增长极,因此,中东欧或将成为中国对外文化贸易的先发腹地。未来,中国在对外文化贸易地理方向上将更加注重谋划全局,精耕细作新兴文化市场,积极探索潜在文化市场。②

(四)贸易自由化程度的提升

WTO框架下,贸易自由化推动了文化贸易,海上丝绸之路沿线国家中马来西亚、新加坡、泰国等国在GATS框架下做出了具体承诺,但电影放映限额、视听服务的最惠国豁免清单、文化服务部门开放需做出单独承诺等条款仍然为文化例外留下一定空间。随着准入前国民待遇和负面清单成为国际

---

① 《商务部召开例行新闻发布会》,商务部官网,2017年7月27日,http://www.mofcom.gov.cn/article/ae/ah/diaocd/201707/20170702616298.shtml。
② 《文化贸易:切实联通"一带一路"的重要纽带》,中国经济网,2017年5月16日,http://www.ce.cn/culture/gd/201705/16/t20170516_22853007.shtml。

趋势①，更多的协定倾向采用负面清单的谈判模式，文化贸易也不例外。如此一来，各国将很难在区域谈判中将整个文化部门都列入负面清单，即便是列入部分行业和业务，也要受到谈判对方的压力以及利益交换等因素的影响，这就必然推动文化市场的进一步开放。

文化投资为文化贸易注入持续不断的动力。中国对外文化贸易投资不断加快前进步伐，逐步覆盖图书版权、影视动漫、演艺游戏等领域；对外投资方式日益多元化，设立海外分公司、跨国并购和签署合作协议等都已成长为企业对外文化投资的重要方式；对外投资主体也更具多样性，不仅局限于文化企业本身，更多实行多元化经营的公司，制造业、地产、金融等领域的规模企业将文化产业视为重要进军领域，凭借其雄厚的经济实力和资金储备更多地参与到对外文化投资当中。2016年，中国对"一带一路"沿线国家直接投资达到145亿美元，中国企业已经在沿线20多个国家建立了56个经贸合作区，累计投资超过185亿美元，为东道国增加了近11亿美元的税收和18万个就业岗位②，一批重大基础设施项目正在稳步推进③，"一带一路"沿线国家已经成为中国对外投资的主要区域，"中国制造""中国建造""中国服务"逐渐融入越来越多的"一带一路"沿线国家之中。

（五）优化中国经济结构的需要

中国正处于经济新常态时期，当前正面临由资源型产业向绿色可持续产业结构转型，为优化升级经济结构，将文化产业发展成为国民经济支柱产业寻找出口。中国文化产业的国际化、规模化发展是受对外文化贸易直接推动的，并带动相关绿色环保、低能耗产业的发展，从而促进中国产业结构升级；同时，对外文化贸易不仅将文化产业不同文化主体中各个部分创作、生

---

① 《商务部：已有77个国家采用准入前国民待遇和负面清单模式》，人民网，2013年7月12日，http://finance.people.com.cn/n/2013/0712/c1004-22173506.html。
② 《商务部：2016年中国对"一带一路"沿线国家直接投资达145亿美元》，人民网，2017年3月11日，http://finance.people.com.cn/n1/2017/0311/c1004-29138996.html。
③ 《文化贸易：切实联通"一带一路"的重要纽带》，中国经济网，2017年5月16日，http://www.ce.cn/culture/gd/201705/16/t20170516_22853007.shtml。

产、营销等统筹在一起,而且整合文化产业链不同环节,更推动产业链条的延伸,实现与上游和下游相关产业的一体化,有效防止技术流失,并形成内部市场,获得规模经济效益,也有利于中国在国际文化市场拥有更强话语权。国内与海外文化市场更多的就业岗位由对外文化贸易创造,从而推动中国就业结构升级;文化贸易领域进行扩大再生产可以扩大品牌效应,加大海外文化市场需求,而且通过参股和控制海外文化企业,提供文化产品和服务进入海外市场渠道、平台等有利条件,带动文化产品与服务出口,缩小文化贸易逆差,提高国际文化服务贸易额,从而推动中国对外贸易结构转型升级。

同时,中国文化贸易结构将进一步升级优化。文化经济增长的重要引擎是文化贸易,文化贸易伴随着中国经济结构转型和产业升级的加快将在整体对外贸易中占有更加重要的地位。随着文化服务经济的发展不断增大,文化服务贸易涵盖影视、出版、演艺内容等方方面面,文化服务在商业存在、境外消费、跨境交付以及自然人流动等模式上均会有良性发展。同时,文化制造业在文化贸易中的比较优势将进一步显现,为文化贸易结构的优化升级提供坚实保障。[1] 中国参与文化贸易的主体将更具多元性。截至2015年7月,在"一带一路"沿线国家设立分支机构的已有80多家中央企业,国有企业是当前中国企业"一带一路"建设的先行者和主力军,而应对文化贸易壁垒更加灵活的民营企业也不断参与其中。同时,中阿文化部长论坛、中国与东盟"10+1"文化部长会议等政府层面的机制保障助推了国际文化合作机制的完善,也吸引了越来越多包括行业协会在内的社会组织、文化中介机构以及个人等相关主体加入文化贸易行列。此外,中国已在11个"一带一路"沿线国家设立的中国文化中心,也将作为连接中国与"一带一路"沿线国家的主体,在文化贸易中发挥更好的平台作用。[2]

中国文化贸易载体将紧随消费科技的进步而变化。目前传统载体仍占有

---

[1] 《文化贸易:切实联通"一带一路"的重要纽带》,中国经济网,2017年5月16日,http://www.ce.cn/culture/gd/201705/16/t20170516_22853007.shtml。
[2] 《文化贸易:切实联通"一带一路"的重要纽带》,中国经济网,2017年5月16日,http://www.ce.cn/culture/gd/201705/16/t20170516_22853007.shtml。

较大比重，但其重要性和市场份额将逐步降低，越来越多的科技与文化结合的产品与服务成为市场潮流，"一带一路"沿线国家的青年人也将逐渐成为消费主体，科技娱乐、文化装备、网络游戏与网络节目的版权交易等将成为热点，中国文化贸易载体紧随消费科技的进步而发展。①

三 中国对外文化贸易面临的挑战

（一）"产品强、服务弱"的现状对于文化贸易结构均衡提出挑战

根据联合国教科文组织《文化贸易全球化：文化消费的转变——2004~2013文化产品与服务的国际流动》报告中发布的数据，中国2013年文化产品出口总值达601亿美元，高出排名第二的美国（279亿美元）一倍多，成为全球文化产品最大出口国。中国出口的文化产品当中，大部分仍是制造业当中与文化相关的工艺品、设备和物理介质，如瓷器、游戏机、录像带、光盘等，与文化贸易核心版权相关的文化服务贸易则长期处于逆差状态，近年来美国的影视、英国的戏剧不断被引入中国市场，而国内优质的影视、演艺版权却鲜有成功出口到国际市场的例子。这样"文化产品强、文化服务弱"的结构失衡状态使得中国文化贸易同样面临着沦为世界文化工厂的困境，究其原因在于中国优质文化版权的缺失。版权是文化产品与服务的核心竞争力，版权的缺失不仅意味着文化贸易收益的减少，也意味着中国文化影响力处于相对弱势地位，不利于中华文化的世界传播。

（二）各国经济文化差异对企业掌握法律法规与文化风俗的能力提出挑战

随着中国企业"走出去"，数量、规模、影响力越来越大，遇到的法

---

① 《文化贸易：切实联通"一带一路"的重要纽带》，中国经济网，2017年5月16日，http://www.ce.cn/culture/gd/201705/16/t20170516_22853007.shtml。

律问题也越来越多,如何保障国有企业和民营企业的海外利益成为政府亟须关注的问题。对外文化贸易公共服务平台的缺乏,导致企业在开展对外文化贸易中面临着信息不全和渠道缺失的困扰。对外文化贸易需要提前对对象国的相关法律法规、各类政策、风俗习惯和市场环境有充分的了解,然而"摸市场"是相对复杂的,需要前期大量的基础铺垫性工作,单靠一个企业很难完成。目前,尽管有诸多对外文化贸易相关的指导性文件,但其内容仍有待进一步完善和细化,特别是能实质性推动企业开展业务,为企业牵线搭桥方面的内容有待加强。同时,当前尚未搭建起由政府牵头,学术机构和公关、财务、法律等专业咨询服务公司携手的专门性对外文化贸易公共服务平台,无法为企业进行对外文化贸易提供丰富的信息和渠道,造成企业前期沟通成本较高,风险较大。随着中国文化企业海外业务步伐的加快,运用法律手段保护企业海外利益成为当务之急。

(三)政策管理空白对于文化贸易发展总体部署和顶层设计提出挑战

缺乏对外文化贸易的总体部署和顶层设计是制约中国对外文化贸易良性发展的根本性问题。对外文化贸易涉及影视、出版、演艺、动漫网游等多个文化创意产业形态,文化产业的不同特性和发展规律决定了对外贸易过程需要考虑的各种因素与能源等一般国际贸易不同且更加复杂。文化本身对人的思想观念和价值导向的独特作用,使得对外文化贸易更加具有其特殊性。然而,目前对对外文化贸易的管理依然沿用一般性对外贸易的管理体制,成为制约对外文化贸易发展的关键问题之一。同时,在中国现行管理体制下,涉及企业对外直接贸易的管理部门有:国务院、国家发展改革委、商务部、国家外汇管理局等部门和各级地方商务主管部门以及驻外使领馆商务机构等。尽管政府不断持续推进境外贸易便利化,实行以备案为主的管理模式,一定程度上提高了服务企业的效率,但在这种多层次的管理体制下,各个机构各管一段或一个方面,容易出现多头管理问题。且

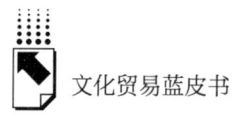

文化创意产业的形态多样,各个部门只能根据自己熟悉的领域出台政策,缺少通用性和协调性。

(四)全新的贸易模式对于引导、支持机制提出挑战

对外文化贸易的发展离不开完善的政府政策支持。尽管近年来全国和地方层面出台众多扶持文化产业发展政策,但仔细梳理可以发现,已经出台的各项扶持政策多针对如何在国内提升文化产业的整体实力,而真正鼓励企业"走出去"开展对外文化贸易的专门性政策仍然缺乏。

企业通过对外文化贸易实现在当地市场的生产和运营,能够对传播中国文化带来更持久的影响,从政策角度应该给予更大的支持。但目前北京文化产业扶持政策鼓励的主要还是在国内经营,出口货物或服务到海外的企业,并非已经"走出去"的企业。对于中国企业在海外投资设立公司,在海外当地运营的情况,因为费用和经营业绩发生在当地,尽管这些企业是中国公司的全资公司,所有财务报表最终需要合并,利润也合并到中国,但目前中国却尚未出台适应这些企业的专门性补贴政策;唯一的资助是对外投资金额一定比例的奖励政策,但奖励政策的力度非常小,且补贴政策的属地管辖情况突出。

(五)人才需求结构变化对于复合型文化贸易人才储备提出挑战

高端复合型对外文化贸易人才储备不足是制约中国开展对外文化贸易的主要短板。对外文化贸易涉及范围广,具有较强的行业特殊性。同时,对外文化贸易人才需要真正熟悉不同国家和地区的风俗习惯、法律等各个方面。这就要求对外文化贸易人才既要熟悉国际通行规则,掌握跨国投融资的专业知识,又要知晓文化艺术,擅长跨文化的沟通与交流,具备管理和营销能力。但是目前中国文化领域的人才仍以单一方面的知识和能力培养为主,且对外文化贸易人才的培养尚未得到教育主管部门的重视,较少院校开设相关人才培养专业,导致对外文化贸易复合型人才极度匮乏;此外,企业在贸易对象国寻找到人才容易遭遇"水土不服"

的情况,无法真正满足企业需求,即使寻找到合适人才,海外人工成本也非常高昂。①

(六)复杂的经济与文化环境对于海外长效可持续运营能力提出挑战

长期管理是对外文化贸易长效发展的机制化保障,也对中国文化真正地"走进去"和"融进去"有着至关重要的影响。当前中国文化企业在开展对外文化贸易,实现当地运营的过程中,依然面临着较为严峻的长期管理和运营能力考验。作为中国本土著名公共品牌的蓝色光标传播集团,自2010年登陆资本市场以来,凭借一系列海外并购市值大幅攀升。大规模的并购,给蓝色光标带来了不菲的业绩与收入,但与此同时急速发展背后的隐匿问题也日益显现。2013年,蓝色光标斥资3.5亿元收购英国广告公关公司Huntsworth 19.85%的股权。然而由于境外参股子公司Huntsworth旗下企业的商誉减值问题,2015年蓝色光标第一季度业绩亏损近1亿元。作为奥运特许授权经营商,北京华江文化发展有限公司多年来一直致力于国内外大型体育、文化旅游活动纪念品以及动漫衍生商品等相关特许项目的经营,并已在英国、美国、韩国等地设立6家子公司。然而中外设计师和员工工作风格、文化背景和企业价值观的差异,曾为华江文化英国公司的运营带来一定困难。以上两个案例是文化企业进行对外贸易后可能面临的问题的缩影,分支机构如何在当地实现有效管理和运营,实现中外员工的文化认同和业务协作,是决定海外文化贸易能否成功的关键因素。

四 中国对外文化贸易发展展望

有效开拓中国海外文化市场的贸易路径已经成为"一带一路"倡议实

---

① 李嘉珊、宋瑞雪:《"一带一路"倡议背景下中国对外文化投资的机遇与挑战》,《国际贸易》2017年第2期,第53~57页。

施中的重要内容,培育中国国内文化市场与开拓海外文化市场同等重要,不可偏废其一。中国当今的文化市场呈现快速发展的势头,供给尚显不足,可交易、有特色的文化产品与服务极其缺乏,文化市场主体单一,文化企业国际竞争力较弱;中国政府加大了对文化产业的投资力度,通过多渠道吸引民营资金、外资以及社会资金,跨国文化投融资刚刚起步,文化资本的运营水平仍然较低。因此,助力"一带一路"倡议实施,还需重点发展文化贸易,持续进驻成熟文化市场,深耕细作新兴文化市场,积极探索潜力文化市场。

(一)中国对外文化贸易的结构将持续优化

随着中国经济结构转型升级的加快,中国对外文化贸易在规模不断扩大的同时,将在对外贸易总量中占据更加重要的地位和更大的份额。由此在推进对外贸易结构优化的同时,自身结构也会发生积极变化,主要体现在:第一,对外文化贸易中文化服务的比重随着服务经济的发展将不断增大,而文化服务的商业存在、境外消费、跨境交付以及自然人流动四种模式均有不同程度的发展。第二,对外文化贸易中的文化制造业比较优势将进一步发挥。随着中国制造业水平的持续提升,文化制造业将迎来重要的发展机遇,从而不仅成为对外文化贸易的重要组成部分,而且将为对外文化贸易的发展提供坚实保障。第三,对外文化贸易中传统文化行业和新兴文化行业所占比重将发生变化。新兴文化行业将在产业融合、文化与科技融合的环境中迎来快速发展的新阶段。

(二)中国对外文化贸易相关主体将持续壮大

随着中国社会主义文化强国建设不断推进和对外文化贸易的繁荣发展,更多的相关主体将加入对外文化贸易的行列中,包括文化企业、文化类社会组织、文化中介机构以及个人。适应对外文化贸易特点,不同规模、不同所有制文化企业,包括大中型、中小微文化企业将在市场竞争中找到合适的位置;因对外文化贸易渠道和平台建设,文化类社会组织、文化中介机构将迎来发展新机遇;而个人将因文化生产方式的变革同样可以找到用武之地。

(三)中国对外文化市场空间将得到极大拓展

随着"一带一路"倡议的实施,中国对外文化开放水平进一步提升,对外文化市场进一步拓展。特别是除通常的发达国家和地区外,"一带一路"沿线国家和地区对外文化贸易市场因国家和地区之间政治、经济以及文化联系的加强将受到更多的关注,中东、南美、非洲市场的开拓,包括东南亚市场的深度开发。同时中国与其他国家和地区自贸协定的落地实施同样对中国对外文化贸易市场起到积极的推动作用。

(四)中国对外文化贸易将迎来互联网时代重大发展机遇

随着中国"互联网+"战略的深入推进,互联网将对对外文化贸易的发展产生重大影响,不仅文化贸易领域的互联网思维将逐步建立,贸易模式将发生变革,同时对其相关的整个产业链条、价值链条将发挥重要影响。由此对外文化贸易的实体空间和虚拟空间将得到空前拓展,线上、线下贸易将进一步整合、融合。

值得注意的是,"一带一路"沿线国家文化产业的发展大多起步较晚,发展速度缓慢,挑战与机遇并存,中国与"一带一路"沿线国家的文化产业合作需要建立各方共同建设、共担风险、共享收益的利益共同体,需要借助市场力量,最大限度地促进生产要素有序流动、资源高效配置,文化市场才能深度融合。"一带一路"建设注定是一场全球性、高水平、深层次的伟业,在这条和平之路、繁荣之路、开放之路、创新之路、文明之路上,文化贸易必将发挥其独特优势,切实联通"一带一路"。"无论相隔多远,只要我们勇敢迈出第一步,坚持相向而行,就能走出一条相遇相知、共同发展之路,走向幸福安宁和谐美好的远方。"[①]

有效的全球文化影响力必定是通过文化贸易实现的。中国经济的快速发

[①] 《文化贸易:切实联通"一带一路"的重要纽带》,中国经济网,2017年5月16日,http://www.ce.cn/culture/gd/201705/16/t20170516_22853007.shtml。

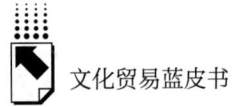

展使得中国拥有更高的国际地位,世界普遍希望更多地了解中国、认识中国,中国的文化形象也亟待为世界所认知,这使得中国对外文化贸易的发展恰逢其时。对外文化贸易服务于中国崛起的国家战略,是提升文化竞争力和国家软实力的重要手段。

行 业 篇

Industry Topics

B.2 广播影视对外贸易发展报告

摘　要： 2011~2016年，我国广播影视对外贸易得到了一定的发展。随着技术的进步，这些年我国广播影视产品的制作水平不断提高，制作出了优质的内容。此外，互联网产业的介入也为广播影视的发展提供了全新的资本来源和传播渠道。我国纪录片的生产成为我国广播影视对外贸易的先锋。与此同时，不可否认贸易逆差依然存在，而互联网资本的介入又为广播影视行业的发展带来了新的问题。这些都将成为从事广播影视对外贸易的人士需要面临的挑战。本报告介绍了过去"十二五"期间广播影视对外贸易发展概况并深入分析了其中出现的问题。

关键词： 广播影视　对外文化贸易　文化产业

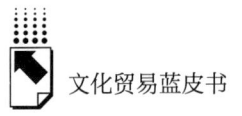

一 中国广播影视对外贸易概况

2011~2016年,我国广播影视对外贸易得到了一定的发展,我国的广播影视产品开始试探着叩开国际市场的大门。随着技术的进步,这些年我国广播影视产品的制作水平不断提高,优质内容不断涌现,互联网产业的介入也为广播影视的发展提供了全新的资本来源和传播渠道。我国纪录片的生产,在世界领域逐渐具有了国际竞争力,成为我国广播影视对外贸易的先行者,也是唯一一项在对外贸易中短暂获得顺差的文化产品。然而不可否认的是,我国广播影视对外贸易整体上仍然处于逆差,许多行业内部问题仍亟待解决,跨文化交流上的种种障碍对我国广播影视对外贸易带来的影响仍不可小觑,民营资本与互联网行业对市场的影响也不完全都是正面的,这些问题仍然是从事广播影视对外贸易的人士在未来需要思考和解决的。

(一)中国广播影视对外贸易进口情况

1. 电视行业进口现状

根据国家统计局分类,中国电视行业进口种类主要分为电视节目、电视剧和纪录片。2011~2015年,纪录片每年进口总额变化幅度不大,基本持平,每年处于1亿元以下;电视节目和电视剧进口总额虽然在2011~2013年保持稳定小幅变化,但是在2014年却实现井喷式增长,而在2015年又出现大幅回落(见图1)。在进口来源市场方面,美国作为电视节目进口的主要来源国之一,中国从美国进口电视节目总额由0.7亿元增长到2.2亿元,增长幅度为214%。而从日本进口的电视节目总额则由0.08亿元增长到3.9亿元,增幅为4775%,且从2014年开始,从日本进口电视节目总额占亚洲进口电视节目总额的一半以上,日本成为中国进口亚洲电视节目的主要来源国[①]。

---

① 中华人民共和国国家统计局官网,年度数据:http://data.stats.gov.cn/。

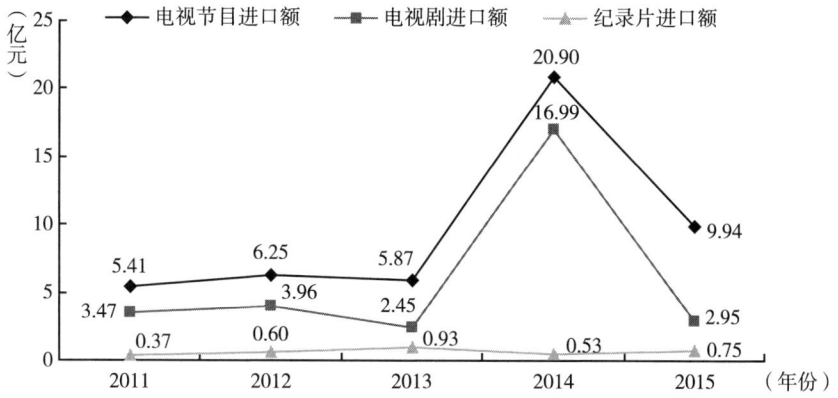

图1　2011~2015年中国电视行业进口数据统计

资料来源：国家统计局官网。中国统计年鉴：http://www.stats.gov.cn/tjsj/ndsj/。

2. 电影行业进口现状

2011年全国电影票房收入为131.1亿元，进口片60.8亿元。2012年，全国电影票房收入170.7亿元，其中，国产影片票房收入82.7亿元，进口影片票房收入88亿元。2013年，全国电影票房收入217.7亿元，其中，国产影片票房收入127.7亿元，进口影片票房收入90亿元。2014年，全国电影总票房296.4亿元，同比增长36.15%，其中国产片票房161.6亿元，占总票房的54.51%。2015年中国电影总票房以440.7亿元完美收官，同比增长48.7%，在440.7亿元的总票房中，国产影片收入票房271.4亿元，占总票房的61.58%，远远超过了海外片38.42%的份额（见图2）。

2015年中国十大进口大片统计票房排名如下：第一名《速度与激情7》，收入票房24.25亿元；第二名《复仇者联盟2：奥创纪元》，收入票房14.7亿元；第三名《侏罗纪世界》，收入票房14.28亿元；第四名《碟中谍5：神秘国度》，收入票房8.67亿元；第五名《霍比特人3：五军之战》，收入票房7.74亿元；第六名《终结者：创世纪》，收入票房7.62亿元；第七名《蚁人》，收入票房6.74亿元；第八名《末日崩塌》，收入票房6.33亿

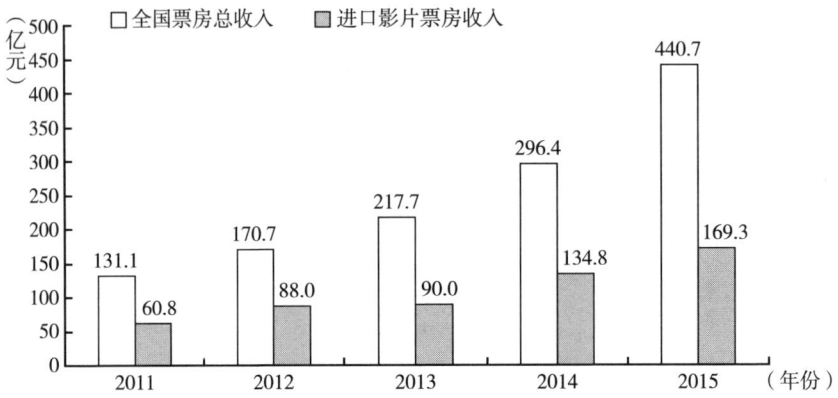

图 2　2011～2015 年中国电影票房表现情况

资料来源：国家新闻出版广电总局。

元；第九名《火星救援》，收入票房 5.87 亿元；第十名《007：幽灵党》，收入票房 5.43 亿元①。以上电影均出自好莱坞影业公司，其中包括：华纳兄弟公司、派拉蒙影业公司、哥伦比亚影业公司、环球影片公司以及在 2008 年被华特迪士尼公司收购的漫威漫画公司。

（二）中国广播影视对外贸易出口情况

1. 电视行业出口现状

从电视节目出口总额方面来看，2011～2015 年中国出口总额整体表现出不断增加的趋势，从 2.27 亿元增长至 5.13 亿元，增长幅度为 126%；从电视剧出口总额方面来看，2011～2015 年中国出口总额总体呈现出在平稳中提高的趋势，从 1.46 亿元增长至 3.77 亿元，实现 158% 的增长幅度；从纪录片出口总额方面来看，2011～2013 年中国纪录片出口总额幅度总体不断上涨，从 0.18 亿元增长至 2.27 亿元，但发展到 2014 年和 2015 年却呈现大幅下降趋势（见图 3）。

---

① 国家新闻出版广电总局官网，http://www.sapprft.gov.cn/。

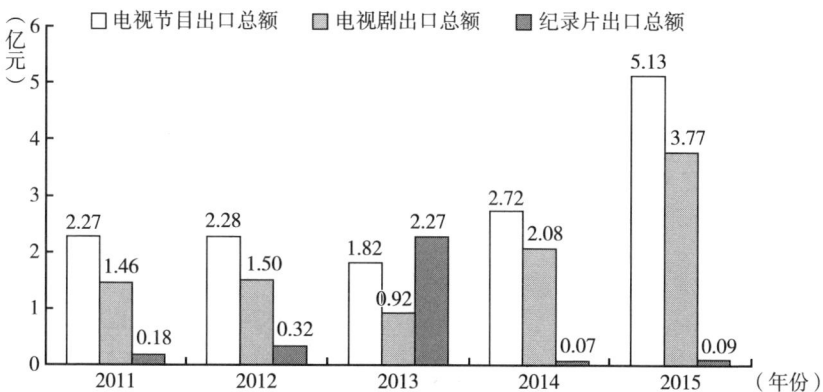

图 3　2011~2015 年中国电视行业出口数据统计

资料来源：国家统计局。

从 2015 年中国电视节目和电视剧主要出口市场方面来看，亚洲所占份额最大，其次是美洲、欧洲，然后是大洋洲和非洲（见图 4）；从纪录片方面来看，中国纪录片出口的主要市场，首先是亚洲和美洲，其次是欧洲和非洲，而大洋洲则并无统计数据显示（见图 5）。

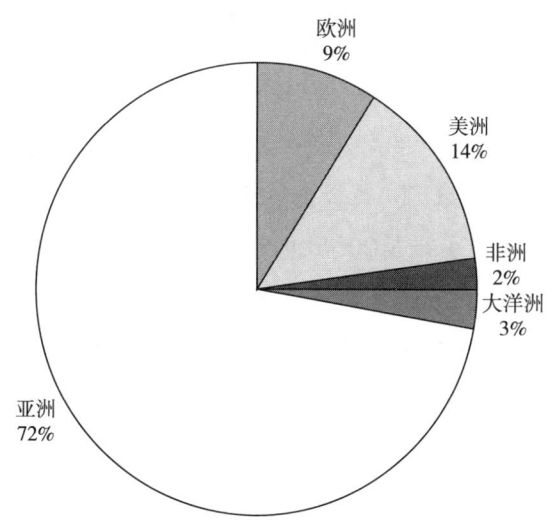

图 4　2015 年中国电视节目和电视剧主要市场出口份额

资料来源：国家统计局。

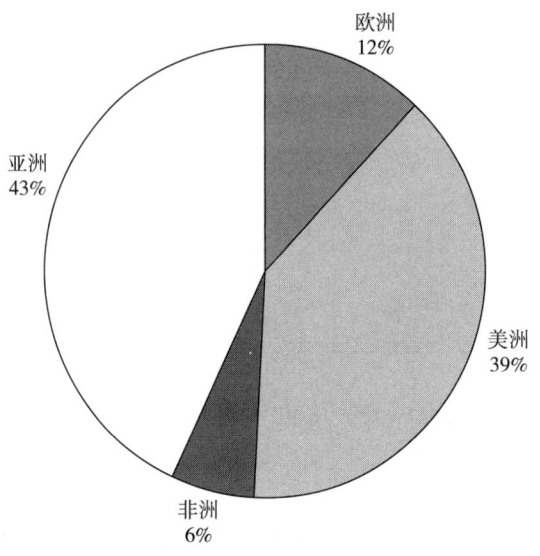

图 5　2015 年中国纪录片主要市场出口份额

资料来源：国家统计局。

2. 电影行业出口现状

受惠于改革开放，中国广播影视事业得以迅速发展，取得辉煌成就，尤其是 2010 年 1 月国务院办公厅出台《关于促进电影产业繁荣发展的指导意见》，这是以国务院办公厅的名义第一次对电影产业的发展提出具体规划，这使得中国电影产业迎来了"黄金机遇发展期"。中国国产影片海外销售收入在 2011 年和 2012 年分别是 20.46 亿元和 10.63 亿元。2014 年中国电影音像领域出现逆差 42 亿元，而广告宣传领域则实现顺差 70 亿元，即 2014 年除去电视剧领域，中国对外广播影视行业实现顺差 28 亿元。国产影片海外销售收入 18.7 亿元，同比增长 32.25%。①

---

① 国家外汇管理局，中国国际服务贸易数据。

二 中国广播影视对外贸易的特点

（一）"互联网+"新媒体成为中国广播影视对外传播的"助推器"

随着互联网技术的不断发展，在全球范围内兴起了一股"网生代"年轻观众群体，而2014年则是中国电影产业的"网生代"第一年，"互联网+""物联网+"等新媒体力量的产生与中国广播影视行业的融合与碰撞，促进了中国广播影视行业的多维立体塑造，促进了中国广播影视对外的产业链衍生及跨界平台拓展等多方向宣传渠道，从而便于更加有效精准地抓住主流市场的受众口味，进而进行中国广播影视资源对外培育和开发。

（二）"IP"趋于影视化，成为中国广播影视对外交往的重要来源

2015年上半年，"IP"成为影视圈的高频词汇，也是各大电影节、论坛上的热门议题。2014年是版权争夺白热化的一年，随着资本的进入，很多公司疯狂抢夺优质IP。而所谓"IP"，就是知识产权。好莱坞电影中，《哈利·波特》《指环王》《星球大战》《变形金刚》等优秀IP电影众多，而国内在IP电影领域却处于起步阶段。比如近年搬上大银幕的《鬼吹灯》《盗墓笔记》等IP，此外《花千骨》从小说开始连载到电视剧播出，等了7年；《琅琊榜》更是等了8年之久，由此可见IP价值在发掘延伸的过程中，需要精雕细琢方能完成。影视圈原有创作模式由于IP热的出现发生了一些新的变化，在互联网思维的浸染下，影视剧本的创作不再是一个单向的过程，粉丝互动和大数据也都在一定程度上影响着剧本的创作。热门IP可提供丰富的影视创作素材，多方面、多层次对其进行开发利用，最大化发挥其价值。如果IP可以作为一个内核，还可分散出多元化的存在形式。另外，热门IP的价值不止于本身，且能够产生很多衍生品，如此可以降低成本，深入挖掘IP的商业价值，这对中国影视相关产业的繁荣发展具有重要推动力，通过

发展和分享中国广播影视 IP 的运营，可以为中国广播影视的发展全力营造一个交织的集游戏动漫、文学艺术和影视传播于一体的健康的知识产权新活力体系，进而为中国广播影视对外交往融入新动力、构建新气象。

（三）民营资本成为中国影视市场海外布局的重要力量

随着中国电影市场的票房不断迅猛增长，中国企业对海外电影、电视以及泛娱乐业投资发展十分迅速。万达在 2012 年以 26 亿美元收购 AMC 影院，提前占领了美国和加拿大 347 家影院的 5048 块银幕。此后，万达"有计划、有战略地"在好莱坞部署自己的娱乐阵地，完善万达的影视产业链，包括 Hoyts、传奇影业等。尤其从 2016 年以来，万达、阿里、腾讯、乐视纷纷在好莱坞采取了一系列动作。大连万达宣布收购好莱坞制作公司 Dick Clark Productions，腾讯收购制作公司 STX 娱乐，并在好莱坞合资成立电视制作公司；乐视建立好莱坞总部，进军美国全媒体内容制作。①

中国海外影视投资的迅猛崛起，为中国电影企业在国际市场上学习先进的技术方法提供了平台，加之中国电影市场本身巨大的市场容量和资金支持，中国电影的发展必将走上繁荣之路。同时，电影产业作为文化软实力输出的重要组成部分，也必将使得中国电影对全球影视话语权产生深远影响。

（四）中外合拍成为中国电影"走出去"的重要手段

2015 年，中国电影开启中外合拍之路，且涉及《捉妖记》《我是路人甲》《道士下山》《坏蛋必须死》等多种影片类型。据国家新闻出版广电总局统计，2015 年电影局受理立项的中外合拍电影数目 82 部，为历年最多，比 2013 年增加 49%。电影市场的繁荣也离不开政府支持，中国现已与加拿大、意大利、澳大利亚、法国、新西兰、新加坡、比利时（法语区）、韩国、西班牙、英国、印度、马耳他、荷兰等国家签署了完全生效的电影合拍协议。

---

① 李嘉珊：《首都文化贸易发展报告（2016）》，中国商务出版社，2016。

三 中国广播影视对外贸易呈现的问题

（一）贸易逆差严重，中国广播影视国际市场竞争力不足

表1　2011～2015年中国电视行业贸易差额情况

单位：亿元

年份 类别	2011	2012	2013	2014	2015
电视节目	-3.14	-6.02	-4.05	-18.18	-4.81
电视剧	-2.01	-2.46	-1.53	-14.91	-0.82
纪录片	-0.91	-0.28	1.34	-0.46	-0.66

资料来源：国家统计局。

由表1中数据可得，中国电视行业包括电视节目、电视剧和纪录片类别的对外贸易情况，长期表现出引进大于输出、贸易逆差，中国广播影视行业进出口贸易比例存在严重失衡和国际市场竞争力不足的问题。

（二）"走出去"力度不足，且"走出去"核心半径较短

虽然近些年中国广播影视取得稳步发展，但是基于数据分析可以看出，如果以中国为原点，以出口市场至中国的距离为半径，可以发现中国电视节目和电视剧出口的主要市场近3/4集中于亚洲市场，而欧洲、美洲、非洲和大洋洲还存在着大量市场空白，这明显反映出中国广播影视对外贸易"走出去"的核心半径较短、国际市场影响力辐射范围还不够广的问题。另外中国广播影视对外贸易的传播市场和受众主要集中于地缘相近国家和海外华人区，2015年，中国电视节目和电视剧出口在亚洲七成以上的份额比例中，中国香港和中国台湾地区之和就超过了一半以上。

文化贸易蓝皮书

（三）对外交往的影视产品文化折扣较大

霍斯金斯、米卢斯把外国电视节目或电影在价值上减少的百分比叫作"文化折扣"①。如果观众在进口影视产品的风格、价值观、信仰、历史、神话、社会制度、自然环境和行为模式上难以产生共鸣，文化折扣也就产生了。中国作为拥有五千多年悠久历史的国家，具有相当丰富的优秀文化遗产与精神财富，但如果对其利用不当，会对中国对外影视贸易产生阻碍，要想让中国的文化遗产和精神财富取得世界范围内的广泛认同将会变得非常困难。如《功夫熊猫》的制作，功夫与熊猫皆是中国的文化象征符号，但是美国好莱坞电影制作过程中，却将文化元素运用融合得非常精准，讲好了具有中国文化元素的故事，这对中国影视剧制作方具有重要的启示和借鉴意义。

（四）发行渠道不足掣肘中国影视海外传播

国产影视剧若想走向海外，海外销售发行渠道起着很重要的作用，是关键一环，但这也正是目前中国还需要努力提高的领域。以《北京遇上西雅图》在北美"好口碑烂票房"的遭遇为例，作为中外合拍的电影，多数美国媒体对该片给予了很高的评价，《纽约时报》表示："传统的金童玉女情侣档，却演绎出了一部充满现实主义的爱情片。"而《洛杉矶时报》则将这部影片与《西雅图夜未眠》《喜宴》等影片进行了类比，认为和常见的浪漫喜剧作品有所不同，还原了美国移民的现实生活。尽管收获好口碑，但《北京遇上西雅图》首周末三天 2700 美元的票房收入，显示该片在北美票房惨败已成定局。而根据数据反映，在北美该影片上映的影院只有三家，这么少的影院上映，票房注定不可能太多。

在北美，除了好莱坞八大电影公司的影片能够在两三千家影院上映，其

---

① 杨柳：《从"文化折扣"看中国电视内容的国际版权开发——论跨文化传播的困境与破局》，《新闻研究导刊》2016 年第 3 期。

他独立电影公司的影片发行一般都在 50 家左右，这就决定了华语片票房不可能高。然而作为对比的《一代宗师》则在北美 800 多家影院上映，票房接近 500 万美元，其他影片在北美上映影院数都不超过 50 家，很多影片只在五六家影院上映，票房惨淡。而在北美市场获得成功的印度影片，其上映院线数则多为百家以上，如《季风婚宴》上映院线 254 家，《三傻大闹宝莱坞》上映院线 167 家，《再生缘》上映院线 114 家。可见为获得海外市场，应充分引导影视公司实施国际化战略，如万达通过收购北美第二大院线 AMC、澳大利亚第二大院线 Hoyts 以及美国传奇影业，来获得海外的影视制作经验，拓宽海外营销发行渠道。

四　中国广播影视对外贸易发展对策建议

（一）立足国内优秀文化资源和国际市场需求，变"中国制造"为"中国创造"

中华文明五千年，其可开发的优秀文化资源数不胜数，尤其是近年来占领国外市场的影视资源内容也逐渐摆脱了"功夫"的限定素材，开始变得更加多元普适化①。电视剧方面，以《媳妇的美好时代》在非洲引发的收视狂潮为例，该剧素材内容以当代青年的家庭、情感、工作等为主，在文化背景与价值诉求相似的非洲赢得了广大家庭主妇的热捧，甚至一度在坦桑尼亚造成万人空巷"华流"热潮。电影方面，以《狼图腾》为例，作为中法合拍、凝结中外电影人 7 年心血的影片，在海外市场赢得了极大的赞誉，被称为国产影片新的里程碑。2015 年 2 月 26 日，华语巨制《狼图腾》在法国全面上映。影片首映当天，观影人次达到 80000 人次，位居当日榜首，创下了近年华语影片在法国的最佳成绩。同时也收获了观众和媒体的广泛好评。法国的几大主流媒体，也纷纷对《狼图腾》给出极高的评价。此外，多家媒

---

① 朱新梅：《中国影视业走出去的现状、问题及对策》，《中国广播电视学》2016 年第 2 期。

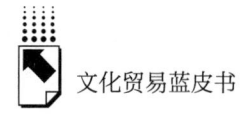

体还特别指出《狼图腾》会是一部面向全年龄段观众的影片,青少年关注的几大主流网络媒体也为《狼图腾》给出了较高的评分,而当日《狼图腾》的票房成绩,也更加支持这一观点。据法国知名网站 lefilmfrancais 上的数据统计,《狼图腾》首映当日的观影人次名列第一,超过了同年奥斯卡最佳影片《鸟人》(*Birdman*)的首映成绩。看似不可思议的逆增长背后,其实是市场与观众对《狼图腾》影片质量的认可和支持,而这种认可和支持也恰恰反映了影片成功抓住了观众的看点,影片通过立足于人、狼和大自然的关系,不仅生动地反映了草原人民和草原生活,还对经济发展造成的环境变化进行了深刻的披露,具有极强的启示和警示作用,而这种素材内容在全世界范围内都是具有极强的公众价值认同感,这也注定了影片的成功。

(二)加强政府政策扶持和资金孵化作用

放眼中外,凡是在广播影视海外传播取得成就的国家,无不是背后有政府的政策支持和资金扶助,韩国的文化产业振兴院、法国独特的公共资助政策、英国的"创意经济"战略以及美国为代表的市场引导模式都为其国家的广播影视对外发展起到了极大的助推作用。因此建议中国政府在借鉴发达国家影视产业成功发展经验的基础上,结合本土化特点进行政策运作。首先,运用经济杠杆的作用,完善对外广播影视行业的投融资渠道与手段,为影视企业的"走出去"提供财力支持;其次,影视创作离不开影视人才的培育与发展,目前国内不乏影视院校对影视人才的培养,但鉴于市场经济的特性,好的影视作品想要被推广宣传出国门,必定离不开后期市场营销宣传与推广的重要作用,而在这方面中国国内人才储备也确实不足;最后,影视发展政策引导是关键,中国广播影视对外传播发展起步较晚,需要政府部门能够进行正确的产业化引导,形成中国广播影视的规模经济效应和产业集群效应,扫清不必要的制度障碍,打造中国式的"好莱坞"。

(三)利用网络技术等新媒体力量拓展发行渠道方式

传统的广播影视发行渠道大多集中于院线数量、大银幕和各电视电台的引进，但随着互联网技术的发展和大数据的应用，IP 剧和网络剧占受众市场的比例越来越高，尤其是青年市场份额的占领也越来越离不开网络的宣传，国内主流民营影视公司完全可以利用这一趋势特点，利用各个国家的主流网站等新媒体力量进行强强合作、推广宣传。如微博话题热点实时跟踪报道等方式，会充分抓住时下年轻人的关注点以提升舆论热度，进而为影片营造良好的海外市场氛围。

（四）借助"一带一路"倡议推进中国广播影视作品对外传播

1. 讲中国好故事、传播中国好声音

对外传播影视作品要体现中国特色，树立中国风格。影视作品的成功部分源于其优良的制作技术，但更重要的是因为影片传承和携带的高质量内容。在对外传播过程中，"一带一路"沿线国家的影视市场并未完全开发，拟进行对外传播的中国影视作品一定要体现中国风格，讲中国好故事，传播中国好声音。

2. 手段途径数字化

在"一带一路"倡议背景下，开拓全新多平台的"数字丝绸之路"已具备了成熟的条件。数字技术的发展改变了文化传播的方式，以此为依托的影视作品可以借助数字化的处理使其传播过程简化，不再单纯依靠磁带、录像带等物质载体，传播变得便捷与开放，这些数字化的手段为"一带一路"背景下中国影视作品的对外传播提供了更高的市场覆盖率[①]。

同时，影视作品的数字化对外传播有赖于多平台联动。其中，网络平台因其集多个平台于一身的特征和非线性传播的特性，成为重要传播途径。事实上，目前相当一批内容精彩的中国影视作品，因播放平台与渠道的不足，严重阻碍了自身的对外传播。当前，中国影视作品创作团队应当充分考虑国内外观众的需求，利用网络的便利，在"一带一路"倡议背景下跨越时间

---

① 赵玉宏：《"一带一路"倡议下中国影视文化产品"走出去"策略研究》，《现代传播（中国传媒大学学报）》2016 年第 2 期。

和空间的限制,将中国的影视作品送到更多国外受众面前,从而扩展其传播的深度与广度。

五 影视对外贸易案例:电影中国——中国电影海外拓展者

电影中国(china-cinema.com),中国电影的国际发行网络平台,年度国家文化出口重点项目。

平台已与众多国际重要机构建立战略合作计划,如法国国家电影中心、意大利电影工业协会、中影集团、上影集团、中央新影等国际重要机构。同时,和优秀导演建立了海外推广的新模式,如姜文、宁浩、贾樟柯等。针对全球市场越来越细分化的趋势,"电影中国"将全方位转型升级,围绕电影制片方、发行商、电影节与买家,变"被动"销售模式为"主动"。同时,"电影中国"将打造投融资平台,为全球文化基金与制片公司提供优良的项目种子,制作适应国际市场的电影作品。

在"电影中国"成功运营3年后,基于以往的运营经验和市场扩张趋势,狮凰文化(北京)股份有限公司(下简称"狮凰文化")在2016年初推出了面向国际市场的产品"电影中国-全球版"。借鉴"电影中国"业已成熟、有效的互联网模式,"电影中国-全球版"面向来自全球各地的电影企业、组织、机构和一线电影工作者开放使用,为他们提供包括在线发布和上传电影、推送和接收电影、观影、反馈、社交和会议在内的专业性、综合性、一体化的在线服务。一年内,"电影中国-全球版"吸纳了近百家来自全球各地的电影公司,数百位电影工作者已通过"电影中国-全球版"开展业务。

2017年初,为了顺应"经济转型"和"文化强国"大背景下的国家政策导向、国际市场需求、技术模式创新,狮凰文化的管理、技术和运营团队进一步明确了"电影中国"战略转型的新方向:引入先进运营理念和技术,将"电影中国"打造成为顺应市场、技术领先的电影产业"大数据库""转换器"和"产业园区"。

（一）理念：共享经济下的国际电影产业

传统意义上的国际电影产业与电影版权贸易，一直是以"Big Business to Big Business"（大企业对大企业）方式进行的"单向"生产和交易行为。但是，在全球经济互联网化的今天，传统理念已不再为电影产业带来更多的边际收益和成长空间，反而会引起高投入低产出、消极垄断等种种问题。笔者认为，国际电影产业和电影版权贸易亟须以一种创新、高效和更加"互联网化"的理念加以改造，这也是"电影中国"战略升级转型的原则性方向。

"共享经济"从概念、诞生、孕育、扩张到爆发，只不过用了不到5年时间。但不知不觉间，共享经济彻底影响了每个人的生产与生活方式。为什么"共享经济"会如此成功，笔者认为，共享经济的特性在于以下四点。

（1）免费进入：共享经济下的任何用户都可以免费注册，方便地发布、享受资源，轻松获得收益。总之，用户进入共享经济的门槛非常低。很大程度上讲，这也是共享经济兴盛的前提。

（2）关系平等：在共享经济中，所有用户的身份平等，不存在高低之分。他们自由沟通，自愿合作，主动成交。可以说，共享经济的用户永远是"利益共赢者"。

（3）去中心化：共享经济是用户共同缔造的，用户既是"资源"的所有者，也是受益者。用户的增加，使资源传递的次数增多，更容易在用户间发生交易，产生丰厚的利润。

（4）低价优质：用户利用共享经济模式交易时，拥有了更多选择。对比传统模式，用户交易的实际成本降低，却仍能享受到同等甚至更优秀的服务。

从某个角度来说，电影产业是一个矛盾的行业：宏观来看，电影产业很繁荣：随着经济发展，大众越来越重视"文化消费"，影视产值不断攀升。中国市场的持续爆发就是最明显的例子。

但电影产业又是"发展缓慢"的行业：漫长的邮件沟通、盗版频发的

DVD看片、拥挤的电影市场、烦琐的商务谈判依旧常见；电影又是高度垄断的行业，行业巨头掌握着珍贵的资金、电影人和优秀项目，导致中小影视企业发展空间狭小；影视产业的交易机制不透明，不公平的交易潜规则，使弱势一方的利益被不断压榨。

战略转型后的"电影中国"，应在共享经济4点特性的启发下，全力打造拥抱互联网的生态模式，从而为电影产业带来切实的改变。

（1）开放注册："电影中国"应使全球电影工作者均可免费注册，以"买手"（Buyer）或"卖家"（Seller）两种身份入驻。"买手"可以是国际发行商、院线、VOD与电视台采购或影视节选片人。"卖家"通常是导演、制片人或发行销售。重点是，买卖双方利用"电影中国"即时通信机制迅速建立互动，无须再进行冗长的邮件沟通和谈判。

（2）自由流通：作为"电影中国"的内容，电影版权的流通高度自由，并在社区内全面共享。买卖双方不需通过传统影视市场，即可获得最好的影视资源。

（3）平等合作：在传统电影交易中，买卖双方往往看中对方的资历、背景和人脉。而在"电影中国"的平台上，优质资源并不只掌握在大公司手中。只要是通过认证的用户，哪怕是行业新人，也可以充分享用各类资源，与所有买手或卖家开展合作。

（4）交易透明：在"电影中国"中交易机制完全透明，没有潜规则。相比传统版权买卖过程中不断累加的宣发、沟通和差旅成本，"电影中国"对交易收取的代理费用都是最低水平和固定的，最大限度保障买卖双方利益。

（二）功能：版权、交易、流转、内容和大数据

电影是极为个性化的艺术及商业形式，不能像实物贸易那样，用统一的衡量标准来评判优劣、确定价格。买卖双方之间的相互信任，是电影贸易达成的重要动因。换言之，影片在版权买卖阶段的估值定位，很大程度上来源于买卖双方的信任。传统交易中的"面对面"沟通，便是双方建立互信的

体制，遍布全球的"电影市场"即为电影交易者最常使用的实践形式，但依然面临诸如高消耗、低效率的种种缺陷。

所以，"电影中国"需要结合互联网快速、自由、低成本的特性，革新传统的影片生产和流通模式，将保守的"电影市场"升级转型为新兴的"商务社区"。如何在"电影中国"上打造适应互联网时代的信任机制便是重点，信任机制越普遍适用，交易便越活跃。

进一步说，让交易者拥有"信任感"的关键，是保证他们能够以极低的成本快速获得实际利益。相较于固有交易体系，"电影中国"拥有的新功能需要提供更合理、有效、可靠的利益分享结构——从保障用户基本利益出发，应当全力保证数据安全，保证买卖双方交流通畅，保证买卖交易顺利完成；从激发用户额外利益出发，必须实现影片和用户的智慧分析，快速撮合最优的买卖双方配对，让数据技术辅助电影人对于影片的艺术和商业判断，降低沟通成本。

基于"共享经济"的理念，借鉴文化服务与贸易领域涌现的新型交易模式和业态，以及国家对于培植服务贸易领域的创新动能的号召，"电影中国"规划了"版权保护""便捷交易""金融流转""内容创作"和"智能大数据"五项新目标。

1. 版权保护

盗版一向是电影业的"顽疾"。但在全民互联网时代，不少电影企业只能默默忍受猖獗的盗版行为带来的利益损失。为此，"电影中国"常年匹配维护团队，持续更新防盗版技术。

如今"电影中国"的防盗版技术已经更迭到第五代。在网页端或移动端，"电影中国"均提供了更加稳固的版权保护体系，包括但不限于：影片视频源全自动上传、转码、切片与加密；使用独家解密播放器，零本地缓存，媒体资源列表隐身；播放器嵌入定制水印，完善版权追踪与追责机制；自动生成观影报告，使买卖用户实时跟进合作进程。

新的版权保护体系可以防止多种形式的下载、转录和恶意传播行为，同时丝毫不影响用户的观影体验。

2. 便捷交易

现如今,"在线支付"在全世界已经随处可见。但国际电影版权交易必需的跨境和大额在线支付却要求极高的技术、手续和体验门槛。2016年下半年,"电影中国"匹配了专项技术和市场小组来逐一攻关。希望在"电影中国"所进行的每一笔版权交易,会像普通民众上网购物一样,轻松、便利、安全。

3. 金融流转

从"全球支付"的衍生效用出发,"电影中国"正在筹划建立覆盖各大洲的"文化金融流转池",基于汇率、利率等金融因素所产生的资金缺口和利润,统一引导、调度、优化用户账户中版权交易资金的流转方向,使平台用户和平台本身的资金风险更加可控,并让更多用户收获更多额外收益。

4. 内容创作

2016年是虚拟现实(VR)、增强现实(AR)、混合现实(MR)等先进视听体验技术蓬勃发展的一年,很多企业跟风而上。但与其让"电影中国"跟风做一个"技术供应商",在行业上游承受巨大的技术壁垒和资金风险,不如让"电影中国"直接面向市场受众,成为独树一帜的"场景与内容创作和服务商"。

"电影制作"原本就是狮凰文化初始的创业基因,这使得"电影中国"平台拥有业内首屈一指的国际化团队,但如何更好地拥抱新时代、新技术和新观众,是制造"创新动能"的根本原则。可喜的是,2016年末到2017年初,"电影中国"的制作团队已经交出了一份令人惊喜的"升级成绩单",与央视的成功合作、警匪动作、与科幻作家郝景芳强强合作的科幻作品等系列明星项目已陆续顺利启动。

5. 智能大数据

大数据,应该是"电影中国"未来数年的核心创新目标。在未来蓝图中,视听内容的制作和发行都会逐渐由"智能化大数据"所改造。举例来说,在不远的将来,人们对于"电影"的定义,也许不是去电影院观看大银幕的影像，而是实情、实景融入自我创造的故事中。传统的电影发行也会进化为根据世界各地的多样性需求来自动生成、调整和引进相关内容。为此目标，"电影中国"一直在跟一些大数据创业公司或团队进行实质接洽，谋求进一步合作，争取在欧美之前，尽早完成"智能革命"的布局。

（三）市场："一带一路"、传统热区与新兴区块的市场开拓与维护

1. "一带一路"政策导向区域

2013年，习近平主席首次在国际舞台上提出共建"丝绸之路经济带"和"21世纪海上丝绸之路"，二者共同构成了"一带一路"倡议。该倡议奉行共商、共享、共建精神，也是中华文化在全球交往时代的激活。"一带一路"倡议脱胎于人类文化的母体，高度契合当代世界文化融合发展整体趋势。

早在2015年，狮凰文化便成为丝绸之路国际电影节的"艺术指导机构"，"电影中国"也特别为电影节成功定制研发了"选片平台"，将"一带一路"沿线国家的大部分电影资源引至"电影中国"的业务体系中。近些年，来自俄罗斯、哈萨克斯坦、伊朗、印度、新加坡、马来西亚、泰国、越南等超过35个丝绸之路沿线国家的数十家电影企业与中国电影商交流学习，将两百余部电影作品"自主"发布在"电影中国"平台上。如此，我们利用电影节和互联网双平台，打造了一条欣欣向荣的"电影丝绸之路"。

2. 欧美及东亚等传统产业热区

欧美和东亚，尤其是美国、法国、德国、意大利、英国和日本等发达国家和地区，一直是电影工业体系中的传统热区，也是"电影中国"发展规划的战略要地。"电影中国"将持续重视与欧美亚电影发行公司、电影机构以及电影节开展多元化合作。

在针对欧美专业用户进行积极推广和邀约之外，"电影中国"还计划：

与中国电影合作制片公司、戛纳电影节电影市场合作，联合打造服务于中欧电影合拍项目的专项论坛与推介会"电影中国－中国日"系列活动；与美国电影制片人就经典电影改编权建立深度合作……欧美亚的市场基数大，但竞争也更加激烈。所以，"电影中国"在此的运营理念便是用面向未来、可持续的模式来充分挖掘和维护潜在市场利益。

3. 南美、中东及非洲新兴产业市场

除了丝绸之路沿线各国和传统欧美市场，包括南美、中东地区各国在内的"新兴市场"，也是"电影中国"尤其感兴趣的市场目标。北欧、中东、拉美和非洲各国，实际上具备丰富的产业资源。

近年来，"电影中国"和拉美顾问建立了初步合作，意图在墨西哥、巴西、智利等非传统区域推广"电影中国"；2017~2018年度，已经在筹备期的若干系列电影项目准备与阿根廷和非洲各国合拍；以色列的电影IP具有很高的商业开发价值，"电影中国"国际市场部已经开始与当地制片人进行接洽。

（四）延伸价值：大数据库、转换器和产业园区

经过战略转型后，"电影中国"价值将体现为：借助互联网的效率与平台优势，打造和维持国际电影产业"大数据库"，开辟文化产业园区及社团互助的新生态，最终引领全球视听产业的全面变革。

1. 国际电影产业大数据库

战略转型后，"电影中国"涉及的视听内容，用户的身份属性以及他们观看、交易和活动等习惯、选择和行为，均可由"电影中国"数据采集器进行采集和归纳，经过"电影中国"数据算法，转换为庞大的国际产业数据库，再返回到"电影中国"的用户，为其提供准确、丰富、定制化、可预见的数据服务。（见图6）

"国际电影产业大数据库"将优先从产品、地理及时间三个维度对相关数据源进行定义，采集和分析：

• 产品维度：单部电影产品的生命周期数据，涉及电影制作、发行到投

放的全生命周期的数据,如预算、版权交易额度和投放收益。

• 地理维度:中国到全世界的电影产业数据,涉及国内电影产业、"电影中国"终端投放国家(如泰国、韩国)直至全世界各地域的电影进出口及市场数据。

• 时间维度:历史到未来的产业数据,涉及产业历史数据的沉淀,产业当下运营数据的整合,以及未来数据的预测。

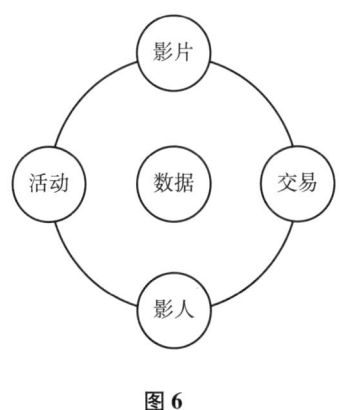

图 6

2. 为线上资源导出线下利益创建优质的"转换器"

"电影中国"不同于临时性的产业集会,得益于"电影中国"平台业已建立的交易机制,"电影中国"将引导注册用户入驻"电影中国"特设的线下"交易所"(电影自贸区)。

交易所将提供优惠的财税扶持政策,并匹配全面的咨询服务和持续的数据支持,使更多的交易者自愿加入并长久获利,而交易者在交易所的交易也将为"电影中国"及浙江提供巨大的资金流转收益。(见图7)

3. 再造"产业园区",落实社团互助新生态

"电影中国"计划与遍布国内的"文化产业园"建立合作,借助园区原有的地缘和政策优势,将"电影中国"全球用户与各地电影资源、市场发生实质对接。另外,"电影中国"园区也将落户"电影中国"常设分支机构的国家和区域。

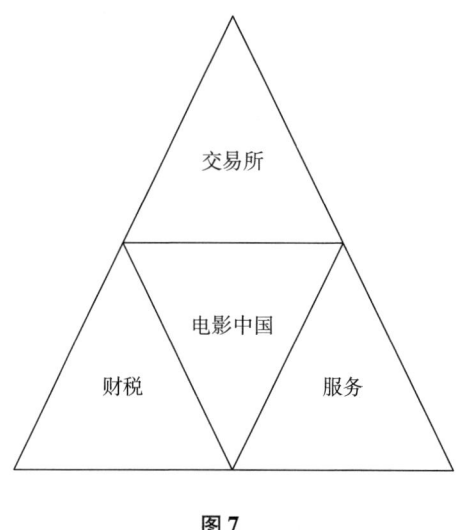

图 7

"社团"将成为全球智能产业园区内产业互动的新生态,入驻园区的企业和电影人,无一例外成为园区政策、资金、信息、项目、人才、智库和服务的受益方,在园区内特设的"社团万事屋",将为园区成员提供专业和无偿的指导与支持。(见图8)

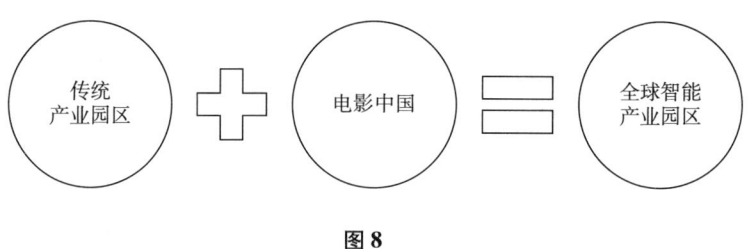

图 8

中国政府将表现为对内文化自信、对外文化吸引的"文化强国"提升到国家战略层面。文化强国的"文化产业"一定具有发达的传输渠道。依靠现代化的技术手段和创新思维的市场模式,现代文化才获得了无与伦比的穿透力。

作为创新模式的探索者和践行者,在充满机遇和挑战的互联网时代,"电影中国"希望通过战略转型推动中国电影产业的发展,使全球电影的市场空间与优质资源产生更加紧密的结合，携手开创产业共享、共赢之路，引领国际电影产业发展的新潮流。

参考文献

［1］ 国家统计局年度数据，http：//data.stats.gov.cn/。
［2］ 国家新闻出版广电总局，http：//www.sapprft.gov.cn/。
［3］ 李嘉珊：《首都文化贸易发展报告（2016）》，中国商务出版社，2016。
［4］ 杨柳：《从"文化折扣"看中国电视内容的国际版权开发——论跨文化传播的困境与破局》，《新闻研究导刊》2016年第3期。
［5］ 朱新梅：《中国影视业走出去的现状、问题及对策》，《中国广播电视学》2016年第2期。
［6］ 赵玉宏：《"一带一路"战略下我国影视文化产品"走出去"策略研究》，《现代传播（中国传媒大学学报）》2016年第2期。

B.3
新闻出版对外贸易发展报告

摘　要： 新闻出版是文化产业的主力军，在过去六年间，新闻出版行业发展迅速，行业的国际竞争力不断增强，已成为新的经济增长点。"十二五"期间国家也出台一系列政策鼓励支持出版"走出去"。科幻图书《三体》的海外发行获得成功，也成为值得业内学习研究的案例。尽管版权问题及贸易逆差问题仍需要进一步解决，但总体来说未来出版界"走出去"发展势头良好。本报告介绍了过去"十二五"期间新闻出版对外贸易发展概况并深入分析了其中出现的问题。

关键词： 新闻出版　对外文化贸易　文化产业

　　新闻出版业是文化产业的主力军，在促进文化发展繁荣，提升城市文化魅力方面具有重要作用。从党的十六大开始，新闻出版体制改革取得了许多实质性突破和重大进展，市场主体逐步形成，产业规模不断壮大，产业结构日趋合理，国际竞争力愈加强大，成为经济发展新的增长点和经济结构调整有效的着力点。在"十二五"期间，国家高度重视出版"走出去"，陆续出台了一系列鼓励和支持出版"走出去"的政策并助推新闻出版业取得了丰硕成果。中国新闻出版行业各个领域，包括实物和版权的对外贸易均取得了长足的进步，出版单位参与越来越多，政府扶持力度越来越大，为出版界"走出去"提供包括资金扶持、扶持参加国际书展等多种推广平台和机会，也为中国新闻出版行业的对外贸易营造了良好的发展氛围。

一 新闻出版业发展概况

2010年1月,国家新闻出版总署出台《关于进一步推动新闻出版产业发展的指导意见》指出:新闻出版行业包括图书、报刊等纸介质传统出版产业;数字出版等非纸介质战略性新兴出版产业,数字出版、网络出版、手机出版等以数字化内容、数字化生产和传输为主要特征的战略性新兴新闻出版业态;动漫游戏出版产业;印刷复印产业;新闻出版流通、物流产业等五方面内容。新闻出版产业作为科技含量高、资源消耗低、环境污染少、涉及领域广、产业链条长、投入少、产出大、发展潜力好的朝阳产业,已成为国民经济的重要组成部分,成为经济发展新的增长点和经济结构调整的着力点,在中国特色社会主义事业总体布局和全面建设小康社会战略全局中凸显越来越重要的地位和作用。

(一)出版物对外贸易发展现状

1. 图书进出口情况

2011~2015年,图书的出口增幅不大,总体呈稳中有升趋势。图书进口额有升有降,其中在经历了2012~2013年的小幅降低后,2013~2015年,图书进口额由12054.66万美元增长到14499.25万美元。值得注意的是,虽然"十二五"期间中国图书进出口额的规模变化不大,但是其差额,即贸易逆差呈现不断扩大的趋势,由2011年的8390.3万美元增至2015年的9277.58万美元(见图1)。

2. 报纸进出口情况

在"十二五"期间,中国报纸的进口额有较大的起伏,在2011年进口额达到2800.18万美元之后,2012年跃升到14120.03万美元,之后又有一个大幅的下降,降至2013年的1373.92万美元(见图2)。在报纸出口方面,中国的出口额体量不大,起伏趋势很小。总体上看,在报纸的进出口方面,贸易逆差先增后降,差额仍旧较大。

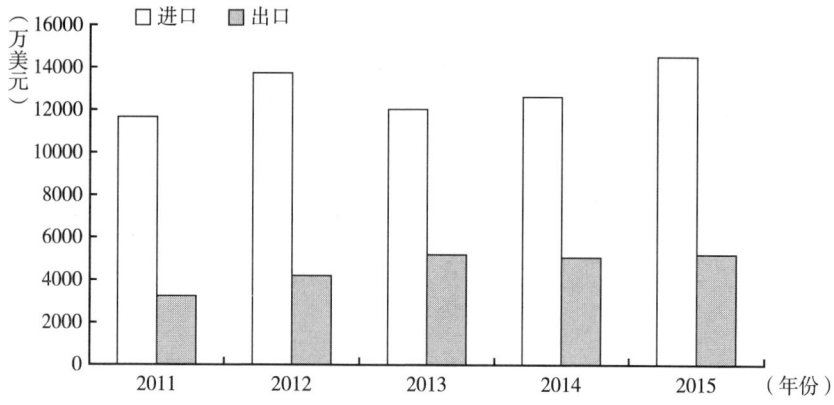

图 1　2011～2015 年图书进出口额

资料来源：国家新闻出版广电总局官网统计公报，http://www.sapprft.gov.cn/sapprft/govpublic/6676.shtml。

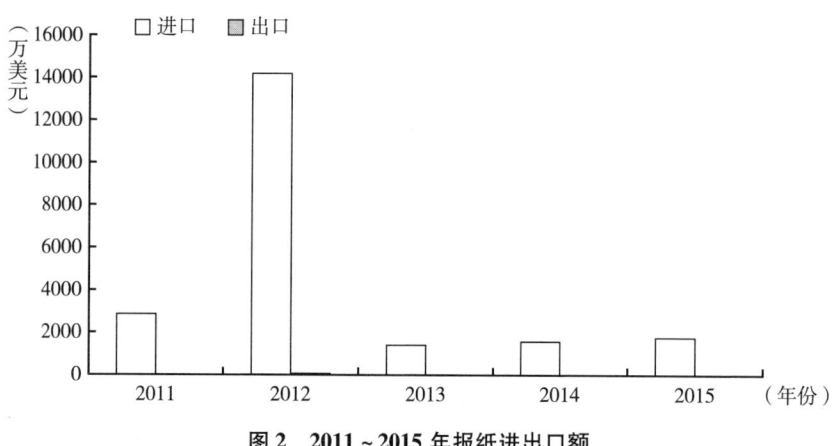

图 2　2011～2015 年报纸进出口额

资料来源：国家新闻出版广电总局统计公报，http://www.sapprft.gov.cn/sapprft/govpublic/6676.shtml。

3. 期刊进出口情况

"十二五"期间，中国期刊进出口情况变化不大。在期刊进口方面，进口额先增后减，在 2013 年达到峰值 14620.06 万美元；在期刊出口方面同样呈先增后减趋势，在 2013 年达到峰值 744.85 万美元（见图 3）。报刊进出口差额较大，进口额远超出口额，贸易逆差严重。

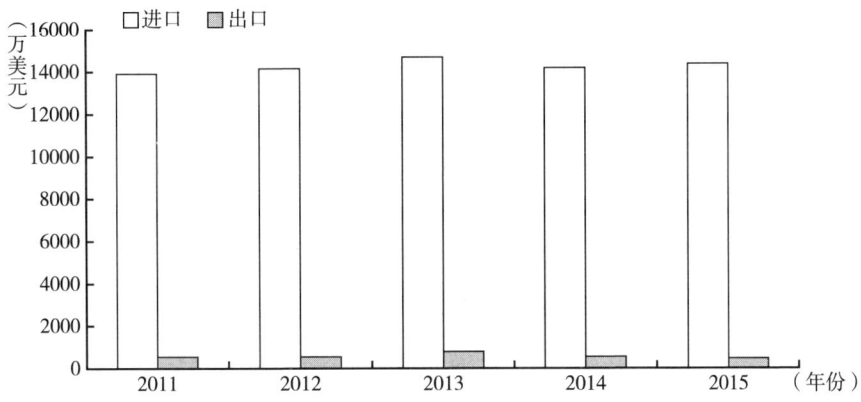

图3　2011~2015年期刊进出口额

资料来源：国家新闻出版广电总局统计公报，http://www.sapprft.gov.cn/sapprft/govpublic/6676.shtml。

4. 音像制品、电子出版物、数字出版物进出口

2011~2015年，中国音像制品、电子出版物、数字出版物的进口额持续上升，由2011年的14134.78万美元增长至2015年的24207.67万美元，几乎倍增（见图4）。在出口方面，中国音像制品、电子出版物、数字出版

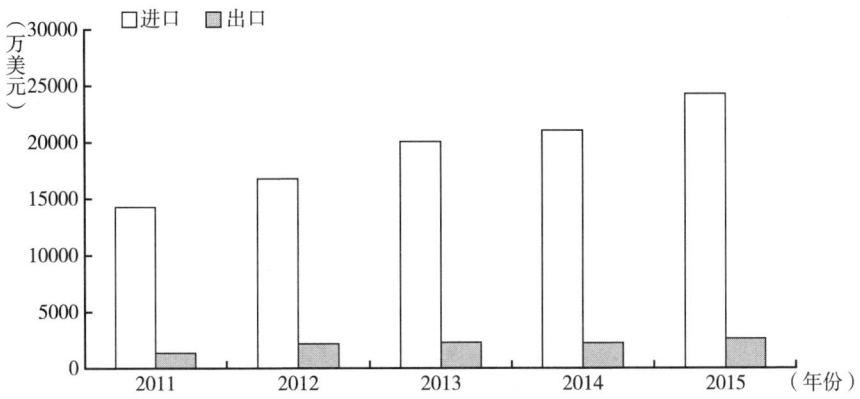

图4　2011~2015年音像制品、电子出版物、数字出版物进出口额

资料来源：国家新闻出版广电总局统计公报，http://www.sapprft.gov.cn/sapprft/govpublic/6676.shtml。

物的出口额保持平稳的趋势,变化不大,但较之进口额仍有很大的差距,这使得贸易逆差不断增大。

(二)版权对外贸易情况

在国际交往日益繁复的今天,版权贸易作为文化贸易的一种越来越受到关注,中国对外版权贸易的发展势头也越来越猛,不仅繁荣了文化市场,也促进了中国出版行业的发展。

在版权对外贸易中主要有三方面的内容,分别为图书版权对外贸易、录音制品版权对外贸易以及电子出版物版权对外贸易。其中图书版权贸易占比最大,以2015年为例,在版权引进方面,图书版权占比高达97%,其次是电子出版物版权,占比为2%,录音制品版权占比为1%(见图5)。在版权输出方面,图书版权输出仍旧占据主导地位,占比达到90%,其次是电子出版物版权输出,占比为7%,最后是录音制品版权输出,占比为3%(见图6)。

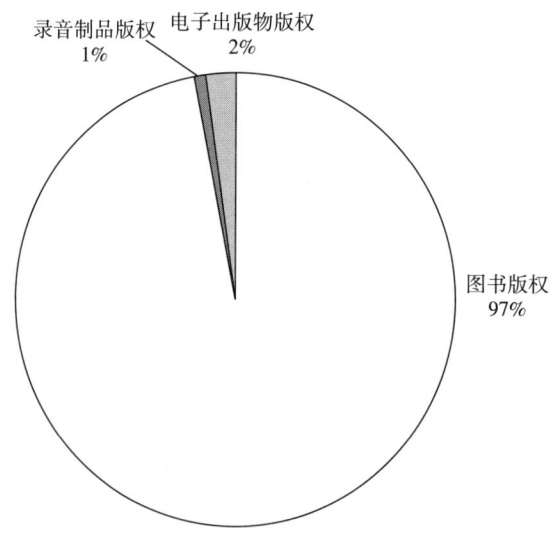

图5 2015年版权引进情况

资料来源:国家新闻出版广电总局统计公报,http://www.sapprft.gov.cn/sapprft/govpublic/6676.shtml。

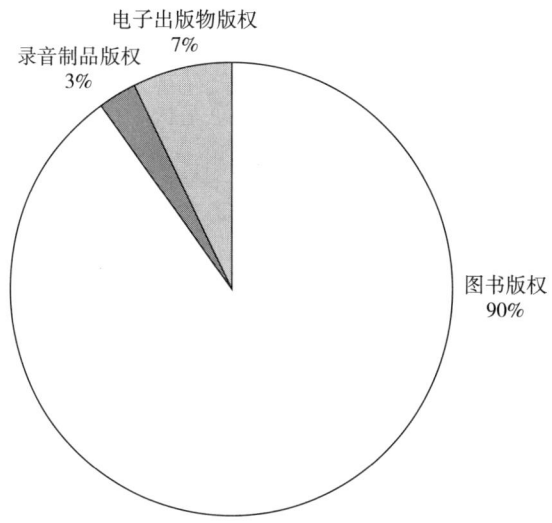

图 6　2015 年版权输出情况

资料来源：国家新闻出版广电总局统计公报，http://www.sapprft.gov.cn/sapprft/govpublic/6676.shtml。

1. 图书版权对外贸易发展情况

2011～2015 年，中国图书版权引进呈现先上升后下降的趋势，在 2013

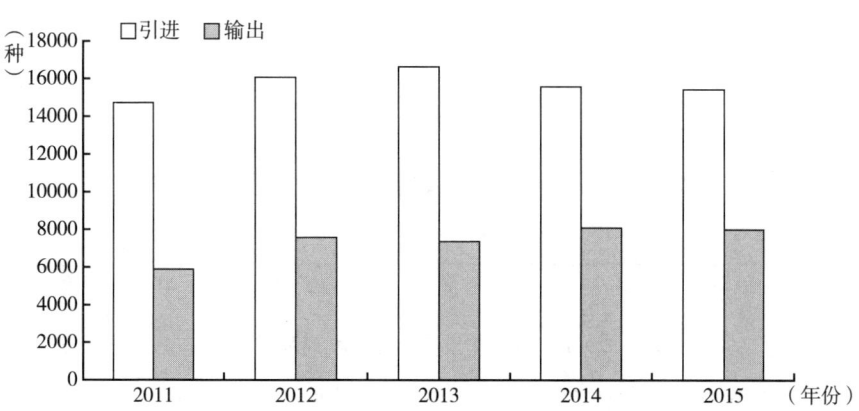

图 7　2011～2015 年图书版权对外贸易情况

资料来源：国家新闻出版广电总局统计公报，http://www.sapprft.gov.cn/sapprft/govpublic/6676.shtml。

年达到峰值,引进图书版权16625种;在图书版权输出方面,中国的输出数量不断上升,在2015年输出了7998种图书版权(见图7)。

尽管中国图书对外版权贸易总体处于逆差状态,但逆差在不断缩小。在2015年中国共引进图书版权15458种,输出图书版权7998种,图书版权引进和输出比例由2011年的2.48∶1,缩小到2015年的1.93∶1,贸易逆差整体呈逐年缩小的趋势。

2. 录音制品版权

"十二五"期间,中国录音制品版权引进数量呈现先上升后下降的趋势,首先由2011年的引进278种增加到2012年的475种,之后开始逐年下降,最终在2015年降为133种。在音像制品版权输出方面,输出量变化呈起伏趋势,2013年输出种类最多,达到300种,2012年输出种类最少,仅为97种。值得注意的是,虽然中国音像制品版权对外贸易总额并不大,但其在2015年实现了贸易顺差,这是其他几项所没有的(见图8)。

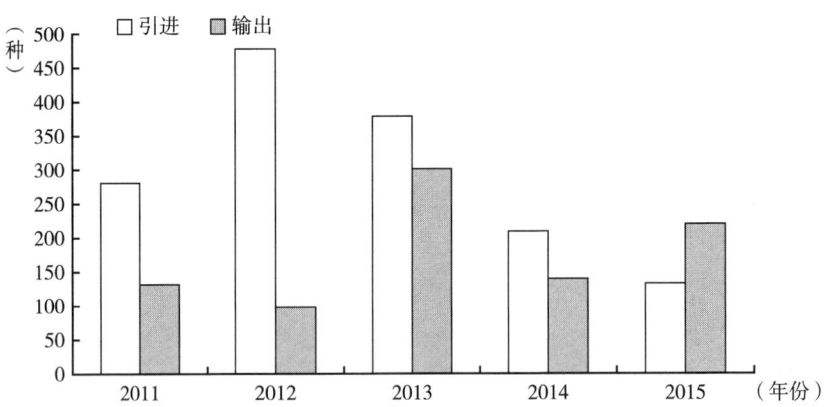

图8 2011~2015年录音制品版权对外贸易情况

资料来源:国家新闻出版广电总局统计公报,http://www.sapprft.gov.cn/sapprft/govpublic/6676.shtml。

3. 电子出版物版权

2011~2015年,中国电子出版物版权输出方面在2013年有一个大幅提高，输出种类由2012年的115种跃升至2013年的646种，之后也一直保持在400种以上。在电子出版物版权引入方面，引入的版权数量呈U形分布。"十二五"期间，中国的电子出版物版权仅在2011年产生逆差，其后的四年里一直保持贸易顺差，并且差额较大（见图9）。

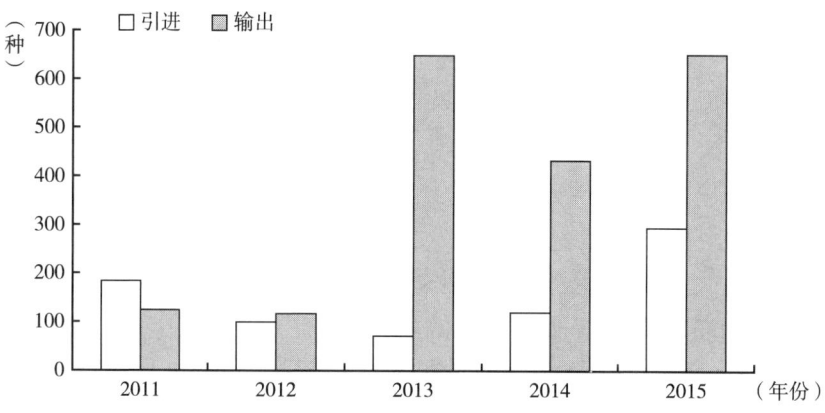

图9　2011～2015电子出版物版权对外贸易情况

资料来源：国家新闻出版广电总局统计公报，http://www.sapprft.gov.cn/sapprft/govpublic/6676.shtml。

二　新闻出版业对外贸易的特点

（一）大型交易平台的搭建促进了新闻出版行业对外贸易的发展

经过多年的发展，北京国际图书博览会已发展成为国内乃至国际范围内的重要版权交易平台，同时，图博会始终坚持"把世界优秀图书引进中国，让中国图书走向世界"的核心理念，逐步使我国图书展览业实现国际化、专业化、产业化和公益化，为外界相关领域的展商打开了一个了解、熟知中国以及世界新闻出版业发展状况的窗口。

北京国际图书博览会吸引了越来越多的国内外出版商，书展国际化日益提升。据中国国家新闻出版广电总局统计，在2016年北京图书博览会上共有1379家海外出版机构参展。共达成中外版权贸易协议5018项。来自86个国家和地区的中外最新出版物30多万种在为期5天的图书博览会上展出，这其中不乏全球出版业10强、50强的企业。另外，此次展会还新增了美国的斯特灵出版社、英国卡托出版集团、韩国最大的出版集团熊津等海外展商74家。

同时，中国出版集团、凤凰传媒出版股份有限公司、中国社会科学出版社、机械工业出版社、广西师范大学出版社等国内各大出版企业也充分响应国家"走出去"战略，积极适应全球化发展趋势，全面深入展开国际发展战略。

（二）"一带一路"倡议的推进以及中国与中东欧十六国的合作加深为中国新闻出版行业带来广阔的市场

"一带一路"沿线大多是新兴经济体和发展中国家，有着多方位了解中国政治、文化、历史的需求，针对这种需求挖掘中国的输出潜力和方向，根据地域及文化差异开展差异化推广策略，必将拓宽中国版权的影响范围。同时，"一带一路"沿线国家的民族多样，从而创造出了国家间交流合作的新需求，给中外出版业提供了丰富的市场空间。

2016年北京国际图书博览会上，中东欧16国首次集体亮相。此次参展的中东欧出版企业近70家，参展国家中除波兰、匈牙利、塞尔维亚、罗马尼亚、阿尔巴尼亚等国曾参展图博会，其他11个国家的出版人均为首次出现在中国出版市场。博览会展出了一大批中东欧国家的优秀文学作品，如波兰展台向中国读者推荐的《华沙的战后建筑》《十字军骑士》，塞尔维亚展台推荐的《学习斯拉夫语》《俄罗斯之窗》等。

近两年，中国国家新闻出版广电总局与塞尔维亚、阿尔巴尼亚等国政府相关部门，以及出版商协会分别签署了开展互译出版对方经典图书的合作协议，并且已经取得初步成果。近年来，中国每年都派中国出版代表团参加捷克布拉格国际书展、罗马尼亚高迪亚姆斯国际图书与教育展、塞尔维亚贝尔格莱德国际书展、匈牙利布达佩斯国际书展、波兰华沙国际书展等多个中东欧国际书展。2016年11月,中国作为主宾国参加了罗马尼亚高迪亚姆斯国际图书与教育展。

(三)政府政策的支持为中国新闻出版行业对外贸易提供了有力的保障

"十二五"期间,政府加大对中国企业"走出去"的支持力度,鼓励中国新闻出版行业中有能力的企业开展境外业务,或者在境外落户、兴办实体,针对当地民族文化特色开展新闻出版业的交流合作。

打击盗版的力度进一步加强。"剑网2014"是国家版权局联合国家互联网信息办公室、工信部和公安部开展的打击网络侵权盗版专项治理工作的第十次专项行动。"剑网行动"主要针对包括网络文学在内的多个重点领域的网络侵权盗版行为,强化打击力度。2014年6月专项行动启动以来,各地版权行政执法部门、互联网信息主管部门、电信主管部门和公安部门积极配合、联合督办,有力地打击了互联网上的侵权盗版现象,其间共查处案件440起,移送司法机关66起,罚款352万余元,关闭网站750家,有效震慑了侵权盗版违法犯罪行为,为版权产业和版权贸易的良性发展创造了更为健康的网络环境。

同时政府还完善了数据统计,为新闻出版产业"走出去"提供数据支持,在出版物和版权"走出去"的基础上,逐步带动出版物和版权实体即出版企业"走出去",并进一步刺激我国的对外直接投资。加强信息平台建设,利用好数据统计资源,在对中外市场进行充分分析的背景下,为企业提供强有力的后台支撑,助力新闻出版企业开拓海外市场。

三 新闻出版业对外贸易的问题

(一)贸易逆差长期存在

通过对中国新闻出版行业各领域现状的分析发现,除录音制品版权对外

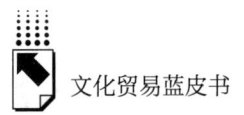

贸易以及电子出版物版权对外贸易存在小额的贸易顺差以外,其余各领域都存在较大额度的贸易逆差。长期的贸易逆差不利于中国新闻出版行业的发展,但我们应认识到文化产业与其他产业的不同,理性对待贸易逆差。

(二)盗版问题依然严峻,版权意识未深入人心

在互联网时代,网络已经成为出版的重要媒介,尽管中国网络版权保护工作已取得一定成效,但形势依然较为严峻,网络侵权盗版仍旧频频发生,甚至出现了侵权作品受到追捧的现象。政府对网络侵权盗版行为的打击力度仍需加强。除此之外,中国民众的产权、版权意识仍旧较弱,版权意识并未深入人心,这也导致了盗版的横行,为新闻出版行业的发展和版权贸易蒙上了阴影。

(三)图书出版行业需提高自身创新能力,提高国际影响力

对于一些图书出版机构来说,中国图书出版业的核心竞争力不容乐观。在战略制定方面,由于缺乏全局意识,未能制定出理性的国际战略;在创新方面,缺乏带动和激发创新的人为及客观环境,缺乏产品和服务创新。文化创新不能只停留在学术贡献的层面,出版社还应对市场需求和偏好高度重视,有针对性地提供高质量文化产品。

四 新闻出版业对外贸易案例:中国科幻小说《三体》海外市场口碑销量双赢

《三体》三部曲,是由中国科幻作家刘慈欣所著的系列科幻小说。刘慈欣原本是一位计算机工程师,自20世纪90年代起利用业余时间在《科幻世界》上发表科幻小说,曾多次获得中国科幻银河奖。2006年起他在《科幻世界》开始连载长篇小说《三体》,2008年首次出版简体中文版,在科幻迷中获得了极好的口碑。然而彼时这部作品依然只是小圈子内自娱自乐的狂欢,科幻小说在中国文学类型中依然处于边缘状态。2011年起《三体》出

版了繁体中文版、随即在2013年出版了韩文版、2014年开始出版《三体》第一部的英文版，自此正式进入国际主流读者视野，在亚马逊发售的精装版与Kindle版首日销量就分别夺取亚洲文学类第一名和第二名。2015年，《三体》英文版接连获得星云奖、普罗米修斯奖、轨迹奖等国外重要科幻文学奖项提名，直至同年8月正式获得第73届雨果奖最佳长篇奖，成为第一部由中国作家以原文为非英文写作而获得雨果奖的作品，它也改写了"科幻译制著作在欧美市场销量不好"的市场现状。刘慈欣本人在当年5月出席了纽约国际书展，同样带动了《三体》英文版的海外销量。2015年底，《三体》第一部的英文版在全球销量已超过11万册，销售额超过200万美元，至2016年6月底，《三体》第一部全球总发行量已超过16万册。2015年8月出版的《三体》第二部英文版及2016年8月出版的《三体》第三部英文版也均在海外市场获得口碑与销量的双丰收。

从中国图书出版对外贸易的角度来看，《三体》三部曲英文版是一次成功的海外营销和发行案例。它真正打入了欧美主流市场并获得海外受众对内容的认可，如果深究背后原因，在这部作品海外发行营销各个环节的运作，带给我们关于对外文化贸易方面的启示值得我国从事图书版权对外贸易的人士借鉴。

首先，《三体》三部曲的优质内容无论在中国国内市场还是海外市场，都极具竞争力。任何一个文化作品想要"走出去"首先应经受住国内市场的考验。刘慈欣在《三体》系列中创造出庞大复杂的世界观，故事跌宕起伏又以深厚的科学知识作为支撑，揭示人性的善与恶，本身在国内出版时便颇受欢迎。自其简体中文版出版以来也多次获得国内各重要文学奖项如中国科幻文学银河奖、全球华语科幻星云奖等。

其次，《三体》三部曲的"走出去"之路寻找到了最"靠谱"的合作方。一部文化产品制作完成，必须同时配备强大的宣发实力才能在文化市场上让更多人知道继而完成购买。《三体》三部曲的海外版权贸易由中国教育图书进出口公司负责，这是国内教育系统唯一的大型图书进出口企业。它们通过海外版权贸易经纪人联系到美国著名科幻出版公司托尔出版公司

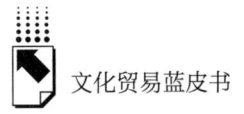

(Tor.com) 的主编 Liz Gorinsky，并承诺为《三体》第一部的翻译付费以及负责继续翻译第二部和第三部，这样方便美方出版公司用英文评估项目。因为在美国图书市场上翻译成英文的外国科幻作品一直以来销量不好，但 Liz 评估过《三体》后认为从内容上看这是一部很优秀的科幻作品，同时由于中国国力的崛起，当前美国人对中国在当代世界文化市场中的位置十分好奇，美国杰出人士和美籍科幻小说家也都对这部作品极力推荐，因此她设法说服托尔出版公司内部出版了《三体》的英文版。

而英文版《三体》的翻译者选择也是奠定其海外出版成功的一大基石。英文版《三体》的翻译者刘宇昆 8 岁随父母移民美国，本身也是科幻小说作者。他的短篇科幻小说作品《手中纸，心中爱》曾在 2012 年获得星云奖和雨果奖短篇故事奖。他曾将陈揪帆、夏笳和马伯庸等中国作家的作品翻译成英文在国外出版。一个熟悉中国文化又自幼成长在美国且获过重量级科幻文学大奖的人作为《三体》的英文版翻译可谓是可遇不可求的机遇。事实证明刘宇昆的翻译最大限度保持原著的韵味又能打破跨文化交流中的障碍，使欧美主流读者能够更好地接受这部作品。当时中国教育图书进出口公司也是在广泛征求意见后选择了刘宇昆作为《三体》第一部的翻译。也正是他的翻译将《三体》推向了雨果奖宝座。

由此看出，具有竞争力的优质内容、最大程度削弱了跨文化交流障碍的翻译版本、有国际化视野和资源的项目策划和执行人才，同时具备这些关键因素才有可能让中国的图书成功"走出去"。

参考文献

[1]《刘慈欣〈三体〉获国际舆论盛赞》，中国教育图书进出口有限公司官网，2015 年 8 月 28 日，http：//www.cepiec.com.cn/news/industry/2015 - 08 - 28/408.html。

[2] Cixin Liu the Superstar, *How Taking a Risk on a Chinese Author Paid Off Big For Tor*, 2015 年 9 月 4 日，https：//www.blackgate.com/2015/09/04/cixin - liu - the - superstar - how - taking - a - risk - on - a - chinese - author - paid - off - big -

for – tor/。

［3］许晓青、涂一帆：《中国科幻著作〈三体〉三部曲全套英文版问世》，新华网，2016年8月22日，http：//news.xinhuanet.com/shuhua/2016 – 08/22/c_129246449.htm。

［4］许晓青：《科幻小说〈三体〉英文版全球销量逾11万册》，新华网，2016年2月3日，http：//news.xinhuanet.com/2016 – 02/03/c_1117985197.htm。

［5］《〈三体〉以及正确营销的胜利》，北京青年报电子版，http：//epaper.ynet.com/html/2015 – 08/25/content_150662.htm？div = – 1。

［6］《外国人怎么推销英文版〈三体〉》，凤凰资讯，2014年11月24日，http：//news.ifeng.com/a/20141124/42551294_0.shtml。

［7］"三体"，百度百科词条，https：//baike.baidu.com/item/%E4%B8%89%E4%BD%93/5739303？fr = aladdin。

［8］"刘慈欣"，百度百科词条，https：//baike.baidu.com/item/%E5%88%98%E6%85%88%E6%AC%A3。

［9］"刘宇昆"，百度百科词条，https：//baike.baidu.com/item/%E5%88%98%E5%AE%87%E6%98%86。

B.4
演艺对外贸易发展报告

摘　要： "十二五"期间，中国演艺产业对外贸易迎来了新的发展浪潮，产业规模不断平稳增长、市场参与主体不断完善的同时，一方面越来越多地打破传统模式，更多地与其他文化产业领域进行交叉、融合；另一方面城市间演艺市场发展程度的显著差异正明显缩小，市场配置资源的能力和效率正不断提高。此外，演艺对外贸易逆差仍然长期存在，但进口剧目质量不断优化的同时也在进一步推进国内消费者的鉴赏能力、刺激演艺需求，更是涌现出《战马》这样版权引进的成功优质案例。当然中国演艺对外贸易长期面临的问题也不容小觑，从国家政策环境到市场运行机制再到各类参与主体，整个对外演艺贸易体系的完善，是中国演艺对外贸易最终能否真正实现顺差的关键。

关键词： 演艺产业　对外文化贸易　演出市场

一　中国演艺业发展概况

在"十二五"开年之际，中国共产党第十七届中央委员会通过了《中共中央关于深化文化体制改革、推动社会主义文化大发展大繁荣若干重大问题的决定》，其中提到的"加快发展文化产业，推动文化产业成为国民经济支柱性产业"和"进一步深化改革开放，加快构建有利于文化繁荣发展的体制机制"等，对于中国文化产业的改革和发展都具有极其重大的意义，积极推动了社会主义文化大发展大繁荣。在此背景之下,中国的文化产业迎来了演艺产业的发展浪潮,"十二五"期间,演出市场总体经济规模达到1933.11亿元,各类演出收入持续增加,公共文化服务水平不断提升,政策的引导和支持不断完善,观众理性化、全民化程度越来越高。同时,中国的演艺企业也开始跃跃欲试,通过良好有效的"走出去"机制,主动学习国外的经验、了解国外的市场,不断争取与国际水平接轨。

(一)市场规模增长明显,市场结构日趋成熟

"十二五"期间,中国演出市场总体经济规模达到1933.11亿元。2015年演出市场总体经济规模为446.59亿元[1],比2011年增长了91.4%[2](见图1)。演出市场的快速膨胀与中国经济快速发展的积累和人们生活水平的提升密切相关,人们对于精神层面的需求急剧上升,不仅北京、上海、广州等一线城市,二、三线城市的需求潜力在逐渐被激活。这五年内,演艺市场进行了一定的自我调整,在2013年的演艺市场出现泡沫和不规范的现象之后,在市场趋于理性的过程中,出现了新兴的业态和崭新的行业面貌。

演出市场在发展的过程中逐渐完善,各个组成部分竞相成熟起来。以2015年为例,演出市场各类收入共446.59亿元[3],其中演出票房收入最大,也是演出市场中发展最为突出和成熟的一部分;政府也给予了很大的补贴和支持力度,五年来颁布了包括演出行业的文化产业的各领域政策法规,积极有效地促进了演出行业的转型升级,很多新业态从萌芽探索阶段成长起来,推动行业转型升级。(见图2)

在收入占比最大的演出票房中,专业剧场收入一路领先,在各类收入都较为低迷的2015年,也保持着快速增长的势头,达到了70.68亿元[4](见

---

[1] 中国演出行业协会:《2015年中国演出市场年度报告》。
[2] 中国演出行业协会:《2011年中国演出市场年度报告》。
[3] 中国演出行业协会:《2015年中国演出市场年度报告》。
[4] 中国演出行业协会:《2015年中国演出市场年度报告》。

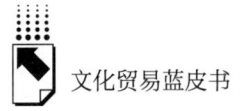

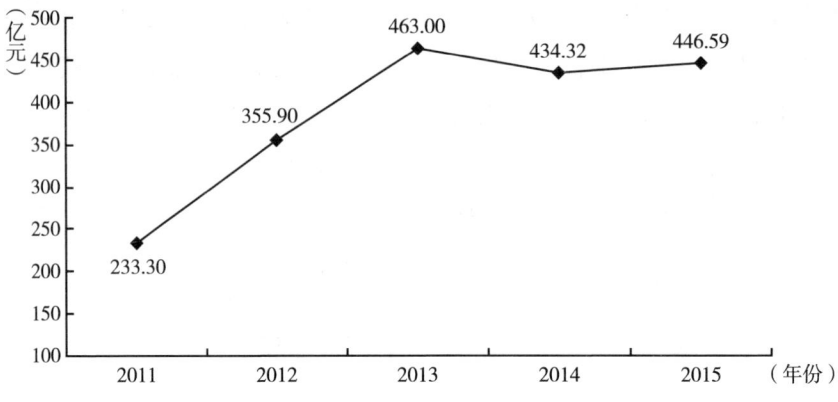

图1 演出市场总体经济规模

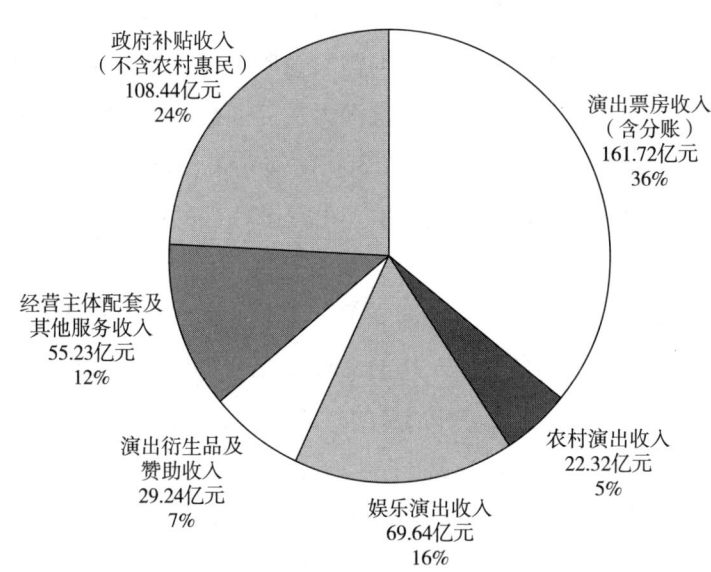

图2 2015年演出市场各类收入对比

图3）。随着剧场在中国各地如雨后春笋般增加，观众接受戏剧的门槛降低了，更多的人走进剧场，同时戏剧的创作也更加重视创新和作品质量，在长期良性循环的探索中，戏剧业的发展越来越完善。

旅游演出市场在2013年达到一个超级顶峰之后收入急转直下，原因主要是：一方面，2013年10月《旅游法》的出台对旅游演出市场有着持续的巨大影响；另一方面，缺乏具有代表性意义的品牌项目，在取消旅行社捆绑消费方式后，大多制作水平低下、缺乏创意的项目便很难占有市场。但经过一年的调整期，如宋城演艺凭借着品牌项目逆势而上，用高质量的演出培育健康的观众市场。

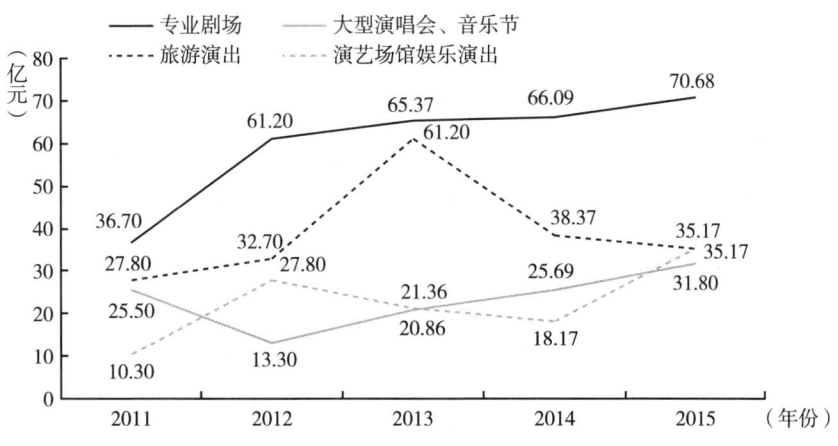

图3　2011~2015年各类演出票房收入

（二）演出市场多元化，IP跨界转化

在"互联网+"的风潮中，演艺市场也开始分得一杯羹。互联网与演艺结合主要形式有秀场直播、线上演唱会和音乐会等形式。2015年中国互联网演艺市场规模近80亿元，比2014年增长了48%。[①] 传统的直播平台和新兴的直播形式争夺固有市场份额，对其经济效益分配、用户人数以及品牌影响力等产生深刻影响。

另外，从2013年起演出行业出现的O2O网上购票和网络营销模式给演艺市场带来了一场革命性的转变。网络购票大大降低了购票的空间和时间成本，为观众带来便捷的购票体验。另外，基于真实用户而建立"大数据"

---

① 中国演出行业协会：《2015年中国演出市场年度报告》。

能够精准定位目标人群,为演出的营销提供了定制服务新渠道,为众筹模式的开启奠定了基础,也为演出项目的制作、修改提供了极具参考意义的风向标。

近年来,IP跨界的转化被视为具有粉丝效应和票房保障的热点,由热门文学、影视、游戏的IP改编的舞台作品层出不穷,如《盗墓笔记》《仙剑奇侠传》等。同时,戏剧的IP也逐渐转向影视剧,如评分一直很高的话剧《夏洛特烦恼》被改编成同名电影,成绩非凡。在政府大力培育戏曲市场的努力下,小剧场戏曲成为戏曲创新中的一个突破口。如京剧《碾玉观音》、越剧《情殇马嵬》等,具有探索性和创新性,大胆地将传统文化用现代的表达方式进行表现,在年轻观众中获得很好的口碑。

(三)以海外优秀剧目引进,推动国内制作水平提升

演艺业的对外贸易目前还处于初步发展阶段,但相比过去演艺市场已经不再是盲目引进,直接照搬原版上舞台,而是以多种多样的形式引进国外的优秀剧目,一方面满足了国内的巨大需求,另一方面也在学习交流互鉴中使中国的制作团队更加专业、与国际接轨。这使其更加适应国内观众的观演偏好,对剧目的改编也是解构剧目学习国外成熟剧目创作、排演成功经验的有效办法,因而不仅可以更好地把握市场需求,更能推动中国演艺院团自身原创剧目的发展。

一方面,越来越多的院团和演艺企业将引进剧目进行了本土化改编,参与制作发行甚至对剧目进行创作改编。以2015年中国国家话剧院与英国国家剧院合作出品的《战马》为例,《战马》中文版在国家话剧院演出了58场,吸引观众超过五万人次,称得上是一部现象级大剧,从而成为万众瞩目的文化热点。《战马》中文版在制作中借鉴学习了很多英国国家话剧院的经验,比如在演员选拔方面,中国国家话剧院就首次采用了社会公开招聘的形式,这一模式不仅有利于寻找到更多的优秀人才,而且能够为《战马》进行前期的大规模宣传。但由于《战马》相比于《歌剧魅影》来说在英国也算得上是一部时间比较短的戏,所以对于中国观众来说是比较陌生的,虽然

《战马》的投入很高,但它的票价是十分亲民的,仅为普通同类演出的三分之一左右,战马票务公司专门用于为《战马》中文版进行专属票务服务,解决了以往国内大制作舞台剧票价过高的问题。在学习和创新中,中方慢慢地将引进的剧目消化吸收成自己的沉淀,中国国际演出剧院联盟已经承包了《战马》亚洲演出的独家运营,并且借鉴英国首次实行"全产业链"的营销模式。近期,中方《战马》团队将与韩国共同合作,制作《战马》的韩文版,从而实现从"引进来"到"走出去"的华丽转身。

另一方面,国内的演艺硬件设备也在逐步完善,以更大的包容性接受国外的优秀作品。2015年从英国引进的《歌剧魅影》是2015年音乐剧市场繁荣的最大支撑者。但由于这种大制作、高科技的音乐剧对于舞台的布景和设备技术的要求十分严苛,所以在该剧74000场的世界巡回中,只在上海上演过两场。为此,引进并运营此次《歌剧魅影》巡演的四海一家公司与金融街集团联手,共同打造专门为音乐剧演出量身定制的天桥艺术中心,天桥艺术中心的主剧场结构为符合《歌剧魅影》的技术要求,进行了专门的设计,这不仅能够更好地引进《歌剧魅影》,而且未来也能够适用于其他的音乐剧。硬件设备的完善大大提升了演艺市场的承载能力。

(四)演艺开启企业之路,演出市场吸资能力提升

2014~2015年,像云南杨丽萍文化传播股份有限公司、杭州金海岸文化发展股份有限公司、北京开心麻花娱乐文化传媒股份有限公司、山东世博演艺股份有限公司、厦门市天视文化传媒股份有限公司等多家演艺机构结合自身特点,通过资本运作的方式,成功在新三板挂牌。新三板服务于创新、成长型的中小企业,除了对提升企业形象、创造名誉、提高演艺机构的信用度有积极的推动作用,还可拓展融资渠道,缓解资金压力,加速资产并购与重组等。

在开启资本之路后,国内演艺机构开始加速与资本市场合作的步伐。演艺行业开始与房地产业相结合,打造出集文化资源和房地产资源为一体的新型商业运作模式,如与日均人流量巨大的商业区结合的"商场+剧场""商

业中心+文化中心"等形式。例如，位于上海美罗城的赖声川上剧场，广州正佳广场内的正佳演艺剧场。剧场与商业环境或商业产品完美结合，使消费者受到潜移默化的影响，配套设施齐全、地理位置优越，有效地吸引观众来到剧场，进而在长期的消费习惯下形成特定的文化消费倾向。

（五）市场参与主体越发健全，演艺市场自主运作能力加强

2011年5月，中宣部、文化部联合下发《关于加快国有文艺院团体制改革的通知》，明确了"转制一批""合并一批""撤销一批""划转一批"和"保留一批"的改革思路。2013年，中国2103家国有文艺表演团体承担并完成了国有演艺院团改革的任务，其中转企文艺表演团体1283家，占承担改革任务团体总数的61%，其余820家原国有文艺表演团体经改制后撤销或划转为其他机构。这意味着市场主体发生转换，标志着企业为主体、事业为补充的新型演艺体制格局已然形成。国有文艺院团的发展活力得以充分释放，一批有较强市场竞争力的新型演艺市场主体如雨后春笋般破土而出。在改革过程中，积极推进资源整合和结构调整，扩大演艺业主体及其发展规模，使得演艺业发展布局逐步完善，演艺产业链得到充分延伸。

同时，在转型中，民营院团和演出经纪机构显现出充分的活力和灵活的运作能力，能够快速掌握市场有效信息，把握市场机遇，自主创新，构造良好品牌形象，逐步由先前的粗放型经营向集约型经营转变。企业统筹社会与经济双重效益，努力打造思想性、艺术性与观赏性相统一的精品力作，适应市场发展方向和特点，实现社会效益与经济效益的双丰收。

二 中国演艺对外贸易发展特点

（一）戏剧节发力剧目引进，创新剧目演出模式

在国外剧目引进方面，戏剧节占据主体地位。一方面，在世界知名戏剧节上获得认可的主流戏剧作品被统一"打包"引进中国；另一方面，国内戏剧节庆活动也主动邀请国外的优秀剧目参与。如北京南锣鼓巷戏剧节在 2015 年的活动中引进了 13 部剧目，北京青年戏剧节在举办期间共引进了 7 个国家和地区的戏剧，林兆华戏剧邀请展将世界级戏剧精彩大作设为主要邀请目标，爱丁堡前沿剧展以小而美的戏剧佳作作为引进对象，第一届天津曹禺国际戏剧节引进了德国柏林列宁广场剧院的《朱丽小姐》、德国汉堡塔利亚剧院的《耶德曼》、俄罗斯高尔基模范艺术剧院的《蘑菇沙皇》《在底层》和波兰华沙话剧院的《假面·玛丽莲》，这些剧目业界口碑佳，观众反响好，从内容题材、表现手法、戏剧态度等方面都为国内戏剧打开视野、带来启示。

此外，作为 2015 年中英文化交流年的重点项目，"NT Live"（英国国家剧院现场）将《弗兰肯斯坦》《人鼠之间》等十余部英国新戏以电影的形式展示给中国观众，极大地挑战传统的演出模式，带给中国观众十分难得的观看演出的体验，受到中国年轻观众的热烈追捧，也为中国的戏剧提供了新颖独特的创新发展经验。

众多的引进剧满足了观众日益增长的审美期待和文化消费需求，带动了国内戏剧的演出质量、管理模式和中外交流方式的创新。但由于戏剧院团引进剧目的标准、原则模糊，以及戏剧的交流局限于业内和熟人圈，引进的演出质量良莠不齐，口碑两极分化的作品不在少数，而对于影响力较弱的剧目来说，因为缺乏成熟的市场运作，在观众群体中的接受度和认知度非常有限。

（二）文化交流打开海外市场，奠基演艺对外贸易

文化交流是文化贸易重要的三大机制之一，而演艺类项目的文化交流借助高端和便捷的宣传平台，给国外观众提供了了解中国文化和中国演出行业发展情况的窗口。2015 年，京剧程派名家张火丁于美国纽约林肯艺术中心进行了全本京剧《白蛇传》《锁麟囊》的演出并大获成功，美国观众反响热烈，《纽约时报》《华尔街日报》等媒体给予高度评价和大

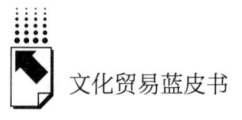

幅的报道。

作为成功的跨国界文化交流项目，张火丁美国之行的成功给中国文化"走出去"提供了许多有益的思考和借鉴。首先是"走出去"选题恰当，对于艺术的经典性评价不应局限于剧目本身，更应囊括对于一个国家的道德标准以及文化基因的评价；美国观众在欣赏张火丁演出技艺的同时，更是在阅读代表着一个有机整体生命的艺术作品。这两部作品不仅展现了中国京剧艺术的最高水平，也将人类对于生活理想与审美追求的共同愿景表达得淋漓尽致，因而很容易让美国观众产生共鸣，充分体现了中国京剧艺术的整体魅力。这让美国观众接受起来文化障碍更小，更容易。

其次，营销推广也是极其重要的。在此次张火丁美国演出开始之前，主办方便在纽约哥伦布大道、纽约主流媒体、中国驻纽约总领馆微信、纽约环线观光邮轮等各种线上线下宣传媒介上进行广告宣传，市场化推广无疑是文化传播的最好方式，但只有跨越文化鸿沟与文化区域性差异，才能实现真正有效的传播。为了将最精彩的中国京剧艺术呈现在纽约舞台上，并让美国观众更易欣赏和理解，在演出前，主办方请来哈佛大学教授王德威以及美国密歇根大学教授陆大伟在林肯中心为美国观众讲解《白蛇传》及《锁麟囊》。通过知识讲座和现场演出的相辅相成，在一定程度上培养了异国受众。所以进行高水准的剧目交流，对开启中外文化交流的新格局具有非常重要的意义。

（三）二、三线城市演艺市场规模初现，增速显著

北京和上海一直以来被视为国内话剧生产最主要的集中地，随着五年内演出市场的发展，通过京沪地区优质戏剧向全国范围的输出，对于二、三线城市话剧市场的快速发展起到极大的促进作用，在短时间内令二、三线城市的话剧市场迅速活跃起来。以成都为例，2014年共上演话剧1549场，比2013年增加了8倍以上。现在的大多数品牌剧目，十分注重"驻演+巡演"的模式，特别是一些民营机构，向其他地区的拓展不再局限于剧目输出，如开心麻花通过在二线城市设立基地和工作室的形式，用自身

具有一定知名度并已发展较为成熟的品牌来吸纳当地的人才,借此创建当地的创作团队,从而带动二、三线城市的话剧创作制作,极大地培育当地的观众市场。

但根据票务网站显示,同样一部话剧,二、三线城市的票价往往高出北京和上海。这大多是由巡演中产生的布景制作费、道具搬运费、演员巡演基本费用等造成的。另外,由于北京、上海戏剧资源丰富,竞争相对激烈,市场渐渐走向成熟,票价在区域正轨,而很多地方的话剧市场仍然处于初级阶段,运作并不十分市场化,所以票价居高不下。

三 中国演艺对外贸易亟待破解的问题

(一)演艺产业融资体系欠缺,演艺产品与资本融合困难

为契合2014年文化部、中国人民银行、财政部联合发布的《关于深入推进文化金融合作的意见》,政府部门和银行方面实行了一系列的措施,有效地发挥了财政资金的撬动放大作用,促使文化企业在文化产业项目实施过程中能运用更多的金融工具,提升自身市场化融资能力。截至2015年12月底,中国文化、体育和娱乐业人民币中长期贷款余额2458亿元,同比增长25.7%。[①] 然而,政府的支持依然无法完全满足所有的文化企业,包括演艺行业的企业。

目前演艺产业尤其是中小企业融资,由于内外各方面的原因,渠道并不畅通。首先是因为演艺产业其本身的特性,投入高、盈利模式不稳定、不可控因素多、不能像简单工业一样进行快速复制、前期需要大量时间进行创作,从而对资本吸引力较弱。加之中国的演艺业现在还处在产业化的初始阶段,资产多以版权和品牌等无形资产居多,传统银行业务难以办理。其次,演艺演出企业对金融知识了解匮乏,金融机构也缺乏对于演艺产业的认知,

---

① 《2015年文化金融合作取得突破》,《中国文化报》2016年2月6日。

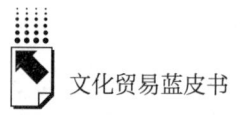

进而导致演艺和金融之间的信息不对称问题。

国内一些演艺机构开启资本之路后,普遍面临着在保持企业业绩稳步、持续增长的同时,股东乃至股市的多重压力等方面的问题。而在逐利的资本市场中,演出机构存在运营内容及类型单一,对于非市场因素影响反映较大,单一作品的市场效果与观众反馈影响较大,在资源的大市场内很容易被热捧但热度持续时间短。因此,演出机构在探索自身发展新道路时,要更加注重对于自身产品内容的建设,从而提升企业的核心竞争力。

(二)市场主体经营过于盲目,缺乏管理标准和服务规范

2014年之后才遏制住旅游演出跟风而作的项目,儿童剧演出市场的井喷式发展,又兴起了一轮演出机构跟风现象。由于家长对儿童教育问题越来越重视,儿童剧市场显现出巨大潜力,然而国内一窝蜂出现各类儿童剧演出,其中不乏大量制作粗劣、欠缺故事性的作品。由于欠缺专业的儿童剧制作理念,很多非专业儿童剧演出机构常常使用令人眼花缭乱的舞台设计和声光电等现代化手段,对儿童的视力、听力都会产生负面影响。国内儿童剧年龄段细分体系不健全,造成儿童剧的创作和市场定位缺失,为抱着投机心理的演出经营单位提供了空间。从而使得原本广受市场关注、发展态势良好的儿童剧市场呈现内容趋同、整体质量严重下滑,良莠不齐等问题。

与演艺基础设备的不断完善不相符的是剧院落后的管理体制。国内大部分剧场没有设立健全的管理体制,剧场内管理岗位的定位定责模糊,管理标准与服务规范有待完善,欠缺对于剧场内管理人员、技术人员、服务人员的培养及定期资质考核体系。一些地方政府投资数亿元打造的设备齐全的大剧院,却如空壳建筑,没有组建管理团队的标准,也没有操作和维护的规范,市场的运营与管理十分缺乏。

(三)演艺产业复合型人才缺位,人才供求不均衡

中国演艺市场日益丰富成熟,演出作品创作数量激增,与国际演出资源的交流、交易也日益频繁,因此越来越多的人投入演艺行业。但是依然缺乏

复合型的演出制作和经营管理人才以及具有相关经验的财务、律师等专业人士。

一方面，虽然国内不乏优秀的剧目创作，但转化成精良的、符合国外舞台审美和观众接受的作品出口国外的环节却发展迟缓，这是因为同时具有深厚的中外文化底蕴、世界观念和国际视野，并且熟练掌握一门以上外语，能独立从事中外文化艺术交流与传播相关工作的复合型人才极度缺乏。

另一方面，对于演出这一项目本身来说，立项、策划、宣传等都需要国际化的专业人才来执行，才能最大限度地挖掘剧目和演出背后的商业价值，所以只有大量熟悉全球市场和具有长远目光的管理人才共同努力，才能实现这一目标，保证高效率高质量剧目的出品。同时，演出剧目的生产制作过程，涉及许多资金、版权、风险的问题，但中国国内十分缺乏既有专业知识，又熟悉演艺行业的律师和财务人才。

（四）演艺行业贸易统计系统缺失，演艺市场缺少科学量化的引导

中国演艺行业近年来在中国各地开花，发展速度和方式各不相同，相关的演艺行业统计逐步开始成熟，但面向文化贸易与文化投资的有针对性的统计指标体系仍然缺失。当前的统计仅停留在对于演艺的场次、收入等基本行业方面进行统计，而对于国内和进出口贸易的统计并不完善。不同演艺作品之间的版权差异性较大，版权的归属关系较为复杂，同时其版权收入还有着很大的不确定性，从而导致了演艺作品在版权价值评估过程中难度大，对于评估方的技术与专业水平要求高。这种系统的统计评估体系的缺失，对于政府部门来说，相关演艺支持政策发挥的调控作用、国家资助资金的使用成效、演艺院团演出取得的经济和社会效益等缺乏合理的评估体系，导致演艺政策得不到反馈，也无法通过事后绩效考核的形式监管院团享受政府政策优惠产生的作用以及支持资金的用途，不能对院团产生约束。对企业来说，无法客观、科学、准确地了解国内以及对外文化贸易的整体情况，不能为中国演艺行业的全面发展战略及政策的制定提供有效依据，也使得对于演艺行业的评估没有可量化的标准可依。

四 中国演艺业对外贸易的建议

演艺产业作为"十二五"规划重点发展的文化产业之一,在政策引导支持力度加大、居民收入水平提高、文化消费理念提升的大背景下,中国演艺产业呈现平稳发展的良好态势,演艺产业的潜力逐步被释放。"十三五"时期,中国经济进入新常态,中国演艺产业所面临的发展环境也将与"十二五"时期有着明显不同。在新的历史阶段,推动中国演艺产业的进一步发展需要转变发展思路、创新思维,探索新的发展举措。①

(一)培养观众观演需求,挖掘演艺业市场潜力

经过"十二五"五年的发展,中国演艺市场已经被激活了,但是还有巨大的潜力值得去开发和挖掘。通过供给主动创造观众需求,积极培育开发演艺文化潜在的生产与消费对象,从而达到扩大演艺市场的目的,将群众从"被动群体"通过一定途径转化成"主动群体",从教育入手,提升国民的艺术修养,扩展国民艺术视野,进而全面提升大众的文化素养和艺术欣赏能力,形成市场有效需求。当演艺市场有越来越多的观众消费,不断高企的演出票价才能在更接近于完全竞争的市场上得到恢复。

政府对演出行业的针对性补贴也是刺激普通老百姓进入剧院的一个有效方法,如北京市政府实行的低票价惠民政策就极大地推动了北京演出市场的发展,释放了大众的观剧热情与需求。与此同时,演出行业要更关注市场分层和定位的问题,随着人们生活水平的提高,企业要根据自己的定位确定主要的目标消费群,量身定做差异化的演艺产品,推行相关的演艺市场营销策略。针对多元化市场目标群体,实施多阶位市场定价,来满足不同年龄段、不同职业、不同性别、不同学历层次人群的多元化文化诉求,促使其成为演艺市场可持续发展源源不断的内在推动力。

---

① 孙凤毅:《"十三五"时期我国演艺产业发展路径探究》,《文化月刊》2016 年第 5 期。

（二）健全市场化运营机制，为演艺产品与服务创造健康环境

在荟萃各地民族文化的基础上，戏曲、音乐、舞蹈、杂技、编导方面的专家和编创团队应联手研究开发与传统文化表演形式和曲艺节目有所区别的特色产品，在传统演艺曲目中添加新的现代化创意文化元素，实现原创型演艺作品与创新型文化作品的统一，让创意推动"原创"演艺精品的生产。

充分发挥市场在文化资源配置中的决定性作用，从战略高度重视演艺产业，明确政府和演艺企业的关系，优化文化管理体制：一方面，实现管理理念从"办文化"为主向"管文化"为主的转变。破除人为割裂文化事业和文化产业关系的"二分"观念，正确认识公益性文化事业作为人民群众文化权益的基本文化需求与经营性文化产业是互相促进、互相支撑的。这是客观认识演艺产业双重属性的基础。在此基础上推行分类管理思路。对于演艺企业能够进行市场化运作的应由市场主导其发展；对于处于濒危状态的优秀民族文化和传统民俗文化、公众急需的公共群众文化演艺活动应给予重点扶持。另一方面，演艺产业的发展需要依托成熟的演艺市场体系，应从政策上引导演艺企业将主要精力放到品牌打造、文化消费者和经营管理层面，积极培育强大的市场主体，建立良好的运行机制，推动演艺产业的市场化进程。此外，要强化行业协会作用，建立起真正属于自己的、对行业有控制力、权威性的行业协会，并在政府管理部门的支持、指导下，大力引进和培养各类演艺、中介人才，用行规提高和保障专业人才的地位和待遇，维护他们的合法权益，促进中国演艺和文化中介业的发展。

（三）加强文化交流与演艺贸易的互动转化，提升国际演艺市场占有率

演艺业的"走出去"对加速中国演艺业转型升级、广泛传播中国优秀文艺作品、全面构建文化强国形象，具有重要的意义和巨大的推动作用。在广泛的对外文化交流项目的基础上，进一步创新官方对外文化交流方式，鼓励官方对文化交流的演艺产品进行商业化运作；在大型官方文化交流活动

中,鼓励采用符合市场规律的商业化运作方式,如将项目通过招标交给演出团组和演出经纪机构承办,在对方国家举办的演出活动尽量由对方国家熟悉当地市场的主流演出机构进行市场化运作。

加速中国品牌开发与国际文化市场接轨的步伐。中国要积极承担大型世界性演出,实现"请进来"与"走出去"的同步战略。一方面,可以通过全球化采购,吸引海外的精品文化和高端艺术进入中国演艺市场;邀请国际知名艺术家来华演出,提高观摩、学习能力。另一方面,通过演绎中国标志性文化主题树立起文化品牌,通过与文化中介机构进行多层次多角度合作,积极创造出具有代表性的高端演艺产品,推动中华优秀民族文化自信地"走出去"。此外,与海外演艺机构建立全方位多层次的长效合作机制。中国政府规定"在中方控股51%以上或中方占有主导地位的条件下,允许外商以合资、合作的方式设立和经营演出场所、演出经纪机构",使外国演出商在中国投资更加便利,也为海外市场演艺产品的生产拓展了渠道。

(四)培育演艺品牌,促进剧目与剧场融合

具有品牌和特色是在演艺行业中形成产业化的重要前提,因为品牌能给拥有者带来溢价,是一种能产生增值的无形资产。目前北京的剧院虽然数量不少,但是基本处于与院团割裂的状态,形成的"有鸟无巢"和"有巢不养鸟"的情形十分窘迫,通过强化剧院在表演艺术产业链上的集聚功能,能够很好地促进院团及剧院的双赢发展,扭转有节目没剧场、有剧院不经营节目的状况。

以空间较小的小剧场和演出较分散的小剧场演出为例,政府方面应该为剧院搭建公益平台,对区域内上演的剧目做统一的宣传,而剧场和剧团应加强合作,将现有空置的场地利用起来,吸引优质的中小型公司入驻,实现资源集聚,打造风格化的高针对性的剧场,吸引优秀剧目来展演,形成以剧场为中心的凝聚力,突出制作和孵化,弱化剧场的场地功能,从而打造出精品剧场的品牌,培养有黏性的观众群。这就需要尽快制定剧场建设标准,确定

剧场的类别、等级和功能，避免文化设施建设投入的浪费；成立研究机构，加强对策与政策设计，探索院团、剧目和剧场资源的深度整合，出台利于演出市场发展的税收政策等，实现系统协调发展；探索发展运营管理模式，大幅拉升中国剧院产业规模。

（五）繁荣演艺作品创作，以演艺内容为核心竞争力

内容是文化产品和文化服务的核心竞争力，演艺行业也不例外。虽然近年中国的演艺创作和项目层出不穷，但作品质量和创造力远远没有达到国内外观众的期望，这与国内整体的创作生态环境有着密不可分的关系。以音乐剧为例，在国外音乐剧是一个巨大产业，例如由百老汇、外百老汇、外外百老汇组成的金字塔型的产业结构，能够为不同层级创作者发表多元作品提供机会，反观中国的音乐剧，动辄就要拿国人作品与《猫》《悲惨世界》《歌剧魅影》《妈妈咪呀》等世界经典级的作品做比较，促使音乐剧大多数资源涌向大制作，只有有背景的制作人、有知名度的作曲家才能得到关注和重视，而忽略了给有才华的年轻人发展、创作的空间，这是中国音乐剧创作成绩并不理想的主要原因。

所以政府和业界要通力合作，引导演艺界资源的合理分配，同时，中国的创作者也要深刻挖掘本土资源，融合当地社会特征，不一味地盲目模仿，创造具有时代和民族特征的优秀作品，创新演绎模式，拓展发展可能空间，先在国内扎稳根，经历市场的洗礼，进而走向世界。

（六）创新人才培养模式，拓展跨国联合培养机制

目前，中国的高校、演艺协会、演艺公司等都开始重视人才培养的问题，探寻人才培养的模式。在此探索中，应该积极鼓励协同创新和共同发展，鼓励扶持高校开设文化贸易专业，聚焦专业课程，形成特色化的课程体系，牢牢把握经济学核心，形成独具特色的专业风格；坚持产学研一体化的办学模式，利用政、产、学、研各方资源为推动文化贸易人才的合作培养模式建立平台，加大实践课程的培养力度，充分发挥教学实践基地的作用；以

应用型为目标,以国际化的视野努力推进专业人才的培养,力求打造熟悉国内外演艺市场和对外演艺贸易的全方位人才。①

同时,拓展与国外专家合作的机制。一方面运用国外专家引进和交流的模式,提升中国制作剧目出口的品质和精准度;另一方面,可以进行联合培养,增加企业在海外人才的储备,培育能兼容两国或多国文化特性的复合型人才,能够更好地服务于文化企业"走出去"的各项国际化活动。

(七)建立系统的演艺贸易统计和评估体系

系统的演艺统计和评估体系,对政府政策和企业发展都有十分重要的意义,所以演艺行业急需设立适用于中国演艺贸易的专门统计标准,将知识产权、版权等无形的部分以及散落在传统统计体系各个门类甚至没有纳入统计体系的演艺产品与服务进行科学合并与分类,统一统计口径,建立更能与演艺市场实际情况与需求相匹配、能够直观体现演艺市场动态、更加具有可比性和实用价值的演艺行业。其次要建立适用于北京演艺行业的评估体系。制定关键评估指标,建立第三方机构评估机制,督促演艺投资长效发展。评估政府政策引导与支持演艺政策成效,为政府决策提供反馈;评估演艺项目的风险,帮助企业合理权衡演艺项目的成本收益,并为企业无形资产进行评估,提高企业融资效率与规模。

五 演艺对外贸易案例:《战马》——引领中国戏剧新时代

舞台剧《战马》的引进可谓是2014年首都演艺市场上跨时代的文化事件。2014年4月,中国国家话剧院与英国国家剧院在伦敦签署合作备忘录及协议,正式将《战马》引入中国,开始进行中文版《战马》项目的制作与运营。中文版《战马》是中英戏剧战略合作的首部作品,在制作与运营的过程中可圈可点,开启了中国戏剧新时代。

---

① 李小牧、李嘉珊:《深改背景下的文化市场建设》,《北京观察》2014年第8期。

(一)中英合作为《战马》构筑发展环境

英国国家剧院十分看重中国潜在的话剧市场,希望通过两院的合作将英国传统戏剧推广至中国,让更多的中国观众可以到剧院欣赏《战马》。英国国家剧院将《战马》中文版的项目授权给中国国家剧院,在中国地区及新加坡等华语地区进行5年时长、500场的演出量,并将在中国话剧院剧场进行驻场演出。在《战马》项目的运营中,中国国家话剧院与英国国家剧院始终保持着频繁的互访,几乎全部中方制作团队成员均去过英国,观看原版《战马》演出、参观后台,并与英方制作团队交流经验,对于演出效果进行灵活沟通,以保证《战马》的高质量呈现。

舞台技术成为中英交流互访的核心内容。《战马》以"马"为主角,需要3名演员操纵,马头需要细腻,心脏要表现出呼吸,而腿是动力。如何原汁原味地呈现这部舞台剧的高超艺术水准,表达出战马乔伊的灵魂,无疑给中国演员的选拔和训练提出全新的标准和挑战。针对"实操木偶"以及其他舞美技术,中方舞台技术团队远赴英国国家剧院进行专业培训,通过观看演出、参观后台等活动,使制作人员充分了解《战马》的各个技术制作环节。在中英两国导演团队的共同努力下,饰演乔伊的中方演员取得突飞猛进的进步,获得英方导演组的高度评价,被赞为目前为止《战马》所有版本中最富成效的一支战马乔伊团队。

(二)全产业链合作模式大胆创新

为了能够将《战马》的产业效应和商业效应发挥到最大,中国国家话剧院将《战马》当作一个全产业链项目运营,未来将围绕《战马》形成一个完整的产业链项目,使得《战马》能够在产业和商业层面获得更大的收益。

1. 专业化的运营管理

中文版《战马》项目拥有专业化程度极高的运营团队,项目由中国国家话剧院、英国国家剧院出品,中国国际演出剧院联盟及壹仟零壹夜独家发

行,并与北京北奥集团联合运营。中国国际演出剧院联盟及壹仟零壹夜拥有舞台剧《战马》中文版作品的亚洲独家发行权,舞台技术设备独家支持与合作、市场运营与开发权。中国国家话剧院、中国国际演出剧院联盟与北京北奥集团本着强强联合、优势互补、互惠互利、共赢发展的原则共同推进《战马》项目的亚洲演出与市场开发。专业运营团队保证了《战马》的呈现品质,通过积极推进《战马》中文版作品在亚洲演出及市场开发等领域内展开的多层次、多形式、多方位的全面及深度合作,切实建立起内部相互交流及外部合作发展的全面战略合作关系,共同提升中文版《战马》舞台剧作品在亚洲乃至全球市场的竞争优势和市场驾驭能力。

2. 院线化的剧院渠道

长期以来,未能搭建长期合作院线一直是中国剧目演出普遍面临的问题。然而,一部真正成功的舞台剧的剧目制作与剧场运营是不可分离的,长期合作的剧院为舞台剧的长期驻演创造了条件,是剧目制作与演出的稳定支撑。作为中文版《战马》独家发行商之一的中国国际演出剧院联盟,利用其丰富的国内剧场资源,提前对《战马》剧目在未来几年内的上百场演出制定合理的巡演路线并为其搭建专业院线,从而大幅度地降低了演出的各项成本,同时为剧场营销以及剧目广告招商提供了足够的筹备时间。《战马》通过建立创新的整合营销方式为此后的舞台剧发展提供了可供借鉴的营销模式,必将使中文版《战马》在中国市场赢得良好口碑,获得更大的收益。

3. 多元化的市场资源

作为社会优秀文化资源组织者、牵头人与投资人,中文版《战马》运营团队与许多公司展开各种形式的合作,合作方式涵盖组委会制、工作室制等方式,广泛吸收融合多种市场资源,以保持团队在市场中较强的竞争力,始终坚持以市场为导向,立足于市场以谋求可持续发展。

4. 整合化的营销手段

在营销方面,中文版《战马》团队通过建立与广告公关公司的密切合作关系,在国际化层面实现了全媒体营销与整合营销。同时,为了让《战马》更加深入人心,运营团队策划了数十场《战马》主题活动,为普通观众提供了与"战马"亲密接触的机会。2014年4月，《战马》主角乔伊马登上了北京八达岭长城，第一次公开露面并与中国地标景点长城进行亲密接触，吸引了许多正在参观长城游客的视线，通过体验式营销将《战马》项目成功推广。长城是乔伊在中国向普通公众展示的第一站，《战马》中文版作品的宣传推广活动由此正式开展，除"长城之行"外，泰山、鸟巢等也都留下了乔伊的足迹。

5. 国际化的视野理念

中文版《战马》的运营团队并未将视野局限于国内。未来，《战马》运营团队将组建《战马》亚洲营销中心，进行剧目的亚洲国家巡演，在国际市场上不断延续《战马》的商业价值和产业价值，为整个国内演出市场提供一个全新的剧目引进模式。

（三）国家级国有院团探索中国戏剧"走出去"之路

文化"走出去"战略是近年来中国关于文化发展最突出的主题之一。这个战略是在中国入世过渡期结束之后，文化产业开始深度参与国际文化产业分工与国际文化市场的竞争中提出来的。多年来，中国进行着不断的尝试，努力将戏剧推至国际舞台。这其中，中国国家话剧院作为中国戏剧"走出去"的先行者，在走向世界的道路上迈出了坚实的一步。

1. 《战马》选题精良、眼光独到

中国国家话剧院选择《战马》作为合作项目，最根本的原因还在于其品质精良。《战马》是英国国家剧院历时多年打造的一部关于友谊、勇敢、坚韧、信念的作品，于2007年成功首演并延续至今。在这样一部以"马"为主角的作品中，英国国家剧院大胆尝试，结合多种艺术形式，特别选择了一种源于非洲马里独一无二的工艺以及"实操木偶"的方式，将《战马》主角Joey活灵活现地展示在舞台上。这一前所未有的过程历经了五年的磨合与试验，由此也为Joey赋予了全新的生命与活力，让它成为当之无愧的绝对主角，受到全世界观众的追捧与喜爱。由此《战马》也成为当今世界剧坛最受瞩目的作品，被誉为英国伟大的国宝级作品、英国文化的新象征。

作为中国国家表演最高级艺术团体的中国国家话剧院，依托其极富科学性、创新性、创造性的艺术运营机制，成功赢得了英国国家剧院的青睐，双方正式达成了中英两国国家级剧院的战略合作，而该战略合作项目的第一个合作作品即为英国国家剧院所倾力打造的被誉为"英国伟大的国宝级作品"的《战马》。由此《战马》中文版也成为继英语、德语、荷兰语之后的第四个语言版本，中国也成为亚洲第一个，全球继英国、美国、澳大利亚、德国、荷兰之后第六个有能力制作并有机会进行长期演出的国家。

2. 中国话剧"走出去"步履蹒跚

中国话剧从诞生之初，就有着鲜明的"海外血统"：第一个华人话剧团体春柳社表演的首批剧目即为《茶花女》和《黑奴吁天录》，分别改编自法国小仲马和美国斯托夫人的作品。此后，中国话剧虽不断发展，但无论是在传统剧目《雷雨》《日出》等，还是为青年人熟知的《翠花》《分手大师》等作品身上，都可以追索到一些舶来痕迹。

然而，有"海外背景"的中国话剧"走出去"的步伐却并不轻盈。即使一些传统剧目反响不错，一些国内演出团体也努力通过商演等形式输出新老剧目，但中国话剧回归原产地更多地还停留在文化交流层面，商业效益较差。这其中自然有一些文化原因，也存在一定的形式掣肘，但更多的阻碍恐怕还是来自没有清晰的定位。近几年，中国话剧一直尝试与世界交流，但现状依然是进来的多，出去的少。随着中华文化"走出去"战略不断推进，中国国家话剧院所有演出剧目已经一律同步配映英文字幕。在"走出去"的道路上，中国话剧已经在积极探索。实践证明，有民族特色、原创、精心筹备的作品，再辅以适合的舞台表演、剧本翻译，这样的话剧更容易在海外市场获得成功。

在繁荣的市场环境中，中国演艺行业在各个领域都有着令人欣喜的发展，演出市场逐步转型，向更加理性化、市场化的方向发展，定位更加清晰，各类市场主体活力不断得到释放。中国演艺市场迎来了国家级、专门性的服务平台的建立,以及国家艺术基金的大力支持,为中国演艺市场的发展提供了政策环境和资金支持等各方面的发展新机遇,总体上中国演艺市场在平稳中度过,这种稳中有增的市场环境是演艺对外贸易顺利发展的必要条件,随着中国演艺市场的进一步开放,平稳发展的中国演艺市场,在经过合理优化市场结构和配套政策后必将迎来新的增长点。

B.5
动漫网游对外贸易发展报告

摘　要： 动漫网游产业属于新兴产业的一种，随着互联网愈益发达，顺应时代潮流，中国动漫网游产业正在进入以互联网为核心，多领域、多渠道、多模式协调发展的新时代，动漫网游与互联网及其他相关产业的融合发展势必会给动漫网游产业的发展带来新的发展格局。本报告介绍了"十二五"规划以来中国动漫网游产业及其对外贸易的发展情况，对动漫网游对外贸易中存在的问题进行了归纳，在品牌塑造、互联网运用、人才培养、知识产权保护、国际合作等方面提出对策建议。

关键词： 动漫网游产业　对外文化贸易　互联网产业

动漫网游产业作为一种以产业融合为基础而形成的战略性新兴产业，具有先导性、成长性和辐射性的特点，对社会经济发展和文化建设有着不可替代的影响力。中国动漫网游产业是以创意和创新为基础的全新产业，在社会经济中扮演着越来越重要的角色，对于文化创意产业和相关产业的融合发展发挥着越来越重要的作用，逐渐成为国民经济文化产业大军中的一支重要的部队。"十二五"期间，在国家对于促进文化产业发展的相关政策进一步落实的政策大背景下，动漫产业发展中互联网产业对其的推动力愈益加强，中国动漫网游产业正在进入以互联网为核心，多领域、多渠道、多模式协调发展的新时代，互联网及其相关产业与动漫网游的进一步融合发展势必会给动漫网游产业的发展带来新的发展格局。因此，需落实创新驱动发展战略，提高创新力及产业发展的质量和效益,从而推动动漫网游产业有质量、有效益、可持续地发展。

一 "十二五"期间中国动漫网游产业的发展状况

"十二五"期间,我国注重发挥市场机制对动漫文化资源配置的积极作用,动漫网游产业的发展状况不断改善。原创动漫创意、研发、制作能力大幅提升,动漫精品力作不断涌现,技术创新能力持续增强,国际竞争力大大提高,并涌现出许多具备贴近市场发展眼光、国内外著名的动漫专业性较强的管理人才和创作人才。动漫产业的影响力、辐射力、带动力持续增强,动漫在人们生活的各方面都更加深度呈现,作为文化产业发展新的重要增长点持续稳定地发展。

(一)市场规模逐年增长,销售收入突飞猛进

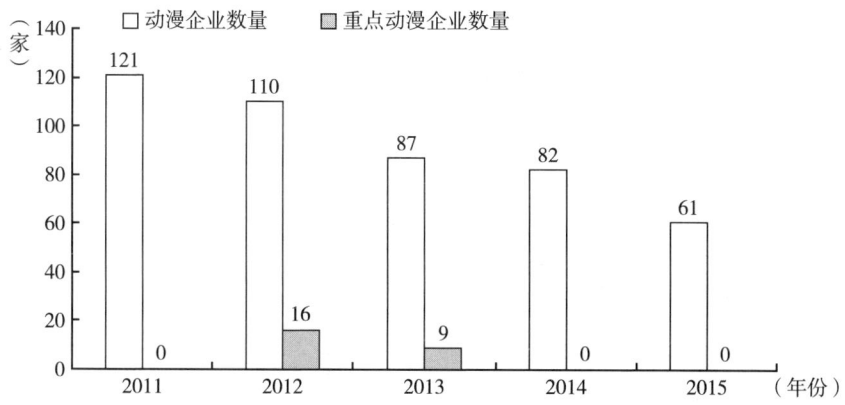

图1 2011~2015年国家认定的动漫企业和重点企业数量

动漫企业作为动漫市场的主体,在产业化潮流中时刻保持着企业规模和竞争实力的持续增强,一批有实力、有特色的动漫企业不断涌现。从图1中可以看到,"十二五"期间,中国动漫企业数量持续增长,2015年有61家

动漫企业通过文化部、财政部、国家税务总局的认定。截至2015年，全国通过认定的动漫企业累计达到730家，其中重点企业43家①。随着经济的不断发展，中国动漫产业逐步吸纳更多新的能量，为以后的多元化产业格局奠定基础。

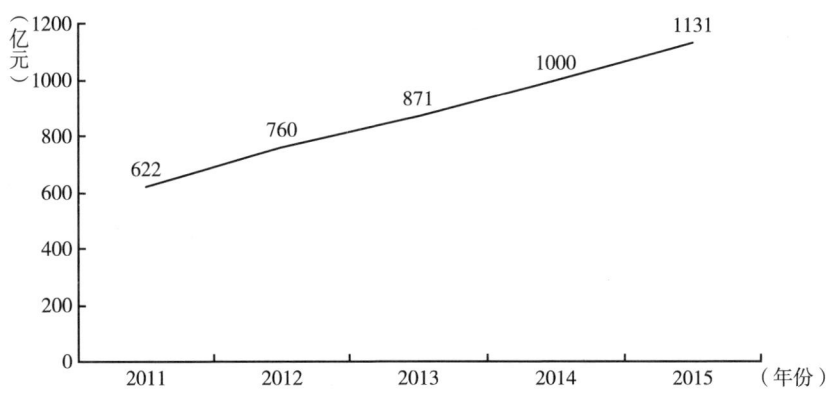

图2　2011~2015年中国动漫行业产值

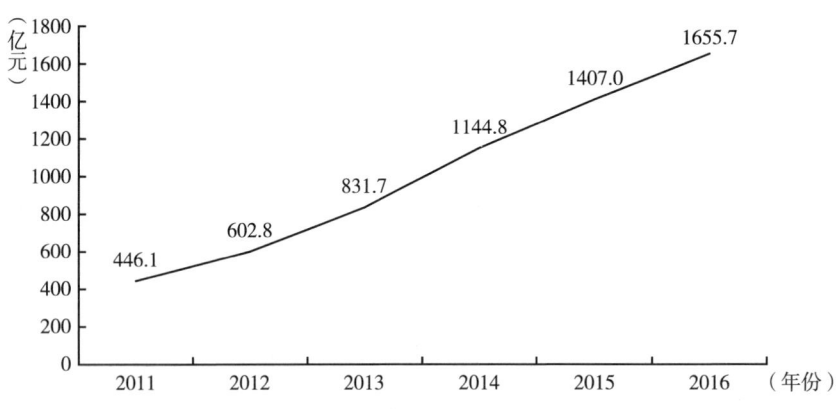

图3　中国网络游戏市场实际收入

---

① 卢斌、郑玉明、牛兴侦：《动漫蓝皮书：中国动漫产业发展报告（2015）》，社会科学文献出版社，2015。

如图 2、图 3 所示，中国动漫行业的产值和游戏产业的收入持稳步增长的态势。其中，网络游戏市场增长迅速，2012 年同比 2011 年增长了 35.13%，2013 年同比 2012 年增长了 37.97%，2014 年同比 2013 年增长了 37.65%，2015 年增长率为 22.90%，2016 年比 2015 年增长了 17.68%[①]，增速降低总收入持续增加。这一趋势主要是受人们生活水平的提高即可支配收入的提高所影响。同时也说明动漫和网络游戏越做越好，市场规模越做越大。

（二）创新意识、版权维护意识增强

动漫网游产业是以"创意"为核心的文化产业，在整个动漫网游产业链中，为其带来丰厚利润的就是 IP 和衍生品两端。国外成熟的动漫市场如美国和日本已将动漫和网游产业链的内容端、发行端和衍生品销售等环节连接成良性循环产业链，并获得巨大的商业价值。IP 是各个环节的源头，同时串联着各个环节，因此是动漫产业的核心。

自 2005 年《魔兽世界》正式商业化运营至今已度过十余年，但魔兽世界中从来没有一成不变的东西。2016 年 9 月，《魔兽世界》7.0 版本在全球同步上线，进一步完善和更新，这也是二十多年来暴雪娱乐有限公司始终走在游戏业界前列的原因。

除了不断创新研发新技术，魔兽的发行公司暴雪娱乐有限公司也很注重保护版权。2016 年 8 月，广州知识产权法院就暴雪娱乐有限公司及上海网之易网络科技发展有限公司诉成都七游科技有限公司、北京分播时代网络科技有限公司、广州市动景计算机科技有限公司侵害著作权及不正当竞争案做出判决。最终暴雪娱乐及网易胜诉[②]，并获赔偿费 600 万元，全民魔兽侵权案历时二十个月最终尘埃落定。主动维权将有效实现对中国创新环境的保护，并鼓励和助力涵盖动漫网游在内的文化创意

---

① GPC（游戏产业网），CNG（中新游戏研究中心 - 伽马数据），IDC（国际数据公司）。
② 《暴雪网易诉（全民魔兽）侵权胜诉 获赔 600 万》，上方网，http://www.sfw.cn/xi。

产业的持续稳定发展，最终孕育出更多国内创新兼优质的动漫网游作品。①

（三）多元化的产业格局初步形成

国务院在《"互联网+"行动指导意见》中提到，部署推进"互联网+"行动，促进形成经济发展新动能：清理阻碍"互联网+"发展的不合理制度政策，放宽融合性产品和服务市场准入，促进创业创新，让产业融合发展拥有广阔空间。②搭建"互联网+"开放共享平台，加强公共服务，鼓励国家创新平台向企业特别是中小企业在线开放。随着经济的不断发展，中国动漫网游产业与互联网和相关产业联合发展，逐步形成了多种经济成分共同发展的多元化产业格局。

2011年1月"有妖气"原创漫画网络平台推出了首部互联网动画《十万个冷笑话》，该部经典动画片刚刚播出就在动漫行业激起了不小的水花，这是国产动漫作品在国内动漫界首次获得不小的名气。借此，"有妖气"漫画利用互联网这一便利渠道，使众多中国漫画消费者享受起属于自身的二次元情境。而伴随这股漫画业的奇流而来的是源源不断的具有创新性和影响力、令人脑洞大开的国产原创动漫作品的诞生。中国动漫产业已经有了一定的原创作品做基础，继欧美风和日韩风刮过之后，消费倾向逐渐转向国内，而国产互联网动漫如何凭借占优势的自由版权刮起国产动漫的潮流，我们拭目以待。

《喜羊羊与灰太狼》在电视台播出后，获得一致好评，很多商家利用这个契机设计生产出很多衍生产品，动漫人物的人偶和挂饰等，同样获得了良好的经济效益。不久又根据喜洋洋这个机智聪慧的形象为步步高家教机做品牌代言，产生了一定的广告效应。由此可见，多元化经济模式在当今社会是一个大的发展趋势，是促进文化经济发展繁荣的大方向。

---

① 《〈中华人民共和国商业银行法修正案（草案）〉通过》，中国政府网，2015-06-24，http：//www.gov.cn/gu。

② 《〈中华人民共和国商业银行法修正案（草案）〉通过》，中国政府网，2015-06-24，http：//www.gov.cn/gu。

（四）国家政策为动漫网游产业健康发展营造大环境

从 2006 年开始，国家就开始出台一系列政策文件推动动漫网游产业的发展。"十二五"期间，国家更是出台了一系列政策文件，从构建国产动画片播映体系、培育影视动画交易市场、限制播放海外动画、推进动漫产业基地建设、鼓励多种经济成分共同参与中国影视动画产业的开发与经营等多个层面扶持国内动漫产业发展。2012 年 7 月，文化部出台《"十二五"时期国家动画产业发展规划》，首次单独为动漫产业制定规划；2013 年 12 月，财政部、国家税务总局出台《关于动漫产业增值税和营业税政策的通知》，在增值税、营业税方面给予动漫产业相关优惠政策；2014 年 2 月，国务院出台《国务院关于推进文化创意和设计服务与相关产业融合发展的若干意见》，推动动漫游戏等产业优化升级，打造民族品牌，推动动漫游戏与虚拟仿真技术在设计、制造等产业领域的集成应用；2014 年 8 月，文化部出台《关于开展 2014 年弘扬社会主义核心价值动漫扶持计划申报工作的通知》，评审优秀动漫创意和产品，采取多种形式扶持创作生产，加大推广力度。① 政策的推动，给动漫网游发展营造了一个良好发展的大环境。

二 动漫网游对外贸易现状

（一）动漫作品输入量远超输出量

从图 4、图 5 可以看出，"十二五"期间中国动画电视出口量和出口金额总体呈缓慢上升的趋势，而动画电视进口额由一开始的缓慢上升，到从 2013 年开始贸易金额快速攀升，远超出口数额。2011～2015 年动画电视出

---

① 吴文轩：《新三板动漫产业研究报告——千与千寻等风起，静待扶摇三千里》，《管理工程师》2016 年 10 月 21 日。

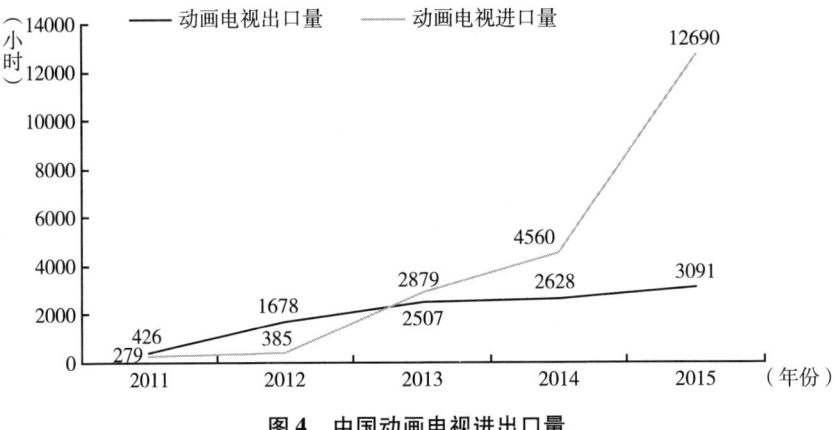

图 4　中国动画电视进出口量

图 5　中国动画电视进出口额

资料来源：国家统计局数据。

口量增加了 2665 小时，出口额增加了 6396.84 万元，而在此期间动画电视进口量增加了 12411 小时，进口额增加了 43770.15 万元。[1] 相比之下，动画电视产业的进口贸易增长额远大于出口贸易增长额。

（二）民营企业成为市场的主力军

2011 年以来，民营企业以更加完备的市场化战略和更加优质精良的产

---

[1] 国家统计局数据。

品设计与创作在国产动漫领域迅速发展壮大，抢占市场，逐渐成为中国动漫企业的领军人。完美世界股份有限公司、北京青青树动漫科技有限公司、奥飞娱乐股份有限公司、广州漫友文化科技发展有限公司等全国知名的网游企业和动漫企业，都是民营企业。这类民营企业在产业发展中的特点如下。

1. 民营企业机制灵活，在社会主义市场经济中随着市场机制灵活应变

民营企业在主体上还是以小企业为主，规模小、转型较快，对于市场变化能够迅速有效地做出应对措施，为了企业的生存及时调整企业战略方向，相比之下国企转型就很困难。在文化市场中，尤其是国际市场，更需要文化企业能够灵活应对，及时调整运营模式，追随市场的走向。

2. 相互支持的发展模式

国有企业在文化发展方面大多数都是各自为战，做图书出版就做图书出版，做演艺机构就做演艺机构，做动画电视就做动画电视，互相不搭界。民营企业则追寻多产业链交叉融合发展，实现动漫网游产业的产业价值链衍生和延长。比如房地产业、服务业、娱乐业等产业都可以融入动漫网游中的文化因素，实现"文化+"和多产业的共同发展。自2000年开始，此类多产业发展模式就被民营企业广泛认可和采用，各产业相互扶持、相互交融，这种多种要素的适当搭配组合赢取了很好的市场反响。

3. 连锁经营，统一化管理

连锁事业有财政补贴，消费群体锁定在一个特定区域的人群，赢利是他们的经营目标，但是没有收入对于连锁企业内部来说影响不大，而文化产业则完全相反，企业只有依靠公司运转赢利才能长期发展和壮大。民营企业通过连锁经营品牌、招商、运营和内部信息的统一化管理，借助新技术、信息化经营等手段实现企业的长足发展和利润最大化。

（三）动漫游戏展会持续繁荣

21世纪以来，中国举办了多场大型动漫游戏展会，其中包含了地方性动漫游戏展会即由国家和省级政府及省会城市等主导、举办的全国性动漫游戏展会以及由企业主办的各种主题动漫游戏展会。

在主题和形式方面，以特定动漫游戏角色、动漫游戏情景命题的展会增多，但国内动漫游戏展会的内容受海外影响依然深远，例如欧美地区的电竞游戏、日本的动漫游戏仍在多数动漫游戏展会上作为主题存在，春日祭、冬日祭等季节性主题动漫活动开始以较高频次出现。从活动开展地域来看，以北京、上海、广州等为代表的中心特大城市动漫游戏展会举办规格和频次较高，如上海的ChinaJoy、中国国际动漫游戏博览会、深圳动漫节、广州电子游戏国际产业展、北京的元气动漫展等；动漫游戏展会的兴起受产业集群化发展影响，杭州、南京、苏州、宁波等动漫游戏展会举办较多的城市，其规模和数量同样很大。展会期间也吸引了许多海外人士的参观，如2017年在上海举办的ChinaJoy，参展团就包括来自日本的安尼普公司（Aniplex）、新加坡的南洋理工学院（Nanyang Polytechnic）、马来西亚的MALAYSIA GAMESPAVILLION、韩国的Korea Creative Content Agency等，2016年杭州中国国际动漫节汇聚了80多个国家50余个国际知名品牌，名家云集，共襄盛举，增进了参展的不同国家的企业经营理念和设计理念的交流，同时激励了业内精英人才创新的积极性。

动漫游戏展会的持续繁荣，不仅取得了社会效益和经济效益，促进了各类文化消费，也加大了二次元人群的参与积极性，成为中国动漫游戏领域行业交流、产品推介、科技展示、产权交易、信息交汇、漫迷互动的重要平台。

（四）"一带一路"指引中国动漫网游企业开拓海外市场

"十二五"期间中国动漫加快实施"走出去"战略，不仅通过动画电影、网络游戏来传播中国的主流价值观，还让全世界对中国的电影和游戏制作水平产生了广泛认可，特别是在"一带一路"倡议的指引下，中国动画电影开始深度拓展在中亚、东亚、东欧等地区的市场。

"一带一路"倡导和平、结伴不结盟的策略，以经济为中心的倡议对各大企业的国际化发展产生深远的影响。"一带一路"建设过程中投入了大量的财力、物力和人力，沿线各国和各国企业家共担风险、共享成效，对促进文化企业的对外交流和文化贸易来说是个难得的机会。

在"一带一路"倡议下，民企的经营较为灵活，特别是在海外市场消费需求变化较快的情况下，民企的优势更为突出。在管理融资方面，民营企业可以吸纳国内外各大金融机构的各种类型的资金，借助当地金融体系和杠杆资金推动企业迅速发展。

将以跨境合作项目为重心，除了要将国内动漫网游产品与服务输出到国，更多地采取多方合作。换句话说即融合美国的新颖设计、法国的优秀美术师、中国的现代化程序等最优秀的资源写出一个全球都能认知的、代表中国价值观的故事。2010 年网游《诛仙》与韩国网游代理商 CJ Internet Corporation 成功签约进入当地市场，并在韩国代理商运营的所有游戏中创造了最高同时在线人数的纪录。这一游戏品牌是完美世界网络技术有限公司旗下的一款具有中国风的 3D 网络游戏。完美世界之所以能在历史上创下网络游戏海外销售的奇迹，正是由于完美世界公司具备独特的海外营销战略。其自主研发的网络游戏在海外营销中具有四个步骤：第一步是海外授权给代理商，让贸易国企业进行营销宣传；第二步是自建子公司海外自主经营，掌握更多的自主性和主动权；第三步是整合当地研发资源本土化生产；第四步是整合全球优质知识产权资源，面向全球研发产品并推广。通过一步一步的战略实施最终到达高度竞争的国际顶尖市场。如今在"一带一路"倡议的带动下，无论是从政策上还是经济上都给动漫网游产业与国际企业合作带来了强大的推动力，企业应借着"一带一路"倡议发挥自身的能动性，在获取自身利益的同时，助力国家经济文化的长远发展。

三 中国动漫网游对外贸易存在的问题

（一）作品质量有待提高，文化价值量仍需丰富

以中国动画电视贸易为例，2011~2015 年的动画电视贸易额总量呈飞速增长，但是贸易逆差也在迅速地增长，进口量增长缓慢，出口量呈阶梯式

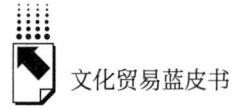

上升。由这些贸易额的变化趋势可以归纳出两点：一是中国动画电视制作技术水平不如欧美、日本等世界动漫产业领先的国家和地区。国外动漫行业的制作资金投资量增长较快，资金链完备有保障，能够迅速有效地投入技术研发中，因而产出增长较快，贸易额增长情况可观。二是中国动画片没有挖掘足够的文化价值，缺少文化内涵和具有代表性的文化品牌，相比其他国家的动画电视交易价格的变化来说价值增长缓慢，体现在贸易额上就是贸易逆差逐年增大。

（二）动漫网游产业贸易规模较小，衍生品市场亟待发掘

2013~2014年，国内动漫企业加快进军电影市场，动画电影成为新的增长点。但在看似庞大的产业规模之上，中国动漫产业占国民生产总值的比重不足0.2%，发展水平严重滞后。中国动漫产业的GDP比重，相较美国、日本等发达经济体悬殊，在全球市场的份额几乎可以忽略不计。产业结构性不足的问题同样无法忽视。2015年日本动漫产业产值达1兆8255亿日元，涵盖图书报刊出版、影像产品、游戏、音乐产品、其他动漫产品等。日本动漫产业多采取动画、漫画、游戏三者整合开发的模式，产业链条长、附加值高，其动漫衍生产品产值占比超过70%，而中国动漫衍生产品产值占比仅有30%左右。中国的动漫内容消费市场主要被日本和欧美的动漫产品所占据，本土原创动漫在中国动漫内容消费市场的占比仅为11%，这成为中国动漫产业文化软实力羸弱的真实写照，产业化程度限制了动漫网游的发展。①

《"十二五"时期国家动漫产业发展规划》明确提出，要促进与动漫形象有关的服装、玩具、食品、文具、电子游戏等衍生产品的生产和经营，延伸动漫产业链，扩大动漫产业的盈利空间和市场规模，大力发展动漫品牌授权业务，推动各环节企业的互动合作。在国家政策支持下，动漫衍生品市场

---

① 徐潇：《国产动漫如何步入春天》，《工人日报》2015年7月22日。

的发展前景看好。① 但中国动漫 IP 在前期策划和定位阶段过于局限在本土市场，欠缺对于全球市场文化需求的考量，难以创造出与国际市场深度对接的作品，具体体现为海外票房量与本土票房量差距较大，同时变现渠道过少，大产业链尚在形成阶段，特别是衍生品市场基本处于空白状态。即便是最成功的现象级动画影片《西游记之大圣归来》，其 9 亿多元的收入全部来自票房，在电影制作和发行期间几乎没有将衍生品开发作为发行战略的一部分，仅在上映前才开始紧急启动衍生品开发计划，在线上及线下平台上发布的周边产品种类少，且存在定位不准、低龄化、做工粗糙等问题，无法满足成年观众对品质及设计的需求，从而导致制片与出品方错失了大好商机，直接反映出中国动漫周边市场开发不成熟，中国动漫网游产业的衍生品市场亟待深度发掘与探索。

（三）动漫网游产业人才紧缺，供需失衡

动漫网游产业是创意产业，需要大量有创新意识的人才支撑产业正常运行与持续发展。而创新型人才的缺失成为制约中国动漫网游产业发展的一个关键问题，不仅如此，这种缺失还是产业对于人才体量与人才素质的双重缺失。虽然在国内已有不少高等院校设立了动画专业，但相关课程的设置都是基于动漫产业中后期制作环节，缺少对于产品策划、剧本创作、前期市场定位、发行战略的培养，因而在产业人才的培养上有着环节性缺失的问题。动漫作品的策划和创意对于一个动漫产品的成功与否起到了非常重要的作用，没有优秀内容为支撑的动漫作品很难拥有较长的生命周期，更谈不上品牌的塑造以及产业链的延伸。在人才素质上，勇于开拓、敢于创新并拥有知识和技能的全能型复合人才，是当下动漫产业发展所急需的。从事作品创作的人才要懂相关的技术，而从事技术的人才也要懂创意和美术，从而产品的专业性才能得到足够的保障。技术和产品创意及美术设计相结合是中国动漫产业人才培养的终极目标。在中国很多动漫企业中，从事动漫编导的人才大多数

---

① 徐潇：《国产动漫如何步入春天》，《工人日报》2015 年 7 月 22 日。

是从计算机、美术设计等专业转化过来的，对于影视艺术方面的认知度普遍较低。

（四）网游和动漫人物形象抄袭现象严重

近年来，中国的动漫游戏产业发展迅猛，产值不断增长的背后，盗版、侵犯版权者的知识产权事件时有发生，盗版的盛行会直接损害正版商的利益，极大地打击动漫制造者的创作积极性，挫伤投资者投资的兴趣，进而难以创作出质量优良的作品，结果导致恶性循环。其中移动游戏盗版动漫现象普遍，很多经典的动漫形象深入人心，凭借经典动漫作品的号召力，可以快速吸引大量玩家，已经成熟的角色节省了设计环节的时间与成本投入，同时游戏厂商通过对于游戏形象的"拿来主义"及故事情节的大量直接套用，得以加快产品的市场投入速度。其次，动漫视频盗版现象猖獗。对于以互联网为基础进行传播的动漫产业来说，公开的网络环境以及全球联动的信息状态难以做到有效阻隔盗版，在这样的情况下就滋生了许多专门从事盗版的商家，它们通过各种方式搜录时下流行的动漫作品，通过大规模的复制传播，从中牟利。同时，由于动漫审核严格，许多动漫作品都经过剪辑或直接被封杀，从正规视频网站购买的动漫作品由于版权原因通常不提供下载，致使盗版片源的分享有着庞大且稳定的市场需求，盗版现象难以做到根本性剔除。最终导致贴片广告无人观看，点播量不足，网站购买版权所花费的成本无法被有效摊销，同时助长了盗版的气焰。动漫游戏衍生品也存在大量盗版牌子，质量不过关，既损害了消费者的利益，也大大打击了设计者创造的动力。中国动画产业的抄袭现象也屡见不鲜，《足球小将》和《宋代足球小将》、《樱桃小丸子》和《小樱桃和小丸子》、《秒速五厘米》和《心灵之窗》等，甚至还存在劣质影片靠当地政府对动画扶持的补贴政策回本。抄袭路线虽能让制作方降低成本，快速获得利润，但这种仅靠政府补贴、缺乏原创和品质保证的运作方式绝不会走太远。因此，动漫游戏产业的版权保护仍任重而道远，不仅需要动画从业者的不懈努力，更需要政府在政策的制定与监管方面严格把关，树立全民对抄袭作品共同抵制态势。

四 推动中国动漫网游产业对外贸易的措施

（一）在动漫网游作品中增加中国元素，注重品牌培养

文化产业要时时谨记"创新"，在动漫网游对外贸易及中外联合制作中，可以适时融入中国元素，为作品增加亮点和识别度，以作品传播带动中国传统文化在海外的认知和认同，为中国对外文化贸易进一步拓展奠定基础。

例如，完美世界股份有限公司在制作网游《完美世界》时，将具有中国风元素的服饰融入了游戏角色中。既代表国家文化，又将中国古代优秀的服饰文明传递到各个出口国。活泼鲜明的人物形象为《完美世界》网络游戏打出完美的国际品牌。这种宣传方式既能够宣传我国优秀的传统文化，又可以恰到好处地为游戏的运营打广告，从而达到双倍效果。

（二）充分利用互联网经济，完善产业链，加速形成产业格局多元化

近年来数字互联网技术迅速普及，尤其是移动网络技术的迅猛发展，"互联网+"逐渐取代和淘汰传统的产业格局，孕育出新的经济体系和运营模式。数字网络技术通过提高技术水平，使企业采购、制作、营销等成本投入减少，进一步加强超级 IP 效应，创造了赢家通吃，使真正有价值的内容更具市场竞争力。随着"互联网+"的不断深化，中国动漫产业正从传统经营模式向新兴经营模式加速转变，数字动漫内容产品和互联网技术的有机结合，将大大开发市场需求，提升市场竞争力，推动新型产业模式发展成熟。同时，移动互联网的全球性应用、4G 网络技术的成熟都为网络游戏提供了良好的发展环境。随着线上线下的产业渠道整合，不同产业领域间的壁垒正在慢慢地打通，使产品的开发运营销售方式更加多元，这种全产业链的运营方式促进了整个产业的转型升级，动漫、游戏、小说、影视之间的融合

开发不断增长，带动产业间的协同发展。

在衍生产品的设计、制作、生产和营销过程中，应加强运用互联网经济，降低时间成本和资金成本。增加对互联网人才吸纳，提高产品和服务质量；实行线上推广，提高衍生产品宣传效率；定期进行产品维护和开展客户使用情况调查，增加动漫网游产品的商业价值，延长其在市场上的存活时间。

（三）加大动漫游戏创意人才的培养，企业设立培训基地

结合"高精尖"文化创意产业发展需要，不断增强文化创意产业人才培养力度，积极推动各高校、科研院所和文化企业联合设立人才培养项目，增进与国外院校和其他文化机构的交流与协作，加快培养对文化专业、管理学专业、市场营销专业等领域全面学习的综合型人才。此外，要重视创意人才引进体系，加快落实政府对引进复合型人才的政策实施，建立健全各项法律法规，在环境完备的前提下吸引业内优秀企业管理者、文化创新人才、潜在投资者共同推动动漫网游产业的更好更快发展。动漫人才的教育，不应拘泥于传统学科的教育模式，动漫作为艺术与科技相结合的新型学科，应有其独特的教育体系，因材施教，实行特色培养方式。在教学思路和方法上不断改善创新，优化课程体系的设置，增加特色教学，理论与实践相结合，建立完备的人才培养机制，才能培育出互联网时代所必需的高水平动画优质创作人才。

（四）树立版权意识，加大知识产权保护

知识产权问题是全球各国都关注的问题，我国近年来也一直在产权保护方面做出努力，但仍亟待加强。

1. 企业维权意识应先行

动漫企业在产品的前期创作设计阶段就应制订知识产权保护的方案并保证其可行性，并且对于侵权行为进行风险及应急处理备案，通过咨询专业的版权评定人员和机构，确保产品的产权受到法律保护，从而能够在后续的产

品推广与发行阶段保证企业的权益。动漫企业应结合自身的经营发展状况，完善产业链使其涵盖应激反应系统以保障产业运行的持续稳定，若侵权行为发生，能够依靠体系立即作出调试，通过事先制订的方案，及时有效地消除盗版行为，化被动为主动。

2. 完善知识产权保护制度是关键

政府要加大对知识产权保护的力度，完善各项法律法规，制定切实可行的条款，加强执法力度，绝不能纵容侵犯知识产权的行为。各部门要全力落实惩治措施，真正起到法律的威慑作用，从而使动漫市场环境得到净化。

3. 提高人民群众的维权意识

提高国民整体素质才是解决问题的根本办法，全面提高广大群众的知识产权保护意识，让消费者自动自发地维护动漫网游产品的版权，将会在市场运作中发挥更大的作用。

（五）建立国际交流合作平台，加快"走出去"步伐

国际交流平台可以帮助我国获取更多的海外渠道，拓宽动漫网游产业的国际市场，加快文化产业"走出去"的步伐。发挥 ChinaJoy、深圳动漫节和元气动漫展等已有大型展会的积极作用，在展会中与各国参展代表进行文化贸易交流，深入了解各国对外文化贸易的具体情况，进一步就动漫网游产业的进出口问题进行探讨。

寻求文化部和驻外大使馆的帮助，在海外主要文化贸易出口国设立文化贸易交流基地或国际交流平台。便于借鉴国外优秀的文化元素、动漫网游制作技术以及先进的动漫网游产业运营机制。同时从实际出发，了解当地的人文习惯、文化习俗和消费偏好，从而在输出动漫网游产品时制订有针对性的发行方案。

（六）推动跨境多方合作的进行，实现共赢

企业在向海外输出文化产品时，需要承担资金、运营和营销风险，在产业价值链的运行过程中，有一环受到阻碍都极大可能影响到最后收益。所以

很多企业在对外出口时会选择和国外相关企业进行合作，例如《从前有座灵界山》就是由中方出原著、脚本，由日方出监督，进行原画作画，还聘请日本知名声优进行配音。这样，不仅能在国内看到《从前有座灵界山》，还能在日本本土看到日语版的作品，可谓是两国动画公司双赢的结果。

事实上，早在1981年，中国就与日本合拍了《熊猫的故事》，这是中国第一部与他国合作拍摄的动画片。后来，又陆续出现了中美合拍的《大草原上的小老鼠》、中加合拍的《鸭子侦探》、中法合拍的《马丁的早晨》、中澳合拍的《牙刷家族》、中日合拍的《三国演义》、中德合拍的《功夫小子》等动画片或动画电影。虽然合作方式和所占比重各有不同，但这些合拍动画都不乏亮点。①

一集动画片的成本达到数万元是很正常的，但很多刚刚起步的动漫企业由于创业资金压力不能负担这样的大成本。小公司往往存在资金投资少、企业体制缺乏完善等问题，但中外合拍可以很好地解决这一难题。中外合拍不仅可以减少产品出口的文化和政策冲击，对于营销期间的宣传、提高知名度也有显著的促进作用，保证较高的票房。除此之外，中外合拍对于推动国内动画作品制作的提质增效、创新发展具有重要的积极影响。如中日合拍某动画片时，日方通过技术入股25%，负责动漫形象设计及中方技术人员培训，其他制作仍由中方来完成。通过这种合拍形式，中国企业内部员工的专业能力得到了提高，同时对输入国消费群体需求的习惯和偏好得到了进一步了解。

五　中国动漫网游对外贸易案例：《兔侠传奇》
　　——海外市场"展拳脚"

2011年，历时3年创作完成的3D动画电影《兔侠传奇》，因其浓厚的中华文化色彩，蕴含了丰富的中国传统文化元素，制作精良，外销国外时受到海外广大群众的喜爱。该片上映后，在各大院线、电视频道和网络媒体渠

---

① 《中外合拍：动画走出去的一剂良方》，http：//www.mzyfz.com。

道发行至美国、加拿大、俄罗斯、德国、法国、英国、韩国等全球 100 多个国家和地区，打破了中国动画电影海外贸易的最高纪录。

（一）以功夫为核心元素的情节设计迎合海外需求

中华民族的传统文化源远流长，博大精深，具有鲜明的历史文化特色，因此要让世界其他国家的观众更快地融入中国文化情景中，需要花费不少心思。《兔侠传奇》就像是一块蕴含丰富中华文化价值的璞玉，通过西方优秀动画制作技术的打磨，模样变得更加国际化，符合大多数人的审美，但其最核心的部分和来源地仍属于中国。该部动画片处处能发现中国传统文化元素的存在，比如中国功夫、古风建筑，甚至像炸糕这样的路边摊。它以中国功夫为核心，将中华民族诚信、坚守、自信、孝道等传统美德植入影片，润物细无声地在传播中国的主流价值观的同时，消除观众对于文化认知的隔阂。《兔侠传奇》之所以能够引起人们的兴奋点，是因为影片在讲述主要人物故事的基础上，将行侠仗义、锄强扶弱等侠义精神完美地结合在一起，同时不乏幽默风趣的画风。如此精良之作走到世界各地，既新奇又颇具人生启示，引发人们的共鸣和思考，既彰显了中国时代价值观，又展现了中国艺术家们向善向真向美的情怀，这便是这部影片的精妙之所在。

《兔侠传奇》利用一连串生动的细节，苦难连连的人物经历连带着搞笑、诙谐的画风，使观众很容易对影片中画面和情节产生兴趣，获得认同感。《兔侠传奇》以拟人化的动物形象入手，轻松地将中国丰厚浓郁的优秀传统文化刻画为观众喜爱的内容。《兔侠传奇》的成功验证了迎合消费需求的重要性，企业应结合自身优势，不断推陈出新，最大限度地发挥文化价值和商业价值，创作出符合大众口味的作品。

（二）制订详细的营销计划

从营销渠道看，主要采取自主经营、海外代理或者自营+代理三种模式并存的形式，不同企业根据自身实际情况各有侧重。但是不管是自营还是代理，通过国际知名电影节走向世界是必经之路，业界有这样的说法："美洲去

洛杉矶，欧洲去戛纳，亚洲去新加坡。"就是说开拓美洲市场应该去美国最大的电影交易会美国电影市场，开拓欧洲市场要去法国戛纳国际电影节的电影交易市场，开拓亚洲市场则去亚洲电视论坛及内容交易市场与新加坡影汇。①

对于动画企业来说，国产动漫作品参加海外影视节展等活动还算比较容易，然而细化到具体的行程时，却往往由语言沟通和生活习惯方面的差异导致大部分企业选择代理商而不是亲自处理动画电影海外发行事宜。规模足够大的集团化企业，可以借力集团内的海外市场业务资源，如深圳华强数字动漫有限公司、光线传媒彩条屋影业；或者是以联合出品人身份参与动画电影项目，以自身宣发资源来操盘片子的海外发行，如上海炫动传播股份有限公司。

（三）借船出海，重视合作

在海外发行过程中，制作商要积极主动地与进口国联系沟通，商议合作细节，及时掌控合作进程。提早与进口国合作方联系，给予国内制作商足够的空间对创作过程和发行方案进行调整，确保作品出口后能有稳定的销售渠道。同时，结合作品内容和当地消费偏好制订一个完整有效的发行方案，将营销期间的具体计划及应急措施面面俱到，避免出现作品滞销、停销的情况。在选择销售渠道时，需要考虑的是选择最有利于本作品发行的合作商，而不是所有规模大的发行商、影响力大的电影展就一定是有利的。《兔侠传奇》在确定海外发行目标后，为保证达到最为理想的效果，由来自中国香港的海外发行负责人制订了详细计划——先去釜山电影节，接着是香港电影节，之后是柏林，最后才是戛纳。

总之，在海外出口过程中企业需要注意的是，要在对出口国家的文化风俗、消费偏好等方面充分了解的基础上，在做好实地考察的基础上，有针对性、有目的性地投放作品，切忌盲目"出海"。

在中国文化产业蓬勃发展的大背景下，深圳每年创意设计产品的交易总

---

① 《国产动画电影的海外征途：逆流而上"钱景"未明》，http：//www.chinawrit。

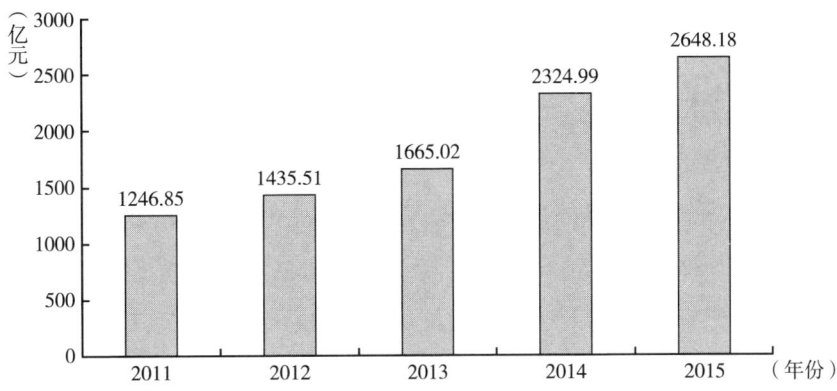

图6 深圳文化创意产业经济规模

量大幅度地上升（见图6）。就以2015年为例，文博会在创下成交纪录的同时，交易结构也更加优化，这届展会的合同交易额为1535.36亿元，已经连续第四年超过意向交易额，成为文博会最主要的交易方式，占总交易额43.20%，与上届相比大幅度增长，创历届文博会之最；意向交易额1001.73亿元，占总交易额的28.29%；零售金额107.59亿元，占总交易额的3.03%；拍卖金额3.50亿元，占总交易额的0.10%。文化产业项目投融资金额905.74亿元，占总交易额的25.49%。①

---

① 深圳文博会官网，第十一届数据统计。

B.6
创意设计对外贸易发展报告

摘 要： "十二五"期间，随着社会经济与全球化的发展，创意设计产业日益得到重视，国际化趋势明显增强。有关部门出台了多项创意设计产业政策与法规，进一步促进了产业的健康持续发展。创意设计产业是连接创意与技术、技术与文化、文化与科学的桥梁和纽带，符合我国以文化创意、科技创新带动经济转型，从"中国制造"变为"中国创造"的发展战略。当前，创意设计产业对外贸易中存在急需解决的问题，为了更好地发展中国创意设计产业的对外贸易，本报告就加强知识产权的保护力度、加强科技创新来带动创意设计产业新发展、加快培养创意设计人才和通过"一带一路"倡议促进国际创意设计对外贸易交流与合作等几个主要方面进行了深入分析。

关键词： 创意设计 对外文化贸易 文化创意产业

由于国际性竞争越来越频繁，创意设计产业在产业结构优化升级以及经济转型方面的竞争地位也不断地提高，逐渐成为各国在经济全球化发展中的新增长点及重要发展目标之一。在中国，创意设计产业发展处于刚刚起步阶段，随着经济结构战略性调整和企业体制转型发展节奏的不断加快，本土设计产业的发展程度直接影响了"中国制造"走向"中国创造"的步伐。"十二五"期间，党和国家对于创意设计产业重视程度日益加强，为创意设计产业的发展提供了良好机遇。党的十八大报告中提出实施创新驱动型发展战略,《国民经济和社会发展第十二个五年规划》中"推进文化创新"单列一章,明确提出推进文化产业成为国民经济支柱性产业,大力发展文化创意产业。2014年2月,国务院出台了《国务院关于推进文化创意和设计服务与相关产业融合发展的若干意见》,意见提出要增强创新动力、强化人才培养、壮大市场主体、培育市场需求、引导集约发展、加大财税支持、加强金融服务和优化发展环境,从而全面激发文化创意和设计服务活力,提升创意设计产业整体素质,增强发展后劲。

创意设计产业是在知识经济时代背景下发展起来的,它强调文化艺术对经济的支持与推动,是一种推崇创新、崇尚个人创造力的新兴文化理念,是以文化为基础、以创意为核心,综合运用科技成果和美学、心理学、经济学等多方面知识,对产品的内容、功能、结构和形态等进行整合优化的创新。创意与创新是设计的立足之本,以创意设计为载体的文化创意产业已经成为中国经济与文化发展的重要支柱。创意设计涵盖精神文化和物质文化两个层面,是衡量一个国家和地区经济发展水平与综合实力的重要指标,是社会经济发展的重要推动力。目前,创意设计产业已逐渐成为中国对外文化贸易中重要的领域之一,大力推动发展中国创意设计产业对于全面提升中国文化软实力、文化竞争力,推动中国文化创意产业的升级转型,提高城市形象与文化品质将起到关键性的作用。

一 "十二五"期间中国创意设计产业对外贸易发展现状及特点

"十二五"期间,中国创意设计产业积极主动地把握历史机遇,以更加开放、更加积极、合作、共赢的态度来开拓国内、国外两个市场,致力于提高创意设计产业水平,提高国际市场知名度和影响力,取得了一定的成绩。在国家政策的推动下,伴随着经济结构调整和产业转型升级,创意设计产业获得长足发展。

2014年,国家发布《关于推进文化创意和设计服务与相关产业融合发展的若干意见》，把创意设计提升到国家战略的高度来思考，这是国家中央政策里第一次如此具体地把文化创意设计作为现代服务业形态，作为解决国家产业转型问题的思路。该文件的制定背景是在经济的新常态发展下，创意设计与相关产业深度融合，发展丰富多样的创意文化产品和服务，已逐渐成为创意设计产业对外贸易发展的新态势：一是创意设计产业将产生"引爆"效应。创意设计产业具有成为全新经济增长点和经济结构调整着力点的先天性的优势，这充分体现了科技、智力和文化之间的融合，能够充分利用文化资源、科技人才资源进行创新发展，能够有效地促进经济发展方式的转变，通过其具有的高渗透性、高增值性、高融合性，能够把文化作为产业源头、把科技作为实现手段，以创意为"引信"、以产业为"弹体"，从而在拉动市场扩张以及促进产业聚集方面产生"引爆"效应。二是越来越多的传统行业借助于创意产业升级。创意元素作为产业发展舞台上的主角，不仅作用于传统文化产业，还将作用于制造业、旅游业、服务业以及农业，加快"中国制造"走向"中国创造"的步伐。①

综合2014年全球文创产品出口情况，可以发现中国在国际文创商品市场中占据主要份额（见图1、图2）。

整体来看，中国文创产品出口形势乐观，2014年中国文创产品出口额在全球排名第一，并且超过排名第二国家1593亿美元，出口总量巨大，从出口量上看具有很强的国际竞争力。总体来说，中国的文创产品贸易发展还是十分迅速的，2011年中国文创产品出口占GDP总额的2.85%，2012年占GDP的比重是3.48%，2014年占GDP比重为3.77%，2015年占GDP比重为3.82%，②整体上呈现不断上升的趋势，中国文创产品的贸易发展具备很大的发展潜力。但是目前中国还是处于加工贸易占主要出口份额的境况，出口产品缺乏创新性是中国文创产品的问题所在。

---

① 包琰、张彦军：《创意元素登上产业发展大舞台》，《人民日报》2011年5月11日。
② 罗昌志、林咏能：《两岸创意经济研究报告（2016）》，社会科学文献出版社，2016。

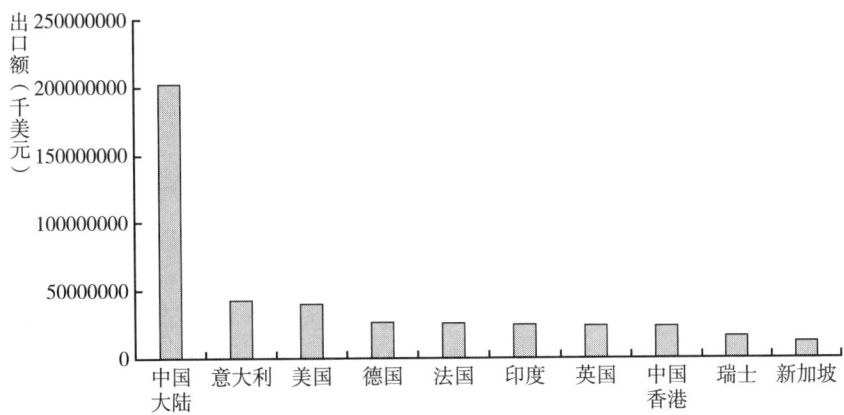

图1　2014年全球文创产品出口前10强国家、地区出口情况

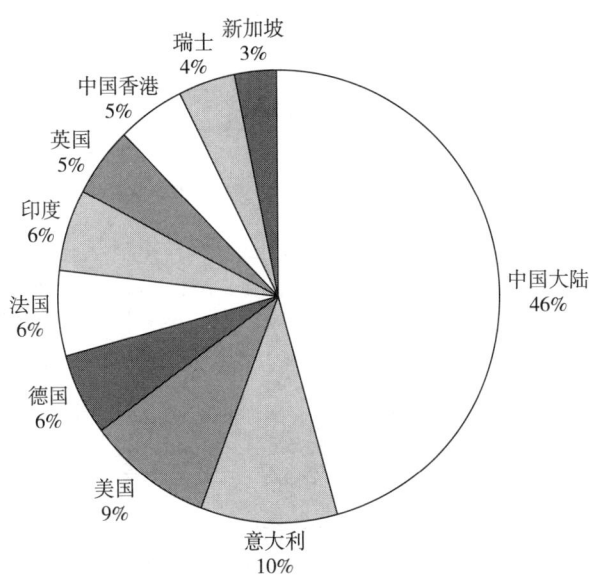

图2　2014年全球文创产品出口前10强国家、地区市场份额分布

（一）产业持续稳步发展，对外贸易基础夯实

文化创意产业已经成为北上深等城市重要的支柱产业，其增加值占城市

GDP比重均超过了10%。2015年，上海文化创意产业实现增加值3020亿元，占全市GDP比重为12.1%。同期，北京文化创意产业的增加值为3179.3亿元，占全市GDP比重为13.8%，[①] 杭州2232.14亿元，占GDP比重为22.2%。

以深圳创意设计产业为例，2015年深圳文化创意产业实现增加值2648.18亿元，[②] 比上届增长了13.90%（见图3）。深圳作为国内首个被联合国教科文组织授予"设计之都"称号的城市，创意设计占据着较大的市场份额。2014年由深圳市政府倡导、深圳八大优势传统行业协会发起、其行业核心骨干企业组成的深圳时尚创意产业联盟在深圳成立，深圳时尚创意产业联盟的成立，旨在引导深圳优势产业走向产业链的高端，并带动传统产业的转型。深圳时尚创意产业联盟成立后，将以促进深圳优势传统产业创新、转型、升级，进而提升深圳市民时尚生活品位为目标，树立深圳"时尚创意之都"的形象。

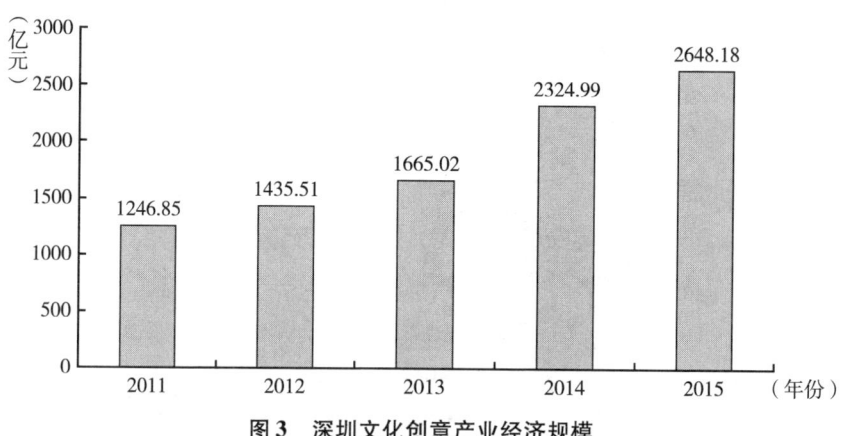

图3　深圳文化创意产业经济规模

在中国文化产业蓬勃发展的大背景下，深圳每年创意设计产品的交易总量大幅度上升。以2015年为例，深圳文博会创下多项成交纪录：合同交易

---

① 北京市国有文化资产监督管理办公室、中国传媒大学文化发展研究院：《北京文化创意产业白皮书（2016）》，2016年11月。
② 深圳文博会官网，历届回顾。

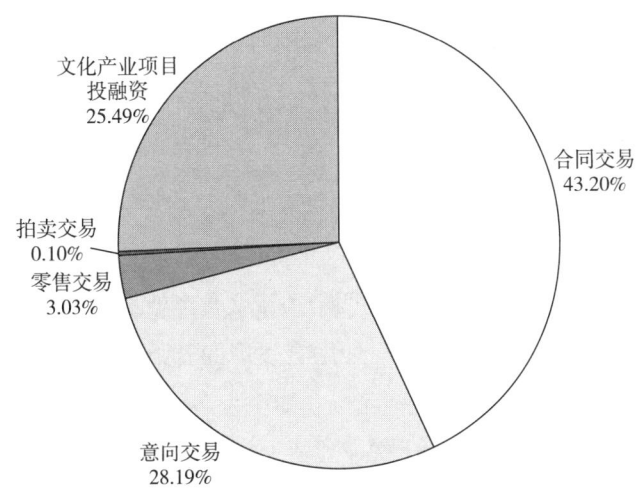

图4 深圳创意产业各类交易量对比

额1535.36亿元，连续第四年超过意向交易额，成为文博会最主要的交易方式，占总交易额的43.20%，与上届相比大幅度增长，创历届文博会之最；意向交易额1001.73亿元，占总交易额的28.29%；零售金额107.59亿元，占总交易额的3.03%；拍卖金额3.50亿元，占总交易额的0.10%。文化产业项目投融资金额905.74亿元，占总交易额的25.49%[①]。

（二）创意设计政策法规进一步完善

伴随着2009年《文化产业振兴规划》提出，文化产业第一次上升到国家战略产业层面上来，并且在2011年"十二五"发展规划中，提出了要逐渐推动文化产业成为国民经济支柱性产业，因此文化产业已经成为推动中国产业主题由"中国制造"向"中国创造"转型的关键一步。在2010年，北京市政府颁布了《北京市促进设计产业发展的指导意见》，通过实施企业成长等六大工程，促进设计产业发展。

2012年2月，国务院办公厅印发了《国家"十二五"时期文化改革发

---

① 资料来源：深圳文博会官网，第十一届数据统计。

展规划纲要》，纲要指出要加快发展文化产业，构建现代文化产业体系、形成公有制为主体、多种所有制共同发展的文化产业格局，推进文化科技创新、扩大文化消费，同时建立健全文化创新机制、推动文化产品和服务出口、扩大文化企业对外投资和跨国经营。"十二五"以来，中国文化产业一直保持20%左右的高速增长，文化产业增加值年均增速远高于同期GDP增速，凸显出其成长为国民经济支柱性产业的巨大潜力。

2014年3月，国务院连续下发两个关于文化产业发展的意见，《国务院推进文化创意和设计服务与相关产业融合发展的若干意见》《国务院关于加快发展对外文化贸易的意见》的发布立即引发各方的高度关注，随着这两个意见的提出，表明国家对文化产业战略地位和重大作用的认识提升到了新的高度，也就是说文化创意和设计服务与相关产业之间的融合发展都提升到国家战略层面，这对促进国民经济转型的升级以及促进文化产业的科学发展具有重要的引导作用。

伴随着一系列政策法规的落实，为创意设计产业的进一步发展保驾护航，为加快创意设计产品和服务贸易出口、加大政府对文化领域对外投资的支持，扶持了一批具有国际竞争力的外向型文化企业，这样有利于促进具有核心竞争力文化产品的产生，打造出具有国际影响力的文化品牌，使核心文化产品和服务贸易长期处于逆差的情况得以改善，并且对外文化贸易额在对外贸易总额中的比重显著提升，进一步加快中国文化产品和服务占国际市场的份额增加，从而加强了中国文化整体实力和国际竞争力。

（三）展会活动丰富，国际化交流频繁

2011～2015年，北京市文创产业发展步伐加快，创意设计产业服务行业稳步发展，伴随着一些特色产业园区的建设以及快速地发展，比如说北京DRC工业设计创意产业基地、国家新媒体产业基地、北京798艺术区以及北京时尚设计广场等。由北京市政府联合教育部、科技部、文化部共同主办的一年一度的北京设计周，是全国具有国际影响力的设计盛会，为创意设计对外贸易发展提供了良好的机遇。北京国际设计周紧紧围绕建设世界一流的设计之都的目标，集聚国内外优秀设计资源，发挥首都文化集散功能，为全国设计产业的发展提供资源平台的服务。

2010年上海成功加入联合国教科文组织"创意城市"网络，被授予"创意城市网络——设计之都"的称号，成为全球第七个以设计为主题的创意城市。2012年，作为服务"设计之都"建设的全市性年度活动——"上海设计之都活动周"（以下简称"上海设计周"）应运而生。上海设计周以促进设计原创发展、推动设计应用转化、探索设计业态创新为主要目标，以展现上海设计之都整体形象及设计与相关产业的融合发展趋势为主线，通过上海设计周的"设计城中城"主场展览、"城市之外"对接项目、上海创意城市设计创新论坛、"设计欢享月"全城系列活动，以及设计365计划等板块内容，打造一个充分展现上海"设计之都"建设内涵和水平的、具有较高国际影响力和知名度的品牌性活动。

2012年，在德国红点概念奖评选活动中，其中有6件获奖作品来自深圳，与此同时，在接下来的英国百分百设计展上，参加这次展会有38家设计企业是由深圳工业设计代表团组织的，并且荣获多个奖项。在2013年5月，深圳设计首次受邀参加意大利佛罗伦萨设计周，深圳设计馆得到了各方人士以及媒体的一致称赞，它体现了"设计融入生活"的设计潮流。

（四）文化创意、科技创新带动经济转型，从"中国制造"转变为"中国创造"

文化创意产业所具有的"人脑+电脑+文化"的产业特点，与现代经济转型升级的内在要求和发展方向相符合，并且得到经济理论界以及实践界的重点关注，成为在新的历史阶段区域经济和城市经济发展的特色。与此同时，文创经济也成为在知识经济以及注意力经济之后的一种新型的经济现象。在某种程度上说，文化创意产业的孕育与发展是促进经济转型升级的重要选择。

创意设计产业的发展方向是科技、创新与产业的融合。新技术和信息技

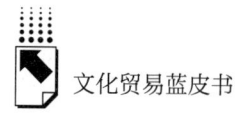

术的广泛应用特别是与传统产业的深度融合，正深刻地带动着产业变革，形成新的生产方式、商业模式和增长空间。"文化+""互联网+"给创意设计产业增长带来新的动力，文化领域创新水平不断提高，新设企业数量保持高位增长，将为产业贸易稳步增长提供持久动力。"十二五"时期中国进入了转变经济发展方式、建设创新型国家的关键阶段，大力发展设计产业，占领产业链高端，成为促进"中国制造"向"中国创造"转变、推动产业结构调整升级的重要手段。

（五）"创意设计+"多产业融合驱动价值链升级

2015年，北京市政府针对各金融机构开展文化资产证券化试点，目的在于规范引导互联网融资平台投资文化创意，同时对设计服务领域进行规范和引导。推动以及鼓励在京的企业、科研院所建设设计和创新，争取开创一批国家级工业设计机构，吸引国际顶尖设计机构来京发展，培育战略性新兴产业发展的优势。把握"互联网+"发展新趋势，加快移动互联网、云计算、大数据以及物联网等与现代制造业相融合，加快建设新技术、新产品、新模式和新业态的步伐。这顺应了市场需求，同时加入了传统文化和现代时尚新元素，加强了创意设计在产品创新、品牌打造、营销策划等方面的作用，并将激发个性消费和定制服务的市场需求，有效提高了产品的附加值。

以故宫举例，作为北京的文化地标，现如今游客参观故宫欣赏到的，不仅是景观，还有上千种各具特色的文创衍生产品，比如说，故宫手机壳、朝珠耳机等更是受到了国外游客的喜爱，仅2015年上半年，文创产品的销售总额就已突破7亿元人民币，超过2014年全年销售额的总和。创意产业研究中心主任张京成表示，故宫充分利用中国历史文化资源的内在价值并将其创造性转化为受市场欢迎的文创产品，既能创造出经济效益，同时也能借此创造出社会效益，将经济效益和社会效益相结合，二者相得益彰，从而广泛传播了中国的历史文化。

与此同时，其他产业也正在慢慢地实现将文化创意和设计服务相结合。

比如，网秦移动通过建立多语种的全球新媒体平台，与新华社亚太总分社等媒体紧密合作，实现了多媒体内容在新媒体上的再次呈现，并且通过UI设计，用户能够通过更方便、更轻松的方式浏览各个地方的新闻。在农业方面，其借助文化创意和设计服务来提升自身的产业价值，让休闲农业和乡村旅游融合，开展民俗村观光等多个业态，来提升农业文化产业的创造机会力。对于同样具有较大潜能的体育产业，借助《行动计划》来实现与创意设计融合的过程，目前市场上有很多体育题材电影已在院线上映，体育场馆也通过举办文化活动，有效激发了潜在价值的提升效用，这些都充分展现了产业融合行动的积极态势。

二 "十二五"期间中国创意设计对外贸易发展中存在的问题

"十二五"期间，中国创意设计产业与外贸获得了长足的发展，但与此同时，不难发现中国的创意设计产业整体发展水平和发达国家相比还存在较大差距，在发展过程中还存在着诸多问题。

（一）企业内部成熟度有待增强

中国创意设计产业贸易不断发展，尽管创意设计产业具有一定的产业基础，但是相关产业结构不尽合理，没有形成与市场相适应的企业发展模式，其中企业的形态过于繁杂，普遍为小型化并且分散不集中，企业内部往往采取结构不适宜的经营方式，存在规模较小、原创能力不足、缺乏创新意识、商务成本较高等许多问题。此外，大多数的小型企业资金不足，知识产权保护意识较弱，缺乏设计管理，不具有原创的设计研发能力和专业实力。企业习惯于模仿抄袭、来样加工的设计方式，虽然这样做省事、省钱、效率高，但是丧失掉原本具有的原创力、设计能力以及创造精神，从长远来看将很难发展壮大。一般来说，创意设计产业发展要经历仿造、改造和创造的过程，而如果一味地模仿抄袭，就会产生惰性，导致设计能

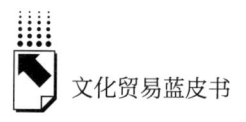

力的消弭。怎样改革、完善中国企业的发展模式，成为我国创意设计产业发展所面临的重要问题。

（二）知识产权保护力度亟待提升

将"中国制造"转变为"中国创造"不仅需要提高中国科学技术的自主创新能力，大力倡导文化的创新和创意，还需要加强对自主知识产权的保护。

作为基于创造力而形成的产业，创意设计涵盖了产品设计、视觉传达设计、环境设计、展示设计、服装设计、装饰设计、现代手工艺设计等相关领域，不仅是科技、经济、文化的交融，而且包含了城市的创造力和文化底蕴，是一种高附加值的资源节约型产业。从文化创意产业本身发展来看，其产品创造成本高、投入风险大，然而复制成本却很低，现如今网络传播技术加速发展，这一特征尤为突出。这使文化创意产业很容易被侵权，缺乏知识产权的保护，创意主体的合法权益就得不到保障，同时也不会获得收益，因此导致创意主体越来越缺乏创意动力，文化产业创意随之减少，如此就形成了恶性循环。在数字化时代，尤其是文化创意产业时代，知识产权的保护越来越重要。

中国目前正处于知识产权制度亟待完善的十字路口，保护力不足和尚有缺失的权利限制问题都有待进一步解决。侵犯知识产权的现象屡见不鲜，比如康福尔电器有限公司擅自使用QQ企鹅卡通形象将其作为形象代言和标签，并在产品包装上直接复制QQ企鹅卡通形象，对消费者产生误导，侵犯其著作权。此类现象比比皆是，严重打击了知识产权人的创造积极性，不利于社会秩序的正常维护以及和谐社会的构建，不仅会损害中国的国际形象，同时会对创意设计的对外贸易造成巨大影响。

（三）科技创新能力有待提高，缺乏原创性人才

创新是推动一个国家、一个民族向前发展的重要力量，是社会发展的不竭动力。其中，科技创新、文化创新更是影响经济社会发展的最直接、最关

键因素。社会发展水平越高,文化与科技的联系就越紧密。一方面,科技进步伴随着文化繁衍,科学技术每一次的重大进步,都会给文化的传播方式、表现形式、发展样式等方面带来革命性变化。另一方面,创意设计产业是高知识性、高技术性的产业,需要多要素投入,提高科技创新力才有利于丰富创意设计产业发展所需的知识和技术的积累,进而提高本产业的创新力,加快创意设计产业的发展步伐。

现如今,"文化+""互联网+"已经成为创意设计产业的新动力,科技创新给创意设计产业带来的内在价值无法估计。然而,目前中国文创企业在科技方面严重缺乏投入,研发总投入明显低于多数发达国家,并且引进、消化、吸收和再创新的投资之比也大大低于发达国家,与此同时,中国文创企业缺乏向自主创新投入的动力机制,从而导致文创企业的自主创新能力较弱、缺乏国际竞争力,产业投入结构问题也是亟待解决的问题之一。

但是,中国创意设计人才培养与管理机制存在着很多不完善的地方,其中的问题有:人才培养和开发机制不够完善,原创性人才的短缺和流失,企业缺少培训导致人才知识老化等。在当前经济发展形势下,创意设计产业急需创新性人才,要是没有创新性人才,创意设计产业只可能实现短暂性的发展,很难实现持续性的发展。并且,这个问题现在已成为影响以及阻碍中国创意设计产业快速发展的重要因素。

(四)集中于一线城市,区域发展有待突破

近年来,中国创意设计产业的发展首要汇聚于环渤海地区、长三角地区以及珠三角地区。北京、上海、深圳作为中国三大文化创意之都,产业结构的优化和资本聚集程度居于国内领先地位,同时,创意设计行业诸多资源也主要集聚在这三大地区。

虽然各地对文化创意产业的统计尚存差异,但从总体规模而言,上海与北京的文化创意产业产值应位于第一梯队,增加值均在3000亿元以上,占城市全部GDP比重超过12%,是城市重要的支柱产业之一。

文化贸易蓝皮书

相比之下，中国的其他城市创意设计产业的发展则远远落后于北京、上海等一线城市的发展，中西部地区文化创意设计开发和人才资源都十分匮乏，布局不合理，差异化显著。没有重视当地的资源、缺乏地方特色、空间布局调整不够。应该重视选择有条件、有特色的典型城市建设成文化创意设计示范城市。例如，长春、西安的影视产业和创意设计的融合，杭州、长沙的动漫产业和创意设计的融合，成都、武汉的网络游戏与数字化娱乐和创意设计的融合等。

三 中国创意设计产业对外贸易发展建议

（一）企业加快成长成熟，提升科技创新水平

企业是文化科技的主体，也是转化文化产业能力、提升文化产业能级的主体。文化企业是真正研发投入的主体，是对知识、技术以及工艺进行开发的主体；另外，企业还要根据市场需求，实现科技方面的应用创新，研发能为用户带来更多价值的创新应用设计、人性化设计以及安全可靠性设计产品。通过这样的方式，文化企业可以实现科技的进步和应用创新之间的创新双螺旋互动，从而提高科技创新力，在文化新业态培育以及提升传播渠道控制力上，都能获得独特的竞争优势。

文化的软实力加上科技的硬实力等于文化的巧实力，文化的巧实力来自文化的创造。首先，文化软实力有两个根本支撑力：科技和经济。我们必须清楚地看到在科技硬实力和高经济发展的基础上，文化软实力才是真正能够实现的软实力。创意设计产业，现已发展成为中国文化产业发展中的领军产业之一，是一种高端产业形态，是核心产业、领军产业、先导产业，是支柱性的产业，是中国文化软实力提升的重要依托。党和国家历来重视科技进步对文化建设的重要作用。通过科技创新推动文化产业发展是党和国家文化产业发展战略的重要内涵。中外文化产业发展的历史表明，文化科技的每一次重大突破都将直接导致新型文化业态的产生以及文化产业边界的向外拓展。

科技的进步，可以将各种文化创意资源与最新科学技术相结合，融合重铸，建立新的产业发展模式，创造新的经济社会价值。

（二）落实各项法律法规，提升知识产权保护力度

文化创意产业的发展离不开政府力量的大力推动，适宜产业发展和公平竞争的外部环境也需借由政府力量打造。而党的十七届六中全会指出，保护知识产权，鼓励支持文化创新，通过"加快培育产权、版权、技术、信息等要素市场"，来完善现代文化市场体系。2016年7月颁布的《北京"十三五"时期文化创意产业发展规划》中特别强调了要健全知识产权保护和运用机制，要深入实施首都知识产权战略，加快完善文化创意产业知识产权服务保护体系、构建知识产权及版权服务平台、加大知识产权侵权整治力度，积极落实知识产权执法专项行动等。

从某种意义上说，知识产权是创意设计产业的核心资产，是创意设计产业生存和发展的关键。企业的创新能力是企业发展的内在动力，企业的知识产权保护机制是企业发展的生命线，是企业在残酷市场环境中竞争和生存的防御甲。面对中国企业和个人自主知识产权意识匮乏的严峻形势，我们有责任也必须完善我们的知识产权保护制度，提高企业和个人的知识产权保护意识，挣脱非自主知识产权的枷锁，为企业和个人经营者营造可持续发展的生存空间。

自主知识产权，无疑是建设文化强国的必由之路。作为精神的产物，所有创作种类的版权都理应受到保护，创作者的劳动理应受到尊重，正是他们孜孜不倦的创作，才涌现出那么多有价值的创意作品，并推动了社会和整个人类的进步。而创意产业能否获得健康有序的发展，重点也在于要建立一个规范的知识产权及版权市场体系。可以说，创意产业的发展，势必将与版权的保驾护航紧密相连。

（三）培养创意设计人才，吸引全球人才的加入

创造性是创意设计产业的生命线，人才是创意设计产业原创力的源泉，

是支撑创意设计产业发展的第一资源。创意人才的极端匮乏严重制约了中国创意设计产业继续高速发展的步伐。从根本上看,文化创意产业的高速发展离不开文化创意人力资本的投入产出与文化创意阶层的崛起,而各国创意产业的发展更是得力于各国对创意人才的教育与培养。

培养创意设计人才必须要加强高校对创意设计人才的教育力度,以市场需要为基础,打造文化创意设计类专业,创新创立教育方法,完善学科建设思路和人才培养理念;同时,推进多渠道的个性化培养,健全社会实践基地和特色鲜明的专业工作室,为文化创意设计人才的实践训练提供相应的平台与机会,实施个性化人才培养方案,提升内容创意质量、设计研发的实际应用能力;以及深化产学研联合培养,不仅需要教育机构加强力度,更迫切需要一些在创意领域具有丰富经验的中国文化企业,与国内高校、文化科研机构等联合起来,共同创建有中国特色的产学研用联合培养机制和双向交流机制,加强国际化实践,汇集国际先进经验,打破文化创意设计人才培养和发展瓶颈。

(四)借力"一带一路",促进各地区产业对外贸易

"十二五"期间在建设"一带一路"的进程中,我们应当贯彻文化先行的理念,树立文化引领经济的高度自觉意识,传统文化的传承保护与现代文化的开拓创新相结合,通过进一步深化与沿线国家的文化交流与合作,促进区域合作,为共同发展助力,同时为中国的创意设计带来更大的市场。

全国各大城市应积极响应"一带一路"倡议,开阔视野,谦虚精神,秉持兼容并收、合作共赢的态度,发挥自身的比较优势。政府应加强对各地区创意设计产业发展的重视,加大除北上广等城市之外的二、三线城市的产业发展,加强不同文化之间的交流互鉴。通过"一带一路"建设加强沿线国家之间的友好交往,积极主动地在当地建立国际文化贸易交流平台或国际创意设计对外贸易基地,有利于为开拓新的外贸渠道奠定基础,有利于拓展创意设计文化贸易全球市场,有利于国外优秀创意设计文化"引进来"和具有丰富中国元素的创意设计文化"走出去"。

四 中国创意设计对外贸易案例:深圳文博会[①]

"五千年的文化传承,五大洲的人文情怀"。在这里,仰观文化之大成,俯察品类之繁盛;在这里,邂逅历史,创新融合,拥抱世界,感知未来。自2004年以来,在我国振兴和大力发展文化产业的大背景下,文博会应运而生,落户深圳。深圳文博会是以全国文化中心、科技创新中心、国际交往中心为目标,以深圳设计、服务全国、沟通世界为发展理念,打造了国家发展文化创意和设计服务融合发展的公共服务平台,成为具有国际影响力的中国文化名片。

深圳文博会作为我国唯一个国家级、国际化、综合性的文化产业博览交易会,肩负着开拓创新,推动中国文化产业发展,促进中华文化"走出去"的战略任务。在深圳构建的现代化、国际化创新型城市的舞台上,展现了从"创意设计+文化""创意设计+科技""创意设计+互联网""创意设计+时尚"到"创意设计+贸易"的展会主题,展示了中国创意设计产业蓬勃发展的缩影。

(一)国家级平台引领深圳创意设计产业发展

2004年,深圳提出了"文化立市"的战略,从文博会首次在深圳举行,到如今已成功举办了12届,成为我国文化产业领域规格高、规模大、具有实效和影响力的展会,其规模、水准、成交量、专业化水平以及国际化程度等各项指标屡创新高。

2009年11月,深圳建立了文化产权交易所,并被中央确定为全国两大重点文交所之一,成为深圳"文化+金融"发展模式的亮点。2011年,由中央财政注资引导、深圳作为发起人之一和基金管理公司注册地的首只国家级大型文化产业基金——中国文化产业投资基金揭牌运营,目前已投资人民

[①] 参考文献:深圳文博会官网。

网、新华网、雅昌集团等42个项目，投资额达35亿元。2013年12月，注册于前海的深圳创意信息港正式被文化部命名为国家对外文化贸易基地，现正着力发展成为助力中华文化"走出去"的综合创新实验区。2016年12月，广东国家数字出版基地深圳园区龙华项目启动，深圳又添一国家级文化产业平台项目。总规划建筑面积40万平方米，将重点发展数字技术研发、数字阅读、网络视频、影视、动漫游戏等数字出版产业。

深圳文化产业将资本、技术、信息等要素市场充分结合，借助产业园区和基地建设的快速通道，获得产业集聚效应，并逐渐体现出集团化、规模化发展的特点，包含的文化企业数量不断提升。纵观资产规模、赢利能力或是经营模式、创新能力等方面，与全国同类企业相比均保有一定优势，成为文化产业的领军企业。文化创意设计产业增加值也逐年增加，2016年达到1949.7亿元，比上年增长11%，占全市GDP的比重达10%。文化创意设计产业成为深圳战略性新兴产业中发展最快的产业之一。

（二）国际化品牌文化活动提高深圳创意设计产业全球影响力

为了打造与现代大都会地位匹配的国际化的城市文化地标地，为了打造具有国际影响力的品牌文化活动，深圳一直在行动。除继续办好联合国教科文组织深圳创意设计新锐奖、中国国际钢琴协奏曲比赛、深圳国际水墨双年展和观澜国际版画双年展等国际性品牌文化活动，不断提升深圳文化的国际化水平外，如今的深圳，还在策划一批新的具有国际风格的文化品牌活动，城市文化氛围逐渐浓厚。

根据市民文化需求特点，深圳以国际先进城市为标杆，积极构建规模化、系列化、多层次的文化节庆活动品牌体系。除进一步丰富深圳文博会艺术节、戏曲名剧名家展演、深圳读书月、创意十二月、市民文化大讲堂、鹏城歌飞扬、经典诗文朗诵会等常设品牌文化活动的内涵，不断提高群众参与度，将其打造为市民享受文化发展成果的平台外，还将推动建立城市文化菜单，形成"月月有主题、全年都精彩"的文化生活新局面。鼓励各区培育打造各具特色的文化活动品牌，支持福田莲花山草地音乐节、深圳粤剧周

(罗湖)、南山流行音乐节、深圳湾草地音乐会、盐田沙滩音乐节以及龙岗区乐杜鹃、迷笛、热波、草莓音乐节等文化活动；创新开展网络文化奖、网络安全周等网络文化活动，鼓励社会力量参与文化活动品牌建设；积极引进国家级文化活动落户深圳，创办国际科技影视周、深圳"一带一路"国际音乐季、深圳国际摄影大赛等国际化品牌文化活动，不断提升其国际知名度与影响力。

（三）复合型设计人才和经纪型人才培养

深圳博览会在设计人才培育中，按照文化部双创人才扶持计划，思考如何能够形成从发现、选拔到培训的设计复合型人才的经纪服务体系，不只是技能型的培训，更着重于设计思维和设计管理培训，让这种设计思维能够不仅仅在设计专业人才体系中得到培训，还要让各个相关产业的人才能够得到设计思维的培训，包括企业管理、金融服务、营销传播、公共服务、医疗、教育等领域，能够把设计思维贯穿到提升经济运行品质与文化产业品质运行中来，逐步形成适合大设计体系的设计人才队伍。复合型创意设计人才和设计经纪人才的产生，需要政府产业和社会提供良好的土壤，好的政策犹如阳光、空气、水，能够让土壤进一步改良，能够让优秀创意设计人才有适合生长的土壤。设计人才服务目标就是要形成中国设计人才市场，就是实现设计人才的社会化经纪服务。

B.7
数字文化产业对外贸易发展报告

摘　要： 中国当前处在数字技术急速发展的快车道上，数字技术带来的奇迹数不胜数，人们的生活已经与数字技术息息相关。数字技术不断催生新的文化业态，不断革新传统文化产业的生产，新的文化业态不断颠覆传统的文化行业和市场格局。本报告从数字文化产业界定与内涵入手，梳理数字文化产业发展的国际概况与中国政府在该领域的战略政策，通过网络文学、网络游戏、数字音乐、虚拟现实等数字文化产业代表性新兴领域分析中国数字文化产业发展现状。中国数字文化产业取得了长足发展，为对外贸易拓展奠定了基础。通过展望中国数字文化产业对外贸易的趋势与特点，探究存在的问题，并就进一步发展提出对策建议。

关键词： 数字文化产业　对外文化贸易　网络技术

近年来，中国文化对外贸易总量保持快速增长态势，作为文化对外贸易的重要组成部分，以网络技术和数字技术为核心的数字文化产品和服务，因其实时传播、形象生动等特点，发挥出巨大能量，在文化产品输出中的比例在不断提升，成为对外文化贸易的生力军和主要增长点，数字文化产品和服务的国际贸易平台逐渐发展壮大，文化产品的传播方式和贸易特点也出现了显著变化。

一 数字文化产业范围界定与内涵

数字文化产业以文化创意为核心，依靠数字技术进行创作、生产、传播和交易，具有技术创新速度快、生产规模化、传播网络化、消费个性化等突出特点，助力于培养新供给、促进新消费。数字化内容产业涉猎广泛，作为三网融合、云计算、无线网络等新兴技术和产业的内容支撑。[①] 目前其内容涵盖几个主要方面：一是传统文化产业数字化转型与升级，如演艺娱乐、艺术品、文化旅游、文化会展等产业，利用高科技对内容设计、产品研发、模式创新的支持作用，既要提升产品品质，也要使表现形式多元化；二是以网络音乐、网络文学、网络表演等为代表，随着数字技术发展与呈现方式革新而催生的新兴产业内容；三是与相关产业融合发展提供创新性产品与服务，成为数字文化产业的重要组成部分。如与信息通信业、文化旅游业、广告开发业、商贸流通业等现代服务业融合发展，与实体经济相互融通；[②] 四是数字文化装备、产业所需软硬件开发与生产，如可穿戴设备、智能硬件、沉浸式体验平台、应用软件及辅助工具等。

数字创意产业在文化领域的一种外在表现形式是数字文化产业，它不仅具有创意性、先锋性、低消耗、可持续等鲜明的特点，同时也兼具转方式、优结构、促消费、扩就业的特殊作用。数字创意产品和服务的生产、传播、消费等环节均呈现鲜明的数字化特征。数字文化产业因其传输便捷、互动融合、海量存储、绿色低碳、跨越时空等特点，已经成为现代文化产业发展的目标战略方向，也是高新技术服务业的重点发展领域。数字创意产业的加速发展，对于推动文化产业的跨越式发展、转变经济发展方

---

① 《关于推动数字文化产业创新发展的指导意见》，中华人民共和国文化部官网，http://zwgk.mcprc.gov.cn/auto255/201704/t20170424_493319.html（2017年9月24日登录）。
② 《关于推动数字文化产业创新发展的指导意见》，中华人民共和国文化部官网，http://zwgk.mcprc.gov.cn/auto255/201704/t20170424_493319.html（2017年9月24日登录）。

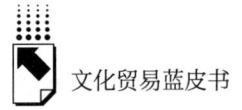

式、培育新的经济增长点,提升国家文化软实力和中华文化国际影响力具有重要意义。

二 数字文化产业成长背景

(一)国际发展概况

蓬勃成长的数字文化产业既是我国经济与科技发展的必然结果,也是顺应全球化时代经济转型升级趋势的体现。数字文化产业具有高技术产业属性,以及在提升产业结构、优化产业形式方面的重要作用,成为全球信息服务业中一个高速增长的新兴产业,引领全球文化产业的发展。数字文化产业的具体表述在不同国家各有不同,如法国使用"数字文化创意产业""文化创意经济"等,但在核心内容方面具有相当的一致性。

以英国、美国、德国、法国等为代表的经济发达国家,对数字文化产业寄予厚望,制定相应发展战略与扶持政策,收效显著。英国是最早提出"创意产业"概念的国家,也是全球第一个通过政府出台政策推动创意产业发展的国家。2015年2月,《英国2015~2018年数字经济战略》出台,旨在通过数字化创新驱动社会经济发展。英国通过建立中央政府纵向管理、地方政府和非政府部门横向管理相结合的管理体制,在产业发展中非常重视加强知识产权保护机制。英国通过加大财政补贴和拓宽融资渠道等措施打造知名文化品牌,并在发展中鼓励协会、联盟等民间力量推动创意产业的发展。美国数字文化产业发展特点鲜明,美国政府从战略上重视创意产业的发展,同时尊重市场意愿,充分利用市场的力量发展创意产业,政府、社会与市场形成良性互动。法国以艺术大国为荣,因此发展重点是以文化和艺术为主轴,倡导培育高雅文化的消费市场,将艺术创作纳入鼓励机制,通过"公共投入为主、国家扶持、多方合作"的具体措施,突出文化创意产业发展的时代特点。2013年《法国创意论坛》公布的《文化创意产业经济观察》研究报告显示,法国文化创意产业营业总额已达到746

亿欧元（其中直接营业额614亿欧元、间接收益132亿欧元），超过汽车业和奢侈品业，仅次于通信业和化工业。德国经济和技术部已经把发展文化创意产业当作提升经济实力的重要政策，涵盖了工业设计、艺术品市场、音乐等11大产业。

（二）中国数字文化产业战略政策概述

在全球数字文化产业发展的潮流中，在对标世界发达国家相关产业发展进程中，中国政府部门前瞻性战略布局与政策支持在数字文化产业发展中起到了重要作用，从战略政策上积极寻求与利用后发优势，实现产业与贸易的快速、健康与可持续发展。随着数字文化产业在产业实践和产业体量上的不断增长，在国家产业经济新旧动能转换的大背景下，数字文化产业相关政策措施从无到有，不断丰富和完善。

进入21世纪，数字文化产业一直处于萌芽阶段，2009年《文化产业振兴规划》与2010年《关于加快培育和发展战略性新兴产业的决定》的接连出台，将"大力扶持和鼓励数字虚拟技术的研发和创造，促进文化创意产业发展"纳入公众视野，数字文化产业进入国家战略层视角。此后，数字文化产业提速，在"十二五"期间迈入发展的快车道。2015年"十三五"规划则明确提出要把"数字创意"作为"十万亿级"的新兴支柱产业重点突破发展，数字创意产业作为战略性新兴产业成为"十三五"时期国家经济发展的主要动力之一。国家宏观政策以支持、鼓励和保护为主，不断规范市场秩序，推动数字创意产业发展。数字文化产业相关主管部门出台相关指导政策，推动行业发展。总体来看，重点支持与发展政策如下：

2009年9月，国务院出台《文化产业振兴计划》，明确指出"数字内容产业"为"新兴文化业态"的重点发展战略，数字内容产业发展正式上升到国家战略层面；

2010年10月，国务院公布《关于加快培育和发展战略性新兴产业的决定》，再次提出"大力扶持和鼓励数字虚拟技术的研发和创造，促进文化创意产业发展"；

2011年3月,在"十二五"规划中,更进一步明确将大力发展数字内容服务,大力发展文化创新、影视制作、出版发行、印刷复制、演艺娱乐、数字内容和动漫等重点文化产业作为国家文化发展战略目标;

2013年8月,国务院发布《关于促进信息消费扩大内需的若干意见》,倡导大力发展数字出版、互动新媒体、移动多媒体等新兴文化产业,促进动漫游戏、数字音乐、网络艺术品等数字文化内容消费;

2014年2月,国务院公布《推进文化创意和设计服务与相关产业融合发展的若干意见》,提出促进文化产业与科技的创新融合,包括移动互联网在内的数字文化产业、动漫、手机游戏等文化创意企业都将得到政府支持;

2015年初,国家新闻出版广电总局发布《关于推动网络文学健康发展的指导意见》,涉及推动大力培育市场主体,鼓励企业通过互联网、新媒体等多样高新技术手段,全方位、多终端化开发利用并传播优秀原创网络文学作品,实现一次开发生产与多种载体发布相结合的推广模式等;

2015年5月,文化部出台《2015年扶持成长性小微文化企业工作方案》,重点扶持演艺业、动漫业、游戏业、网络文学业、数字文化服务业等成长型小微文化企业,提升经营管理能力及营销水平,完善公共服务平台,鼓励金融创新,拓宽融资渠道;

2016年3月,《中华人民共和国国民经济和社会发展第十三个五年规划纲要》中将"支持战略性新兴产业发展"作为重点章节,列明了数字创意产业。发展数字创意产业,将为转变经济发展方式、促进消费增长、繁荣群众文化生活、引领社会风尚提供有力支撑和有效供给;

2016年6月,文化部发布《关于加强网络表演管理工作的通知》,明确了利用信息网络传播现场文艺表演、网络游戏等文化产品技法展示或解说行为的相关规范;

2016年6月,国家新闻出版广电总局发布《关于移动游戏出版服务管理的通知》,要求7月1日之后在安卓和iOS上线的新游戏,必须先填写版号,国内手游产品开始步入前置审批的监管状态;

2016年6月,文化部、国家新闻出版广电总局、国家网信办联合出台

《移动互联网应用程序信息服务管理规定》，要求互联网服务及服务提供者必须严禁利用应用程序从事危害国家安全、扰乱社会秩序、侵犯他人合法权益等法律法规禁止的活动，严禁制造传播法律法规禁止的信息内容；

2016年12月，国务院发布《"十三五"国家战略性新兴产业发展规划》，将数字创意产业包纳其中。数字创意产业与诸如新一代信息科技、生物、高端制造、低碳环保产业等四项国家战略性新兴产业共同成为"十三五"时期我国战略性新兴产业发展的五大支柱之一，切实反映了大力培育形成新供给新动力的根本要求；

2017年4月，文化部出台《文化部关于推动数字文化产业创新发展的指导意见》，从主要方向、重点领域、创新生态体系和政策保障四个方面入手，重点阐述了战略性新兴产业规划中关于数字文化产业发展的内容。同时，结合国家现行的扩大消费相关政策，将落实供给侧结构性改革、加强数字文化领域消费脚踏实地，落实准确，细化了加强数字文化消费作为新消费的引领作用。该文件是数字文化创新发展领域首次正式出台的具有宏观意义与指导作用的政策文件，既明确了数字文化产业的具体概念，也大力提出了鼓励数字文化产业发展的明确号召，对业界各领域人士及地方文化各级行政部门，都有着至关重要的政策实施和参考价值。

三　中国数字文化产业发展现状

数字技术的不断发展，带来了文化创作主体的泛化和传播、交易的全球化。来自万维网联盟数据显示，2014年全球互联网用户数为29.25亿，比2013年增长7.9%，互联网渗透率为40.4%。另据市场研究公司StrategyAnalytics最新统计数据，全球智能手机用户数量在2014年达到了20亿。StrategyAnalytics预测，到2015年底，全球智能手机用户数量将达到25亿，占世界人口的35%。互联网和移动互联网正在不断地改变人们的行为模式，传统的文化产品获得了新的传播渠道，文化创作主体不断泛化。

数字网络时代，不论是初具规模的文化企业，还是数量庞大的个体创意

者,都可以通过数字化网络空间及传播手段充分发挥自己的创作才华,通过网络技术连接实现经典国际文化贸易中单独个体公司无法承担的实际目的,同时互联网也使编制较为局限的企业甚至个人有广阔的平台参与到国际文化贸易的实战中来。全球各地的生产者利用中华文化甚至是外国文化作为资源基底,通过多种手段如B2C、C2C电子商务平台完成个性化创意并实现规模和范围经济。同时,众多电商平台与社交网站的合作共赢,更加增加了电子商务平台产品的销售渠道和手法,将很多此前缺乏市场化意识、单纯个人化的产品,在一定条件下升级为颇具交易价值的文化产品和文化服务。

近些年,在我国各级政府、各层次组织的强力推广和众多文化企业的共同努力下,中国数字文化产业发展取得了高速发展,产业的迅速发展为对外贸易奠定了基础,在网络文学、网络游戏、数字音乐、虚拟现实等代表性新兴领域表现突出。

(一)网络文学

网络文学是依托互联网创作和传播的文学作品形态,在IP衍生与移动互联网快速发展的时期,成为数字出版业的新秀,也是网络文艺的重要类型。据统计,2010年网络文学市场规模约为12亿元,随后市场规模逐年快速增长。2011~2014年分别为18亿元、31亿元、48亿元、72亿元,2015年达到96亿元。"十二五"期间,网络文学市场规模实现8倍增长。

基于互联网的网站平台是网络文学内容的主要来源,在原创文学作品基础上,影视、动漫、游戏改编成为市场增加的新动力。2015年互动娱乐进入IP元年,版权成为核心竞争力,通过衍生联动延长产业价值链条(见图1)。

以影视改编为例,2015年全网共播出网络剧355部,其中IP改编剧31部,占2015年网络剧总量的8.7%,比2014年增加15部。网络剧爆发的主要原因在于内容符合年轻观众的审美需求,广告植入品牌更易使受众产生认知和吸附效应,同时网络视频用户付费习惯逐步形成。游戏动漫改编方面,网文改编页游《莽荒纪》2015年6月流水破3000万元,页游《傲世九重

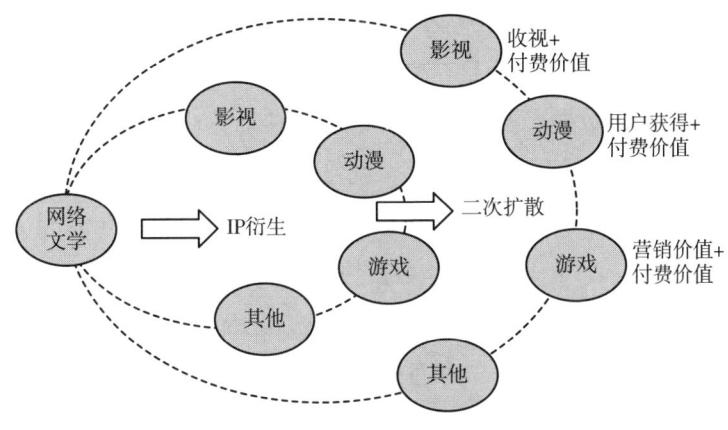

图 1　网络文学价值链延伸

天》月流水约 3000 万元。手游《花千骨》通过影游联动，首月流水近 2 亿元，一度成为现象级产品。综合统计显示，2015 年我国网络文学用户规模达到 2.97 亿人，同比增长 0.98%，占全国网民总体的 43.2%，中国网络文学用户规模逐渐趋于稳定。移动端网络用户规模为 2.59 亿，较 2014 年增加 3283 万人。

（二）网络游戏

随着游戏内容及技术进步，网络游戏的载体进一步丰富，便利性不断提升，发掘出大量新用户，网络游戏市场规模持续扩大，在年轻一代的文化娱乐生活中占据重要地位。

在 PC 客户端游戏、网页游戏、移动游戏的拉动下，网络游戏快速发展。从 2011 年起，Flash 技术成熟，网页游戏开始崛起，打破客户端游戏的绝对主导地位，为游戏市场增长带来新热点。2013 年，随着智能手机以及 3G、4G 网络的普及，移动游戏出现爆发式增长，带动整个网络游戏行业再次提速发展。进入 2015 年，网络游戏行业由快速增长阶段步入成熟发展阶段。"十二五"期间，网络游戏市场规模保持稳定增长，2012 年 601 亿元、2013 年 822.5 亿元、2014 年 1107.1 亿元、2015 年 1423.9 亿元。2016 年网络游戏实现营收

1750亿元，相比2011年度469亿市场规模，实现增长3.7倍。

网络游戏借助网络IP力量，为游戏创新与创意提供持续来源与内容支持，中娱智库统计数据表明，出自IP改编的移动游戏数量占到整个移动游戏41%的比重。特别值得注意的是，网络游戏在融合新技术与新元素方面成效突出。一方面，HTML5游戏凭借跨平台、多社交、易导流等优势得到众多厂商的认可，HTML游戏产品数量快速增加，内容呈现多元化特点。截至2015年底，HTML游戏数量达到3191款，益智休闲类游戏比例由2014年的84.12%减少至72.08%，角色扮演类游戏比例增加至8.95%，动作冒险类游戏增加至8.40%，音乐舞蹈、模拟经营、体育竞技类游戏数量也有所增加。另一方面，虚拟现实技术和电子竞技已经深入游戏领域，游戏的设计研发、宣传发行、后期运营环节得到重塑。电子竞技作为游戏、体育、互联网结合的产物，职业化、规范化的程度有所提高。WCA（世界电子竞技大赛）、CMEG（全国移动电竞大赛）、NEST（全国电子竞技大赛）等相继推出国产电竞赛事品牌，加快中国电子竞技市场化的步伐。2015年我国电竞用户已经达到1.12亿人，市场规模接近270亿元，其中，电竞用户付费金额达到245亿元，电竞赛事收入为3.1亿元，俱乐部、直播平台等电竞衍生收入为20.7亿元。

（三）数字音乐

国家在北京、广州、上海设立了多个国家级音乐产业基地，在上海建立了我国首个国家数字出版基地，显示了借力科技发展，推动文化贸易的战略布局。同样，众多文化领域的中小企业也可在这一方面施展拳脚。比如广东民营企业顺德孔雀廊音像公司开发了《自由飞翔》《月亮之上》等原创音乐作品，在拥有完全知识产权的基础上，通过传统的演唱会、音像出版社和书店等发行渠道发售之时，每张专辑销售额始终有限，然而通过手机付费下载的数字化传播手段，却在短时间内就在海内外取得良好成绩，销售额激增至此前的数十倍。他们所打造的"凤凰传奇"也迅速成为一个在全球华人世界拥有较大影响的原创音乐品牌。

（四）虚拟现实

虚拟现实技术（VR）是一种高科技的计算机仿真系统，可以创建和感知虚拟世界的个性化结构。它利用计算机生成一种虚拟环境，打造了一种多源信息融合的、用户感知交互的三维动态视景和现实动作的系统仿真，使用户沉浸到该环境中。2015年是VR产业爆发的"元年"，国家大力鼓励和支持VR产业发展，并将其写入"十三五"规划。

2015年国内虚拟现实市场规模为15.4亿元，随着Oculus、HTC、索尼等一线厂商的投入，VR产品在2016年将迎来一次大爆发，预计2016年VR市场规模将达到56.6亿元，整个行业进入爆发成长期，到2020年VR市场规模将突破500亿元，VR硬件、技术和内容全面升级，逐步成熟。VR技术在网络游戏、影视节目、视频直播、在线教育、网络社交等方面具有广大的应用空间。

随着VR技术的成熟及市场需求的扩大，VR设备实现快速迭代更新。2015年3月HTC与Valve公司推出Vive头显，VR设备真正走向消费者；6月Facebook旗下的Oculus推出首个消费者头盔Rift和手柄控制器；微软HoloLens将3D虚拟视觉与真实世界融合，用于游戏、3D工作中；Google利用Cardboard VR设备推送VR纪录片，让更多家庭了解VR；11月三星开始销售新的Gear VR头盔，融入了虚拟现实体验技术。

四　中国数字文化产业对外贸易趋势展望

随着中国的经济崛起，中国文化软实力也逐步提升。如何进一步塑造中国国家形象，扩大中国文化影响力，很大程度上取决于中国的文化企业能否积极在世界文化产业高地占据一席之位，开拓形成更多具有创新元素的新型业态，创新构建文化产业商业模式，构思创建全新的市场空间，利用互联网、云计算、物联网、三网融合、虚拟融合等多种高新技术渠道，输出影视剧、音乐、游戏等数字文化产品。在2017年《文化部关于推动数字文化产业创新发展的指导意见》中，特别强调参与数字文化产业国际分工与合作，指出要"充分利用国内国外两个市场、两种资源，鼓励企业参与国际分工与合作，培育具有国际竞争力的数字文化企业和产品，为全球数字文化产业发展提供中国模式。鼓励优势企业到境外设立研发机构，通过境外投资并购、联合经营、设立分支机构等方式不断开拓海外市场。鼓励数字文化企业积极参与国际交易、会展，深化人才、创意、技术、管理方面的国际交流与合作。推动产业链全球布局，针对重点国别地区确定不同的推进方式和实施路径，实现产业链资源优化整合。积极面向'一带一路'沿线国家开展国际合作"①，为中国数字文化产业对外贸易指明了方向。

（一）中国数字文化产业对外贸易趋势与特点

结合当前中国数字文化产业现状与特点，数字文化产业对外贸易将在发展中呈现如下特点。

1. 数字娱乐产品是数字文化对外贸易的主力

从世界范围来看，数字文化消费以动漫、游戏、音乐、影视等数字形式娱乐消费为主，中国数字文化产品对外贸易与之类似。近几年，随着中国对外文化贸易的日益深入，一些西方文学、艺术产品，以及日本的动漫产品、韩国的影视作品、欧美的电影作品也深深影响着中国广大受众。世界文化的融合也为中国网络游戏市场提供了充足的 IP（版权题材）资源，受此影响，中国的动漫、网络游戏厂商也研发了许多适合西方玩家的产品，比如第七大道的《神曲》《弹弹堂》，适合日韩、东南亚玩家的武侠、三国题材的游戏产品。通过网络游戏这一高度互动、参与性强的艺术产品，正在实现"民族的"到"世界的"的转变，满足更广泛受众的需求。

2. 主体多样化，民营企业占出口主力地位，国有企业乏力

近些年，文化产业涉及主体初步形成了普遍化的基本特点，在传统大型

---

① 《关于推动数字文化产业创新发展的指导意见》，中华人民共和国文化部官网，http://zwgk.mcprc.gov.cn/auto255/201704/t20170424_493319.html（2017年9月24日登录）。

企业之外，一些有创意的中小企业及个人生产者也参与到国际文化贸易活动中来。相较于此前的国际文化贸易战场上大公司占据大部分市场份额的传统局面，在当前高度数字化、网络化的虚拟平台上，一个微不足道的创意也可以进行交易和消费，最大限度地削减了中间的交易环节。

中国数字文化对外贸易的主体最早便是民营企业，因其从投资到运营市场化的程度较高，上市公司逐步演进出细致严明的现代企业制度。国家实行量化宽松的政策在风险投资的推动下，推进了新兴技术和尖端人才的有力结合，为企业注入创新活力，同时迅速扩大了数字文化内容产业规模，数十家以网络传媒娱乐为主要业态或盈利模式的网络公司接连在国内外上市。

3. 对外文化贸易区域性特征强

受制于经济发展形势和区域经济特色，和传统的中国对外文化贸易一样，中国数字文化对外贸易主要依托上海、北京等高新技术发达、国际化程度高的一线城市。以北京为例，根据北京动漫游戏产业联盟的最新数据，2014年北京动漫游戏产业企业总产值约372亿元，较2013年增长69%，占全国动漫游戏产业总产值1144.8亿元的三成。北京动漫游戏企业2014年的出口额约42.3亿元，继续稳居全国第一。今后也仍旧坚定不移地大力发展上海、北京等国家对外文化贸易，发挥其对外文化贸易基地的引领作用。但是，中国发展对外文化贸易，不能仅仅停留在这一个阶段上，而是要配合思想观念的转变，全方位开发东、中、西部地区对外文化贸易的潜能与渠道。

4. 部分领域逆差严重

从细分领域看，中国对外文化贸易中存在较为突出的软实力和实体经济的对抗，文化产品贸易总量巨大，且普遍呈现顺差现象，而在文化服务贸易领域规模略小，且文化内容输出量上的逆差巨大。近年来中国国内电影票房一路高涨，2013年中国国内电影总票房达到217亿元，但与国内票房高歌猛进形成鲜明对比的是，中国电影的出口却一路下滑。据中国研究机构发布的数据，2013年中国文化产品出口总值约为91.9亿美元，虽然网络游戏等细分领域高速增长，但视听与印刷品出口却下降明显。在国内狂卷12亿元票房的电影《西游降魔传》，在美国首映三天内票房只有数千美元，而《变

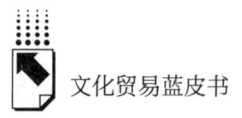

形金刚4》国内票房预计高达15亿元。另外一组数据显示，电影贸易逆差从2009年的2亿美元扩大到2013年的6亿美元，严重的文化贸易逆差，不得不让数字文化从业者和有关政府部门深思：中国文化产品出口的竞争力何在？

（二）数字文化对外贸易存在的问题

中国的数字文化对外贸易虽然取得了一定成绩，特别是一些细分领域，但总体来说，亟须解决下列问题。

1. 中国数字文化产品与服务输出和对外投资的总体规模依旧偏小

据统计，2013年中国文化产品和服务进出口总额为369.7亿美元，仅占中国对外贸易总额不到1%的份额，数字文化产品的比例更低。同期中国文化、体育和娱乐业对外直接投资为1.8亿美元，仅占中国同期对外直接投资总额的0.1%，与美国、欧盟等发达国家、地区存在相当大的差距。

2. 中国数字文化产品与服务出口的产业分布不均衡

主要表现在文化出口以产品的形式为主，文化服务出口所占份额不足1/5。2013年中国文化产品出口251.3亿美元，占文化出口总额的83%，文化产品出口以视觉艺术品（工艺品等）、新型媒介（游戏机等）、印刷品、乐器为主，增幅都较为明显。其中，以加工贸易形式存在的文化产品出口仍占40%左右的份额，真正体现中国原创文化内容的出口产品占比不足15%，中国文化企业在全球产业链中的地位没有得到明显提升。同期，中国数字文化服务出口51.3亿美元，仅占文化出口总额的17%。文化服务出口形式也比较单一，长期以来广告宣传推广服务在文化服务输出量上比重超过90%，存在较大顺差，电影、音像服务和版权及著作权等服务出口占比很少，而在发达国家则不同，版权和许可证贸易在文化服务出口中所占的比重高达80%。值得一提的是，中国在电影、音像服务和版权、著作权等数字文化产品和服务领域对美国、欧盟等发达国家、地区长期处于逆差状态，且逆差逐年扩大。

3. 中国数字文化出口企业的品牌宣传力度不够，企业竞争力不强

中国数字文化出口艰难运行，主要体现在以下两个方面：一方面，即使中国已经涌现了一大批规模较大的企业，如华谊兄弟、完美世界等，但在数量和质量上与国际文化企业有显著差距，在国际上具有核心影响力的本土文化内容企业屈指可数；另一方面，中国本土的文化产业人才培养有待实施，事实上在对国外消费者的消费需求和审美观的了解、对目标市场运作模式和法律法规的明晰、海外营销渠道的接触等方面还存在严重的不足和误区，缺少对海外人文环境适应和了解的创意人才，这些问题亟待中国文化相关产业解决。

4. 由于文化产品与服务行业范围广泛，与之相关的业务主管部门与政策也较为复杂

特别是网络游戏产业，文化部和国家新闻出版广电总局都有相关的政策，国家法律实施体系不健全，在政策法规的落实过程中存在着各种各样的问题，如主管部门权责不清、政策落实不到位、各部门分工不明确等。此外，国内大多数企业对中国的文化贸易相关法律法规没有进行过系统的梳理和了解，如不了解相关程序的校验和申请步骤，导致预期以外的时间和交易成本的产生，利润明显降低，从而引起融投资等一系列后续问题的产生和解决。

5. 海外市场可供选择的有效渠道有限

以影视剧为例，国内各大卫视和出品方，大多只将内容放在 YouTube 等免费的收看渠道上，为展示不为盈利。在美国，长城平台主要通过卫星电视，例如 DirectTV 或 DishNetwork，以频道打包的形式呈现给美国的华人观众；CNTV 的海外直播，则主要通过 IPTV 的方式，用小米盒子和其他厂家的机顶盒，渗入海外华人家庭。但这些渠道处于版权的灰色地带，对于内容生产方来说，无利可图也只能放之任之。

（三）数字文化产业对外贸易对策和建议

推进数字文化对外贸易需要从政府和企业两个层面分别加强如下方面的思考和行动。

1. 政府层面

一是建设数字文化对外贸易的国家级引导和奖励基金，中央和地方政府应增加财政政策的支持力度，合理运用税收补贴、税收减免等政策工具，加大对文化进出口公司的支持力度；也应做到积极拓宽思路，将政府资金与社会资本相结合，通过成立共同基金的方式，既能发挥政府财税杠杆的作用，又能将资本运作模式纳入财政支持项目中。如日本为支持本国文化产业规模扩大设立了"酷日本基金"。到目前为止，中国的文化企业已经具有一定的规模，在国际市场上占有一席之地，如腾讯、完美世界等企业通过融资上市，在国际上打响知名度。中国把握自身优势，将资本向海外扩张，这也将为提升国家竞争优势起重要作用。与此同时，国内企业也应吸引国外资本流入中国，做到内外资金均衡，维持中国经济市场的稳定局势。中国游戏业发展的良好态势正验证了这一资本均衡模式。

二是落实和推进政府对进出口企业的政策支持。政府已明确指出，将推行一系列有利于中国文化进出口企业的政策支持措施，如加强专项基金力度、实行营业税减免政策等。并且政府认为应将文化进出口企业列入"营改增"试点范围，甚至对本应征收增值税的进出口公司免征或减少征税。与此同时，政府应出台与吸引国内外投资和提供担保业务的相关政策，并借鉴国内外优秀进出口模式，打造专属于中国或某一区域的贸易模式，最大限度地提高交易效率，推动贸易的有效实施。

三是通过收购或与海外数字文化企业合作打造进出口运营模式和渠道。现已经有几个国内的影视文化企业成功"走出去"案例，通过与当地影视内容和技术资源提供商合作，或是收购当地广播电视台、租买热门频道时段、并购知名院线等方式，将中国文化内容传播到目的地国家。在图书出版业这种进出口模式也已初见成效，通过与国际成熟的数字产业运营商合作的方式在网络上发行出版数字书籍报刊。

四是政府推动对海外投资环境的研究和引导。而为了给中国企业作系统的海外投资指导，商务部定期发布《对外投资合作国别（地区）指南》，对国内数字文化企业的进出口目的地的投资环境进行有价值的梳理。但事实上，国内文化企业对海外投资环境的了解和分析不够明确，即使对此重点研究也不见得能够准确及时地掌握各种材料。很多文化企业在进行文化"走出去"项目实施的过程中遭受了很多由信息不对称导致的损失，而这些危险本应有能力规避。从国家层面上讲，可以利用中国驻海外的大使馆成员和机构进行当地的投资环境和市场准入标准资料的收集，再由国家文化部整理分析，编写投资指南、详细介绍进出口目的地国家的政策条款、推广国内文化企业成功对海外投资的案例，将这些有价值的信息传输给本土文化企业，让它们从中提取对自己现阶段和将来的进出口业务实施有价值的信息，保证信息的利用率。

五是培养和引进文化贸易复合型人才。熟练掌握国际文化贸易、产业经营投资和双边国家贸易法律法规的人才的缺乏是目前中国文化贸易发展速度低的主要原因之一。未来应重视专门和复合型人才的培养，在各大高校开设复合型学科，鼓励组建专业团队进行实战操作指导，保证中国文化产业"走出去"运行中具有合适和足够的人才储备。

2. 企业层面

第一，对版权资源进行大规模和深度挖掘，是版权贸易的生命之源。数字化媒体、移动终端的内容需求空间和其市场规模是建立在内容版权贸易的基础上的，因此企业应大力投入人力资源进行创意版权的探索和开发。内容版权的获得需要通过深度挖掘素材资源、收集和整理版权资料库实现。国内企业在这一方面有所领悟，在当下这个数字时代，软件更新换代速度加快，应用软件功能的不断升级得益于内容版权的创作从不间断，大企业收集和整理知识产权，为后续的版权创作提供了便捷的搜索和获取渠道，加快知识产权不断产生的速度，加大了知识产权的利用效率。过去我们一直走在一个误区当中，只关注生活、娱乐、科技、教育等时代性素材的开发，而忽略了历史性和民族性的内容开发，因此现在我们的创作意识和能力低下。我们迫切需要充分发掘丰富的历史和传统文化资源，在内容和形式上进行知识产权的重建和找寻，打造有民族特色、中国式的文化娱乐产出模式。

第二，借鉴发达国家版权经营经验，创新版权经营模式。针对数字内容

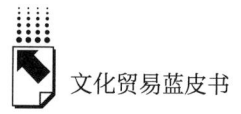

版权产业的划分，国际知识产权联盟给出了如下四种具体内容：一是核心版权产业，指以创造享有版权的作品作为其主要产品的产业，包括影视产业、录音产业、音乐出版业、图书、报刊出版业、软件产业、剧院、广告、无线电、电缆和电视播放业；二是核心类的传输机构，如书店、电影院线、音像连锁店等；三是核心类的配套硬件，如电视机、计算机、手机等；四是相关产业，主要是与核心版权产品配合使用。中国企业应研究和借鉴西方发达国家经过几十年的文化贸易发展精炼而成的版权经营模式，在充分考虑我国国情的基础上，创造出属于中国的版权经营模式。当前中国数字文化产品"走出去"最大的挑战在于对国际市场的不熟悉，特别是对目标国家市场的文化贸易经营现状缺乏深入了解。当下数字化的整体趋势提供了一种机遇乃至一种附加效应。中国的文化产业拥有有限的平台与大量的资源，比如文化资源、历史资源、文化强大的包容性，加以运用，必将成为数字文化内容产业发展的无限源泉。

从文化输入到文化输出的过程是漫长的，从买方到卖方的角色转变也是巨大的。面对热情涌动的文化产业，以及全球市场的急速发展，中国的文化产品特别是数字文化产品需要以全新的思路去适应和获得国外市场。

参考文献

[1] 国家统计局年度数据，http://data.stats.gov.cn/。

[2] 国家新闻出版广电总局，http://www.sapprft.gov.cn/。

[3] 杨柳：《从"文化折扣"看中国电视内容的国际版权开发——论跨文化传播的困境与破局》，《新闻研究导刊》2016年第3期。

[4] 朱新梅：《中国影视业走出去的现状、问题及对策》，《中国广播电视学》2016年第2期。

[5] 赵玉宏：《"一带一路"倡议下中国影视文化产品"走出去"策略研究》，《现代传播（中国传媒大学学报）》2016年第2期。

[6] 李嘉珊：《首都文化贸易发展报告（2016）》，中国商务出版社，2016。

[7] 中国音数协游戏工委（GPC）、CNG中新游戏研究（伽马数据）、国际数据公

司（IDC）：《2015年中国游戏产业报告》，中国书籍出版社，2015。
［8］北京电影学院现代创意媒体学院、北京电影学院中国动画研究院：《动漫蓝皮书：中国动漫产业发展报告（2016）》，社会科学文献出版社，2016。
［9］宋磊：《动漫产业如何做好供给侧结构性改革》，《中国文化报》2016年1月4日。
［10］张文倩：《互联网语境下IP之于动漫产业商业模式的意义》，《电视研究》2016年第1期。

专题篇
Special Topics

B.8
中国文化服务业对外贸易发展研究

李嘉珊　关　赫*

摘　要： 在新时期经济日益繁荣昌盛的大背景下，我国文化服务业迎来了发展的新机遇，在国民生活中所占的比重越来越高，带动了国民需求的上升。文化服务业具有社会文化和经济生产的双重属性，产业的发展不仅能够带动经济出现新的增长点，还能满足人民精神层面的需求。在此背景下，我国文化服务业踏上了贸易和投资发展新的征程，在全球市场上也发挥着不可替代的作用。

关键词： 文化服务业　对外文化贸易　国际影响力

---

* 李嘉珊，北京第二外国语学院教授，国家文化发展国际战略研究院常务副院长，首都对外文化贸易研究基地首席专家，国家文化贸易学术研究平台专家兼秘书长，研究领域：国际文化贸易等；关赫，北京第二外国语学院国际经济与贸易专业研究生。

一 文化服务业的概念与特征

文化是一个非常广泛和最具人文意味的概念,给它下一个严格和精确的定义是一件非常困难的事情。笼统地说,文化是一种社会现象,是人们长期创造形成的产物,同时又是一种历史现象,是社会历史的积淀物。确切地说,文化凝结在物质之中又游离于物质之外,能够被传承的国家或民族的历史、地理、风土人情、传统习俗、生活方式、文学艺术、行为规范、思维方式、价值观念等,是人类之间进行交流的普遍认可的一种能够传承的意识形态。文化是人类社会特有的现象,没有文化就没有社会。文化主要有共有性、个体差异性和相对稳定性的特点。娱乐可被看作是一种通过表现喜怒哀乐或自己和他人的技巧而使参与、接受者喜悦、放松,并带有一定启发性的活动。它是人们为达到调节身心、恢复体力和振作精神的目的,利用闲暇在一定场地和条件下参与的休闲性和消遣性活动。很显然,这种定义是广泛的,它包含了悲喜剧、各种比赛和游戏、音乐舞蹈表演和欣赏等。娱乐活动的需求具有不稳定性、社会性、专门性。文化业是指以生产和提供精神产品为主的活动,主要是为了满足人们的文化需求,是文化意义本身的创作与销售,狭义上包括文学艺术创作、音乐创作、摄影、舞蹈等。娱乐业是指为娱乐活动提供场所和服务的行业,包括经营歌厅、舞厅、卡拉OK歌舞厅、音乐茶座、台球、高尔夫球、保龄球场、网吧、游艺场等娱乐场所,以及娱乐场所为顾客进行娱乐活动提供服务的业务。文化服务业最基本的特征是它的社会文化和经济生产的双重属性,这是不同于其他产业的最大特点,其次文化内容的原创性特征,是文化产业存在的根本。

根据最新的统计标准,文化服务业包括广播、电视、电影和录音制作业,出版业,演艺业,游戏动漫业等。

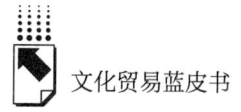

二 中国文化服务业发展现状与特征

(一)电影电视业

中国广播电影电视行业发展迅速,广播电影电视作品的制作数量与上一个五年相比皆有了大幅度的上升。全国广播电影电视作品的受众覆盖面非常广泛。同时,三网融合工作取得了成效。广播电视行业收入有了稳步提升,电影市场也在蓬勃发展。而随着技术的进步,广播电影电视行业也受到了新技术的冲击,数字电视走进了千家万户。全行业收入水平不断上升,也得到了政府和民间各项资金的大力支持。然而作为文化产业,广播电影电视类作品除了在生产数量上有所增长,其内容质量也应有相应的进步。

2016年,全国城市电影票房为492.83亿元,增速为11.83%,远远低于自电影产业化改革以来连续13年平均30%以上的增速,标志着电影行业进入了调整阶段。年度票房位列世界第二;年度观影人次13.72亿人次,同比增长8.89%,这是中国电影市场化改革以来首次突破13亿人次,仅次于美国和印度,位列世界第三。年度新增银幕9552块,银幕总数达到41179块,超过了美国,位列世界第一;年度放映总场次7445万场,同比增长36.92%,增幅较大,折射出场均人次及收入等市场有效增长乏力的问题。[①]2016年,全国共生产电影944部,比2015年增长6.31%,其中故事片772部、动画影片49部、科教影片67部、纪录影片32部、特种影片24部;故事影片数量比2015年增长12.54%。2016年上映进口片102部,获得票房205.36亿元,票房占比达到41.67%。全年票房过亿的影片86部,其中国产电影45部、进口电影41部,在票房前十名的电影中,国产电影6部,进口电影4部。总体来说,2016年中国电影产业多项指标继续增长,中国电

---

① 中国电影家协会、中国文联电影艺术中心:《中国电影产业研究报告》,中国电影出版社,2017年。

影产业的基本面仍然向好,处于理性成长的黄金时代。但是,中国电影产品的质量和水平与观众日益增长的精神文化需求还存在一定的差距,因此中国电影产业急需深入进行供给侧结构性改革,优化资源配置,用增量改革促进存量的调整,提高供给侧结构对需求变化的适应性和灵活性。

1. 广播人口综合覆盖情况

从全国广播电视综合人口覆盖情况来看,覆盖率逐年稳步增长。2011年广播节目综合人口覆盖率为97.06%,其中农村地区为96.09%;电视节目综合人口覆盖率为97.82%,其中农村地区电视节目综合人口覆盖率为97.10%。2012年广播节目综合人口覆盖率为97.51%,其中农村地区为96.60%;电视节目综合人口覆盖率为98.20%,其中农村地区电视节目综合人口覆盖率为97.55%。至2015年广播节目综合人口覆盖率为98.17%,其中农村地区为97.53%;电视节目综合人口覆盖率为98.77%,其中农村地区电视节目综合人口覆盖率为98.32%(见表1)。

表1　全国广播电视综合人口覆盖情况

单位:%

年份	广播节目综合人口覆盖率	农村广播节目综合人口覆盖率	电视节目综合人口覆盖率	农村电视节目综合人口覆盖率
2011	97.06	96.09	97.82	97.10
2012	97.51	96.60	98.20	97.55
2013	97.79	97.00	98.42	97.86
2014	97.99	97.29	98.60	98.11
2015	98.17	97.53	98.77	98.32
2016	98.4	—	98.9	—

资料来源:《中国文化及相关产业统计年鉴》(2012~2016)。

2. 全国广播电视节目制作和播出情况

从全国广播电视节目制作和播出情况来看,近年来中国广播、电视节目制作和播出总量依然很大,制作时间长度和播出时间长度均在稳步提升,但增速缓慢(见表2)。

表 2　全国广播电视节目制作和播出情况

单位：小时

年份	广播节目制作时间	公共广播节目播出时间	电视节目制作时间	公共电视节目播出时间
2011	6936960	13057496	2950490	16753029
2012	7188245	13383651	3436301	16985291
2013	7391245	13795461	3397834	17057212
2014	7647267	14058328	3277394	17476126
2015	7718163	14218253	3520190	17796010

资料来源：《中国文化及相关产业统计年鉴》(2012~2016)。

（二）出版业

2016年，出版业通过供给侧结构性改革，推动新闻出版业转型升级和融合发展，提高优质产品的供给，实现了行业的良好发展。全年新闻出版产业营业收入超过2.3万亿元。全国出版、印刷和发行服务实现营业收入23595.8亿元，较2015年增加1939.9亿元，增长9.0%。2016年，全国出版、印刷和发行服务实现营业收入23595.8亿元，较2015年增长9.0%；利润总额1792.0亿元，增长7.8%；不包括数字出版的资产总额为22070.3亿元，增长6.2%；所有者权益（净资产）为11245.5亿元，增长6.1%；全国共出版图书50.0万种，较2015年增长5.1%；总印数90.4亿册（张），增长4.3%；总印张777.2亿印张，增长4.6%；定价总金额1581.0亿元，增长7.1%。图书出版实现营业收入832.3亿元，增长1.2%；利润总额134.3亿元，增长7.2%；全国共出版期刊10084种，较2015年增长0.7%；总印数27.0亿册，降低6.3%；总印张152.0亿印张，降低9.4%；定价总金额232.4亿元，降低4.3%。期刊出版实现营业收入193.7亿元，降低3.6%；利润总额25.7亿元，降低2.2%。2016年，全国共出版报纸1894种，较2015年降低0.6%；总印数390.1亿份，降低9.3%；总印张1267.3亿印张，降低18.5%；定价总金额408.2亿元，降低6.0%。报纸出版实现营业收入578.5亿元，降低7.6%；利润总额30.1亿元，降低15.7%。全国共出版音像制品14353种，较2015年降低6.6%；出版数量22124.3万盒（张），降低24.8%。音像制品出版实现营业收入27.5亿元，增长4.8%；利润总额3.7亿元，降低7.1%。全国共出版电子出版物9836种，较2015年降低2.5%；出版数量29064.7万张，增长35.6%。[①]

从整体上看，中国出版业保持较快增长，产业规模继续扩大。出版图书种类稳步提升，从2012年的414005种达到2016年的499884种。期刊和报纸种类较为稳定，出版物总销售额持续增长（见表3）。

表3　2012~2015年中国出版业概况

年份	出版图书（种）	定价总金额（亿元）	期刊（种）	定价总金额（亿元）	报纸（种）	定价总金额（亿元）	出版物销售总额（亿元）	同比增长（%）
2012	414005	1183.37	9867	252.68	1918	434.39	2159.88	10.57
2013	444427	1289.28	9877	253.35	1915	440.36	2346.15	8.62
2014	448431	1363.47	9966	249.38	1912	443.66	2415.52	2.96
2015	475768	1476.09	10014	242.97	1906	434.25	2563.74	6.14
2016	499884	1580.96	10084	232.42	1894	408.20	2771.34	8.1

资料来源：根据国家新闻出版广电总局公布的信息整理。

（三）演艺业

2016年，演出市场整体发展态势向好，整体经济规模稳步提升。在政府政策提供的文化发展利好环境下和习近平总书记在文艺工作座谈会上重要讲话精神的指导下，演出行业对内深耕细作，文艺创作不断繁荣创新，演出机构多元化发展，注重产业链、泛娱乐布局等方面；对外不断拓展，主要表现在与国际接轨进一步深入、与互联网加速融合、与资本市场紧密对接等方面，演出行业的市场化、产业化、国际化水平进一步提升。2012~2016年

[①] 《2016年新闻出版行业分析报告（摘要版·上）》，中国新闻出版广电网，2017年10月14日，http://www.chinaxwcb.com/2017-07/25/content_358665.htm。

中国演出市场总体经济规模呈现稳步小幅增长的特点，中国演艺业保持着稳中有升的特点（见图1）。

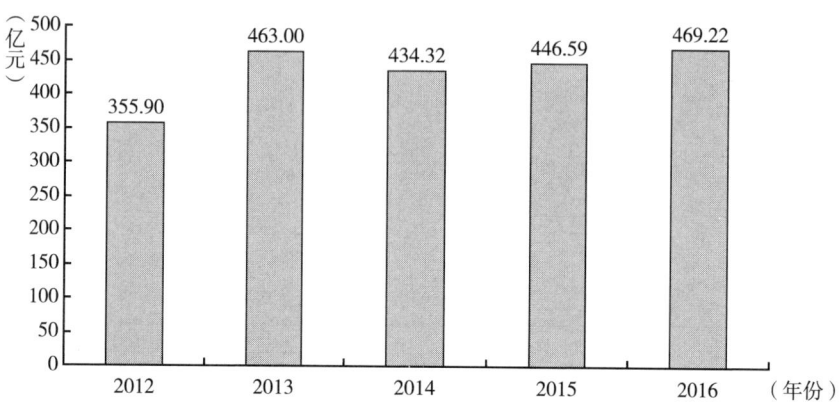

图1　中国演出市场总体经济规模

资料来源：《中国演出市场报告》（2012～2016）。

（四）游戏动漫业

2016年，是中国游戏行业继续快速发展的一年，中国网络游戏行业发展环境更加优化，市场秩序更加规范，光纤网络和4G网络的全面普及为网络游戏的发展提供了良好的硬件设施。人民生活水平快速提升，人们对娱乐的需求越来越高。从企业经营来看，游戏泛娱乐化，影视文学动漫游戏化，文娱产业间的跨界联动频繁，拓宽了游戏产业的外延。2016年，中国游戏市场实际销售收入达到1655.7亿元，同比增长17.7%，增长率相对上年有所放缓，但销售收入增量保持稳定。中国游戏产业各个细分市场发展逐渐明朗，客户端游戏与网页游戏市场份额同时出现下降，移动游戏继续保持高速增长，家庭游戏机游戏尚处于布局阶段。

中国动漫产业长期以来依赖于电视动画，但是目前我国电视动漫产业虽然在量上有了很大的突破，但是质量的普遍低下导致原创动漫不被消费者所认可，在政策调控和市场杠杆的双重引导下，由数量增长转向质量提升的趋势十分明显，未来随着节目库累积数量的增加和动画频道拓展空间有限的矛盾进一步加剧，由产量向质量转折将成为我国电视动画行业在结构调整和发展过程中的必然现象。

三　全球文化服务业发展概况

（一）电影、电视业

2016 年，从全球来看电影产业发展形势稳中有降，全球电影票房达到 386 亿美元。与 2015 年的 383 亿美元相比仅仅增长 0.78%。美国仍然占据电影产业的龙头位置，是全球最大、最成熟稳定的电影市场，其规模连续多年占全球市场的 30% 左右，但 2016 年美国的电影票房增幅并不大，美国和加拿大 2016 年电影票房总收入为 114 亿美元，比 2015 年增长 2%，一年至少去电影院观影一次的人数为 2.46 亿人次，增长 2%。2016 年，亚太地区票房为 149 亿美元。2016 年，日本电影票房增幅较大，达到 8.5%，亚太地区的票房为 149 亿美元。中国、韩国和日本均实现本土票房市场份额过半的成绩。相比之下，英国、德国等欧洲国家的本土电影明显处于弱势（见表4）。①

表 4　2016 年部分主要电影国家的票房收入情况

单位：%

排序	票房	票房（本土货币）	同比增幅	本土票房占比
1	113.77 亿美元	113.77 亿美元	2.2	—
2	71.57 亿美元	492.83 亿元人民币	3.73	58.3
3	20.72 亿美元	2355.08 亿日元	8.5	63.1
4	18.75 亿美元	15.04 亿英镑	—	—
5	14.53 亿美元	16562 亿韩元	-3.33	53.2
6	10.87 亿美元	10.23 亿欧元	—	22.7

---

① 中国电影家协会、中国文联电影艺术中心：《中国电影产业研究报告》，中国电影出版社，2017。

（二）出版业

2016年，国际出版业从整体上看呈现数字出版销售比重回落，传统出版销售比重上升的现象。但全球出版行业的前景并不乐观，在电子书的冲击下，实体图书的销量令人担忧。数字出版增长迅速，根据调查，2016年全球数字出版市场规模为153亿美元，占数字媒体市场的18.2%。这其中，79.7%的市场由美国、中国和欧洲占有，这3个地区市场收入达到122亿美元。美国在数字出版市场处于领先地位，2016年收入达到72亿美元，占全球电子出版市场的47.3%。欧洲2016年数字出版收入为36亿美元。虽然中国的用户数是美国和欧洲用户数的两倍，但与美国、欧洲相比，中国的数字出版市场仍然是最小的，2016年数字出版收入为14亿美元。从细分领域来看，电子书是所有地区数字出版市场的核心市场，2016年收入为108亿美元，占全球数字出版总收入的71.1%。以美国为例，电子书收入达53亿美元，其次是数字报纸，数字期刊的收入最少。中国数字期刊比数字报纸收入更高一些。但从长期来看传统出版仍然是产业的主力军，传统的书报刊仍然是阅读主流产品，是获取知识的主要方式。传统出版业巨头越来越重视在数字资源上的战略投资，进一步提升实体图书与数字出版的融合发展。

（三）游戏动漫业

根据《2016年全球移动游戏产业白皮书》，2016年全球移动游戏市场达到369亿美元，占全球游戏市场的37%。亚太地区的移动游戏收入达到215亿美元，欧洲和北美洲的移动游戏收入达到123亿美元。2016年全球移动游戏市场在细分领域中，智能手机继续占据主导地位，达到270亿美元。亚太地区是比重最大的区域，2016年收入占总市场的58%。在东南亚和印度市场快速发展的催动下，亚太地区将继续保持增长态势。过去几年，西方的增长已经减少，东方将继续统治移动游戏领域。中国依然是移动端游戏收入第1名，并与第2名的美国有30多亿美元的差距，第3名为日本。这3个国家的移动端游戏收入占全球移动市场的2/3。

2016年全球游戏总收入为996亿美元,同比增长8.5%,全球游戏营运收入前五位的公司为腾讯、索尼、动视暴雪、微软和EA。腾讯2016年的游戏收入为102亿美元,占全球市场的10%。在不同类游戏的对比中,主机游戏居首位,占29%,手游和PC游戏紧随其后,分别占27%。2016年游戏行业几笔比较大规模的投资交易包括:华谊兄弟投资英雄互娱2.88亿美元;腾讯投资斗鱼TV2.26亿美元;DFJ等投资Unity1.81亿美元。

四 中国文化服务业对外贸易发展现状

2016年中国全年服务进出口总额53484亿元,比上年增长14.2%。其中,服务出口18193亿元,增长2.3%;服务进口35291亿元,增长21.5%。服务进出口逆差17097亿元。这是中国服务贸易首次突破5万亿元大关,世界排名第二。服务贸易占中国总的外贸比重达到18%,比2015年增加了2个百分点。广告服务、维修服务、金融服务等高附加值服务出口增幅分别达到47%、48%、50%。

在服务贸易地区方面,与中国香港的服务贸易额将近2000亿美元,与美国的服务贸易额突破1000亿美元,美国是中国第一大服务贸易逆差来源地,逆差达到523亿美元。与"一带一路"沿线国家的服务贸易进出口额达到1222亿美元,提高了3.4%;其中服务贸易出口额占比达到21.5%,比2015年提高11个百分点。

中国对外文化贸易和投资增长迅速,中华文化的国际影响力持续增强。对外文化贸易的市场主体更加多元,民营资本成为推动中国文化产品和服务出口的重要力量。国家对外文化贸易基地在上海、北京、深圳相继建立,成为在文化贸易领域先行先试、探索发展新模式的重要抓手。2016年全年文化产品进出口总额885.2亿美元,其中出口786.6亿美元,实现顺差688亿美元;文化娱乐和广告服务出口额54.3亿美元,同比增长31.8%;文化体育和娱乐业对外直接投资39.2亿美元,同比增长188.3%。2012~2014年中国文化产品进出口迅猛增长,增长率几乎都超过20%。但在2015年和2016年不论进口额、出口额还是出口总额都有所下降(见图2)。

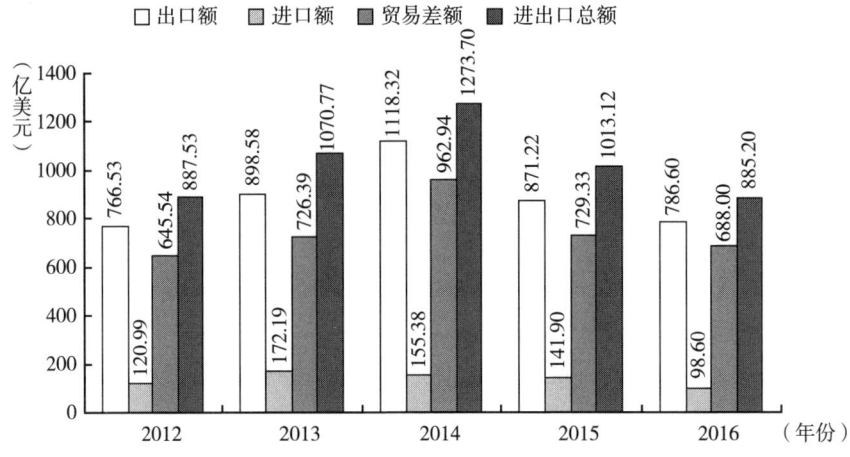

图2　2012~2016年中国文化产品进出口情况

资料来源：《中国文化贸易统计报告》（2013~2015）。

（一）电影电视业

总体而言，相对于中国国内而言，中国电影电视海外市场尚处于未被深度开发的状态，因此存在较大的增长空间。2016年，配合国家整体外交，中国电影积极开展对外交流。电影海外销售采取了新的有效渠道、拓展了新方法，取得了积极成效。2016年全年中国电影海外销售收入达到38.257亿元，较2015年仍保持快速增长，中国影视产品和服务贸易出口额也高达6亿美元。中国电影最近几年出口稳定增长，年增幅都在10%以上，特别是在2016年增长率达到38.09%（见图3）。[①]

中国电视剧的出口情况依然不乐观，虽然说2016年3月《伪装者》在韩国中华TV电视台开播。4月，《琅琊榜》和《女医明妃传》登陆日本电视台。在日韩这样成熟的影视市场，国剧掀起了一个"攻城略地"的小高潮。虽然国剧走出海外的好消息不绝于耳，但是国产剧的主要出口方向还是

---

① 中国电影家协会、中国文联电影艺术中心：《中国电影产业研究报告》，中国电影出版社，2017。

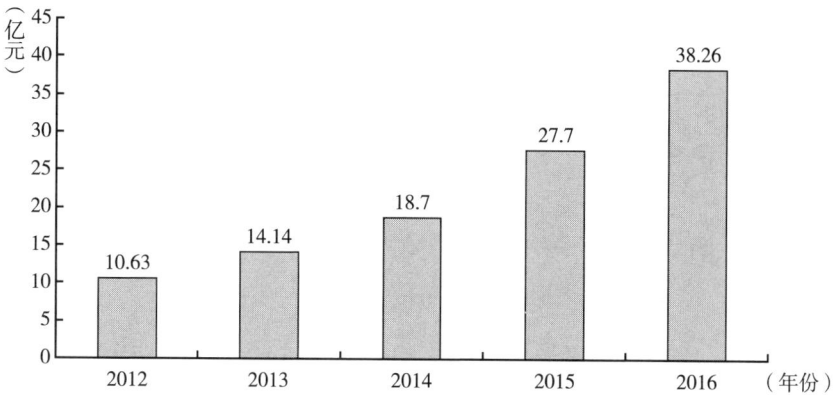

图3 2012~2016年中国电影全年海外综合收入情况

资料来源:《2017中国电影产业研究报告》。

亚太地区,在海外的售价非常低,像《琅琊榜》这样的经典也只能卖白菜价。华语剧在亚洲市场比较受认可,而在欧美发达国家的观众市场尚未被"开垦"。

(二)出版业

2016年全国新华书店系统、出版社自办发行单位出版物总销售208.27亿册(张、份、盒)、2771.34亿元,与上年相比数量增长4.42%,金额增长8.10%。其中:新华书店系统销售142.62亿册(张、份、盒)、1597.06亿元,与上年相比数量增长3.94%,金额增长7.90%。出口总额1.85亿元,比上年下降15.53%。2016年,全国累计出口图书、报纸、期刊2169.94万册(份)、7785.11万美元,与上年相比,数量增长2.72%,金额下降1.98%。其中,全国出版物进出口经营单位累计出口1765.52万册(份)、5886.67万美元,与上年相比,数量增长13.71%,金额增长2.79%。其中:图书出口1450.28万册、5407.37万美元,与上年相比,数量增长13.41%,金额增长3.56%。期刊出口265.69万册、443.78万美元,与上年相比,数量增长10.54%,金额下降3.87%。报纸出口49.55万份、35.52万美元,与上年相比,数量增长47.78%,金额下降

18.21%。2016年，全国出版物进出口经营单位累计进口图书、报纸、期刊3108.18万册（份）、30051.73万美元，与上年相比，数量增长10.54%，金额下降1.66%。其中：图书进口1551.63万册、14421.60万美元，与上年相比，数量增长9.36%，金额下降0.54%。期刊进口338.37万册、14137.21万美元，与上年相比，数量下降5.39%，金额下降1.30%。报纸进口1218.18万份、1492.92万美元，与上年相比，数量增长17.66%，金额下降13.96%。2012~2016年中国图书、报纸和期刊的进出口波动较小，总体来说保持平稳（见图4）。2012~2016年中国出版物进出口金额也较为稳定，图书、报纸、期刊的进口基本在30000万美元上下，出口基本在7800万美元，可以很明显地看出中国出版物贸易逆差的问题依然严峻（见图5）。

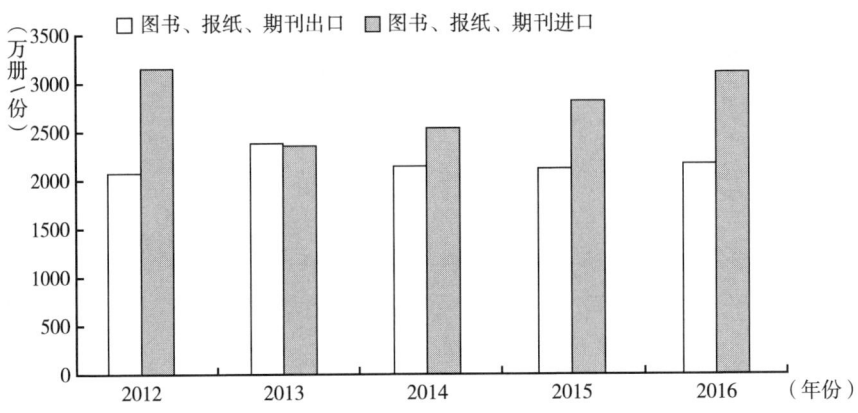

图4　2012~2016年中国出版物进出口情况

资料来源：根据国家新闻出版广电总局公布的信息整理。

（三）游戏动漫业

中国动漫产业近年呈崛起之势。从2014年起，中国动漫产业内容生产实力进一步提升，总产值超过1000亿元，到2016年上升到1200亿元。在物质生活越来越丰富的今天，国人对精神生活的需求也在不断提高。人们不

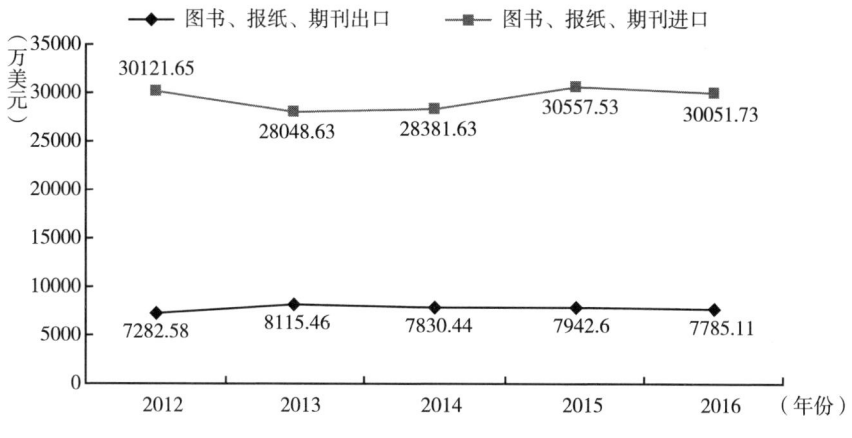

图5　2012～2016年中国出版物进出口金额

资料来源：根据国家新闻出版广电总局公布的信息整理。

再满足于单一地进口"精神食粮"，而开始致力于创造属于自己的作品，我们迅速进入了一个原创作品百花齐放的时代。而随着越来越多的国产作品登上国际舞台，国产漫画也逐步进入海外读者的视野当中。国漫产业整体素质的提高，国产漫画逐渐变得开放起来，开始以自信的姿态走出国门，并且被越来越多的国外读者所接受。

2016年，自主研发网络游戏海外市场实际销售收入为72.3亿美元，同比增长36.2%。随着国内游戏市场逐渐走向成熟，越来越多的企业将目光转向海外，立足国内、放眼国际已经成为国内游戏企业的共同选择。具体到细分领域，移动游戏已经成为支撑自主研发网络游戏海外收入增长的重要因素。受移动互联网快速普及影响，中国移动游戏市场逐步成为全球最大的移动游戏市场，这促使游戏企业更快地发展，中国游戏企业也得以取得先发优势，获取进军国际市场的基础。

五　中国文化服务业对外投资现状与特点

2016年是中国企业对外投资并购最活跃的一年，共实施完成并购项目

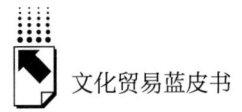

765起，涉及74个国家（地区），实际交易额为1353.3亿美元，其中直接投资865亿美元，占并购总额的63.9%，占当年中国对外直接投资总额的44.1%；境外融资488.3亿美元，占并购金额的36.1%。其中文化、体育和娱乐业对外投资并购22起，涉及金额为44.1亿美元，占投资并购金额的3.3%，可以看出占比并不高，说明中国文化服务业对外投资并购还有很大的发展空间。

2016年末，中国对外直接投资存量为13573.9亿美元，较2015年末增加2595.3亿美元，是2002年末存量的45.4倍，占全球外国直接投资流出存量的份额由2002年的0.4%提升至5.2%，排名由第25位上升至第6位。文化、体育和娱乐对外直接投资存量为79.1亿美元，占0.6%。

（一）中国内地对香港地区投资

2016年中国内地对香港地区的投资流量首次超过千亿美元，达到1142.33亿美元，占当年中国对外直接投资总额接近六成，同比增长27.2%。文化服务业的投资流量为130595万美元，存量为380029万美元，占比分别为1.1%和0.5%。

（二）中国对欧盟投资

2016年，中国对欧盟直接投资快速增长，流量金额近百亿美元，达到99.94亿美元，同比增长82.4%，占流量总额的5.5%，占对欧盟投资流量的93.5%。从行业分布看，流向文化服务业4.51亿美元，占4.5%，主要在意大利。2016年末，中国对欧盟的投资存量为698.37亿美元，占存量总额的5.1%，占对欧洲投资存量的80.1%。其中，文化服务业的直接投资流量为45059万美元，占4.5%，直接投资存量为55268万美元，占0.9%。

（三）中国对东盟投资

2016年，中国对东盟十国的投资流量为102.79亿美元，同比下降29.6个百分点，占流量总额的5.2%，占对亚洲投资流量的7.9%；存量为

715.54亿美元,占存量总额的5.3%,占亚洲投资存量的7.9%。中国对东盟文化服务业的直接投资流量为3149万美元,占0.3%,直接投资存量为7917万美元,占0.1%。

(四)中国对美国投资

2016年,中国对美国直接投资流量为169.81亿美元,是2015年的2.1倍,创中国对美国直接投资历史新高,占流量总额的8.7%。2016年,中国企业对美国实施并购项目164起,实际交易金额354亿美元,主要分布在制造、交通运输和仓储、软件和信息技术服务、房地产、文化娱乐等领域。其中在文化领域比较重要的事件是万达集团斥资28亿美元收购美国传奇影业。2016年,中国对美国投资领域多元化,其中流量在10亿美元以上的行业有8个,较2015年增加3个。这8个行业为:制造业、信息传输/软件和信息技术服务业、房地产业、文化服务业、租赁和商业服务业、科学研究和技术服务业、批发和零售业、采矿业。其中,文化服务业投资流量为18.66亿美元,占11.0%;存量为23.54亿美元,占3.9%。

2016年末,中国对外直接投资者达到2.44万家,其中涉及文化服务业的为307家,占1.3%。中国境内投资者共在全球190个国家(地区)设立对外直接投资企业(简称境外企业)3.72万家,较2015年末增加6300多家,遍布全球超过80%的国家(地区)。其中,文化服务业的境外企业为488家,占1.3%。

可以看出发达国家仍然是中国文化服务业对外投资的主要目的地,发展中国家所占份额较小。

六 中国文化服务业发展展望

(一)电影电视业

近年来,中国电视剧生产总量为每年400~500部,出口总量基本维持

在每年250~350部，超过一半的电视剧出口海外。除了海外华语市场，中国电视剧在非华语市场也取得不俗成绩。《步步惊心》在亚太地区收获超高人气，《甄嬛传》登陆美国主流电视台，《琅琊榜》被翻译成多种语言热播，《芈月传》国内未播版权就已卖到国外……如今"出海"的国产剧不仅数量和质量大幅提升，题材越来越广泛，而且更容易引起人们的关注，成为话题性事件。随着国产剧在故事剧本、制作水平、技术水准等方面的提升，投资额的不断增加，互联网等传播技术的发展，还有国家的政策支持，中国广播电影电视在未来能够进一步打开国外市场，传递中国声音、讲好中国故事。

高质量、贴近生活的本土电影正在推进中国电影娱乐业蓬勃发展。国际电影进入中国市场的配额制度，以及国产影片资金投入的增加，都促进了本土电影的繁荣。当下，中国的电影银幕正以每年几千块的数量增加，但人均拥有电影银幕数量仍远低于美国，这表明中国电影市场的潜力依然很大。而与电影业的欣欣向荣相适应，中国电影产业在未来几年内将涌现更多本土领军者。

（二）出版业

随着新媒体的崛起，传统出版业和纸媒发展之路面临着前所未有的挑战。读者兴趣、阅读习惯、信息渠道、购书行为等都深受移动互联网影响，图书出版行业格局也随之改变。目前纸质书籍与电子书并行，竞争激烈。但是电子书已成为各出版社纸质出版的重要补充和延伸，传统出版业可以借助新媒体便捷的宣传手段，使得读者更加了解自己，更好地进一步推广优秀的纸质书籍。

（三）游戏动漫业

动漫产业目前正处于从幼稚期向成长期转变的过渡阶段，行业发展风起云涌。中国动漫产业要想做强做大，必须加强对传统文化挖掘力度，使国产儿童电影获得竞争优势。从成功电影的经验来看，根本出路在于从深厚的中华传统文化中找到安身立命的根基。这不仅需要加强传统文化元素外在形式的引用提炼，还要加强对中国文化精神的领悟传承。目前，国产动画电影大多停留在传统文化元素在人物形象或美术表现上的粉饰雕琢，对文化内涵的挖掘不够深，尚未完全展现传统文化所具有的思想魅力。从影视编剧方面来看，儿童动画创作的综合审美趣味和耐心讲故事的水平有待提高。儿童文学家、编剧、导演应该俯下身子与孩子平等对话，从孩子的视角观察世界以恢复童真；应该追求情怀与责任，而非以票房来衡量自己的工作价值。国产动画电影在制作技术上也有待进步。要用现代的审美方式对传统造型中的一些元素加以改造、提炼和运用，使动画造型富有时代特色和民族个性，从而提升动画作品的艺术品质和艺术感染力。当我们将人才、作品、市场完美结合在一起时，当我们不断从中华优秀传统文化中挖掘宝藏时，包括动画电影在内的儿童影视将迎来灿烂的未来。

在移动电竞的刺激和推动下，2016年中国电竞游戏市场规模达到504.6亿元，同比增长35%，其中移动竞技游戏实际销售收入171.4亿元，同比增长187%。在用户规模上，2016年中国移动电竞用户规模达1.54亿人，较2015年增长75.0%，预计2017年将达2.25亿人。国内移动游戏市场用户规模进入平稳期，依靠高质精品游戏、精细运营进行存量博弈，开辟游戏出海、电子竞技等市场新增量，把握游戏变现逻辑和发展趋势，是未来国内移动游戏厂商的出路。

（四）演艺业

目前我国舞台剧中话剧和儿童剧演出场次较多，音乐剧演出场次较少，以引进国外经典音乐剧为主。而在美国、英国、日本等国家，音乐剧在整个演出结构中占据重要地位。随着我国演出行业的逐步成熟，演出结构将逐渐变化，未来音乐剧将进一步发展。由于演出行业在规模和人数上存在限制，要取得较高收入规模客观要求一部剧目长时间地多次演出，因此驻场演出应运而生。驻场只是形式，决定驻场的剧目才是内里。驻场演出对剧目提出了较高的品质要求，有利于推动院团品牌与剧目品质的上升；院团品牌与剧目品质的上升又将对后续演出的票房提供保障，形成良性循环。因此驻场剧将

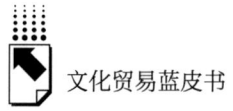

成为未来行业发展方向。随着行业发展,演出行业多家公司完成了长期沉淀,一方面推出的作品本身具有较高的质量;另一方面通过持续推出高质量作品形成显著的品牌效应,成为观众观剧的首选,从而使行业集中度进一步提升,强者愈强的现象比较明显。未来这些公司将进一步利用形成的戏剧品牌,发挥先发优势,市场竞争格局将呈现强者愈强的马太效应。

B.9 在"一带一路"建设中增强我国文化创意产业的国际影响力

张国庆*

摘　要： 随着经济全球化的发展，"一带一路"发展平台给中国文化创意产业带来了更多的机遇。现阶段，中国文化产业的发展与中国全球第二大经济体、第一大出口国的国际地位相比，尚不够相称。"一带一路"建设高度重视文化产业的发展得以把中华文化展示和传播出去。"一带一路"建设中促进、发展和繁荣中国的文化创意产业，必须扶持文化创意产业的发展，必须推动文化创意产业的对外合作，必须寻求和培育共同的价值理念，必须塑造好中国的国际形象，必须讲好中国故事，以此加快文化创意产业发展和"一带一路"相互促进。

关键词： "一带一路"　文化创意产业　文明交融

当今世界正在发生复杂而深刻的变化，国际政治、经济酝酿着变局，我们所面对的是一个与过去"世界是平的"完全不同的"世界是不平的"全球化。在保守与开放、传统与现代、民族与世界的思想激荡和文化碰撞中，我国文化创意产业要充分借助"一带一路"建设所带来的战略契机，推进中华文化"走出去"，向世界展现中国的形象与风貌，为未来中国谋求话语

---

* 张国庆，国家文化贸易学术研究平台专家，中国国际贸易学会常务理事，中国 WTO 研究会外顾委委员，研究领域：世界经济、国际贸易与国际投资等。

权。同时，进一步解放思想、补齐短板、激发活力，创新文化产品，发出中国的时代声音，提高我国文化的国际竞争力，建设具有国际影响力的文化强国。

一 "一带一路"建设为我国文化创意产业发展提供了重要契机

我国提出的"一带一路"倡议，其深厚的根源，来自我国与亚欧大陆国家悠久的贸易联系、文化交流和历史情结。

古代丝绸之路千年的发展历史表明：这条连接亚、非、欧各洲的大动脉，是在随着中国的丝绸、瓷器源源不断地销往世界各国的物质交流的同时，其文化交流和精神文明交流也全面开展起来。这种精神文化交流建立在以经济为中心的物质交流基础上，不仅丰富了丝绸之路沿线各个国家、民族的物质生活，而且改变了他们的精神时尚，还对沿线地区、民族的社会结构和文化进步产生了重要影响。其中，中华文化的对外传播及其对世界的影响，应该首推以丝绸为代表的包括瓷器、茶叶和四大发明在内的中华文化对世界文化发展的影响。并在思想文化上，打破了东西方两大文明相互隔绝的状态，促进了世界文明的共同进步和繁荣。

传承千年的历史，"一带一路"建设正在以强大的生命力展开恢宏的画卷，成为新时期中国对外开放的重要战略。历史形成的文化渊源启迪我们：在"一带一路"建设中，我们必须始终坚守历史文化价值。古代丝绸之路所具有的丰厚的文化价值和历史价值，昭示着亚欧之间文明交融的必要性和必然性，揭示了亚欧不同文明之间交流的历史轨迹和发展规律。中国等四大文明古国曾是人类文明的重要发祥地，早在2000多年前，这条丝绸之路就横贯东西，将各自的文明紧紧地联系在一起。其交往的历史源远流长，它之所以能够血脉相连，一定有它续存的历史价值和文化价值。我们一定要传承优秀的传统历史文化，深入挖掘古代丝绸之路的文化价值，弘扬古代丝绸之路所凝聚而成的交流、融合、合作和共赢的理念，打造内涵更为丰富、寓意更为深远的文化价值高地，扩展我们志同道合的朋友圈。

同时，也应该看到："一带一路"从开始的那一天起，挑战也是十分明显的，面临着来自各方面的不同干扰，其中既有不怀好意的"中国威胁论"，也有满怀戒心的不理解和心理排斥。如何把好事办好，使"一带一路"成为"各国领导支持、各国政府办事、各国民众参与"的全方位合作关系？需要做的工作很多。2015年3月，国家发改委、外交部、商务部联合发布的《推动共建丝绸之路经济带和21世纪海上丝绸之路的愿景与行动》，提出了"政策沟通、设施联通、贸易畅通、资金融通、民心相通"的工作重点。特别是民心相通，这是我们建设"一带一路"的社会根基和民意基础。需要通过各种文化交流，来为深化"一带一路"的合作奠定坚实的基础。

文化和文化创意产业，从某种意义上说，就是"一带一路"民心相通工作中的"民心工程"。前人说："远人不服，则修文德以来之。"（与远方的人还不能做到心灵相通与相服，我们就要以弘扬文化和德育来感化和影响他们）"一带一路"成功的关键，就在于我们能否构建出足够强大的"软实力"来影响沿线国家，得到它们的真心拥护并主动加入，而文化则是软实力的来源之一。通过文化交流，不仅可以满足人们的精神需求，而且可以拉近沿线各国人民的思想感情。这种传播和影响，要远大于说教式的宣传，其民心相通的效果就完全不一样了。

早在"一带一路"历史上，福建莆田的妈祖文化，就曾经是海上丝绸之路文化传播的典型代表。妈祖集"人、神、信仰、信俗"于一身，不仅在过去，而且到现在，还在世界范围内广泛传播。据不完全统计，在海上丝绸之路沿线数十个国家，尤其是东南亚，无不留下妈祖的神迹。全世界现在共拥有妈祖庙5000多座，妈祖信众两亿多人，形成了一条以妈祖文化为代表的文化之路。

这说明，"一带一路"所具有的丰厚的历史价值和文化价值，是今天开放和合作的基因。我们要继承弘扬这种传统，让文化交流成为沿线国家人民

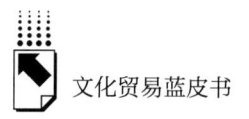

心灵相通的友谊纽带,让21世纪亚欧各国之间的文明对话更加顺畅、更加便利。

二 "一带一路"建设要高度重视文化创意产业的发展

文化创意产业是一种新的发展概念,是一种主体文化或文化因素依靠个人或团队,通过技术、创意和产业化的方式,进行开发、营销知识产权的行业。主要包括:广播影视、动漫、音像、传媒、视觉艺术、表演艺术、工艺设计、雕塑、环境艺术、广告装潢、服装设计、特色旅游、专题展览、特色建筑、软件和计算机服务等,这些都是当今世界具有领先趋势和较高层次的产业集群和创意群体,它不仅耗能低、消耗资源少、附加值高,并且影响力大,渗透性强。

文化创意产业主要依靠"创意人才"的智慧、技能和天赋,借助现代高科技对文化资源进行创造与提升,通过知识产权的开发与运用,产生出高附加值产品,不仅对经济创新有积极意义,而且对财富创造和就业有极大潜力。据估计,目前全世界创意经济每天要创造220亿美元的产值,并以5%的速度递增。一些发达国家增长的速度更快,美国达14%,英国为12%。因此,它成为一个国家先进生产力和先进文化发展的标志。

今天,我国文化产业的发展已经今非昔比了,对外影响也有了进一步的扩大。文化对外贸易已成为我国文化产业国际竞争力的一个重要观察点。2016年,我国文化产品进出口总额为885.2亿美元,其中出口786.6亿美元,实现顺差688亿美元;文化服务出口中的文化娱乐和广告服务出口额54.3亿美元,同比增长31.8%;文化体育和娱乐业对外直接投资39.2亿美元,同比增长188.3%。

随着科技发展,目前,我国文化产业也在通过"文化+科技"引领转型升级,一批与先进科技深度融合的文化企业正在成为推动文化贸易发展的主要力量。例如,我国自主研发的电影放映技术已成功进入海外市场,标志着中国对外文化贸易从单纯的出口产品和服务开始走向出口核心技术和标准。

文化贸易的竞争，也不再是单纯的产品间竞争，而是产业链间以及创新能力的竞争。以游戏、动漫和网络小说为题材改编而成的影视剧（即IP剧）的兴起，是文化产业跨界融合的范例，因此，文化贸易的跨界融合发展趋势也非常明显。

我国一些有实力的大型企业开始涉足文化产业，并积极开展海外并购。对外文化贸易和投资呈现加快发展的趋势。据统计，截至2015年底，我国文化产业已经在81个国家和地区设有文化及相关企业近千家，累计对外文化产业投资为188.5亿美元，占我国对外投资存量的1.3%。

与我国作为全球第二大经济体、第一出口大国的地位相比，与我国现有的国际地位和作用相比，总的来看，文化产业的发展是不相称的：一是产业规模不够强大。论产值，2015年文化产值13000多亿元人民币，折合1997亿美元，而美国2010年的文化相关产业（电影、音乐和电脑软件等版权）产值就达9318亿美元，我们只有他们5年前的1/5多一点。二是体现核心内容的精神产品较少。尽管是仅次于美国的世界第二大文化硬件产品出口国，但体现思想内容、附加值高的文化产品出口比重低，电影、电视、演出等能提供精神内容的文化产品出口少。三是文化影响力弱。不仅"西强我弱"的格局难以改变，而且我们能提供的在全球有广泛影响力的精神文化精品也不多。

由于缺乏文化产品的对外影响力和竞争力，我们还难以在国际上大张旗鼓地把中华文化展示和传播出去。特别是在今天，我们已发展到"坐二望一"的阶段，在很多方面已经是做到世界最大了，但是我们文化产品的水平还不够高，文化产业的发展还有很多不成熟的地方，与发达国家相比，我国文化产业缺乏知名品牌，也缺乏有实力的文化企业，市场化、商业化运作能力不强，在资本运作、管理体制、国际营销、创作能力、人力资源等方面与国际水平仍有较大差距；特别是符合国际市场偏好、具有国际竞争力的文化商品的产出能力有限，国内拥有自主知识产权的原创精品也仍然偏少。特别是精神产品，要做到让别人接受，还需要付出更多的努力。

一个国家的综合实力，不仅体现在一些主要经济指标上，而且体现在一

个国家和民族的文化创新和文化底蕴、创意能力上。经过近40年的改革开放，我国文化已进入继承、吸收、发展和创造的新时期。当前，我们要通过"一带一路"倡议的实施，充分利用"一带一路"沿线国家的新市场和新疆域，把我们的优秀文化成果有效地、持续地介绍过去，促进不同文明、不同社会制度和不同发展道路的国家增进了解、相互交流、取长补短、和谐共存，最终共同实现"一带一路"的发展目标。

三　在"一带一路"建设中推动文化创意产业的全面发展

在"一带一路"建设中促进、发展和繁荣文化产业，我们要做好以下的工作。

（一）要下力气扶植文化创意产业的发展

国家高度重视文化创意产业的发展，2014年3月14日，国务院发布了《关于推进文化创意和设计服务与相关产业融合发展的若干意见》，2016年5月16日，国务院办公厅又转发了文化部、国家发展改革委、财政部、国家文物局等部门《关于推动文化文物单位文化创意产品开发的若干意见》，对博物馆、美术馆、图书馆等文化文物单位的文化创意产品开发工作作出部署。这说明，文化包括文化创意产业的发展正得到国家的大力扶植，有些重点文化出口企业和项目，将得到财政、金融、外汇、通关、技术改造等方面的重点支持。

扶植文化产业发展，这一点，韩国、印度等发展中国家政府都很努力。近年来，它们积极推行文化战略，运用国家资源支持文化产品出口，并已形成了若干品牌。韩国做得更好一些，早在亚洲金融危机后，为了使经济发展更加多元、稳健，韩国政府就提出了"文化立国"战略，力推文化产业走出国门。由于韩国国内市场狭小，它们的文化产业从一开始就制定了开拓海外市场、推动产品外销的国际化战略，在组织管理、人才培养、资金支持和拓展市场等方面给予帮助。现在，韩国文化产业不仅在国际市场上能带动其他产品出口增长，而且成为它们国家创意经济的主要来源。

我们要借鉴它们的发展经验，除了政府支持，还要对文化企业进行商业化、市场化改造，为其"走出去"创造条件。一是以创作精品为核心，量身定做既有中华文化底蕴又符合各国审美心理和习惯的精品力作。对具有浓郁民族特色的文化企业、项目和产品，如杂技、武术、曲艺、民族音乐和舞蹈等，要为这些传统文化产品扩大出口做好服务；二是加大对新兴文化创意产业的支持，如动漫、影视、演艺娱乐、文化会展的对外发展，要组建更有优势、更有竞争力的企业集团和国际研发创作团队，形成后发优势；三是建立激励机制，引导各类企业在对外经济活动中吸收和展示中华文化元素，促进文化繁荣。

从事对外文化贸易的企业，还必须充分深入了解、研究目标对象国的市场，为大家提供包括国别政策、翻译制作、贸易便利、信息咨询、人才培训、法律等方面的服务，充分发挥各方面的积极性，上下联动、中外对接，统筹资源、形成合力，帮助更多的文化创意产业"走出去"，在对外文化交流和国际市场开发的互动中，既促进事业的发展，也壮大自身的企业。

（二）要积极推动文化创意产业的对外合作

对于和"一带一路"沿线国家的合作，不能仅仅看作是产能合作和铺路架桥，民心相通也需要"铺路架桥"。习近平总书记指出，文化因交流而多彩，文化因互鉴而丰富，文化交流互鉴是推动人类文明进步和世界和平发展的重要动力。我们要推进文化产业发展，实现我国文化的大繁荣大发展，还必须吸收人类优秀文化成果。兼容并蓄、博采众长是文化保持时代性和生命力的力量源泉。在坚持中华文化主体性的同时，要学习借鉴人类文明的一切优秀成果，通过与外来文化的交流碰撞来汲取营养。纵观人类发展和丝绸之路发展史，不难看出，文化进步的主流，一直是不同文明相互促进、相互竞争和相互合作而共同推动的。善于引进、通过合作，吸收人类优秀文化，从中取长补短是我国文化进一步得到完善、丰富和提高的重要途径。

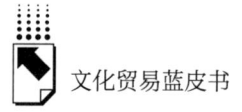
文化贸易蓝皮书

我国是文化资源和文化生产大国。近年来,文化创作发展势头正猛,图书报刊发行量居世界第一、电影产量居世界第三,这既是文化体制改革的结果,也是引进吸收国外文化优秀成果的结果。我们要继续消化吸收外来文化优秀成果,加强与"一带一路"沿线国家的文化交流合作,推动文化产业的创新,促进文化的繁荣发展。因此,在"一带一路"的合作中,我们也应把文化产业创意合作列为重点,提出规划,对其内容和形式,也要进行重新整合,不仅增添新内容,而且吸收异文化,要以包容和开放的胸怀,吸纳和借鉴"一带一路"沿线国家其他民族的先进文化,拓展创意空间、增强创新能力。

关于文化合作,国内一些著名企业已经采取了行动。如中国两大影业巨头之一的上海电影集团,7年前就与全球最大的影视技术公司特艺集团合作(特艺集团原名法国汤姆逊集团,全球最大的影视后期制作公司,专注于影视内容制作、数字传媒技术的加工和管理,在其95年的历史中,先后有20余项技术获奥斯卡奖提名),共同出资在上海成立一个亚洲领先,面向影视、广告、动画等行业提供后期制作的合资公司,携手打造东方"好莱坞"式的电影科技基地。上影特艺合资公司通过强强联手,结合双方集团的自身优势和特点,全面深入影视后期制作、动画制作、胶片3D及游戏等相关业务,致力于成为全亚洲领先的高科技基地。在为中国国内市场提供业界顶尖视频制作、管理、传送及介入解决方案等服务的同时,兼顾海外市场,共同满足中国乃至全球市场快速增长的需求。

在"一带一路"的文化对外合作上,我们的文化企业也要寻找机会,通过各种方式开展合作,既立足本国,又面向"一带一路"沿线国家,不仅让中华文化能够"走出去",而且能够"走进去",让"一带一路"沿线国家民众更好地了解和体验中华文化。

(三)要寻求和培育共同的价值理念

文化承载着一个国家、民族的精神价值。要把文化内容建设放在第一位,突出思想内涵、呈现价值观念,增强中华文化的吸引力和感召力。文化创意产业要深入研究国外不同受众的文化传统、价值取向和接受心理，因地制宜、因人制宜地用当地人民乐于接受的方式来传播我们的中华文化。

文化的差异性在世界上是普遍存在的，特别是在当前世界多样性和经济全球化的情况下，研究和了解各国文化的差异非常重要。因为随着国际交往的增加，人员流动的增多，经济交往的深入，各国文化的差异和背景已成为影响双方关系的一个重要因素。这种文化差异是各国人民在自己历史发展中，形成的一套价值体系、行为规范、信仰、生活习惯和生活方式，反映了不同国家人民在交往中的思维方式、处事方式以及解决矛盾的思考方法等，是人际交往和合作关系的基础。

这些文化差异，要求我们文化产业在面向世界的发展过程中，既要保持自己的文化优势，又要了解其他国家的风俗人情，才能在更大范围、更广领域、更高层次参与国际竞争与合作，争取中国的国家利益。同样，在与"一带一路"60多个国家的文化交流中，我们也必须了解差异，才能找到共同的价值观。

同时，我们也要看到，随着中国的崛起，世界上越来越多的人已经关注中国的发展、高度评价中国的道路，客观看待当代中国的价值。我们要充分利用这一契机，打造能够被"一带一路"沿线国家民众广泛接受的产品，使他们理解我们的制度理念和价值观念，提高认可度，增强认同感。

（四）要精心塑造好我们的国家形象

发展文化创意产业，还要提倡为我国塑造良好的国家形象，这是营造"一带一路"良好外部环境的需要。文化如水，润物无声。文化交流对增进相互了解、消除偏见和误解十分重要。面对中国的"块头"不断长大，国际上有些人总是戴着有色眼镜看中国，"中国威胁论""资源掠夺论""中国崩溃论"论调屡见不鲜。一些西方媒体也经常妖魔化中国，一点小事，就"高级黑"我们，也给我们国家形象带来了不小的负面影响。

近年来，尽管我们已经做了很大的努力，积极传播中国声音，努力塑造国家形象。但由于国际舆论我们不占先，并且我们文化传播能力也比较弱，

"西强我弱"的总体格局没有改变。这就要求我们的文化创意工作要更加强大,文化产品也要进一步完善和提高,要善于开展多层次、多样化、重实效的思想情感交流,着力塑造我国的文明大国形象和负责任大国形象。

对于这一点,我们要怀抱崇高理想,对我国的国家形象始终充满信心。2016年9月29日,由中国外文局对外传播研究中心联合全球领先的市场调查及品牌咨询机构华通明略在北京发布了《中国国家形象全球调查报告2015》,这是迄今为止在中国国家形象调查平台开展的第四次中国国家形象全球调查。在延续往年话题的基础上,本次调查增加了全球治理目标、当今国际秩序等全球性议题,涵盖了中国整体形象与影响力、政治、外交、经济、文化和科技的国际形象与传播,更加翔实、立体地呈现国际社会对中国国家形象的认知。调查的主要发现有:一是中国国家形象稳中有升,对国际事务的影响力在所有国家中位居第二。二是历史悠久、充满魅力的东方大国成为中国最突出的国家形象。全球受访者对中国国民的印象普遍是正面积极的,勤劳敬业成为最突出的中国国民形象。三是中国经济的国际影响力位居世界第二,受访民众看好中国未来发展形势,普遍认可中国经济发展的积极作用。调查报告以丰富翔实的数据,为我们全面客观评估海外受众对中国国家形象的认知提供了科学依据。所以,我们没有任何理由妄自菲薄,应该看到:我们文化创意产业的发展前景充满光明,中国的国家形象一定能够牢固地树立起来。

(五)要用心讲好中国故事

文化产业的发展,需要我们以全球的视角、时代的眼光、世界的语言讲好中国故事。这种故事应该以深入本土化方式、本土化传播来进行,尽可能减少"文化折扣"现象。优秀文创产品可以通过传播、普及文化知识,来潜移默化地影响人们的思想观念、价值判断和道德情操。美国就是通过好莱坞电影向全世界传播美国精神和价值观的。如《花木兰》《功夫熊猫》里面的人物、动物原本是中国的元素,却被外国文化创作人演化成中国故事,从中国获取了大量财富资源。韩国也是通过"韩流",向我们推广了韩国产品和价值理念。

中华文化是一个巨大的宝库,凭什么我们就讲不好中国的故事呢?五千年绵延不绝的历史底蕴是我们文化的灵魂支撑,中华民族自强不息的现代薪火是我们文化的精神境界。中华文化的丰富资源,中国崛起的发展历程,所蕴含和涌现的无数可歌可泣的事迹,是我们完全可以拿出来展示于人、骄傲世界的故事。要特别摒弃那种以暴露"落后、贫困、愚昧"为创作主题、取悦西方某些人的范式,更要摒弃那种粗制滥造、胡编臆造的连我们自己都不看的"神剧"。而要以文化的精品,创作出充满自信、回肠荡气、能够让中国人扬眉吐气的史诗。既要让世界爱上中国制造,也要让世界爱上中国的"精神"文化。

我们要把文化资源优势转化为文化产品优势,提高文化创意的转换率,并借势扩大中华文化的影响力。首先在"一带一路"沿线国家取得成功,让这些国家民众了解我们中国的追求、发展和梦想,中国的过去、现在和未来。其实,我们的发展道路,我们的奋斗努力,这些都是与"一带一路"沿线国家人民"梦相似、运相连、命相同"的故事与追求。我们要通过全面参与"一带一路"建设,来提升我们文化参与国际竞争的能力与格局。

B.10
中东欧国家和地区文化贸易发展研究

李小牧 罗慧*

摘　要： 随着"一带一路"倡议的不断推进，中国已经成为全球最大的文化产品出口国。文化贸易成为切实有效联通"一带一路"的重要纽带。文化是民心相通最广泛的领域，发展文化贸易既推动贸易畅通，又有利于促进"一带一路"沿线各国民心相通，为深化合作奠定坚实的民意基础，为基础设施建设等其他领域的合作起到润滑和桥梁的作用。"一带一路"沿线国家是中国开展国际贸易的重要区域。本报告通过对中国对外文化贸易现状和中东欧国家对外文化贸易发展现状的分析，旨在帮助中国与中东欧国家在文化贸易领域提高合作程度，实现互利共赢。

关键词： 中东欧　文化贸易　"一带一路"　文化合作

一 "一带一路"倡议下发展文化贸易的重要性

随着"一带一路"倡议的不断推进，中国已经成为全球最大的文化产品出口国。文化贸易成为切实有效联通"一带一路"的重要纽带。习近平主席指出"一带一路"要加强"五通"，即政策沟通、贸易畅通、资金融

---

* 李小牧，北京第二外国语学院教授、副校长，国家文化贸易学术研究平台首席专家，研究领域：世界经济、国际文化贸易等；罗慧，北京第二外国语学院国际服务贸易专业硕士研究生。

通、设施联通、民心相通。文化是民心相通最广泛的领域,发展文化贸易既推动贸易畅通,又有利于促进"一带一路"沿线各国民心相通,为深化合作奠定坚实的民意基础,为基础设施建设等其他领域的合作起到润滑和桥梁的作用。当我们以民心相通为基础推进"一带一路"建设时,文化的传播与文明的对话成为切实有效联通"一带一路"的纽带,文化贸易成为重中之重。

随着中国经济的不断发展,文化经济的增长也不容小觑。近年来,中国经济结构转型和产业升级的不断加快,文化贸易在对外贸易中的占比将不断增大。据统计,2013年中国文化产品出口总值达601亿美元,成为全球最大的文化产品出口国。"一带一路"沿线国家的文化产业各具发展特色,在相互合作交往中,"一带一路"国家文化市场与中国文化市场的联系越来越密切,中国巨大的文化消费需求逐步外溢到这些国家,中国的文化产品与服务也更多地参与竞争,由此通过"需求—供给传导机制"倒逼国内文化产业供给侧深化改革,完善国内文化市场,催生出高品质的文化产品与服务。文化产品与服务的对外贸易打开"文化围城"、实现民心相通的"金钥匙",将会迎来优化升级和提质增效的新机遇。[①]

"一带一路"沿线国家是中国开展国际贸易的重要区域。近年来,中国对"一带一路"沿线国家的投资项目及贸易额不断增长,中国自身的经济发展也取得了显著成就,这些使得"一带一路"沿线国家对中国文化的好奇心持续增强,对中国风土人情的兴趣也不断提升。"一带一路"沿线国家作为中国文化贸易对象国的重要性显著提高。"一带一路"倡议涉及60多个相关国家,中东欧国家占到了其中的四分之一。中东欧国家地理位置重要,文化底蕴深厚,艺术资源丰富,创新能力较强,普遍重视文化产业发展。近10年来中东欧国家文化服务进口需求增长较快,2012年文化服务进口总额达67亿美元,其中视听和交互媒体服务占进口总量

---

① 李嘉珊:《文化贸易:切实联通"一带一路"的人文纽带》,《中国文化报》2017年5月16日。

的60%，而中国的文化服务进口在中东欧国家不足1亿美元。① 中东欧国家地处连接欧亚大陆的枢纽位置，地理位置优越，中国与中东欧国家形成的"16+1"合作机制也将助力"一带一路"倡议融入欧洲经济圈，中东欧地区将成为中国对外文化贸易的先发地。中东欧国家文化产业与中国文化产业各有特色及优势，双方的交流将形成有机互补，发展文化贸易的空间巨大，因此对中国与中东欧国家之间的文化贸易现状进行分析研究具有重要的现实意义。

二　中国对外文化贸易现状

中国文化产业经过探索、起步、培育的初级阶段，已经开始进入加速发展的新时期。当前中国文化产业的整体呈蓬勃发展的趋势，其增速超过实体经济增速的一倍以上。文化生产力得到了解放，文化产业对国民经济发展的综合贡献不断提高，已逐渐成为国民经济的支柱性产业。

"十二五"期间，社会力量对文化产业的投资不断增加，文化产品和服务日益丰富，演艺、艺术品、文化旅游、动漫游戏、网络文化等行业蓬勃发展。近五年来，中国文化产业增加值年均增速远高于同期GDP增速，经国家统计局核算，2015年中国文化及相关产业增加值为27235亿元，比上年增长11%，占GDP的比重为3.97%，比同期GDP的名义增速高4.6个百分点。② 文化及其相关产业作为当前经济的一个新的增长点，贸易总量持续快速增长，比重日益上升，在推动经济发展、经济结构优化中发挥着越来越重要的作用，成为国民经济支柱产业的趋势愈加明显。2016年，规模以上文化企业的营收总体增长7%，与2015年11%的增加值增幅有差距，这是因为文化产业在进行着适应新常态发展格局的结构性深调。③ "十三五"期间，中国将继续积极推动文化产业的市场化、国际化，构建中国文化发展的国际

---

① 李嘉珊：《文化贸易：切实联通"一带一路"的人文纽带》，《中国文化报》2017年5月16日。
② 《统计局：去年我国文化及相关产业增加值比上年增11%》，http://finance.eastm。
③ 李嘉珊：《重新发现：中国-中东欧十六国文化创意产业概览》，中国商务出版社，2016。

路径。

在文化产品贸易方面,2004~2013年中国的文化产品出口表现突出。由于受到国际金融危机的影响,2008年文化产品出口额有明显的下降,但在2009年之后,国家明确扩大对外文化贸易的规定,政策利好态势显著,中国的文化产品出口额大幅上升,呈指数增长,居于世界第一。2013年中国的文化产品出口额达到601亿美元,该年美国的文化产品出口额为279亿美元,中国已达到美国的2倍多(见图1)。在文化产品进口方面,我国的优势不突出,文化产品进口额虽位居世界前十位,但距离欧美发达国家仍有较大差距(见图2)。

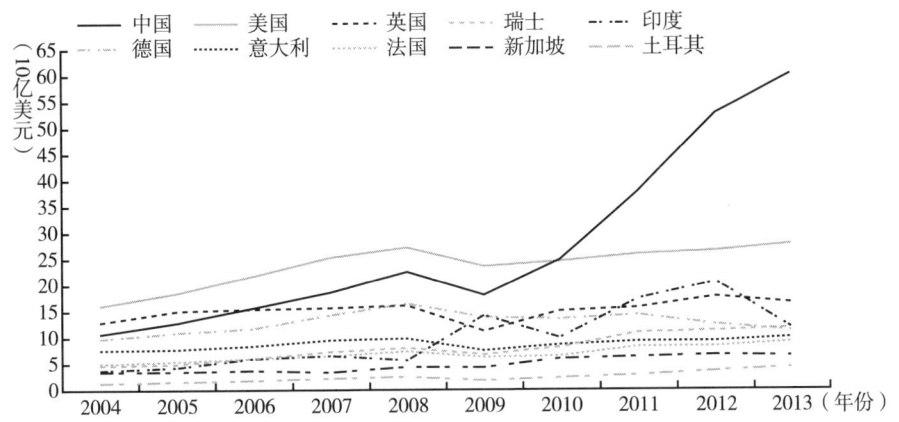

图1　2004~2013年文化产品出口排名前十的国家、地区

资料来源:UNESCO Institute for Statistics(UIS)based on data from UN Comtrade,DESA/UNSD 2015。

如图书版权、演艺、创意设计、电影电视节目等文化服务比文化产品具有更高的附加值,其文化传播影响力和对软实力塑造的能力更强。

2016年中国对外文化贸易和投资增长迅速,其中文化服务贸易中的文化娱乐和广告服务出口额为54.3亿美元,同比增长31.8%,文化体育和娱乐业对外直接投资达39.2亿美元,同比增长188.3%[①],文化内容、核心技

---

① 《文化服务贸易期待强劲增长》,《中国文化报》2017年5月12日。

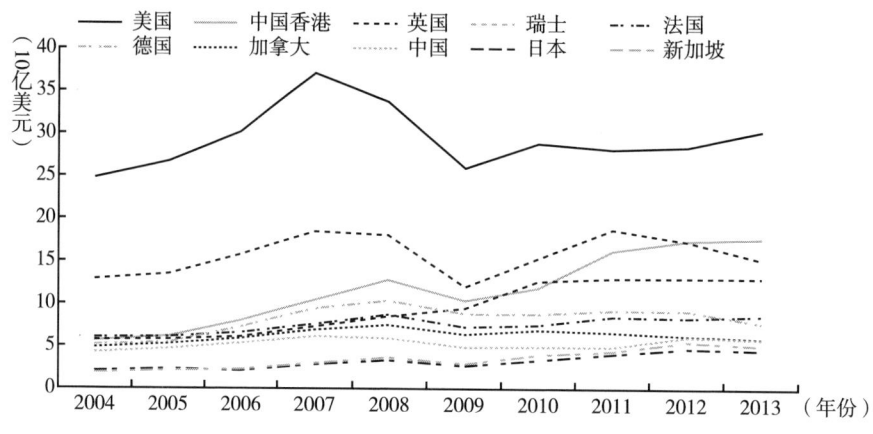

图 2　2004~2013 年文化产品进口排名前十的国家、地区

资料来源：UNESCO Institute for Statistics（UIS）based on data from UN Comtrade，DESA/UNSD 2015。

术和标准出口比例大幅提高，图书、影视剧、网络游戏等在国际市场的销售良好。

虽然文化贸易特别是文化服务贸易在整体贸易额中所占的比重很小，但其影响力巨大，在全球经济不景气，国际贸易萎靡不振的情况下，推动文化服务贸易的发展将成为经济发展的一个突破口。以"互联网+文化"为特点的新型文化服务贸易已经产生，成为当前我国文化服务贸易的新亮点。

三　中东欧国家对外文化贸易发展现状

在我国文化贸易不断发展的同时，中东欧国家的文化贸易也在不断进步。据联合国教科文组织 2016 年 3 月发布的《文化贸易全球化：文化消费的转变：2003~2012 年文化产品与服务的国际流动》显示，在文化产品进出口方面，依据仅有的 13 个国家数据信息进行相应的统计分析，未获取数据的 3 个国家是黑山、波黑及马其顿，可以忽略不计。在文化服务进出口方面，得到了 12 个国家的相关数据，余下的 4 个国家分别是黑山、波黑、马其顿和克罗地亚,其中克罗地亚未列入数据分析的原因是数据的大量缺失,仅有2011年和2012年的数据可用,因此不作为有效数据考虑,以12国的数据进行分析。

(一)中东欧国家文化产品贸易状况

中东欧国家在文化产品的进出口方面差异较大,从出口来说,表现突出的国家是波兰和捷克,这两个国家的文化产品出口额在2004~2013年呈现波动上升的趋势,且增长幅度较大。其他国家的文化产品出口额相差不大,并且2004~2013年这一指标的波动幅度很小。从进口方面来说,文化产品的进口额呈现三个梯队,第一梯队是波兰和捷克,第二梯队是匈牙利、罗马尼亚和斯洛伐克,第三梯队是其余的8国。2008年,受到金融危机的影响,各国的文化产品进口额都有不同程度的下滑,并且出口规模大的国家受到的影响也比较大。

(二)中东欧国家文化服务贸易

在文化服务出口方面,匈牙利的出口规模在中东欧国家中一枝独秀,2004~2012年,其文化服务出口额在中东欧国家文化服务出口总额中占比高达50%左右,其中在2004年更是达到了最高占比——74%。与匈牙利相比,其他国家的文化服务出口额较低,与其之间有较大的差距(见图3)。在文化服务进口方面,匈牙利也处于领先地位。波兰的文化服务进口额增长幅度最大,2010年后已超过匈牙利(见图4)。波兰在文化服务进口方面的需求比较旺盛,有比较大的发展动能。总体来说,经济规模大的国家文化服务进出口额也相对较大。

以文化服务的进口为例,中东欧国家与众多国家都有文化服务贸易来往,所共同涉及的文化服务贸易进口国超过50个。有的国家文化服务进口国甚至更多,例如波兰、立陶宛、罗马尼亚和斯洛伐克与超过100个国家进行文化服务贸易进口,特别是波兰,与超过140个国家进行服务贸易进口。

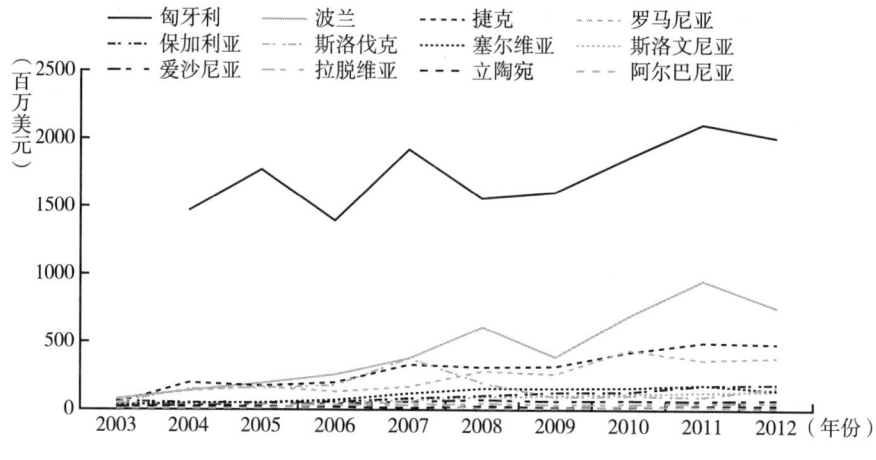

图3　2003～2012年中东欧国家文化服务出口额

资料来源：UNESCO ＜International Flow of Cultural Goods and Services 2004－2013＞。

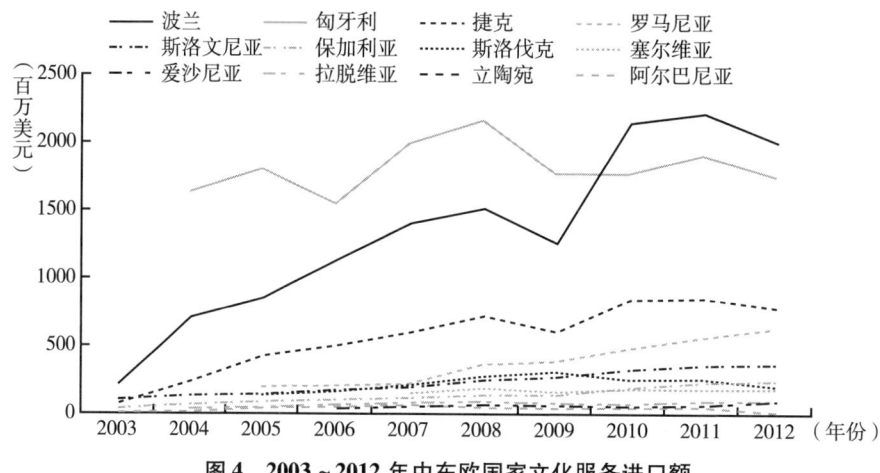

图4　2003～2012年中东欧国家文化服务进口额

资料来源：UNESCO ＜International Flow of Cultural Goods and Services 2004－2013＞

四　合作与展望

中国与中东欧国家在各自的文化贸易领域都有着良好的发展，但是双方在文化贸易的交流与合作中还应注意以下几个问题。

（一）中国与中东欧国家合作不够密切

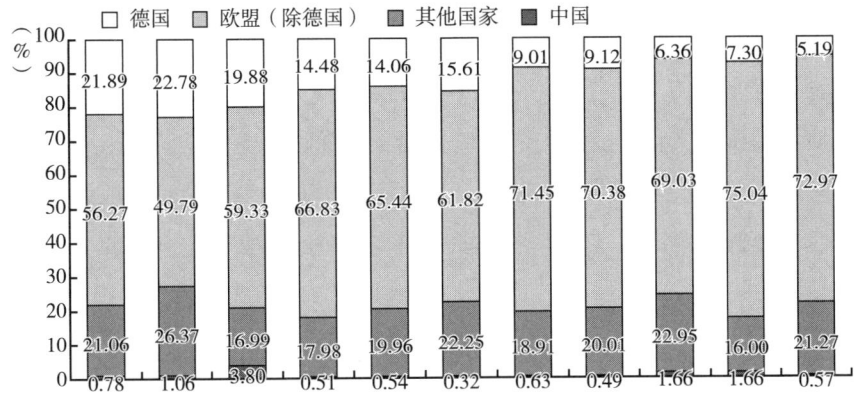

图5　2012年各地区文化服务进口份额

从图5中可以清楚地看到，2012年，中东欧国家的文化服务进口主要来自欧盟国家，占比都在70%以上。其中，德国文化服务贸易出口中东欧国家的表现尤为突出，而中国文化服务出口中东欧国家所占的比重非常小，基本不足2%，与此同时，中国从中东欧国家进口的文化服务不足1亿美元。双方在文化贸易方面的合作交流还不够密切，未来的发展潜力很大。

在中国文化服务出口方面中东欧国家当中有三个类别情况相对比较好。一是电影、动漫、游戏的文化服务。这类服务是中东欧国家进口占比最高的一类，也是我国出口中东欧国家文化服务中比重较大的一类。二是表演与视觉艺术类，主要包括以动作为主的杂技、舞台剧等。三是书法、绘画展览等贸易，出口额为872万美元，占比为12%。中国悠久的历史文化和灿烂的华夏文明受到了中东欧国家的喜爱。在之后的文化产业合作中，中国和中东欧国家可以从这几个领域出发，继续发展已经初步形成规模的类别，开发尚未起步的类别。

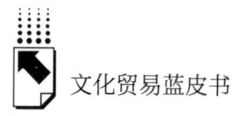

（二）缺乏信息交流机制

"一带一路"倡议涉及60多个相关沿线国家，中东欧国家占到了其中的1/4。中国与中东欧国家在广播影视、艺术表演、图书版权、动漫游戏、创意设计等领域的发展各具特色，双方在文化产业的发展，演艺、创意设计、动漫网游等文化产业门类的交流方面不断深化。但是长期以来，中国与中东欧国家文化产业领域信息缺失，渠道不畅，双方没有针对性地做好资源梳理、平台搭建等准备工作，阻碍了中国与中东欧国家文化产业的进一步合作。

2012年以来，随着中国与中东欧国家"16+1"合作机制的形成和中国"一带一路"倡议的实施，中国与中东欧国家的交往越来越密切，贸易方面的合作也越来越多，双方的合作与发展得到了极大的推动。文化产业作为新兴的朝阳产业，在双方经贸、人文交流中起到了重要作用，得到双方重视。中国与中东欧国家对双方的文化好奇心不断增强，对双方的图书、电影、电视节目、演艺、动漫、网络游戏、创意设计等文化产品和服务的需求也将呈现爆发性增长，文化交往与文化贸易会发展迅速。

中国具有庞大的消费市场，中国消费者对于产品和服务的需求已达到了相当大的体量。以北京为例，继2015年北京市社会消费品零售额在历史上首次突破"一万亿"元，2016年又突破1.1万亿元，北京已连续9年成为全国最大的城市消费市场。据统计，2016年，北京市实现市场消费总额2万亿元，同比增长8.1%；其中服务消费8921.1亿元，同比增长10.1%，增速比商品消费增速高3.6个百分点；服务消费在总消费中占比达45%，对市场消费总额的贡献率达55%，为带动首都经济稳定增长、促进经济转型发挥了重要作用。①

中东欧国家文化底蕴深厚，艺术资源丰富，创新能力较强，普遍重视文

---

① 《北京：今年起以"总消费"作为消费水平统计指标》，东方财富网，http://finance.eastmoney.com/news/1350，20170204707831465.html。

化产业发展，与中国文化交流形成有机互补，文化贸易空间巨大，可以预见中东欧国家对中国图书、电影、电视节目、演艺、动漫、网络游戏、创意设计等文化产品和服务的需求将呈现爆发性增长。中国与中东欧国家的文化产业合作需要建立各方共同建设、共担风险、共享收益的利益共同体，需要借助市场力量，最大限度地促进生产要素有序流动、资源高效配置，只有这样，文化市场才能深度融合。

"一带一路"建设注定是一项全球性、高水平、深层次的伟业，在这条和平之路、繁荣之路、开放之路、创新之路、文明之路上，文化贸易必将发挥其独特优势，切实联通"一带一路"。"国之交在于民相亲，民相亲在于心相通。"让文化成为联结民心的纽带，用文明交流、文明互鉴、文明共存的思想，让文化沿着"一带一路"生根发芽。"无论相隔多远，只要我们勇敢迈出第一步，坚持相向而行，就能走出一条相遇相知、共同发展之路，走向幸福安宁和谐美好的远方。"[①]

---

① 李嘉珊：《文化贸易：切实联通"一带一路"的重要纽带》，《中国文化报》2017年5月16日。

B.11
我国民营文化企业国际化发展：
现状、问题及对策

王海文　张毅杰*

摘　要： 在国际和国内文化产业大发展大繁荣的背景下，我国民营文化企业发展环境持续改善，政策扶持力度不断加大。民营文化企业作为国内和国际文化市场强有力的参与者，不仅是我国文化经济新的生力军，同时也是中华文化走向世界的主力军。然而目前我国民营文化企业在国际化过程中依然存在文化资源配置不合理、资金掣肘问题突出、人才匮乏、创新不足、行业自律需要加强等问题。因此要进一步创造公平竞争的市场环境，加强文化市场的法制化建设，完善并优化支持企业境外投资的各项财税政策，重视文化人才的培养、引入和激励，发挥互联网的功能，从而促进我国民营文化企业更好地走向国际市场。本报告通过对我国民营企业的现状研究，总结出目前民营企业所面临的问题，并提出了相应的对策及建议。

关键词： 民营文化企业　文化市场　国际化

---

* 王海文，北京第二外国语学院教授，经贸与会展学院副院长，硕士生导师，研究领域：文化贸易、服务贸易、服务业、国际贸易等；张毅杰，北京第二外国语学院国际商务专业硕士。本文为北京市教委面上项目《供给侧改革背景下北京对外文化贸易政策效果跟踪与评价研究》阶段性成果。

一 问题的提出

在中华文化"走出去"、文化产业国际化发展持续深入的背景下,作为我国文化市场繁荣以及文化企业多元化不可或缺的力量,民营文化企业正在发挥越来越重要的作用,肩负着比以往任何历史时期都更加重大而光荣的使命。虽然近年来我国民营文化企业获得了长足的发展,但是依然存在诸多困难和问题,不能很好适应日益国际化的竞争环境。有鉴于此,本报告将在全面考察我国民营文化企业国际化发展现状、存在问题的基础上,提出相应的对策,以为我国民营文化企业国际化发展以及相关部门的管理决策提供有益的参考建议。

二 当前我国民营文化企业国际化发展状况

文化经济全球化的蓬勃发展以及国内外消费结构变化使文化产品和文化服务的需求与供给发生了巨大的变化,从而为各种类型文化企业的国际化发展提供了机遇。在此背景下,近年来,民营文化企业蓬勃兴起,成为国内外文化市场上一股强劲的新生力量。

(一)文化产业持续繁荣为我国民营文化企业国际化发展奠定了坚实的基础

统计显示,2005~2014 年我国文化创意产业规模年均复合增长率达到 21.3%,2016 年全国文化及相关产业增加值为 30785 亿元,比上年增长 13.0%,比同期 GDP 名义增速高 4.4 个百分点;占 GDP 的比重为 4.14%,比上年提高 0.17 个百分点。伴随着文化产业的持续发展,我国文化企业的上市数量继续保持增长。据新元文智统计数据,截至 2016 年 8 月底,上市文化企业数量达 215 家,其中 2016 年新增 15 家,占比为 6.98%。[①]不仅如

---

① 新元智库:《2016 年上市文化企业资本运营报告》,2016。

此，"互联网＋"战略的贯彻落实为推动相关文化产业的发展做出了不可磨灭的贡献，促进了新业态的产生。据统计，2016年，以"互联网＋"为主要形式的文化信息传输服务业营业收入2502亿元、增长29.7%，文化艺术服务业125亿元、增长19.8%。① 国家文化企业的创新活力被不断激发，重点企业规模做大做强，新兴文化业态正在发掘生成。快速发展的文化产业为我国民营文化企业的成长以及国际化奠定了坚实的产业基础，创造了良好的国际化环境。

（二）快速发展的民营文化企业已成为国内外文化市场强有力的参与者

伴随我国文化经济的持续繁荣，一批大型民营文化企业集团顺应时代而生，大量创意、创业型小微文化企业也如雨后春笋般破土而出。在2015年"中国文化企业30强"评选中被认定的30家文化企业中，民营企业占8家，占比为26.7%，文化科技类4家，全部为民营企业，在动漫游戏、网络娱乐等新兴业态占强势地位。② 在国际市场上，过去几年里民营文化企业出口的文化产品越来越多。文化出口由原先的政府、事业单位主导逐渐变为以资本或企业为主导。《中国好歌曲》的版权被英国国际传媒集团购买，不仅计划制作英国版《好歌曲》，还代理了全国发行权，如今项目实施已经初见成效，卖给了巴西、越南等国的电视台。如今，越来越多的民营文化企业开始在海外掘金的过程中肩负起弘扬中华文化的责任。

民营文化企业凭借敏锐的市场嗅觉、灵活的经营机制以及成本控制的强大动力，在参与国际市场竞争中拥有较为明显的优势。资料显示，2016年以来大文化领域备受资本青睐。粗略统计，大手笔布局其中的明星资本就包括天星资本、红杉资本、远洋资本等，以及来自腾讯、阿里、苏宁、华谊兄弟的各路产业资本。业内人士表明，与2015年对大IP的粗放式投资不同，

---

① 国家统计局。
② 杨雯：《英国国际传媒集团引进〈中国好歌曲〉》，《中国新闻出版报》2014年4月15日。

2016年资本在大文化上的投资,已经朝着更细分的领域深入。①可以预见,备受资本青睐的民营文化企业将迸发更多的活力,成为国内外文化市场有力的参与者和竞争者。

(三)民营文化企业境外投资规模大幅提升,分布行业更加广阔

民营文化企业越来越成为我国文化产业国际化的主力军,成为我国文化企业境外投资的重要主体。2000年以来,民营文化企业对境外的文化投资显著增加。以北京为例,境外文化投资的实施方法主要集中于并购和直接投资。表1显示的是2000年以来北京文化企业境外并购的重要案例。

表1 北京文化企业境外并购重要案例

年份	并购方	被并购方	金额	并购动机
2001	新浪	阳光卫视	800万美元	进军香港传媒市场
2002	星美传媒	台湾飞腾影视	NA	拓展影视业务
2008	腾讯	旧金山Outspark	1100万美元	拓展海外互联网业务
2008	腾讯	美国Riot Games	NA	获得股权和游戏代理权
2008	腾讯	印度MIH India	750万美元	拓展印度互联网市场
2009	西京文化传媒	英国普罗派乐电视台	NA	进军欧洲电视传媒业
2009	松联国际传媒和天星传媒	洛杉矶天下卫视华语电视台	NA	进军美国传媒市场
2009	俏佳人传媒	美国国际卫视	1200万美元	进军国际传媒市场
2009	天创国际	美国布兰森白宫剧院	354万美元	加强日本市场控制,完善发行渠道
2010	完美世界	C&C Media	2100万美元	获取游戏版权,增强游戏研发能力
2010	完美世界	Runic Games	840万美元	提升影视制作技术水平
2010	星美国际	Photon	454万美元	获得8万美国中小企业客户
2010	阿里巴巴	Vendio Service	1亿美元	进军韩国及东南亚市场

---

① 《天星资本发力布局文化产业生态圈 周边价值巨大》,http://china.huanqiu.com/co-release/2016-12/9805676.html。

续表

年份	并购方	被并购方	金额	并购动机
2010	腾讯	韩国 Reloaded studios 等 7 家网络游戏开发商	1800 万美元	拓展国际电影业务
2010	橙天嘉禾	传奇影院	2500 万美元	开拓境外电影市场
2012	万达集团	AMC	26 亿美元	强化数字特效业务
2012	小马奔腾	数字王国	2100 万美元	加强游戏业务
2013	腾讯	动视暴雪	14 亿美元	拓展国际社交网络
2013	腾讯	snapchat	2 亿美元	布局全球放映业务
2013	华谊兄弟	环球数码 GDC Tech	0.21 亿美元	进入现场娱乐体验产品领域,丰富公司的产业链
2013	光线传媒	HERO VENTURES LLC	160 万美元	拓展海外电影业务
2014	华谊兄弟	美国 Studio8 公司	1.2 亿~1.5 亿美元	拓展国际游戏市场
2014	腾讯	CJ Games	5 亿美元	拓展广告业务
2014	蓝色光标	香港蜜达美渡传播有限公司	1.43 亿美元	加强设计业务,进行"全产业链"布局
2014	蓝色光标	美国 Fuse	2.9 亿元	进军国际网游产业
2014	阿里巴巴	美国 kabam	1.2 亿美元	进军国际网游产业
2014	掌趣科技	Unity Software	NA	提升公司国际品牌,发挥资源、渠道的协同作用
2015	腾讯	美国 GluMobile	1.26 亿美元	进军美国手机游戏市场
2015	乐游科技	日本 SNK	NA	控股日本游戏公司

注：NA 表示数据空缺或无法获得。
资料来源：转引自吴承忠、辛婷婷《北京文化企业境外投资经营支持政策研究》,《国际文化管理》2016 年第 4 期,第 23~24 页。

从表 1 可见,民营文化企业成为境外并购案的重要主体,而且也呈现规模持续增加,投资领域和地域范围不断扩大的特点,不仅从最初的中国香港、台湾等毗邻的地区投资到此后投资区域全球化,包括美国、欧洲、印度、非洲等,而且从行业分布来看,投资涉足网游、互联网、新闻出版、广播电视电影、旅游休闲等众多领域,呈现总体繁荣的态势。

（四）民营文化企业战略定位准确，充分彰显特色化发展路径

参与国际化文化市场竞争的民营文化企业，无论是新进入的还是已经在市场中摸爬滚打多时的，都面临开拓市场、增强经济效益的重任。因而进行科学的战略定位，特别是探索出适合民营文化企业国际化发展的独特路径，实行错位竞争、特色发展成为明智之举。现实发展经验充分证实了依据行业特点和规律，探索特色化发展路径的可行性和合理性。以近年来高速增长的动漫产业为例，我国一批互联网、传媒领域上市公司，依靠资本优势，或是通过抢购海外动漫版权内容，满足国内市场需求，如腾讯动漫引进500部日本漫画版权，阿里巴巴购买大量DHX传媒的节目内容，日本传媒产业近年来大量授权日本动漫的播出给爱奇艺、优酷土豆、搜狐视频、腾讯视频、乐视网等主要视频网站；或是积极通过投资合拍等方式参与动画项目联合制片及推广，光线传媒宣布投资5.7亿日元，与日本通耀公司成立合资公司，联合开发人气动漫影视作品，乐视影视宣布与《狮子王》导演合作开发《狼图腾》动画电影；还有就是在海外设立分公司、办事处，直接推动海外动漫市场开发，如奥飞动漫在美国设立分公司，并与孩之宝公司联手进军全球益智积木市场，光线传媒收购龙视传媒，进军海外市场等。①

（五）民营文化企业国际化发展环境持续改善，政策扶持力度不断加大

从国际环境和国家政策来看，相比过去发生了较大变化。对于民营文化企业来说，国际文化产业的兴衰和国家政策的方向对企业发展有着重要影响。国际环境方面，全球文化创意产业的高速发展成为后金融危机时代各国经济的重要增长点，在一定程度上引领全球未来经济的发展。国家政策方

---

① 《"一带一路"倡议深刻影响动漫行业海外拓展方向》，http：//www.cccnews.com.cn/2016/0314/76986.shtml。

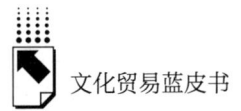

面，相关政策继续深入推动互联网与文化产业相结合。在大企业凭借资本力量不断扩张从而挤压其他企业生存空间的背景下，那些不断追求技术和商业模式创新的文化企业，特别是小微文化企业迎来了发展的新机遇。另外，2016年中央财政文化产业发展专项资金管理也进行了较大调整，专项资金运作方式改为"重大项目+基金化"的方式。基金化是指采用市场化运作模式，设立一批中央、地方的文化产业优秀基金，鼓励个人资本支持文化产业发展；重大项目主要针对党中央、国务院有明确要求，或宣传文化部门确定的重大工作。

而2016年财政部也协同行业部委联合运行第三批PPP示范项目申报筛选项目，文化部首次参与了此次申报评审工作。财政部同文化部鼓励政府与民间资本项目合作，能够凝聚和引导资金融通投身于社会文化领域，对拓宽发展文化领域资金渠道有着重大意义，可以有效提高文化产品及服务的行业水平，满足社会日益增加的文化需求。

（六）"互联网+"战略的深入推进为民营文化企业国际化发展提供了重大机遇

2015年7月，国务院印发《关于积极推进"互联网+"行动的指导意见》，成为我国准确预估社会经济发展方向实行的一项重大战略举措。互联网所打破的时间和空间的约束、所推动的文艺生产与消费双向流动过程的强化不仅使互联网消费人群和市场规模的优势显著，更重要的是促进了相关产业的深度融合，优化重组设计、生产、流通、消费全过程，用户流量、资源平台、文化产品、入口渠道越来越呈现多样化的趋势，呈现"去中心化"的趋势，研发和拓展创新型生产方式和企业组织形式，促进传统产业转型升级和经济发展模式转变。而在这一过程中，民营文化企业可以扬长避短，充分利用互联网的功能，在国际化过程中克服壁垒限制，采取更加灵活创新的组织形式和生产方式参与到国际文化市场竞争中。如狮凰文化有限公司的"电影中国网"，采用创新、高效和快捷的互联网模式推动中国电影的国际推广与发行，连续被国家九部委联合评为国家文化出口重点项目,成为互联网时代民营文化企业创新发展的典型。目前越来越多的文化平台企业和网络文化企业借助互联网实现了快速的国际化发展。"互联网+"正成为新时期民营文化企业崛起以及走向国际的重要推动力量。

三 我国民营文化企业国际化发展中存在的问题

(一)文化资源配置有待优化,国际化平台和渠道需要进一步加强

在当前我国全面深化改革的背景下,文化领域的改革依然任重道远。促进文化市场的公平竞争以及资源的高效配置是其中的重要环节。从目前的情况看,相对国有文化企业,我国民营文化企业在资源配置和获得等方面依然处于弱势地位。加之区域发展不平衡、市场分割、垄断等多种因素,文化资源的流动性、配置的有效性难以得到提高。在这样的状况下,形成内外衔接、互通互动的统一、开放、高效的文化市场,促进文化企业的国际化发展就显得更为困难。更重要的是,对于缺乏"走出去"经验、平台和渠道的民营文化企业,在国际化发展过程中面临的风险较国有文化企业更大,壁垒更多,因此更需要从政策扶持、风险保障、平台打造等各方面推动民营文化企业国际化发展,形成多元文化主体"走出去"的强大合力。

(二)资金掣肘问题依然突出,政策引导和扶持有待进一步强化

对于规模弱小、市场有限的民营文化企业,资金问题往往成为企业维持运转和生存亟待解决的头等问题。大多数民营文化企业成立之初,个人投资往往占据主要形式,能够维持下去靠的是投资者一腔热诚和顽强信念,但是这显然与当下资本市场和文化市场的发展极不协调。就以节省资金、降低成本而言,演职人员要做多面手,需要时各种岗位要顶得上,而排练和演出场地缺少,场租成本高昂更成为民营文化企业发展的持久伤痛。

事实上,资金问题对于所有企业来说都是极为重要的问题,但是在尚未

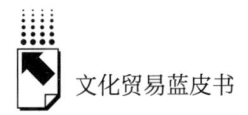

建立起系统完善的文化资本市场和扶持政策体系的情况下，对于身处其中的民营文化企业来说，则成为生死攸关的问题，直接制约着企业的成长壮大，其对资金的饥渴可想而知。特别是在国际化进程中，没有资金的扶持，"走出去"更是难上加难。因此，为了民营文化企业的发展、文化市场的繁荣，政府对民营文化企业的引导和扶持需要进一步强化，必须扎实有效推进各种支持措施和行动。

（三）稳定艺术人才队伍是难题，创新不足致使发展后劲缺乏

融资渠道缺乏是民营文化企业国际化发展中的一大问题，而人才匮乏则成为另一大问题，二者凸显当前我国民营文化企业国际化发展中的要素瓶颈。民营文化企业的人才匮乏主要体现在高级复合型人才的匮乏上。虽然在一些地方，民营文化企业成为吸纳就业的重要力量，但是高素质人才包括国际人才的短缺仍然是制约民营文化企业发展的一大因素。

依据市场规律，人才的合理、有序流动是文化市场人力资源配置的必然要求。而如何留住人、用好人、培养人特别是高端文化人才成为企业发展的重大任务。当前的情况是，与国有文化企业相比，我国民营文化企业在留住人才方面显现出诸多劣势，职称、职业保障和安全感、社会地位等尚难与国有企业匹敌；而在职业发展、薪酬、规范化方面又与国际知名文化企业有一定差距。

人才的匮乏将直接导致文化产业原创力的不足，有影响的精品力作乏善可陈，由此造成民营文化企业创新不足，后劲缺乏。因而如何建设良性发展的文化市场人才引入机制，稳定文化产业人才队伍成为事关长远的任务。

（四）行业自律需要规范强化，经营管理水平有待提升

但凡新生事物，总有成长规范的过程。作为正在革新变动的文化市场以及文化企业，既要给予其成长的空间，同时又要进行适时的引导和行业自律规范。多数中小民营文化企业在初创时期，多采用家族经营的模式，如德云社、本山传媒采用的就是以师徒关系为纽带的发展模式。这种以师徒关系为

基础的模式过于依赖人情，不重视制度建设和现代企业管理方式，容易出现任人唯亲而非任人唯贤的现象。采用这种制度的企业，管理者通常会局限于个人感情，且管理方式多源自个人有限的经验，导致企业的重大决策、发展步伐跟不上时代的发展，无法顺应国际化发展的浪潮。

四 促进我国民营文化企业国际化发展的对策建议

（一）通过深化文化体制改革创造更加公平竞争、统一开放的国际化扶持政策和运行环境

虽然我国文化体制改革工作取得阶段性胜利，但是改革无止境。如何深化改革，巩固改革已取得的成果，不仅使改制后的国有文化企业真正成为市场的主体，推动文化市场向更高的市场化水平迈进，同时要使民营文化企业能享受虽非自身改制，但是因由总体改革带来的红利和正面效应，从而与国有文化企业一道融入文化市场改革的大潮中，是我们必须深思的问题。因此，政府要构建公平高效的脸型市场竞争环境，做到不以国有民营的划分为政策制定的出发点，而是牢牢把握市场的准绳，以不断推进统一、有序、公平、高效、开放、竞争的社会主义文化市场建设为政策制定和实施的立足点。在对文化市场的宏观管理中，降低准入门槛，减少准入限制，严格过程管理和监督，完善退出机制，以宽松、自由的市场环境和管理理念鼓励文化生产以及企业改革创新。

考虑到我国民营文化企业正处于发展初期和较为关键的阶段，应给予其更为优惠的扶持政策，尽快增强其市场生存及竞争能力。为此，要在符合企业发展、文艺生产创作规律的基础上，通过定向支持，如场租补贴、票房补贴、剧目奖励等，以及金融支持、税收优惠等多种形式，率先解决民营文化企业发展中面临的各种要素瓶颈。如鼓励并允许民营文化企业利用股权抵押、版权抵押、无形资产抵押等金融工具进行融资；削减出口文化产品和服务的增值税，利用延期纳税、加计扣除、免税、税收抵免等多种税收优惠政

策，鼓励和支持民营文化企业"走出去"，从而创造公平竞争、统一开放的国际化扶持政策和运行环境。

（二）通过市场、法制等多重手段优化文化资源配置，加强民营文化企业"走出去"过程中的引导和管理

要保持并进一步强化民营文化企业的市场化基因，在文艺作品的创作、编排以及营销方面坚定地以市场需求为导向，进行深入的市场调研、科学的市场定位以及市场细分，将观众的喜好以及审美情趣与作品的创作很好地结合起来，将文艺生产服务的社会效益与经济效益很好地结合起来，大力开发具有差异化消费特征和行业特征的不同区域的国际文化市场，促进文化产业链开发，形成文化产品真正的市场化运营。在此过程中，要充分发挥市场配置文化资源的基础性作用，不能以行政方式进行压制、限制、命令，从而推进高效合理的文化市场价格、资源流动、风险分摊等机制的形成。

为了保障文化资源市场化配置的顺利实现，应加强文化市场的法制化建设，特别是关于社会主义文化立法、文化企业管理的相关规定等。此外，要研究民营文化企业"走出去"面临的政治、经济、文化及法制环境，特别是在世界贸易组织框架下的与文化贸易有关的内容。政府要进行合理的引导，并对涉外的民营文化企业强化宏观监督管理。

（三）强化国有、民营文化企业的协调合作，打造生机蓬勃的人才市场体系

针对当下文化市场存在的无序及不正当竞争现象，要在强化规范和法制化管理的基础上，考虑创建不同类型文化企业合作、协调的机制和平台，鼓励企业合作、竞争，使之能资源共享、互通有无、优势互补、相互促进。要综合借鉴国有、民营文化企业吸引人才、留住人才、培养人才的先进经验和优势，以市场为指引，调动社会各界的积极性，创新人才培养和管理模式。既要培养文艺专才，更要重视懂文艺、会经营、能管理的"通才"，以适应民营文化企业人才缺乏、流动大的现实以及粗放式管理的不足。同时要强化

政产学研协同创新，注重对文艺人才的选拔和长期培养，重视文艺人才对艺术的传承，在薪酬激励、职称晋升、职业保障，甚至明星培养、国际人才引进等方面进行大胆探索，形成灵活且不拘一格的文艺人才培养及用人制度，打造合理流动、生机蓬勃的人才市场体系。

（四）大力推进文化企业行业组织及中介平台建设，充分发挥"互联网+"在民营文化企业国际化进程中的功能和作用

在以市场化为导向的民营文化企业发展过程中，除政府必要的宏观管理及监管服务外，要将众多的与企业管理及服务相关的职能下放到行业自治、自律组织的平台上，以创造更加宽松的企业发展环境。由此，必须重视民营文化企业来自市场、源自民间、数量众多的特征，发挥其在文化类社会组织建设中联系、沟通、推进等方面的独特作用，大力推进文化企业行业组织及中介平台的建设，在行政体制改革中进一步理顺社会营利和非营利机构、政府及文化企业的职能，加大政府职能向社会营利和非营利机构转移的力度，不断完善和繁荣我国文化市场相关社会组织。此外，要进一步挖掘和发挥"互联网+"的功能和作用，增强民营文化企业"走出去"的动力，畅通"走出去"的渠道，为包括民营文化企业在内的文化企业国际化创造更加高效、和谐的文化生态环境。

参考文献

［1］何宇：《"一带一路"倡议下我国文化产业国际化问题研究》，《郑州大学学报》（哲学社会科学版）2017年第2期。

［2］王海文：《"互联网+"背景下文艺生产方式变革与当代国际文化贸易发展》，《社会科学》2016年第8期。

［3］吴承忠、辛婷婷：《北京文化企业境外投资经营支持政策研究》，《国际文化管理》2016年第4期。

［4］张玉玲、李慧、严圣禾：《第八届"文化企业30强"发布》，《光明日报》2016年5月30日。

B.12
金融服务中国文化"走出去"的对策研究

孙俊新*

摘　要： 文化"走出去"是国家提升文化软实力的重要战略，而金融可以为文化"走出去"提供全方位的支持和服务。本报告针对中国进行分析，认为金融对文化"走出去"的支持具有如下特点：政府高度重视，政策密集出台；金融机构广泛参与；国内外市场交错关联；金融创新方式多样；民营企业得到广泛支持。但也存在一定问题，包括融资难、融资贵，海外投资风险预警，文化金融的实际效果有待商榷，优秀文化产品数量有待提升。为此，本报告尝试提出几点建议，以期未来金融能更好地助力文化"走出去"。

关键词： 文化贸易　文化投资　文化"走出去"　金融

一　金融助力中国文化"走出去"的现状

自2009年《文化产业振兴规划》出台以来，中国文化产业进入高速发展阶段，文化"走出去"步伐明显加快，特别是国务院《关于加快发展对外文化贸易的意见》出台后，中国对外文化交流、文化贸易、文化投资多

---

* 孙俊新，北京第二外国语学院副教授，经贸与会展学院文化贸易系主任，研究领域：国际文化贸易和投融资等。本文受2018年北京市属高校高水平教师队伍建设支持青年拔尖人才培养计划项目"文化'走出去'影响对外直接投资的机理研究"（CIT&TCD201804061）资助。

头并举的文化"走出去"新格局日渐形成。来自国家统计局的数据显示，2013～2015 年中国文化产品进出口总额均保持 1000 亿美元以上的规模，文化产品贸易连续实现顺差；2016 年，中国文化产品进出口总额 885 亿美元，占全国货物进出口总额的 2.4%，比 2012 年提高 0.1 个百分点，文化产品贸易顺差为 688 亿美元。① 来自商务部的数据显示，2016 年中国文化体育和娱乐业对外直接投资 39.2 亿美元，同比增长 188.3%。② 目前中国已经同"一带一路"沿线大部分国家签署文化交流合作协议，为中华文化"走出去"提供了广阔的发展空间。

文化"走出去"的蓬勃发展离不开金融的广泛支持。习近平总书记在访问坦桑尼亚时提到的电视剧《媳妇的美好时代》，是在国家广电总局"中国优秀电视剧走进东非"项目的支持下翻译并在坦桑尼亚热播的；腾讯 86 亿美元收购手机游戏公司 Supercell 全部股权被誉为"全球游戏史上最大规模的收购"，其成功离不开背后财团的全方位金融服务；完美世界多款游戏出口海外更是得益于软银亚洲投资基金的注资。目前，中国已经基本建立起文化产业的投融资体系，对文化"走出去"提供了强有力的支持，但也存在一些成长的烦恼，需要在未来的发展中有针对性地解决。

二 金融支持中国文化"走出去"的特点

（一）政府高度重视，政策密集出台

中央政府通过在宏观上制定促进文化振兴和对外发展的战略规划，并具

---

① 《文化强国建设稳步推进 文化改革发展成绩显著——党的十八大以来经济社会发展成就系列之二十》，国家统计局，2017 年 7 月 27 日，http://www.stats.gov.cn/tjsj/sjjd/201707/t20170727_1517428.html。
② 张晶雪：《"万达事件"警示 文化企业如何正确"走出去"？》，中经文化产业，2017 年 6 月 27 日，http://mp.weixin.qq.com/s?__biz=MzA5NTA2MTcxNg==&mid=2652391821&idx=1&sn=c394e1ce604d9316d380a9f662172e9a&chksm=8ba9fa36bcde73206d0dfd42c629fbfe5a090534d6cc7b8b3ae72bf9ce7fd98a8f51fe3b72b9&scene=0#rd。

体设计包含金融支持在内的配套支持体系，支持以交流、贸易和投资等多种方式开展中华文化"走出去"，并为政策性金融机构提供最终风险保障。

表1概括了2009年以来国家层面金融支持文化"走出去"的主要政策。为推动文化"走出去"，中央政府积极开展政策和机制创新，通过提供专项政府资金支持、贷款贴息、保险护航、税收优惠等一系列措施，振兴国内文化产业的发展，并大力推动文化"走出去"，提升中国的文化软实力。与此同时，政府还非常注意相关政策的解读，如商务部会同中宣部编写了《对外文化贸易实务指南》，详细介绍了金融支持文化贸易的措施及申请流程，便利企业的实际操作。

表1 国家层面金融支持文化"走出去"的主要政策

时间	文件名称	发文机构
2009年4月	《关于金融支持文化出口的指导意见》	商务部、文化部、国家广电总局、新闻出版总署、中国进出口银行
2009年9月	《文化产业振兴规划》	国务院
2010年4月	《关于金融支持文化产业振兴和发展繁荣的指导意见》	中央宣传部、中国人民银行、财政部、文化部、国家广电总局、新闻出版总署、银监会、证监会、保监会
2011年1月	《关于保险业支持文化产业发展有关工作的通知》	保监会、文化部
2011年5月	《动漫企业进口动漫开发生产用品免征进口税收的暂行规定》	财政部、海关总署、国家税务总局
2012年6月	《关于鼓励和引导民间资本进入文化领域的实施意见》	文化部
2014年3月	《关于推进文化创意和设计服务与相关产业融合发展的若干意见》	国务院
2014年3月	《关于加快发展对外文化贸易的意见》	国务院
2014年6月	《关于支持电影发展若干经济政策的通知》	财政部、发改委、国土资源部、住房和城乡建设部、中国人民银行、国家税务总局、国家新闻出版广电总局
2014年12月	《关于促进服务外包产业加快发展的意见》	国务院
2016年7月	《体育产业发展"十三五"规划》	国家体育总局
2016年8月	《关于动漫企业进口动漫开发生产用品税收政策的通知》	财政部、海关总署、国家税务总局

资料来源：国家主要机构网站。

在经济转型升级和文化产业日益成为中国经济新引擎的背景下，各级地方政府也纷纷出台促进政策。如北京市在2016年先后出台《关于加快发展对外文化贸易的实施意见》《关于发展社会主义文艺的意见》《北京市"十三五"时期加强全国文化中心建设规划》《北京市"十三五"时期文化创意产业发展规划》等政策文件，明确提出发挥政府财政资金的杠杆作用，完善文化投融资服务体系，引导社会资本的广泛参与，拓宽企业和项目的融资渠道，强化金融对文化交流、文化产品和服务的出口、文化企业在境外的投资的支持。

（二）金融机构广泛参与，金融国际化便利文化"走出去"

政策性金融机构。提高文化软实力是党和国家的一项重要战略任务，而政策性金融机构承担着发挥金融优势服务国家战略的重要职责，为中资文化企业的海外开拓之旅提供强有力的支持。2009年，文化部同中国进出口银行签订部行合作协议，这也是文化部建立战略合作关系的第一家银行，深圳华强集团、四达时代集团等一批国有和民营企业的海外投资都先后得到中国进出口银行的支持，涉及信贷融资、信用担保、出口信用保险等多方面的服务和保障机制；2010年，文化部同国家开发银行建立部行合作关系，发挥文化部的资源优势，通过严格的筛选机制，向国家开发银行推荐优秀项目，借力国家开发银行的资金优势促进优秀中华文化项目开拓海外市场；中国出口信用保险公司作为政策性保险公司，为对外文化贸易和投资合作提供收汇保障、风险管理和信贷支持，促进对外文化贸易的发展。

商业性金融机构的角色主要体现在按照市场规则，优选有竞争力的企业和项目，对其海外经营活动提供信贷融资和服务支持。相较于政策性金融机构，商业性金融机构的资金来源更加市场化、信贷利率更高、金融创新更加丰富、服务范围更加广泛。万达斥资26亿美元并购AMC获得了来自中国银行、中国工商银行、招商银行、北京银行等的资金支持，并采用内保外贷的方式筹集资金。内保外贷是国内公司提供担保、国外银行授信的形式。当国外银行是国内银行的分支机构时，内保外贷的工作流程会更加迅速，融资的

财务成本也可能更低,而这一切正变得越来越可行。近年来,国有控股大型商业银行国际化步伐加快,在越来越多的国家和地区设立了海外分支机构,这为海外文化企业和项目获取金融服务提供了更加便利的选择。以中国银行为例,中国银行是中国国际化程度最高的银行,截至2016年底已经在46个国家和地区建立分支机构,为客户提供全面的金融服务。

(三)国内外市场交错关联,文化金融同时服务国内外市场

文化产品具有明显的规模效应,出口到海外的文化产品大多已经获得国内市场的认可,是国内文化市场的佼佼者,其在国内市场的成功离不开金融的资金助力,而其海外之旅往往是在国内资金筹集基础上的深度开拓。中国电影股份有限公司是A股上市企业,并通过间接融资市场筹集到大量资金,这些资金不仅助力公司成为中国文化企业的龙头企业,建立了亚洲最大的电影数字基地,而且为公司输出优秀的国产片、参与中外合拍片、吸引优秀的海外人才提供了坚强的资金支持。这一现象同文化产品和服务固定投入高、边际投入低的特点相适应。以电影为例,电影的制作投资动辄几千万元甚至上亿元,占到电影总投资一半以上的成本,是最需要信贷支持的环节,而后期无论是国内还是国外发行和排片都依赖于前期电影制作的优良程度。

从金融机构的角度看,其对文化企业资金的支持也多以行业区分。以工商银行北京分行为例,该行是工商银行的重点一级分行,推出"工银文e星"作为支持文化产业的品牌项目,核心内容是"9通+X",其中"9通"涵盖了文化的9大领域——"科技通""影视通""创意通""演艺通""文贸通""广艺通""版意通""文旅通"和"艺融通";X为针对国家文化产业创新实验区量身打造的"文创通",而对文化企业"走出去"的支持是内嵌在上述体系中的。其他银行的情况与此类似,中国农业银行北京分行以文化企业为对象的产品主要包括影视动漫贷、文创小企业简式快速贷、知识产权质押贷款、文创小企业智动贷、小微企业政府采购合同贷款等;中国建设银行北京分行的产品主要包括影视贷、成长之路、信用贷、创业贷;交通银行北京分行的产品主要包括智融通、投融通;华夏银行北京分行的产品主要

是文创贷;北京银行的产品更加丰富,包括创意贷、软件贷、智权贷、小额信用贷、信托资产买断、成长贷、文创信保贷、网速贷、文创普惠贷等。从上述产品的名称可以看出,银行产品的设计并没有严格区分国内和国际业务。

(四)金融支持方式多样,多层次金融市场齐发力

第一,政府专项基金。这是由政府设立,旨在遴选一批有竞争力、体现先进文化的企业或项目加以资助,帮助其进入国际市场,以提升国家文化软实力。如全国哲学社会科学规划办公室设立的国家社科基金中华学术外译项目和北京市广电总局设立的北京市提升出版业传播力奖励扶持专项资金都属于该种金融支持方式,精选国内优秀的出版物推广到国外,增强中国的国际影响力和国际话语权。

第二,产业投资基金。2014年文化产业基金发展报告显示,2014年新增加51只文化产业投资基金,其中40只披露募集资金总额,总募集资金额高达1196.85亿元(见表2),显示文化产业的发展和前景已经得到资金的日益关注。文化产业基金的壮大极大地助力文化"走出去"。以《中国好歌曲》为例,这是中国出口海外的第一个原创才艺模式节目,其制作方灿星公司的母公司星空传媒正是由华人文化产业投资基金控股设立的。华人文化产业投资基金是国内第一个在国家发改委备案通过的文化产业私募股权基金,有着较强的政府背景。这一情形很常见①,是政府运用市场化的手段扶持文化"走出去"的重要方式。

第三,银行融资。在中国企业融资仍然以间接融资而非直接融资为主的今天,银行作为金融体系的中心,长期扮演着文化企业融资的主要资金提供方的角色。作为自主经营、自负盈亏的经营实体,银行在向企业提供贷款时必将充分考虑企业实力和出口文化产品或海外投资项目的盈利能力,并提供

---

① 在2014年第三届中国文化产业资本大会上,华人文化产业基金首席投资家李怀宇介绍,2013年底全国各地政府支持的文化产业基金达到90多个,2014年上半年达到100多个。

表2 历年文化产业投资基金的规模

单位：亿元

	2007~2013年	2014年
平均单只基金的总募集金额	32.71	29.92
首期募集金额	404.4	140.75
平均单只基金的首期募集金额	11.23	10.05

资料来源：《2014年文化产业投资基金发展报告》。

除资金以外的综合服务。因此，实践中，文化企业的海外收购如果有实力雄厚的银行背书，相当于给国外投资市场吃了定心丸。

第四，债券融资。2015年，证监会发布《公司债券发行试点办法》，将交易所公司债券发行主体扩展至所有公司制法人，意味着发行公司债已不是上市公司的特权，非上市公司也可以发行公司债。2017年，国家发改委发布《社会领域产业专项债券发行指引》，推出文化产业专项债券，主要用于新闻出版发行、广播电视电影、文化艺术服务、文化创意和设计服务等文化产品生产项目，以及直接为文化产品生产服务的文化产业园区等项目。以万达为例，其在2013~2016年发行公司债券的票面利率几乎都略低于或持平于同期银行利率，并多次获得超额认购，为其大规模的海外扩张提供了必要的资金支持。

第五，上市。上市融资的成本较低，而且属于股权融资，不需要还本付息，不会对企业经营形成债务压力，而且会提升企业的知名度和信用评级。在中国，上市资格尚属于稀缺资源，成功上市本身就是对企业的认可，因此，许多银行对上市企业提供优惠信贷。相关部门对拟上市企业的结构有着严格的要求，而且上市后，企业必须定期披露信息，接受大众和媒体的监督，从而提升公司的透明度，使企业的运作更加规范。我国的文化企业多是在创业板和新三板上市，新三板上市的速度更快，上市门槛更低。在上市后，企业可以通过银行，采用委托贷款，向未上市企业发行贷款。

第六，互联网融资。随着互联网时代的到来，可以预见，以众筹为代表的互联网金融也将同文化产业建立密切而务实的联系。全球范围内，文化创意类项目占到主要众筹网站融资项目的50%~70%，世界最大的众筹网站Kickstarter也是以文化艺术类和创意类产品起家的。在欧美取得成功后，众筹开始向亚洲和非洲等发展中国家扩展。在中国的各个众筹网站上，电影、音乐、图书等众多文化项目已经成功融资。

（五）民营企业获得广泛支持

国有大型文化企业由于自身的政策和资金优势，在"走出去"中一直占据重要地位。同时，民营文化企业因无官方色彩、市场化程度高，更注重了解消费者的需求等自身优势，在对外文化贸易和对外文化投资中表现更加活跃。获得鼎晖资本支持的蓝海电视台是中国第一个民营性质的英文电视台，2009年获得落地纽约的资格，2010年节目正式登陆海外，目前蓝海电视台北美卫星频道覆盖了美国、加拿大、墨西哥、古巴；亚太卫星频道覆盖了亚洲50多个国家和地区、东欧部分国家及大洋洲的澳大利亚、新西兰等，已成长为西方主流社会颇具影响力的以介绍传播中华文化为主的民营媒体。北京四达时代集团已在卢旺达、尼日利亚、坦桑尼亚、肯尼亚、南非等30个国家注册成立公司，在16个国家开展运营，用户超过700万，成为目前非洲唯一拥有地面电视平台、直播卫星平台、节目中继平台，并在非洲英、法、葡三大语区同时开展数字电视和付费电视运营的运营商。四达时代集团的海外开拓得到了金融机构的大力支持，其参与非洲地面无线数字电视网络建设得到了中国国家开发银行的贷款，其购买2018年世界杯预选赛在非洲地区电视转播权的资金源于融资租赁公司，《媳妇的美好时代》等影视作品的出口得到中国进出口银行的贷款。

三 金融服务文化"走出去"的问题

（一）融资难、融资贵问题仍然存在

融资难、融资贵是几乎所有中小企业都面临的问题，但在文化产业内

却表现得更加突出。尽管近年来在政府的不懈努力和社会各界的积极支持下,文化产业的融资难、融资贵已经有所缓解,但当前处境尴尬仍然是一个不争的事实,这严重束缚了文化的"走出去"。其突出表现在政府背景的资金成为文化企业最主要的资金来源(见图1)。在产业化程度较高的行业,直接融资和间接融资的占比普遍超过50%,而文化产业中这一比值仅为22%。知识产权估值的困难是造成这一现象的重要原因。文化企业属轻资产企业,知识产权的确权、评估、交易对文化企业的融资至关重要,但现阶段上述环节都存在不同程度的困难,直接影响了文化企业的贷款规模、成本和期限。

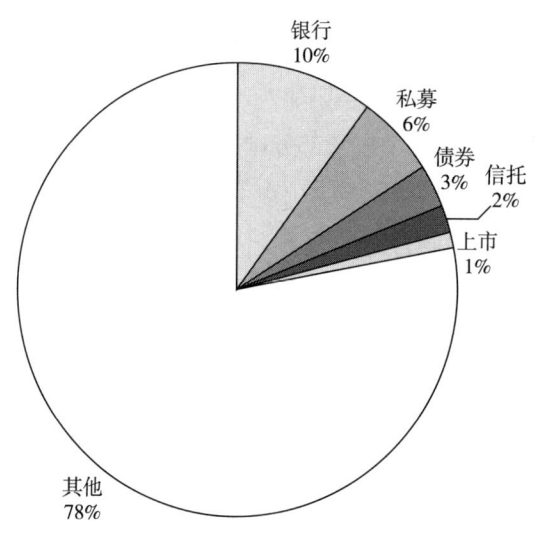

图1 文化企业融资结构

注:"其他"包括企业自有资金投入、社会资本投入、政府投入等。
资料来源:中国民生银行文化产业金融事业部。

(二)海外投资风险预警,文化金融面临成长的烦恼

在文化"走出去"的过程中,部分投资文化企业的中资企业其核心业务同文化完全无关,最典型的是2016年连续两年亏损的山东宏达矿业收购

英国游戏开发商 Jagex。还有部分企业通过买买买实现其业务转型而对并购后的风险防范不足，典型的是万达始于 2012 年的海外并购之路。《2016 年企业海外财务风险管理报告》显示，中企海外并购有效率仅有 1/3，加权跨境跨文化整合因素，只有不到 20% 的海外并购能够真正成功。[1] 由于文化的特殊性，文化产品和企业想要得到国外社会的认可更加困难，盲目地加杠杆实现并购并非理想路径。为此，政府不断发出预警。2016 年 12 月，发改委、商务部、中国人民银行、国家外汇管理局四部门连续发布通告，表态"密切关注近期在房地产、酒店、影城、娱乐业、体育俱乐部等领域出现的一些非理性对外投资的倾向"；2017 年 8 月，发改委、商务部、中国人民银行、外交部发布《关于进一步引导和规范境外投资方向的指导意见》，将限制"房地产、酒店、影城、娱乐业、体育俱乐部等境外投资"，并将"有序推进服务领域境外投资"。一些银行也采取动作，将"无目的"扩张计划的公司从目标客户中删除。未来如何在限制非理性投资的前提下，继续支持文化企业和项目有序地进行海外扩张是文化金融需要切实解决的问题。

（三）文化金融的实际效果有待商榷

以债券市场为例，《中国文化金融发展报告（2017）》显示，2016 年，文化产业信用债发行 62 只，占全部债券发行的 0.22%，文化产业信用债券发行无论从规模还是金额上，占比都比较小。债券发行实行注册制，市场化程度高，主承销银行一般兜底未发行债券，因此，债券发行几乎不存在失败的风险。但是，债券融资仍然存在一定的门槛，比如发行债券总值不能超过净资产的 40%，发行债券要对企业信用进行严格评级，发行债券要对企业的商业模式和资金用途进行清晰的阐述，这使得债券融资特别适合有一定资

---

[1] 张晶雪：《"万达事件"警示 文化企业如何正确"走出去"?》，中经文化产业，2017 年 6 月 27 日，http://mp.weixin.qq.com/s?__biz=MzA5NTA2MTcxNg==&mid=2652391821&idx=1&sn=c394e1ce604d9316d380a9f662172e9a&chksm=8ba9fa36bcde73206d0dfd42c629fbfe5a090534d6cc7b8b3ae72bf9ce7fd98a8f51fe3b72b9&scene=0#rd。

产规模和信用评级的文化企业,而普通中小企业想要通过发行债券来融资相对比较困难,而在文化行业中,中小企业的占比超过90%。此外,各领域发行债券极不均衡,包含旅游业在内的文化休闲娱乐服务债券融资数额最高,达到1350亿元,占文化企业发行债券融资的75%;其次是广播电视电影服务,发行债券226.82亿元,占13%;第三位是新闻出版服务,发行债券200.25亿元,占11%;工艺美术品生产、文化信息传输服务和相关文化产品生产只占1%左右。① 无独有偶,受机会成本影响,许多传统金融机构取消了专门针对文化产业的部门,导致虽然有专门针对文化产业的产品,却缺乏专门的人才,影响了对知识产权的评估和贷款的发放。

(四)优秀文化产品数量有待提升

近年来,中国文化产业取得迅猛发展,但不可否认,"走出去"的文化产品和企业普遍创新不足、缺少品牌、档次较低,这也制约了资金回报率,也影响了金融支持文化产业的热情。以文化产业投资基金为例,尽管募集资金额非常高,但其实际投资远远小于融资规模,很多文化产业投资基金面临有钱投不出的境况。造成这一现象的部分原因在于中国文化产业企业整体发展不成熟,具备投资潜力的企业和项目仍比较少,加上文化产业的商业模式仍然不清晰,限制了资金的实际投放。这种现象也导致基金过度追逐有潜力的文化项目,造成文化项目的溢价率非常高,曾经一个最初估值6000万美元的项目,经过几个基金的共同追逐,最终被估值1.2亿美元。

四 几点建议

针对上述问题,建议政府、金融机构和文化企业三方协力,共同采取措施,配合推进金融对文化"走出去"的支持。金融机构方面,继续创新金

---

① 张玉玲:《文化企业债券融资:不挤银行的"独木桥"》,《光明日报》2014年9月4日。

融工具，发展多层次金融机构；完善无形资产评价和评估体系，健全担保机构；重视文化产业，积极引入既懂经济又懂文化的专业人才。文化企业方面，加强内部机制建设，规范财务管理，建立现代企业制度；积极利用外部资金，尝试多种融资渠道；明确盈利模式，重视产品开发，以优质的产品吸引资金方的注意。政府方面，积极牵线搭桥，做好平台，促进金融资本与产业资本的有机结合，为企业"走出去"提供全方位服务和支持；加强知识产权保护的法律体系，强化全社会知识产权观念；落实政府部门已经出台的文件，注重引导社会资金从多方面落实对文化企业的支持；发挥好政府的作用，防控"走出去"存在的风险；加快金融"走出去"，协助解决融资难问题。

尽管文化"走出去"融资仍面对诸多困难，但应该看到，中国文化"走出去"发展时间较短，能够取得今天的成绩已经非常不容易，而且在最近三四年的时间金融对文化"走出去"的积极作用已经越来越明显，相信在不久的将来，金融对文化"走出去"的促进作用一定能更明显地展现。

参考文献

[1] 郭周明：《中国文化产业"走出去"现状分析及途径选择》，《国际经济合作》2014年第9期。
[2] 韩飞、杨兴礼、经海涛：《金融支持重庆市企业"走出去"对策研究》，《对外经贸》2012年第1期。
[3] 李怀亮、万兴伟：《中国影视文化产品"走出去"的问题与对策》，《现代传播（中国传媒大学学报）》2011年第11期。
[4] 李嘉珊、宋瑞雪：《"一带一路"倡议背景下中国对外文化投资的机遇与挑战》，《国际贸易》2017年第2期。
[5] 李墨丝：《国际贸易体制的新变革与中国对外文化贸易的应对策略》，《福建论坛》（人文社会科学版）2015年第8期。
[6] 商瑾、于中元：《金融服务企业"走出去"的国际经验》，《商业经济》2013年

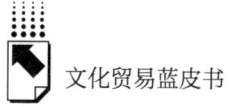

第3期。

[7] 徐忠、徐荟竹、庞博：《金融如何服务企业走出去》，《国际经济评论》2013年第1期。

[8] 羊子林：《发挥金融机构在"走出去"战略中的作用》，《中国经贸》2001年第2期。

[9] 卓丽洪、郑联盛、胡滨：《"一带一路"倡议下政策性金融机构支持企业"走出去"研究》，《经济纵横》2016年第4期。

B.13 全球化时代下的中国艺术品市场发展研究

程相宾*

摘　要： 我国取得的巨大经济成就带动了艺术品市场的繁荣与发展，市场规模、参与人群以及影响力都在大幅度地拓展与攀升。与十年前相比，全球艺术品市场交易规模增长了一倍多，这其中有中国艺术品市场飞速发展的巨大贡献。从2011年起，中国艺术品市场在全球艺术品舞台上展现出不俗的表现，其地位已经迅速提升并得到巩固，成为世界艺术品市场发展中的重要一极。本报告对目前中国艺术品市场在全球的地位进行了阐述，认为中国艺术品市场的每一步变化，都与全球艺术品市场息息相关，艺术品的金融化以及科技进步都会为全球艺术品市场带来新的挑战与机遇。因此，非常有必要对全球化时代下的中国艺术品市场进行不断探索与认识。

关键词： 艺术品市场　全球化　文化产业

改革开放30多年来，中国经济连续以年均10%的增速发展，2016年人均国民收入已达8865.9美元，其中9个省份人均收入达到上万美元，这标志着我国经济社会的整体发展已接近中等发达国家水平。在人均收入超过

---

* 程相宾，社会科学文献出版社博士后科研工作站博士后，北京第二外国语学院国家文化发展国际战略研究院研究员，研究领域：公共支出，经济增长，文化贸易等。

8000美元时，文化艺术方面的消费需求也在不断增长。随着文化产业快速发展，艺术消费市场规模不断扩大，结构不断完善，内容不断创新，在满足老百姓精神层面消费的同时，也成为拉动经济增长的新亮点。当今是世界各国以文化"软实力"塑造绝对竞争力的时代。文化是一个国家的灵魂，文化强则国力强，文化兴则国力兴。近年来中国经济在全球的影响力不断提升，中国在各个领域的发展日益影响着全球市场的走向。"十三五"规划纲要提出，"十三五"期间要实现"公共文化服务体系基本建成，文化产业成为国民经济支柱性产业"的目标，表明中央在"十三五"时期大力推进文化产业发展的决心和信心。随着中国艺术品市场不断地发育与壮大，更应结合科技进步带来的新的挑战和机遇，要加速发展艺术品金融化和科技化，加强艺术品市场的制度建设和体系建设，形成高效的管理体系，依靠资本运作和大数据技术对市场资源与体系的整合作用，加快推动和完善"互联网＋艺术品"模式，为加速我国文化产业的发展提供强劲动力。

一 艺术品特征及艺术品产业基础

（一）艺术品的定义及特征分析

如果说对"艺术是什么"的追问是源自区分艺术与非艺术的需要，想要在根本上回答"艺术是什么"却让人感到困惑。理论学派逐渐转向如何去定义"何为艺术品"[①]。相较于艺术的定义，艺术品的定义较为清楚。根据《中国百科大词典》的定义，狭义的艺术品是凝结着人类各种形式艺术劳动的作品，有某种具体表现和特定的经济文化价值和审美价值。从广义上讲，艺术品的定义包括一切具有艺术价值并传承人类对美的理解与创造的客观物质载体。[②] 一般来说，艺术品的形式可以包括书画、雕塑、瓷器杂项

[①] 殷曼楟：《艺术品资格的提出及西方当代美学转型》，《南京社会科学》2009年第10期。

[②] 卓志：《创新艺术品保险与风险管理机制，为艺术品及其市场保驾护航》，《艺术品鉴证·中国艺术金融》2017年第6期。

等，其中我国书画市场的规模最大。艺术品具有独特性、唯一性、主观性、欣赏性等不同于一般商品的特性。区别于一般商品，艺术品的价格也不是基于其自身的使用价值决定的，而是由不同人对其的喜爱程度、其自身的艺术价值和投资价值共同决定的。由于艺术品的独特性，艺术品自身不满足边际效益递减原理，每件艺术品都由其独一无二的特点来决定价值和价格。由于艺术品的唯一性，艺术品不存在规模效益，无法通过扩大生产来降低成本。同时由于艺术品的主观性和欣赏性，其价格根据交易双方的预期效用决定，交易人对于艺术品的预期不同，对同一件艺术品的价值衡量也不相同。

（二）艺术品产业的概念和内涵

中国艺术品产业是文化产业的重要组成部分，是指经营艺术品的特殊产业，以艺术品的创作、流通、消费及服务为主要活动。可见，艺术品既是中国艺术品产业的内在属性，也是中国艺术品产业形成的基础。对于中国艺术品产业来讲，其本身产业发展的内部要素与结构，产业的分布和布局等存在多内容、多层面的问题，故而造成了艺术品产业的研究对象比较复杂，各研究对象特点不一，很难一概而论产业的特点。西沐（2015）总结艺术品市场应该包括三个特点：第一，艺术品市场的主体应该通过市场方式运作艺术品生产和艺术品服务等经营性活动；第二，艺术品生产、流通、经营、服务和分配等一系列活动应当按照产业化和市场化的方式来运作，并且能够促进社会经济的健康发展；第三，中国艺术品产业向消费者提供的是精神产品或服务，发展中国艺术品产业的目的是满足人民群众日益增长的精神文化需求，促进社会和谐发展。[①]

根据《中国艺术品产业年度发展报告（2015）》所示，从艺术产业产品的角度出发，艺术产业可以概括为以下九个方面：书法艺术品、美术艺术品、工艺艺术品、民间（非遗）艺术品、古董杂项艺术品、以版权为中心

[①] 西沐：《中国艺术品产业的概念，构成，特点与意义》，《中国艺术品产业发展年度研究报告（2015）》，中国书店出版社，2017。

的艺术衍生品、艺术品支撑服务、投资顾问服务和其他方面。其中，书画艺术作为艺术品市场的重中之重，占据中国艺术品市场的绝对主流，覆盖了92%的拍品和81%的拍卖收入。① 在中国艺术产业发展进程中，消费需求是由商品消费到精神消费不断升华的过程。随着中国经济的快速发展，中国艺术品市场规模增长迅速，逐渐成为世界艺术品交易市场的重要组成部分。因此，中国艺术产业不但代表了中华文化的悠久历史，而且展现了当代中华文化大发展、大繁荣的局面，更体现了中华文化富足的精神家园。

二 中国艺术品市场在全球艺术品市场的地位

2008年金融危机结束了美国以及欧洲长期以来依靠资产泡沫和过度负债拉动需求的增长模式，同时也冲击了支撑中国制造业的外需增长，再加上国内经济结构调整，重工业、能源业和以土地为中心的粗放型城镇化进程明显放缓，加快服务业尤其是文化产业的发展，成为中国经济成功转型的关键。2016年，中国人均GDP达到8865.9美元，首次超过俄罗斯，成为金砖五国中人均GDP最高的国家。随着人均GDP的不断攀升，人们的消费结构进入快速转型期，文化艺术品消费不断崛起，成为艺术品消费发展的不竭动力。

改革开放以来，西方文化对我国的冲击十分严重。在国力竞争开始转向文化"软实力"角逐的背景下，国家在提升实力的同时越来越重视文化产业的发展。因为，在体现国家"软实力"的较量中，艺术品市场的发展是艺术价值取向的选择，更是站在艺术的高度对我国文化战略的全局审视。当前发展的重中之重是要提升文化认知上的自觉，调整推动中国艺术品市场发展壮大，并在国际艺术市场上占有一席之地。

自2009年以来，我国成为全球最大的艺术品拍卖市场。虽然2016年全球艺术品拍卖成交额大幅下降，但是中国市场的艺术品拍卖成交额依然达到

---

① 雅昌艺术市场检测中心（AMMA）：《2016全球艺术市场年度报告》。

48亿美元,占全球拍卖额的38%(见图1)。在全球前20强拍卖行中,一共有12家中国拍卖行,由此可见中国艺术品拍卖市场的繁荣(见图2)。另外,2016年度总成交额前500强的艺术家名单中,中国艺术家占据了30%,约为150位艺术家,仅次于欧洲的175位,远远多于美国的75位,可见我国艺术家的作品价格水平已和西方艺术最为发达的欧洲基本保持一致。中国保利、嘉德、匡时拍卖成交额挤进世界前五强,分别为9.89亿美元、6.09亿美元和5.52亿美元。同时,拍卖成交额世界排名前十位的艺术家里共有五名中国艺术家。其中张大千以3.55亿美元总成交额成为2016年全世界最有影响力的艺术家。除了榜首张大千,还有另外四位中国艺术家的总成交额排在世界前十位,分别是齐白石、吴冠中、傅抱石以及崔如琢,他们都是中国传统书画的名家(见图3)。

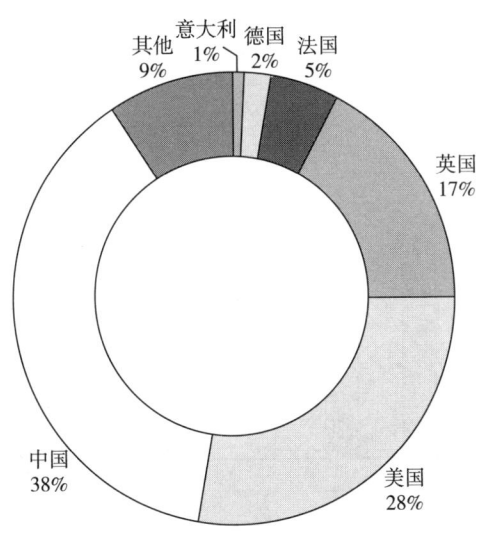

图1　2016年世界拍卖市场份额

资料来源:雅昌艺术市场监测中心(AMMA)《2016年艺术品拍卖市场调查报告》。

因此,2016年中国艺术品市场呈现良好的增长势头,拍品质量有大幅提高。39件拍品超过1000万美元成交,人民币过亿元拍品13件,11件

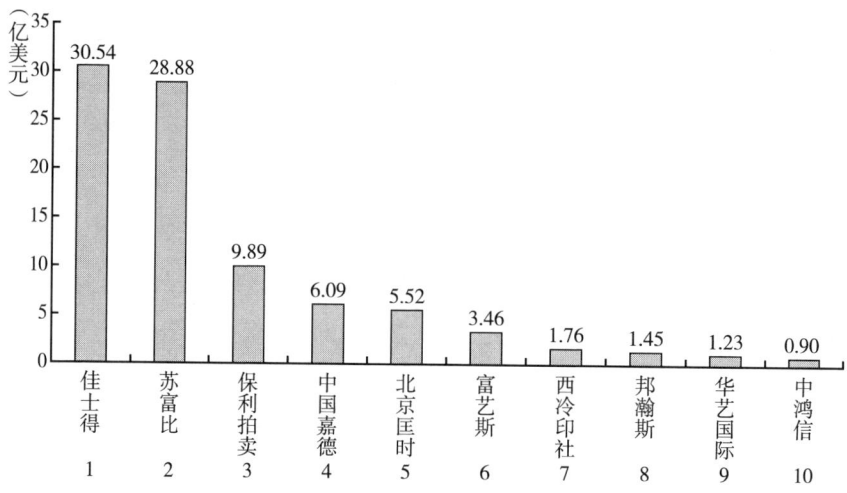

图 2　2016 年全球前 10 强拍卖行

资料来源：雅昌艺术市场监测中心（AMMA）《2016 年艺术品拍卖市场调查报告》。

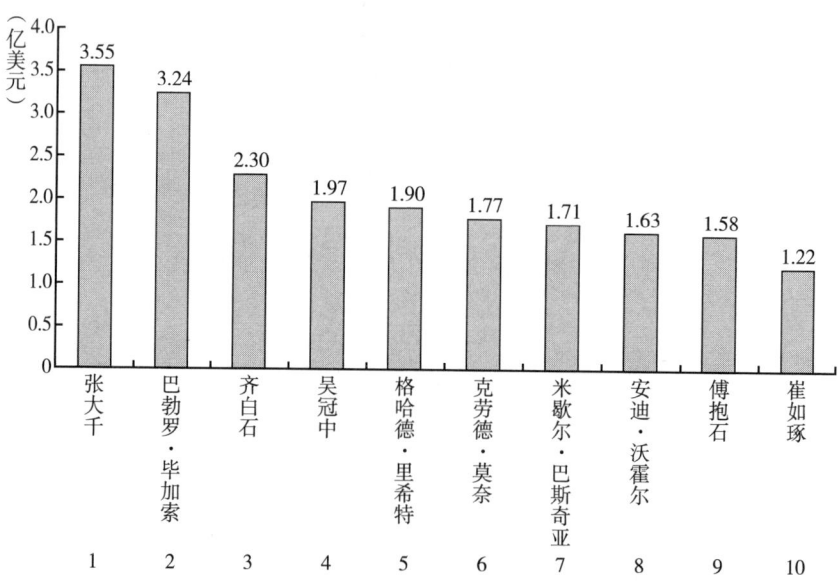

图 3　2016 年全球 10 强艺术家

资料来源：雅昌艺术市场监测中心（AMMA）《2016 年艺术品拍卖市场调查报告》。

为书画作品，其中张大千、齐白石、吴冠中、傅抱石以及崔如琢5位近现代书画大家都有过亿元作品出现。过亿元拍品的大量出现提升了整体拍卖市场的信心，吸引了有实力的藏家群体进入市场，为艺术品拍卖市场提供了充足的资金准备。同时，藏家也更愿意拿出一部分精品进入拍卖市场。这促进了中国艺术品拍卖市场的健康与可持续发展，并促进了中国传统文化的传承与发扬。在这种背景下，当下的中国艺术品市场中的历史名家作品价格会进一步提升，特别是在美术史上有重要纪念意义的作品价格会不断地创造中国乃至世界纪录。中国艺术文化的内在精神和价值会被人们越来越重视。

中国艺术品市场规模的快速发展，也带动了中国文化艺术在海外市场的繁荣。2017年纽约迎来了有史以来最成功的纽约亚洲艺术周，其中最成功的是佳士得"藤田美术馆藏中国古代艺术珍品"专场。当晚的拍卖总额高达2.63亿美元，占整个艺术周销售额的60%以上。本次艺术周创纪录的成功与来自中国的买家、博物馆策展人和收藏家的涌入是分不开的。这进一步证明了随着中国经济的发展，中国艺术品收藏的不断扩大，中国买家的影响力不断上升。[①] 中国艺术品投资成为全球艺术资产投资的新领域，也为全球艺术品交易提供了新的活力和发展空间。

近几年，中国的大藏家们在国际知名拍卖行中不惜重金购买西方大师的经典作品的现象比比皆是。国内收藏家早已将莫奈、梵·高等印象派代表以及毕加索、伦勃朗、弗朗西斯·培根、乔治·莫兰迪等西方大师作为自己收藏体系的标配。在海外一、二级市场的交易中，越来越多的中国投资者扮演着重要角色。世界各大拍卖行、艺术节都把吸引中国藏家摆在了首位。随着中国艺术品市场的发展，中国再次作为世界文化中心的地位正在逐渐形成。中国艺术品国际认可度的大幅提升进一步增强了中国的"文化自信"和"文化软实力"。全球文化艺术市场的"东移"将是今后的大趋势和大方向，今后国际艺术品市场的"中国化"必将大放光彩。

---

① 雅昌艺术市场检测中心（AMMA）：《2017春全球艺术市场年度报告》。

三 中国艺术品市场发展的特点及建议

（一）艺术品金融化正在为全球艺术品市场发展提供新的动力

在全球经济将进入低增长、低通胀、高债务的新常态下，全球艺术品市场也随之进入了一个新的发展阶段。全球经济形势持续的不确定性使得全球艺术品市场正在朝多极化与多元化发展，其中，中国艺术品市场已成为全球艺术品市场的领跑者。

艺术品资产正在成为一种资产多样化的工具。在全球金融化的大背景下，艺术品的资产化给全球艺术品市场的发展带来了新的潜力。艺术品资产的升值也推动了艺术品资产化、金融化的发展，并由此带动了新型的艺术品金融服务与产品迅速成长，越来越多的投资者开始关注艺术品类资产。考虑到艺术品不断增值，银行可能会推出新的财富管理服务，它们相信艺术应该在自己客户的投资组中占有一席之地。私人银行的财务管家尤其认为，艺术投资是能够将家族资产多样化的途径，通过这一途径，一个家族更能经受住未来市场波动的考验。同时，许多金融机构也推出艺术品融资、艺术品信托等中长期金融类产品。由此可见，艺术品资产会在不久的将来得到更广泛的认识和发展。

（二）科技的进步使得全球艺术品市场面临新的变革与机遇

在互联网科技和信息技术不断发展的时代，大数据技术对全球商品及服务市场起到了至关重要的影响。这催生了全球艺术品市场服务的平台化与数据化。[①] 特别是在当下不断兴起的"互联网+艺术品"模式下，艺术品网络竞投、在线拍、艺术品电商等模式遍地开花。这一创新变革，激发了市场的活力，为艺术品市场和艺术行业发展注入了新鲜血液。近几年，线上交易成

---

① 西沐：《全球艺术品市场发展中中国艺术品市场的地位和作用》，《中国艺术品市场发展年度研究报告（2014）》，中国书店出版社，2017。

为传统拍卖企业重要发力点。拍卖机构、画廊等艺术机构借力线上，诸如大咖拍卖、雅昌在线拍、微拍堂、杏坛艺拍等电商平台，瞄准市场中的新兴藏家和艺术品消费者，经营中低档艺术品、艺术衍生品、艺术复制品等。2016年，艺术品互联网交易发展迅速，据《2017 Hiscox 线上艺术交易报告》统计，年度全球在线交易规模为 37.5 亿美元，增幅为 15%，为整个艺术品市场贡献了 8.4% 的份额，同比增加 7.4%。巴塞尔艺术展与瑞银集团《2017 全球艺术市场报告》显示：在线交易额以每年 4% 的增幅上升，2016 年预计全球艺术和古董线上交易份额为 49 亿美元，占全球艺术品市场规模的 9%。交易价格大约在 5000 美元以下，品类涵括绘画、雕塑、摄影、版画、素描、新媒体、邮品钱币、纪念品、艺术衍生品等。这一年，参与交易人群也从 2015 年的 63% 上升至 65%。艺术品电商的买家群体，"80 后""90 后"是主力军，目前已经有"00 后"进场。这一时代的年轻人伴随着互联网一起长大，对于互联网的依赖性更为强烈，艺术品电商更加契合现代人尤其是年轻人的生活模式。

微信拍卖的兴起和普及，降低了艺术品消费门槛，推动全民"艺术消费"，为艺术品市场破冰助力。尽管"互联网+艺术"趋势加强，在线拍、艺术品电商促进了艺术品交易多样化、灵活性，使其不受地域、时间周期限制，在一定程度上扩大了艺术品交易机会，但是艺术品线上交易，不仅仅是线下交易模式的线上复制品，不能简单粗暴地把艺术品和互联网关联，需要把二者的特性有效地结合起来，打造平台化、便捷化、体验好的诚信交易平台。

（三）艺术品产业发展应纳入国家文化发展大战略

全球化进程的深刻变动造成了全球性经济、政治、文化格局的重组。当前中国正积极参与全球经济治理，尤其需要中国文化及其产业发展的强有力支撑，需要与之相匹配的"软实力"的协调发展，以增强中国发展的整体性。文化传播这块"短板"使得中国尚未成为精神所向的真正大国和世界强国。培养高度的文化自觉与文化自信，提高全民族文明素质，增强国家文化软实力，弘扬中华文化，努力建设社会主义文化强国是我国"十三五"期间文化大发展的主要方向。中国文化实力自信的彰显，最重要的就体现在发展中国艺术产业上。随着中国艺术产业的长足发展，对中国文化根脉的尊重、对中国文化灵魂的坚守和创新、对外国文化的包容和借鉴等都被包含其中，从而使中华文化独特的魅力得以焕发。

尤其是在好莱坞大片、百老汇的演艺、时代华纳的流行音乐等响当当的文化品牌造就了被中国人津津乐道的"美国精神"的背景之下，发展中国艺术产业更具有现实意义。当今中国，在艺术界，受众对富有视觉冲击力的西方写实艺术颇为青睐，由西方资本主导的现当代艺术至今深深地影响着中国艺术品市场。当代中国人的生活状态、审美情趣变得越来越西方化，以致很多艺术家的艺术创作也在以符合西方人的审美眼光为标准，久而久之，中国的传统文化将受到很大冲击。中国艺术产业不仅会为中国社会主义现代化建设提供精神动力，而且会在探索传统与现代的融合中使中国传统文化中优秀的艺术价值与人文价值保持经久不衰，使中国元素的影响力得以充分体现，从而让中国艺术产业的生产创作锦上添花，生产出更多的精品。

同时，在中国艺术产业的发展过程中，文化创意产业的环境也随之得到优化，届时，文化艺术企业将实施跨国界、跨行业、跨媒体、跨所有制联合和重组，同时放宽市场准入，鼓励民营资本进入艺术创作、流通和交易市场，从而打造与培育属于中国自己的、富有竞争力的艺术品牌、文化品牌，使中国的艺术品市场在全球市场中不断崛起，确立中国文化大国形象。更为重要的是，中国艺术产业的发展不但蕴含着国家、民族在特定历史下所形成的价值观和审美理想，而且代表了五千年孕育与发展的中华民族的文化精华，不断成为中国文化"走出去"的主要内容，从而使中国文化英姿勃发地屹立于世界舞台之中，彰显着中国日渐提升的文化软实力。

B.14 践行文明自信 打造人类"文明共同体"

杨正位*

摘　要： "一带一路"的建设是借用古丝绸之路的历史符号，秉持着和平发展的理念，积极发展与沿线其他国家的经济合作伙伴关系，共同打造政治互信、经济融合、文化包容的利益共同体、命运共同体和责任共同体。由于"一带一路"沿线的文明古国多，所以积极推进了各国之间的文明交流、文明对话。中国有上下五千年的历史，在国际上占有很重要的文明地位，对于倡议打造"文明共同体"具有很大话语权。各国都有自己国家的文明，每个国家的文明价值都是一样的，要同等对待；每个国家的文明成果都有自身的特色，要文明交流；每个国家的文明繁荣都有兴衰的时候，要文明复兴；每个国家的文明未来都有长处和短处，要文明共荣。坚持走"一带一路"，就要保证文明价值的共通性、文明成果的共享性、文明繁荣的接续性以及文明未来的交融性。

关键词： "一带一路"　文明共同体　文明复兴

"一带一路"成果超出预期。然而，当前互信赤字偏大，释疑虑、弥分歧、增共识仍是难题。讲好中国故事，增强我国国际公信力与道义感召力，

---

* 杨正位，国家文化贸易学术研究平台专家，国家行政学院发展战略与公共政策研究中心主任，研究领域：宏观经济、对外开放等。

需要以中华文明千古不易之理,阐释好"丝路初心",让世界理解我国倡议的"非今日之权宜,乃千古之传承",增强论坛的理念引领、政治引领效果。

建好"一带一路",说好与干好同等重要。正式公布的"一带一路"倡议,其思想内核可简化为"三三四五",即"三共"原则、三个"共同体"、四个"理念"和"五通"。

古丝路是文明之路,是世界文明史上的"大运河",将古代世界几大灿烂辉煌的文明联结起来,相互借鉴,交相辉映,成为人类文明的共同财富。当代文明的主要话题,大都与纠正"西方中心论"有关。中华文明曾因长期居于世界文明高点,所以当前倡导文明交流互鉴,具有天然的话语优势。

"一带一路"沿线的文明古国多,文明对话与文明复兴是最大公约数之一。古丝路贯穿亚欧非三大洲,涵盖了全部"四大古代文明"及希罗文明、波斯文明、阿拉伯文明(伊斯兰文明)等文明系统,以及土耳其、俄罗斯等次生文明系统。这些文明虽有辉煌的昨天,但近代以来面对西欧强势文明和"西方中心论",都拥有不尽相同的历史轨迹,本土文明与西方价值相冲突,希望能够加快现代化,有相似的发展问题与现代化难题,所以皆有民族复兴的强烈共鸣,有文明对话与民族振兴的共同诉求。经济发展的互补性、文化地位的相似性和民族复兴的现实性,使丝路上达成文明共识的可能性逐渐增大。

文明话题是我国的优势与富矿,我国领导人提出的文明观引起国际强烈共鸣。绵延五千年未曾中断的中华文明,在国际上的文明地位凸显。中华民族的伟大复兴,将是一个从富强到文明、从器物到制度、从经济复兴到文明复兴的过程。即使中华文明在"文革"苦难中挣扎的1973年,著名历史学家汤因比从历史长焦距中遥望,仍认为"中国人可能把中西文化融于一炉……为人类文明提供一个全新的文化起点"。基辛格、施密特、李光耀等政治家,也对中华文明复兴深信不疑。习近平总书记在联合国教科文组织等重大场合介绍中华文明,强调文明的多彩、平等和包容,指出文明"没有高低之别,更无优劣之分",文明之间"要对话,不要排斥;

要交流，不要取代"、"不忘本来、吸收外来、面向未来"，要互学互鉴，推动人类文明创造性发展。这些重大观点引起国际强烈反响，说到了众多文明的心坎上。

我国可在"文明交流互鉴"的基础上再向前迈一步，倡议打造"人类文明共同体"。我国领导人关于中国的文明观、各类文明交流互鉴的一系列重大论述，颇孚世望。今后，有必要向两端延伸，向上进行理论升华，在"一带一路"的利益、命运和责任三大共同体之上，再倡议"文明共同体"或"文明复兴共同体"，以与三个自信后新增"文明自信"相呼应，让"文明和谐论"替代"文明冲突论"，彰显丝路的精神内涵；向下充实文明交流互鉴的具体内容，显得更丰满和有血有肉，特别是强化各类文明的"同、特、兴、融"，淡化其"异、一、独、绝"，可再强调以下四点。

一 坚持文明价值的共通性，各类文明"同大于异"，需平等善待

各支文明表面差异不小，但同为人类，关于人类生存与发展、和平与战争、幸福与悲伤、友谊与爱情等的看法，几近相同，其思想、价值、行为、造物的"同"远大于"异"，正所谓"东海西海，心理攸同"。比如，不少文明对真善美都有共同追求，都有相似的诗歌、绘画、舞蹈、医学等。波斯、欧洲、印度的先祖皆溯至雅利安人。中国是诗的国度，波斯也有享誉世界的文坛四柱，印度有迦梨陀娑、卡比尔、泰戈尔，阿拉伯有努瓦斯、穆太奈比、麦阿里，欧洲有荷马、莎士比亚、普希金，美洲有聂鲁达、惠特曼、帕斯，都有自己的文学辉煌。亚欧非山水相连，文明交互影响自不待言；远隔重洋的印第安文明，也同样近似、同样灿烂；玛雅、阿兹特克、印加文明博大精深，精确的太阳历、创造使用数字"0"、奇琴伊察金字塔、马丘比丘宏伟建筑、纳斯卡地画令人惊叹，医药、天文、历法技艺精湛。印第安人与埃及人都造了金字塔。同样是表达友谊，释迦牟尼、亚里士多德、王勃、萨迪、莎士比亚、纳沃伊等的表达颇为近似。同样是法治，欧美是"法律+

宗教"，阿拉伯、印度是法律宗教合一，中国及东亚则是"法德共治"模式。所以，各支文明有同有异，宜求同存异、相互包容，不要求太纯、不必去排异，共融共荣，各创新的美好未来。寻求不同文明的"同"与"通"，是推进"一带一路"、促进世界持久和平的基石。

二 坚持文明成果的共享性，各类文明皆有自身特色，需多元互补

人类文明今天的成就，各支文明都有自己独到的贡献，都是整体文明成果的一小部分，并非一家独善、一支永耀。人类的重大发明和发现，西亚的轮子、印度的数字、中国的印刷与造纸、道不明首发权的电、欧美的钟表、美国的互联网以及现代的基因等，都来自不同国家、不同区域、不同民族。水稻源于中国、小麦源于西亚、玉米和马铃薯源于美洲、棉花源于印度，没有一家独领风骚。任何文明皆有其短长，西欧的法治、民主、自由、人权、平等、契约、限权及科学求真等，给世界带来了工业文明与现代科技，惠及人类，但也带来了欧洲中心论、殖民扩张、种族灭绝、两次世界大战和法西斯。中华文明有天下、中道、阴阳、仁政、王道、综合思维等优秀思想，但也存在分析思维、近代科学、个体权利等诸多短板。印度文明在数学、宗教、建筑、文学等方面为世界做出巨大贡献，但历史上先后遭受到来自欧亚的十多次入侵，被称作宗教、人种、语言博物馆，不统一、内部纷争、种姓制也是其现代化的障碍。阿拉伯/伊斯兰文明有其强大的内聚力、包容性和同化能力，在西欧的"黑暗中世纪"最为繁荣，历史学家希提指出："在九至十二世纪，阿拉伯语写成的哲学、医学、历史、宗教、天文和地理等各种著作，比其它任何语言的还要多。"然而，伊斯兰世界缺乏类似基督教新教的"宗教改革"，极端思潮不断孳生，内部纷争较大，现代化转型迟缓。人类今天享有的文明果实，集聚了各支文明精华。在丰富多彩的文明面前，我们只能保持谦卑，信守文明的多样、包容和平等。

三　坚持文明繁荣的接续性，各类文明皆有兴衰时段，需创造性复兴

"东方不亮西方亮"，人类文明的繁荣是总体连续的，但各支文明的兴盛是有阶段性、周期性的，可谓"各领风骚数百年"。最早繁荣的是四大古代文明，公元前后接续的是波斯、希腊文明与中华秦汉的兴盛，如同史学家吉尔斯曼所言："萨珊文明是伊朗几千年来历史发展的顶峰……文明世界好像是由萨珊和罗马平分。"至八九世纪强大的是阿拉伯文明与中华唐朝，此后接续的是蒙古与土耳其等，近代以来繁荣的才是欧美文明。欧洲也是经过文艺复兴，充分吸收阿拉伯文明、中华文明精华后再现辉煌的。当然，也有中华文明这种绵延不断的文明，但也屡遭劫难、几度浴火重生；还应看到，当前其他文明的复兴愿望，与我一样强烈。

四　坚持文明未来的交融性，各类文明皆可取长补短，需互助共荣

历史显示，各类文明都是交互影响、双向融入的。当今世界，各发展中国家，都在寻找本土文明与现代文明的公约数。现代文明与西方文明，既有交集，也不等同，故现代化道路无不有国情与特色。近代以来伊朗的西化改革与霍梅尼革命，实质都是探索伊朗特色的现代化道路。土耳其由于加入欧盟屡屡受挫、不为西方接纳，正从国父的欧化转向有所回归传统，也在寻找本国的现代化新路。"四小龙"和日本则将东方价值与现代文明嫁接，创造了"政府主导"的东亚模式，总体上比较成功。中印近距离交往2000多年，双方文化各融入对方一部分，佛教成为中华传统三大思想源之一，现在双方又都吸纳了部分西方文明，但中国还是中国，印度还是印度，不可能变为对方，也不会变成西方。如果把中西及其他文明之间差异，仅仅解释为现代与古代、先进与落后、文明与不文明，可能眼光过窄，经不起历史检验。

本土文明与外来文明的关系，既不应夜郎自大、坐井观天，要善于从世界看本国；也不宜崇洋媚外、顾影自怜，要善于从本国看世界，增强文明自信与自觉，对外部从仰视或俯视，到正视与平视。

文明的交往，既有佛入东土的友好佳话，也有殖民扩张的战火硝烟。因此，提倡文明的互信互融，十分必要。有的文明内核是开放包容和非对抗性的，如印度和中华；有的文明排他性强一些，所以提倡文明间"开放包容、互鉴互补、互助互进"，是人类和平之必需。如果把人类"文明共同体"作为人类"命运共同体"的核心内容，形成"一主三辅"模式："命运共同体"为"主调"，利益、责任、文明三大共同体为"和声"，可让当代丝绸之路的价值内涵更加充实，做到软硬力量互补共济、经济人文双轨合力，减少"一带一路"推进阻力。

B.15
贸易开放是否促进了文化认同
——基于中国1990~2014年数据的实证研究

曲如晓 曾燕萍 李世恒*

摘　要： 文化认同是指国家间文化差异缩小，文化冲突缓解，一国国民对另一国家的文化认可与接受的过程。本报告通过选取1990~2014年中国同40个贸易伙伴国之间的贸易数据以及世界价值观调查数据库（WVS）的调查数据，分别测算了中国贸易开放度指数和各国对中国的文化认同度指数。在此基础上通过构建回归模型对贸易开放度与文化认同之间的关系进行了实证分析。结果发现：贸易开放不仅对世界各国增强对中国在信任、控制、尊重和服从等维度的文化认同具有显著的促进作用，而且对中国整体文化认同度的提升也存在正向作用；此外，国家收入分配不平等程度不会显著影响贸易开放对文化认同所产生的促进作用。

关键词： 贸易开放　文化认同　文化维度

一　引言

文化认同（cultural identity）这一概念最初是由美国著名学者埃里克·

---

* 曲如晓，北京师范大学经济与工商管理学院教授、博导，研究领域：文化贸易、文化经济、国际贸易等；曾燕萍，国际关系学院国际经济系讲师，研究领域：文化经济、国际贸易等；李世恒，北京师范大学经济与工商管理学院硕士研究生，研究领域：文化经济、国际贸易等。

克里松提出，是指对一个群体或文化的身份认同感，或是指个人受其所属的群体或文化影响，而对该群体或文化产生的认同感。文化认同不仅体现了人的社会属性，同时也反映了归属于某一特定文化群体的个体的自我知觉和自我定义。此后，文化认同这一概念被广泛应用到文化学、社会学、人类学等多个领域进行阐释。随着社会的发展，文化认同的概念也从早期对本民族和本国家的归属认同逐渐扩展到对与其他个体（或群体）间的共同文化的认定，这种文化上的认同主要体现在对对方文化的接纳（崔新建，2004）。鉴于以上研究，本报告将文化认同定义为两个国家间的文化差异缩小，文化冲突得到缓解，一国居民对另一国家文化产生认可与接受的过程。

伴随全球化进程的不断推进，国家间的联系日益密切，与此同时各国文化间不可避免地出现了一定的碰撞和摩擦；就中国而言，自改革开放以来，中国的经济实力和对外开放程度均得到了飞速提高，在国际事务中的参与度不断上升，几乎与世界上所有国家都有交流合作，但文化冲突现象也因此而频频出现，很多国外民众对中国文化仍然知之甚少、存在误解。因此，中国作为新兴经济大国，向整个世界宣传中国文化，让其他国家的人们理解和接纳中国文化，缓解文化冲突，增进文化认同，具有非常重要的现实意义。

国际贸易能够以货物、服务等为载体，将各国文化在全世界范围内进行传递，一个国家的贸易开放程度越高，其国际交流越广泛，本国文化（如价值观、风俗、行为方式等）将更容易渗透到贸易伙伴国。随着近年来中国主导的"一带一路"等倡议的推行，中国的贸易开放程度无疑会得到进一步提升，那么，贸易的不断开放是否会促进中国文化的对外传播，减少文化折扣，加强世界各国对中国文化的认同呢？对此，本报告将基于1990～2014年的面板数据探讨贸易开放程度对中国文化认同所产生的影响，并在此基础上，针对促进中国贸易开放，增强各国对中国文化认同提出相应的对策建议。

二 文献综述

目前对贸易开放与文化认同的研究主要集中在对二者之间的双向影响上。其中，文化认同是否对贸易开放有促进作用，不同的学者所得结论不一致；而对于贸易开放对文化认同的影响，众多学者从理论和实证的角度进行了研究，结论较为一致。

部分学者将文化认同看作影响贸易开放的一个重要因素进行分析，Elsass 和 Veiga（1994）的研究表明，贸易交易主体对彼此所在国家或地区文化的不熟悉会增加其对对方市场信息的掌握程度，从而对双方产品出口起到阻碍作用；Boisso 和 Ferrantino（1997）、Melitz（2008）通过构造国家间语言距离，来考察语言距离所代表的文化认同度对国家间产品出口的影响，研究发现文化认同在一定程度上会促进贸易的发展；国内学者施炳展（2016）采用热播剧《来自星星的你》的播出数量作为中国对韩国文化认同的代理变量，同样发现文化认同能够促进一个国家的贸易开放。

也有一些学者从贸易开放对文化认同影响的角度进行了研究。Cowen（2002）从文化维度研究了经济全球化与本土文化生存的问题，认为贸易开放将会对本土文化的发展造成不利影响，本土文化在本国的认可和接受程度将会下降，并对某些传统文化造成破坏。Janeba（2004）研究了文化认同与文化产品贸易的关系，认为文化产品会在消费者的决策中与消费者产生相互依赖，从而形成文化认同。由此，贸易开放将会改变各国消费者的消费模式，并从而改变一个国家某种文化的认同度。Bala 和 Long（2005）指出偏好也是文化的一种体现，从这一角度研究认为实力强大的国家通过贸易可以把偏好传递到弱小国家，从而影响小国居民的偏好，如果这种偏好的价格敏感度很高，那么这种影响将持续很长时间，因此同样得出贸易可以改变文化认同的结论。

综上所述，已有的研究成果虽然对贸易开放与文化认同的关系进行了研究，但是对文化认同对贸易开放影响的研究主要集中在理论层面，且文化认同的测度不统一，因研究的目的国的不同而得出了不同的研究结论；而对于贸易开放对文化认同的影响研究，主要阐述了贸易开放会对一国的文化认同产生改变。因此，本报告将尝试从实证的角度，通过选取1990～2014年中国同40个贸易伙伴国家的面板数据，测度了中国对这40个国家的贸易开放程度以及各国对中国的文化认同度，利用OLS、IV-GMM等回归方法对贸易放开与文化认同的关系进行实证分析。

三 指标的测度

（一）文化认同

文化认同的定量测度主要在于指标的选取，很多研究对于国家或地区间文化认同程度进行了测量。一些学者运用"世界价值观调查"（World Value Survey，WVS）数据，通过组成文化的四个维度（信任、尊重、控制和服从）来构造文化距离以测度两个国家间的文化认同程度（Tabellini，2009；WilliamsonK & Kerekes，2010）。还有学者如 Hofstede（1980、2001）通过其搜集整理的各国文化数据，从心理特征角度将文化分为六个维度，并利用这些指标来刻画描述不同国家和地区间的文化接近程度，也就是文化认同。除此之外，移民网络（Combes 等，2005；Rauch，1999；蒙英华等，2015）、共同语言（Melitz，2008；Melitz 和 Toubel，2014）也是较为常用的测度指标。当然，还有许多学者选用了特殊的指标，如欧洲歌曲大赛双边打分高低（Felbermayr & Toubal，2010）、国家间双边网页访问和网址链接数量（Hellmanzik & Schmitz，2015）、达赖喇嘛出访事件（Fuchs & Klann，2010）、韩剧《来自星星的你》热播走红事件（施炳展，2016）。

基于以上的研究成果，本报告从世界价值观调查数据库中选取1990～2014年中国与40个贸易伙伴国家的数据，从信任（Trust）、控制

(Control)、尊重（Respect）和服从（Obedience）[①] 四个维度构造文化认同的指标。[②] 具体方法为分别从以上四个维度构建中国与其他各国的文化距离，即将中国与各国在每一个维度上的得分做差，然后取绝对值。本报告将以上得到的文化距离值作为各国对中国在对应维度上的文化认同值，具体公式如下：

$$C_{it}(x) = |S_{it}(x) - S_{ct}(x)| \tag{1}$$

其中，$C_{it}(x)$ 表示 t 时间中国与 i 国在 x 维度上所具有的文化认同度；$S_{it}(x)$ 和 $S_{ct}(x)$ 分别表示 t 时间 i 国和中国在 x 维度上的得分。具体测度结果如表1所示（以2014年的测算结果为例）。

表1 2014年主要国家对中国文化认同度测算值

国家	控制	服从	尊重	信任
阿尔及利亚	15.77	40.40	9.20	43.10
阿塞拜疆	12.14	1.10	19.50	45.50
阿根廷	6.41	27.80	6.00	41.10
澳大利亚	12.10	20.70	34.10	8.90
巴林	11.54	11.20	15.40	26.80
亚美尼亚	22.70	16.70	4.10	49.40
巴西	30.96	44.00	12.00	53.20
白俄罗斯	17.06	26.30	8.50	27.70
智利	7.11	38.30	29.80	47.90
哥伦比亚	25.94	58.90	34.20	56.20

[①] 这四个维度的指数通过问卷获取："信任"，问题："你觉得，大部分人都是值得信任的还是当你与其他人打交道的时候都要小心翼翼？"每个国家的信任水平即为这个国家回答"大多数可以信任"的受访者的百分比。"尊重"和"服从"，问题："列出一系列的品质，这些品质都是小孩可能在家里被鼓励学习的。受访者需要从中选择自己认为最为重要的品质，最多选择五个。"其中，"尊重和宽容他人"被选择的比例被定义为尊重，亦即对尊重这一维度的度量；选择"服从"作为最重要的品质的比例即用来代表服从。"控制"，问题："一些人认为自己可以完全控制自己的生活，其他人认为自己无论做什么都不会对生活产生影响。"受访者需要从1（没有影响）~10（影响很大）中选择数字来描述自己感觉有多少控制和选择的自由来影响生活。一个用来度量控制的综合指标由所有受访者的平均值乘以10得到。

[②] 这一测度方法最早由 Tabellini（2009）提出，之后经 WilliamsonK 和 Kerekes（2010）扩充与完善。

续表

国家	控制	服从	尊重	信任
塞浦路斯	11.58	29.70	17.50	52.80
厄瓜多尔	18.13	52.20	15.50	53.10
爱沙尼亚	14.87	55.20	32.30	21.30
格鲁吉亚	20.65	11.30	15.20	51.50
德国	10.02	5.10	14.50	15.70
印度	12.82	73.30	29.50	39.30
日本	23.29	2.50	12.40	24.40
哈萨克斯坦	14.05	25.40	7.80	22.00
约旦	11.17	48.70	24.30	47.10
韩国	11.33	1.20	11.40	33.80
科威特	25.52	48.80	15.60	31.80
黎巴嫩	10.85	9.90	5.30	50.50
马来西亚	8.59	17.40	22.40	51.80
墨西哥	35.04	47.10	25.70	47.90
摩洛哥	27.71	21.70	4.40	48.00
荷兰	18.55	18.10	33.80	5.80
新西兰	12.83	16.60	30.90	5.00
尼日利亚	5.76	55.30	7.60	45.30
巴基斯坦	11.37	42.50	0.60	38.10
秘鲁	19.46	44.80	15.40	51.90
菲律宾	32.01	33.30	10.10	57.10
波兰	10.41	26.60	30.40	38.10
卡塔尔	21.45	39.40	24.70	38.90
罗马尼亚	27.16	5.50	13.00	52.60
俄罗斯	19.04	27.30	11.30	32.50
卢旺达	15.93	53.10	4.20	43.70
新加坡	14.26	30.00	1.90	23.00
斯洛文尼亚	17.53	33.70	29.00	40.40
南非	4.98	29.70	0.30	37.00
津巴布韦	13.28	62.60	11.60	52.00
西班牙	12.83	23.90	21.90	41.30
瑞典	9.55	4.70	34.80	0.20
泰国	13.77	36.70	12.50	28.20
土耳其	7.39	26.40	9.20	48.70
乌克兰	12.64	34.80	6.80	37.20
埃及	8.46	34.60	10.10	38.80
美国	11.41	20.40	19.60	25.50
乌拉圭	19.83	44.10	29.80	46.50

（二）贸易开放度

本报告选取贸易结合度来衡量中国对世界各国的贸易开放程度（下文简称"贸易开放"）。贸易结合度最早由经济学家布朗（A. J. Brown, 1947）提出，之后由小岛清（1958）等人进行完善。贸易结合度是一个比较综合性的指标，常用来衡量两国在贸易方面的相互依存度。具体计算方法是一国对某一贸易伙伴国的出口占该国出口总额的比重，与该贸易伙伴国进口总额占世界进口总额的比重之比。其数值越大，表明两国在贸易方面的联系越紧密。选择这一指标是由于本报告主要关注的是两国之间贸易的相互联系程度以及相互依赖程度，相互之间的联系和依赖程度越大，则认为这种双边的贸易开放程度越高。贸易开放的计算公式为：

$$T = \frac{Exp_{ab}}{Exp_a} \bigg/ \frac{Imp_a}{Imp_W} \tag{2}$$

其中，T 为贸易结合度，Exp_{ab}、Exp_a 分别为 a 国对 b 国和全世界的出口额，Imp_a、Imp_W 分别为 a 国的总进口额和全世界的进口贸易额。$T>1$，a、b 两国有紧密的贸易关系；$T<1$，a、b 两国间的贸易关系松散。具体测算的资料来源于联合国商品数据库（UN Comtrade）。

四 实证检验

（一）模型设定与资料来源

本报告从信任、尊重、控制及服从四个文化维度构造文化距离，用以衡量文化认同程度，文化距离的减小则意味着文化认同程度的提高。如果四个维度的文化认同程度都提高（下降），则认为贸易开放会促进文化认同的提高（下降）。在此基础上对四个维度进行处理："文化 = 信任 + 尊重 + 控制 - 服从"，构建综合的文化认同度指标，并进行相应的实证检验。

具体模型设定如下：

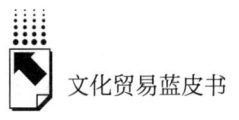

$$\ln C_{it} = \alpha_i + \beta_1 \ln trade_{it} + \beta_2 \ln G_{it} + \beta_3 \ln gdp_{it} + \beta_4 \ln pergdp_{it} + \\ \beta_5 \ln cgdp_t + \beta_6 \ln cpgdp_t + \mu_{it} \tag{3}$$

其中，C_{it} 表示 i 国对中国的文化认同程度，用文化距离的负值代替，文化距离减少则意味着文化认同提高。贸易开放如果对文化距离有显著为负的影响，意味着其能够显著地促进文化认同的提高；$trade_{it}$ 表示中国与 i 国的贸易开放度；G_{it} 表示中国与 i 国的基尼系数之比。本指标中的基尼系数涵盖了农村和城市的全部人口，资料来源于世界收入不平等数据库（World Income Inequality Database）。基尼系数体现了一个国家的收入分配、发展均衡状况，中外两国的基尼系数之比体现了两国发展状况的差异，贸易开放可能会改善这种差异，但是对于文化认同的影响并不明确；$cgdp$ 表示中国的国内生产总值；gdp_{it} 表示 i 国的生产总值；GDP 反映了一个国家的经济发展水平，经济越发达，其提供文化供给的能力也就越强，从事文化交流的能力也越强，该资料来源于世界银行数据库；$cpgdp$ 表示中国的人均 GDP；$pergdp_{it}$ 表示 i 国的人均 GDP。人均 GDP 反映了一国居民的平均生活水平，人均 GDP 越高，这个国家的居民消费水平越高，相应的对于外来文化的需求也越旺盛，该数据也来源于世界银行数据库。

（二）实证结果分析

本报告首先考察贸易开放度对文化的四个维度单独所产生的影响，估计方法为加入固定效应的 OLS 估计。

1. 贸易开放对信任、控制、尊重及服从四个维度认同的实证结果

从估计结果表 2 可以看出，贸易开放对信任、控制、尊重及服从这四个维度的认同都具有显著的促进作用。对于其他控制变量，比如：贸易伙伴国的经济规模（GDP）和居民平均生活水平（人均 GDP）对双方信任维度认同存在促进作用；中国及其贸易伙伴国的国内经济状况对控制维度的认同没有显著影响，这可能因为控制这一维度更多的是源于本人的自我修养、自我认知，经济状况等外在因素对其自身影响较小。双方的经济规模对尊重维度的认同有着显著的促进作用，这是由于尊重作为一种全球性的道德共识，随

着一国经济能力的提升能够加大双方在国际层面和私人层面的交流力度,如学术交流、旅游等,作为交流的前提,双方的尊重认同逐渐加深。此外,人均 GDP 也对服从认同产生了显著的正向促进作用。

此外,中外发展均衡水平差异(基尼系数比值)对不同维度的认同存在不同的影响:①对信任维度和服从维度的认同有显著的负向作用。如果地区间发展水平不均匀,则会减少地区间的交流,降低对外界的信任程度,这对于中外的信任认同会产生负向的影响;同时国民会不满足于自身现状,渴望改变,拒绝服从,不平等状况越严重,则对于服从的抗拒也就越严重,同中国的服从差异也就越大。②对控制维度的认同产生了显著的促进作用。通常在收入分配相对较为平等的国家,国民在政府和社会的帮助下就可以过上较为平等的生活,对自己掌控生活的意识就会较为淡漠,也就不易产生控制认同。③对尊重维度的认同没有显著影响。这是由于作为一种道德共识,是根植于一个国家整体的,并不会由于发展状况不均而产生变化。

表2 贸易开放对四个维度认同的实证结果

	(1) Lntrust	(2) Lncontrol	(3) Lnrespect	(4) lnobedience	(5) lncul
lntrade	0.0954***	0.0508***	0.0488**	0.0875***	0.0300**
	(5.97)	(4.40)	(2.23)	(4.92)	(2.07)
lngdp	0.0770***	-0.00428	0.150***	-0.0691	0.0690***
	(4.80)	(-0.32)	(5.24)	(-1.55)	(4.22)
lnpergdp	0.192***	0.0194	-0.311***	0.374***	-0.172***
	(5.34)	(1.14)	(-8.04)	(8.11)	(-4.45)
lncgdp	1.578	-0.262	16.24**	-6.927	12.20**
	(0.64)	(-0.23)	(2.18)	(-0.99)	(2.47)
lncpgdp	-2.029	0.234	-16.89**	6.548	-12.71**
	(-0.78)	(0.20)	(-2.18)	(0.89)	(-2.47)
lnG	-1.177***	0.202***	0.399	-1.181***	0.216
	(-10.43)	(2.64)	(1.63)	(-6.96)	(1.20)

续表

	（1）Lntrust	（2）Lncontrol	（3）Lnrespect	（4）lnobedience	（5）lncul
	Lntrust	Lncontrol	Lnrespect	lnobedience	lncul
_cons	-36.64 (-0.72)	2.942 (0.13)	-339.5** (-2.21)	143.8 (0.99)	-255.8** (-2.51)
固定效应	YES	YES	YES	YES	YES
N	572	573	566	571	544

注：* $p<0.10$，** $p<0.05$，*** $p<0.01$；圆括号中为稳健的标准误差。文中其他回归结果同样如此。

2. 贸易开放对文化认同的实证结果

为进一步验证贸易开放对文化认同的促进作用，本报告按照"文化＝信任＋尊重＋控制－服从"构造综合的文化认同指标，并按照二值距离计算公式构造新的文化距离，以文化距离的负值衡量综合文化认同度，并用变量 cul 表示。实证结果见表2第（5）列，同样发现贸易开放能够显著促进综合文化认同的提高。根据回归结果，当双边贸易量增加1%时，会促进双边综合的文化认同度提高约3%。同时综合的估计系数低于各个维度单独回归的系数，一种可能的解释是双边综合的文化认同度不仅受到这四个维度的影响，同时包含其他的影响维度，因此分析贸易开放对综合文化认同的影响程度小于对信任、控制、尊重和服从单个维度的影响。

3. 考虑收入分配不平等因素的影响

针对已有研究发现，收入分配不平等程度会影响贸易开放对文化进步的作用（曲如晓等，2014），本报告在模型中引入贸易开放与收入分配状况差异的交互项 GT。同时采用汉密尔顿的"去中心化"方法，在不影响估计一致性的前提下解决交互项可能带来的多重共线性问题。表3报告了引入交互项的回归结果。可以看出，不管是单独的四个文化维度还是综合的文化认同指标，引入的贸易开放与收入分配状况差异的交互项的估计系数均不显著，说明收入分配不平等程度不会影响贸易开放对文化认同的正向促进作用。

表3 引入交互项后的实证结果

	(1) Lntrust	(2) Lncontrol	(3) lnrespect	(4) lnobedience	(5) lncul
lntrade	0.0957***	0.0485***	0.0509**	0.0870***	0.0242*
	(5.86)	(4.20)	(2.32)	(4.83)	(1.72)
lngdp	0.0770***	-0.00407	0.150***	-0.0660	0.0683***
	(4.80)	(-0.30)	(5.22)	(-1.48)	(4.13)
lnpergdp	0.192***	0.0192	-0.311***	0.372***	-0.171***
	(5.34)	(1.13)	(-8.03)	(8.12)	(-4.43)
lncgdp	1.614	-0.552	16.51**	-6.798	11.29**
	(0.66)	(-0.46)	(2.20)	(-0.98)	(2.27)
lncpgdp	-2.067	0.539	-17.18**	6.419	-11.76**
	(-0.81)	(0.43)	(-2.20)	(0.89)	(-2.27)
lnG	-1.179***	0.219***	0.381	-1.170***	0.263
	(-10.83)	(2.74)	(1.51)	(-6.83)	(1.37)
GT	-0.000217	0.00171	-0.00171	0.00150	0.00415
	(-0.17)	(1.32)	(-0.63)	(1.11)	(1.15)
_cons	-37.40	8.910	-345.0**	141.0	-237.1**
	(-0.74)	(0.36)	(-2.23)	(0.98)	(-2.31)
Wald	462.48 [0.00]	51.17 [0.00]	353.50 [0.00]	1318.26 [0.00]	90.75 [0.00]
N	572	573	566	571	544

4. 考虑内生性的问题

贸易开放和文化认同之间可能存在双向因果的关系[①]，此外，一些随时间变化的变量也可能导致内生性问题。根据 Durbin – Wu – Hausman 的内生性检验结果（见表4），在1%的显著水平下拒绝原假设，说明原模型的估计存在一定的内生性问题。

表4 Durbin-Wu-Hausman 检验结果

H0:b_OLS 和 b_GMM 一致,模型不存在内生性问题	
Chi2 = 21.18	Prob > chi2 = 0.0017

---

① 施炳展（2016）等学者曾经就文化认同对于贸易开放的影响进行过相关研究。

为了解决这一问题,本报告采用工具变量的方法,选择贸易开放度(即贸易结合度)的滞后一期和滞后二期作为工具变量,并利用 IV-GMM 的方法进行估计,估计结果如表 5 所示。

表 5 IV-GMM 回归结果

	IV-GMM		
	(1)	(2)	(3)
Lntrade	0.0689***	0.0959**	0.0729***
	(2.80)	(1.97)	(3.09)
Lngdp	0.0984***	0.112***	0.0998***
	(3.83)	(3.16)	(3.88)
Lnpergdp	-0.163***	-0.160***	-0.163***
	(-3.68)	(-3.56)	(-3.68)
Lncgdp	18.09***	17.66***	18.29***
	(5.47)	(5.04)	(5.49)
Lncpgdp	-18.83***	-18.42***	-19.05***
	(-5.44)	(-5.05)	(-5.46)
lnG	0.223	0.188	0.219
	(1.31)	(1.04)	(1.30)
_cons	-378.4***	-369.7***	-382.7***
	(-5.55)	(-5.12)	(-5.57)
开放变量显著性的 x^2 检验	92.22*** [0.00]	96.72*** [0.00]	96.98*** [0.00]
R^2	0.21	0.20	0.21

表 5 第(1)、(2)列分别报告了使用滞后一期、滞后二期作为工具变量的估计结果,第(3)列报告了同时使用滞后一期与滞后二期时的回归结果。可以看到,考虑内生性问题的情况下,贸易开放对文化认同的影响方向和显著性与上文基准回归的结果基本保持一致,估计系数也没有显著差异。针对贸易开放的联合显著性检验表明,贸易开放对文化认同的影响在 1% 的置信水平上保持显著。

表6进一步报告了工具变量有效性检验结果。可以看到，选择贸易开放度的滞后一期和滞后二期作为工具变量，不存在识别不足性。同时，根据弱工具变量检验和过度识别检验的结果，本报告所选择的工具变量与内生变量之间具有较强的相关性，且与干扰项不相关，不存在过度识别的问题，因此，工具变量选择较合理。

表6 工具变量有效性检验

识别不足检验	Chi-sq(1)P-val = 0.8775	LM 统计值 0.024	拒绝原假设
弱工具变量检验	Wald F 统计值 1.849		接受原假设
过度识别检验	Chi-sq(1)P-val = 0.5470	P 值 0.363	接受原假设

五 稳健性检验

本报告研究表明，贸易开放不仅显著增强综合文化认同，而且对信任、尊重、控制及服从单个维度的文化认同也具有正向促进作用。为了验证这一结论的稳健性，本报告从以下方面进行论证：首先，对数据进行缩尾处理，将样本数据中小于1%的部分用1%分位的数据替代，大于99%的部分用99%分位的数据替代，使得原始数据变得更加平滑。其次，删除与中国进出口贸易量较小或持续年份较短的国家，避免这部分国家的数据对本文实证结果造成影响。最后，利用对华贸易依存度衡量贸易开放。依照贸易依存度的定义，针对本报告所研究的双边贸易开放，构造对华贸易依存度指标：

$$Tc = (Exp_{c,i} + Imp_{c,i})/ GDP_i \tag{4}$$

其中，Tc 为对华贸易依存度，$Exp_{c,i}$ 为 i 国对中国的出口，$Imp_{c,i}$ 为 i 国对中国的进口，GDP_i 为 i 国的国民生产总值。通过这一指标衡量中国的贸易伙伴国家的对华贸易量在其国民经济中所占比重，从而测度该经济对与华贸易的依赖程度，衡量各国与中国的双边贸易开放情况。表7报告了以上三种方法的稳健性回归结果

表7 稳健性回归结果

	（1）缩尾处理	（2）剔除特殊值	（3）对华贸易依存度
lntrade	0.0308**	0.0345**	0.121***
	(2.01)	(2.33)	(3.67)
lngdp	0.0672***	0.0746***	0.0370**
	(3.97)	(5.01)	(2.33)
lnpergdp	-0.169***	-0.179***	-0.150***
	(-4.33)	(-4.85)	(-4.01)
lncgdp	13.46***	12.10**	12.83***
	(2.80)	(2.52)	(2.62)
lncpgdp	-14.03***	-12.61**	-13.44***
	(-2.79)	(-2.51)	(-2.63)
lnG	0.223	0.205	0.355**
	(1.22)	(1.16)	(2.09)
_cons	-281.8***	-253.7**	-267.0***
	(-2.84)	(-2.56)	(-2.64)
Wald	95.40 [0.00]	80.24 [0.00]	100.19 [0.00]
N	544	523	545

稳健性估计结果表明，进行缩尾处理、剔除特殊值或利用对华贸易依存度衡量贸易开放后，贸易开放仍对文化认同具有显著的促进作用。

六 结论

本报告利用1990~2014年中国同40个贸易伙伴国的进出口贸易数据测算中国贸易开放程度，同时基于世界价值观调查对世界各国在信任、控制、尊重和服从维度的调查数据，测算了中国与40个贸易伙伴国之间的文化认同度，在此基础上实证考察了贸易开放对各国对中国文化认同的影响。研究发现对外贸易的开放不仅对世界各国增强对中国在信任、控制、尊重和服从单个维度的文化认同具有显著的促进作用，而且对中国整体文化认同度的提升也存在正向作用；同时，国家收入分配不平等程度不会影响贸易开放对文化认同产生的促进作用。

在全球化进程不断加快，世界各国交往日益密切，国家间的文化冲突时有发生的背景下，研究贸易开放对文化认同的影响不仅可以为增强世界各国对中国的文化认同提供新的思路、新的视角，而且与"一带一路"倡议的核心主旨高度一致，具有重要的理论价值和现实意义。对中国而言，应不断完善国内的贸易、法律等制度，为贸易开放增加各国对中国的文化认同提供更加健康的环境；优化贸易产品结构，力争实现更多拥有自主知识产权的产品与服务的出口，增强中国的对外贸易竞争力，提升贸易伙伴国对中国文化的整体认同度。

参考文献

[1] Bala V, Long N V, International trade and cultural diversity with preference selection, *European Journal of Political Economy* 21 (2005): 143–162.

[2] Boisso D, Ferrantino M, "Economic Distance, Cultural Distance, and Openness in International Trade: Empirical Puzzles," *Journal of Economic Integration* 12 (1997): 456–484.

[3] Combes P P, Lafourcade M, Mayer T, "The trade – creating effects of business and social networks: evidence from France," *Journal of International Economics* 66 (2005): 1–29.

[4] Cowen T, "The Fate of Culture. (Two Faces of Globalization)," *The Wilson Quarterly* (2002).

[5] Elsass P M, Veiga J F, "Acculturation in Acquired Organizations: A Force – Field Perspective," *Human Relations* 47 (1994).

[6] Felbermayr G J, Toubal F, "Cultural proximity and trade [C] // European Economic Review" (2006): 279–293.

[7] Fuchs A, Klann N H, "Paying a visit: The Dalai Lama effect on international trade," *Journal of International Economics* 91 (2010): 164–177.

[8] Hellmanzik C, Schmitz M, "Virtual proximity and audiovisual services trade," *European Economic Review*, 77 (2015): 82–101.

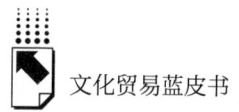

[9] Janeba E,"International Trade and Cultural Identity",(2004).

[10] Melitz J, Toubal F, "Native language, spoken language, translation and trade," *Journal of International Economics* 93 (2014): 351 – 363.

[11] Melitz J, "Language and foreign trade," *European Economic Review* 52 (2008): 667 – 699.

[12] Rauch J E. Networks versus markets in international trade [J]. Journal of International Economics, 1999, 48 (1): 7 – 35.

[13] Tabellini G, Harari M. The Effect of Culture on the Functioning of Institutions: Evidence from European Regions [J]. Cesifo Dice Report, 2009, 7 (1): 13 – 19.

[14] Williamson C R, Kerekes C B. Securing Private Property: Formal versus Informal Institutions [J]. Journal of Law & Economics, 2011, 54 (3): 537 – 572.

[15] 崔新建:《文化认同及其根源》,《北京师范大学学报》(社会科学版) 2004 年第 4 期。

[16] 蒙英华、李艳丽:《移民网络对中国企业文化产品出口效应评估》,《国际贸易问题》2015 年第 5 期。

[17] 曲如晓、刘杨:《贸易开放促进还是抑制了一国文化进步?》,《北京师范大学学报》(社会科学版) 2014 年第 6 期。

[18] 施炳展:《文化认同与国际贸易》,《世界经济》2016 第 5 期。

国际借鉴篇

International Reference

B.16
美国纽约市演艺领域PPP模式构建研究

宋瑞雪*

| 摘　要： | PPP模式由于其自身的优越性在基础设施领域受到广泛青睐。而在公共文化领域，尤其是演艺领域对该模式的探讨仍非常有限。本报告在明晰PPP概念及特征的基础上，从纽约市文化事务部与33家主要文化机构间建立的PPP模式为切入点，通过分析其成员结构、发展历史和资助效益等，以期从演艺领域PPP模式构建角度为北京进一步建设世界文化城市提供一定的思路借鉴。|

关键词： 纽约　PPP　演艺

---

* 宋瑞雪，北京第二外国语学院交叉学科国际文化贸易硕士研究生，国家文化发展国际战略研究院科研助理。

PPP (Public-Private Partnership) 的定义并没有全球统一标准，可以翻译成公私合作伙伴关系、公共私营合作制、政府和社会资本合作模式等。有时用来指代任何公共和私人部门间为实现某一公共政策目标而达成的合作。

PPP 模式一方面可以使政府部门在一定程度上摆脱有限财政资金的约束，为公众提供更多优质公共产品和公共服务；另一方面使私营部门能够发挥自身资金、技术及管理效率等优势，参与到公共项目中，拓宽其发展领域。这些特质使得各国政府争相在公路、铁路、机场和医院学校等公共基础设施领域探索运用该模式。中国的 PPP 模式发展亦是方兴未艾，2015 年 5 月国家发展改革委在门户网站公开发布的 PPP 推介项目共计 1043 个，总投资 1.97 万亿元①，项目范围涵盖水利设施、市政设施、交通设施、公共服务、资源环境等多个领域。

一 研究综述

对 CNKI 数据库进行检索可以发现，仅有邵坚宁的《PPP 模式如何应用到公共文化设施领域》，从宏观上建议 PPP 模式应用到公共文化设施领域时应考虑产品本身的准公共物品属性和是否拥有稳定大量的需求，坚持具体项目具体分析原则；张晓敏、陈通的《公共文化设施 PPP 建设运营模式研究》，针对城市大型公共文化设施和基层文化设施两种不同类型设计了 BOT、BTO、BT + 政府回购和 SC + 专项管理机构等 4 种模式。关于 PPP 模式的英文文献则多集中在铁路、环保等基础设施方面，如美国佛罗里达大学的 Swapnil Garg 在其博士论文中以印度高速公路建设项目为切入点，着重从人力资本的角度研究了 PPP 项目运营中的协作机制，提出 PPP 项目经理的自身经验等影响着项目执行结果；塔夫茨大学的周萌萌在其硕士学位论文中就中国吉林省城市和环保基础设施领域 PPP 模式的关键因素进行了探讨；

---

① 《发改委发布 1043 个 PPP 项目总投资 1.97 万亿》，新浪财经，2015 年 5 月 25 日，http://finance.sina.com.cn/china/20150525/110222258739.shtml。

香港理工大学的李亚宁在其博士学位论文中聚焦建筑行业PPP模式的流程管理，并提出流程管理的指导框架和影响其成功的关键要素。作为一种热门模式，PPP目前应用更多的领域是交通、医疗卫生等基础设施领域，如高速公路和公立医院的修建运营等。在公共文化领域对PPP模式的研究和探讨仍然有限，关于演艺领域PPP模式构建的研究则尚处于一片空白。

二 PPP模式的定义和特征

（一）世界银行的定义

世界银行将PPP定义为"公共实体或官方机构与私人主体间为提供公共资产或服务而达成的长期合同安排。其中私人主体将承担重大风险和管理责任"。当这一模式设计合理且在良好的监管环境中实行时，能够使得水资源、公共卫生、能源、交通、通信、医疗和教育等基本公共服务的提供更具效率和可持续性。PPP能使公共和私营部门更好地分担风险，使稀缺的财政资源得到最大限度利用。私营部门先进技术和创新能力的引入也可通过提升运营效率来为公众提供更好的服务。

不同的国家对不同形式的PPP命名各异。巴西将完全通过向使用者收费从而收回成本的项目称作"特许经营"；将政府支付费用的项目称作"PPP"。在法国，PPP也特指政府付费的合同，使用者付费的合同一般称为"特许经营"。除以上特别进行区分的情况外，"特许经营"也经常被视作公私合作伙伴关系的同义词，如智利将所有的PPP都叫作"特许经营"，并且受到国家《特许经营法》的管理。而在英国，新建的政府付费的PPP也被称作PFI项目（私人融资计划），而现存的PPP项目（如医院和铁路）有时被称为"特许经营"。

（二）欧盟委员会绿皮书的定义

欧盟委员会《公私合作伙伴关系绿皮书和共同体关于公共合同及特许

经营权的法律》的文件内容中提到,在欧洲共同体层面,并没有 PPP 这一术语的专门定义。通常它是指公共的官方机构与私人企业间的合作形式,旨在确保某一基础设施的投资、建造、翻新、管理或修缮以及公共服务的提供。绿皮书进一步指出 PPP 模式通常具有以下一些特点。

(1) 公共部门和私营部门就某一计划项目的合作关系会持续相对较长时间。

(2) 项目投资方式方面,除私人部门投入部分资金外,有时会在不同主体之间有相对复杂的安排。公共部门在有些情况下可能会投入数额相当巨大的资金。

(3) 私营企业会参与项目的设计、完善、实施和融资。公共部门主要聚焦在定义公众利益、服务质量和价格政策等方面须达到的目标,并负责对此进行监督。

(4) 风险将由公共部门和私人部门共同承担,公共部门所面临的部分风险会被转移给私营部门。然而,PPP 并不一定意味着私营部门会承担全部风险,或项目相关的主要风险。具体风险的分配需要根据双方对风险评估、控制和应对能力情况进行具体分析。

(三) 美国 PPP 国家委员会的定义

美国 PPP 国家委员会是独立的非营利机构,成立于 1985 年。它是美国公私合作关系领域优秀思想和大胆创新的展示舞台。它拥有众多公共和私人的会员单位,会员机构主要集中在基础设施、建筑、交通、能源、环保、地产、水利、医疗、金融、教育等领域。在各种公私合作协议安排方面的丰富经验以及多样化的培训和公共教育项目,构成其促成全国范围内的合作关系的核心资源。此外委员会还有咨询专家定期向公共提供最新和准确的信息。其目标是倡议联邦、州和城市层面的公共私营部门合作并为之提供便利,增强政府和私营企业关于如何更有效地进行合作,从而为公众提供优质产品、服务和设施的意识。

美国 PPP 国家委员会将 PPP 定义为:公共机构(联邦、州级或城市层面）和私营部门实体间达成的合同安排。以合同安排为基础，公共和私营部门发挥各自优势，共同出资为公众提供公共服务或设施。此外，双方也共同承担提供服务或设施所带来的潜在风险，共享带来的收益。根据其丰富的公私合作促成经验和案例，美国 PPP 国家委员会还提出了 PPP 模式成功的 7 个关键要素。

（1）公共部门支持。知名公众人物应充当 PPP 模式项目的发言人和倡议者。博学的拥护者在最大限度降低公众对 PPP 项目的误解方面发挥着关键性作用。

（2）法定依据。合作关系的实行应当有法定基础。法令中应当明确透明和竞争性的竞标程序。但非应标建议书也可能激发更具创造和创新性的方案。

（3）公共部门的组织结构。即公共部门应设置专门处理 PPP 项目的团队，并且参与最初构想、商讨和最终绩效考评和监督。

（4）详细的合同或商业计划书。PPP 是公共和私营部门间为某一公共项目的执行或服务提供而达成的合同关系。合同应当明确划分公私双方的责任、风险和收益。这样的协议将提升 PPP 项目成功的可能性。

（5）明确的收入来源。项目本身必须有明确的收益流，足以使得投资者在合作期内收回全部投入，并且获得一定的回报。收入来源可以包括通过费、政府购买其使用性而付费、税收增额融资或闲置资产的商业化利用等多种方式和其组合，且收益来源应该合理地持续整个投资周期。

（6）利益相关者的支持。达成合作关系不仅仅影响政府官员和私营部门经营者，有关员工、工会、受益的大众、媒体及其他利益群体也会有自己的意见和价值判断。应当重视与这些利益相关者的坦诚沟通，以最大限度降低潜在反对因素。

（7）谨慎选择合作伙伴。私人合作方的经验和财务能力等都应考虑在内。

尽管以上各种定义不尽相同，但这一模式至少具有以下三个明显特征：①公共部门和私营部门间的合作关系；②两者合作目的是提供公共产品和服务，如基础设施建设；③二者风险共担，利益共享。演艺领域的 PPP 模式也应具备 PPP 模式的一般特征。

三 纽约市演艺领域 PPP 模式剖析

1976年，基于对文化艺术为美国经济带来的积极影响的认识，纽约市成立了独立的文化事务部，以增强城市的文化活力，其主要目标是为大大小小的非营利文化机构提供足够的公共资助。纽约文化事务部下设三个机构：

（1）项目服务处。为881家向纽约市民和游客提供文化体验的团体提供支持性资助，负责文化发展基金的管理。

（2）文化机构处。为占据市属建筑或土地的33家主要文化机构提供运营支持（以不受限制的运营津贴和负担供暖、照明用电等能源消耗费用的方式）。

（3）资本项目处。为上述33家（见表1）寄身市属建筑或土地的主要文化机构以及约200家其他文化机构提供设计、建筑、大型设备采购资助。

其中，33家寄身市属建筑或土地的主要文化机构被称为文化机构组（Cultural Institutions Group，CIG），它们在接受政府运营资助的同时，作为公共文化艺术机构向纽约市全体居民和世界各地游客提供文化服务。文化事务部和这些文化机构组成员间的关系由文化机构处来管理，该处的工作人员管理市政资助资金在这些机构间的分配，定期监督机构运转和项目运行，提供技术支持，并负责该机构和其他市政机构的联络。文化机构处与其服务的这33家主要文化机构间的关系呈现典型的PPP模式。

（一）文化机构组（CIG）成员名单及结构

表1 纽约市文化事务部文化机构处资助的33家主要文化机构名单

序号	机构类别	机构名称
1	博物馆类（14）	American Museum of Natural History
		Bronx Museum of the Arts
		Brooklyn Children's Museum
		Brooklyn Museum
		El Museo del Barrio

续表

序号	机构类别	机构名称
1	博物馆类(14)	Metropolitan Museum of Art
		Museum of Jewish Heritage
		Museum of the City of New York
		Museum of the Moving Image
		New York Hall of Science
		Queens Museum of Art
		Staten Island Children's Museum
		Staten Island Museum
		Studio Museum in Harlem
2	表演艺术(6)	Carnegie Hall
		David H. Koch Theater-New York City Ballet
		Lincoln Center for the Performing Arts, Inc.
		New York City Center
		Public Theater
		Queens Theater in the Park
3	多功能(6)	Brooklyn Academy of Music
		Flushing Town Hall
		Jamaica Center for Arts & Learning
		P. S. 1 Contemporary Art Center
		Snug Harbor Cultural Center & Botanical Garden
		Wave Hill
4	协会类(4)	Bronx County Historical Society
		Staten Island Historical Society
		Staten Island Zoological Society
		Wildlife Conservation Society
5	植物园(3)	Brooklyn Botanic Garden
		New York Botanical Garden
		Queens Botanical Garden

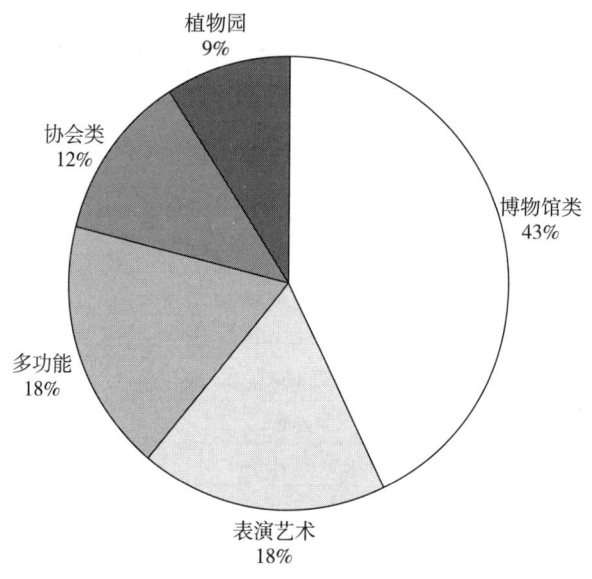

图 1　33 家 CIG 成员类别情况

资料来源：根据纽约文化事务部官网信息整理，http://www.nyc.gov/html/dcla/html/funding/institutions_links.shtml。

从图1可以看出，33家文化机构组成员中，博物馆所占比重最大，达到43%，表演艺术和多功能类文化机构都占到了18%。另外，根据能够找到的20家机构官网上的有效信息，可以发现其中原有建筑改为文化用途类型的数量最多，有11家，包括PS1当代艺术中心、皇后区艺术博物馆、皇后区植物园、纽约市科技馆、皇后区剧院、纽约城市中心剧院、布朗克斯艺术博物馆、牙买加艺术和学习中心、法拉盛市政厅、波丘园、哈莱姆画室博物馆等；属于历史建筑保护的有2家：温港文化中心和植物园、史泰登岛历史协会/瑞奇蒙历史古镇；属于政府新建的有5家：美国自然历史博物馆、纽约市博物馆、公共剧院、布朗克斯动物园、纽约市水族馆；濒临拆迁威胁被购买的有2家：卡耐基音乐厅、布鲁克林音乐学院。以上提及的几种类型中，表演艺术相关的文化机构各有涉及。

此外，上述33家主要文化机构中，三分之一的机构同时被列入了美国《国家历史名胜名录》，其中包括3家表演艺术机构，详情见表2。

表2　纽约市33家CIG成员被纳入美国《国家历史名胜名录》的情况

序号	机构名称
1	American Museum of Natural History
2	Brooklyn Museum
3	Metropolitan Museum of Art
4	Carnegie Hall
5	New York City Center
6	Public Theater
7	Brooklyn Academy of Music
8	Flushing Town Hall
9	Snug Harbor Cultural Center & Botanical Garden
10	Wave Hill
11	New York Botanical Garden

资料来源：根据美国国家历史名胜官网信息整理，http://www.nps.gov/nr/。

（二）文化机构组（CIG）的发展历史简述

1. 初步形成阶段（1869~1950）

1869年，州议会授权纽约市为新的美国自然历史博物馆建设新场馆，并允许私营非营利文化机构使用市属财产，负责藏品的收集和展览项目的运转，政府和私人非营利文化机构之间的合作模式从此建立。后来这一模式稳定发展，在州立法的授权下，纽约市和现在文化机构组中最悠久的成员如大都会艺术博物馆，以及后来的布鲁克林艺术博物馆、布鲁克林儿童博物馆、布鲁克林植物园、布鲁克林音乐学院等建立了同样的合作关系。

2. 逐步完善阶段（1950~1965）

随着20世纪50年代以后纽约的快速发展，纽约市开始关注历史建筑和著名建筑的保护，以丰富城市的文化服务。纽约州政府和市政府特许4家文化机构继续在1964年纽约世界博览会期间在法拉盛草原可乐娜公园造的建筑内运营，它们分别是皇后区艺术博物馆、皇后区植物园、纽约市科技馆、皇后区剧院。保护历史建筑的目标也促使市政府对里士满镇和温港文化中心的资助，因为这里有着大量珍贵的历史和文化遗迹。

3. 增长和稳定阶段（1965年至今）

20世纪60年代末和70年代，纽约市逐渐意识到自身日益多元化的人口构成需要更加丰富多样和富有活力的文化机构为之提供服务，因此文化机构组成员的数量经历了快速增长阶段，这个时期新增的文化机构包括布朗克斯艺术博物馆、牙买加艺术与学习中心、哈莱姆画室博物馆等；之后，市政府将其他一些对纽约市文化生活做出突出贡献的机构也添加到文化机构组中，包括犹太遗产博物馆、法拉盛市政厅、美国移动影像博物馆等；此后，根据纽约市文化事务部2006年、2012年、2013年年报和其官网目前给出的名单对比可以发现，排除机构改名和合并等变动，CIG的成员稳定在33家。

每个机构和市政府的关系开始反映着当时纽约市文化事务的重点，它们的机构规模、所属门类、观众数量和服务范围各不相同。但它们的力量源于其多样性，它们加在一起为纽约市民和游客提供的文化活动之丰富，是美国其他城市无法相比的，全世界也只有为数不多的几个城市能与其媲美。

（三）文化机构组（CIG）的资助与效益情况

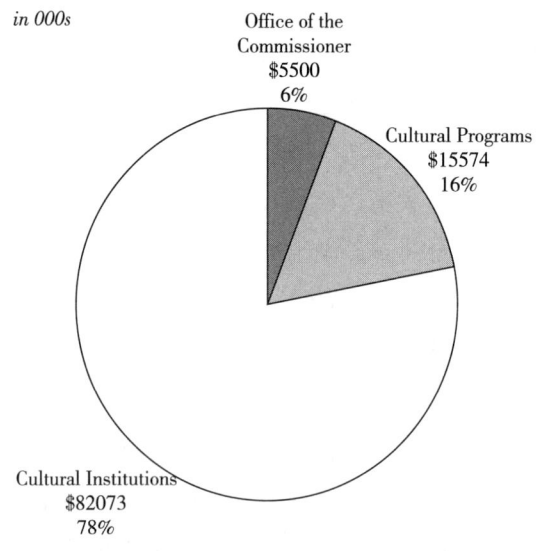

图2 2013财年纽约市文化事务部执行预算情况

从图2可以看出，2013财年纽约文化事务部的预算中，6%用于支付本部门直接的行政费用，其余94%用于支持非营利的文化艺术机构，其中78%又是用于支付33家寄身市属建筑或土地的主要文化机构。可见对文化机构组成员的资助占据了纽约市文化事务部的绝大部分财政预算，也侧面说明了这33家机构在纽约文化事务领域占据的重要地位。

政府的大力资助也带来了可观的效益。纽约市文化事务部2012年的年报显示，2011年文化机构组所有成员共接待参观人次2370万，其中760万人次是免费参观；2013年年报数据显示，文化机构组成员共提供了演出3242场、短期和永久性展览531次、课程和工作坊2384次。这些文化活动不仅使纽约市民的文化生活更加丰富多彩，也为来到纽约的各地游客留下了难忘的回忆。纽约芭蕾舞团是文化机构组的重要成员之一，作为负有盛名的世界顶尖芭蕾舞团，多年来为纽约市民和游客提供了大量精彩绝伦的演出（见表3）。

表3 2006~2008年纽约芭蕾舞团演出情况

演出季	演出剧目	演出场次	观众人数
2008~2009	90	206	389329
2007~2008	82	207	396531
2006~2007	41	101	219159

资料来源：根据纽约市芭蕾舞团官网信息整理，http://www.nycballet.com/。

四 纽约模式对北京的借鉴

（一）北京市文物资源和保护现状

北京作为世界闻名的历史古城和全国文化中心，拥有丰富的文物资源。颐和园、天坛、长城、故宫、社稷坛以及各时期名人故居等都是我们耳熟能详的北京古建筑。根据2011年底国务院第三次全国文物普查领导小组办公

室核定验收的各省份文物普查登记数量,北京市共调查登记不可移动文物总体情况①如表4所示:

表4 北京市第三次全国文化普查不可移动文物情况结果

类 别	数量(处)
古遗址	808
古墓葬	285
古建筑	1556
石窟寺及石刻	422
**	741
其他	28
总 计	3840

注:** 代表近现代重要史迹及代表性建筑。

其中新发现不可移动文物1219处,复查不可移动文物2621处,另登记消失不可移动文物969处。富含历史、科学和艺术价值的文物资源使得北京保持着鲜明的城市特色、城市品格和城市风貌,在城市建设和发展中具有独特的优势。然而另一方面,北京作为现代化大都市,在建筑、交通、环境等方面承担着超负荷压力,文物保护受到较大冲击,这表现在:一是市政道路改建的影响,如东岳庙山门、宣武区过街楼、粤东新馆等因道路扩建而拆除;二是危险改造区、商业建设区的成片建设,大批的传统民居、街巷被拆除,一些文物古建筑迁建,如宣武区余叔岩、尚小云故居,朝阳区观音寺等。② 从而使得推动文物有效保护、合理利用,避免文物资源损失,成为迫切的现实问题。

---

① 《关于核定北京市第三次全国文物普查登记不可移动文物的函》,2011年11月28日,http://pucha.sach.gov.cn/tabid/70/InfoID/15681/Default.aspx。
② 王鸿年:《北京市第三次文物普查成果分析报告(二)》,北京文博,2004年7月27日,http://www.bjww.gov.cn/2004/7-27/3012.html。

（二）天坛神乐署的"新生"

神乐署位于天坛外坛，是明清两代管理坛庙祭祀乐、教练乐舞生、演戏礼乐的常设机关。初建于明永乐十八年（1420），鼎盛时署内曾有乐舞生3000余人。八国联军入侵北京后曾强占神乐署，设为兵站，其后神乐署也多次改为他用。2002~2004年，饱经历史沧桑的神乐署古建筑群得到修缮后逐渐向公众开放。最初天坛并不具备演出能力，所有演出人员均为外请的音乐家或音乐史家，聘请人员的成本高昂，每年只在有重大活动时才有几场演出。2006年，神乐署中和韶乐申报成为国家级非物质文化遗产，天坛公园借此机会把中韶音乐的表演常态化，组织、训练了自己的演出队伍，每天在凝禧殿中都会安排六场演出。

与明清时期的祭祀乐舞表演相比，现在的表演尽管只是一种活态展示，能够加强展览的直观性和互动性，但这种依托历史建筑，融入与之气质相符的表演艺术，从而在发扬古老艺术形式的同时实现古建筑的活态保护与开发利用的模式，为我们进一步开拓文物尤其是古建筑的保护和开发模式带来了新的启示。

（三）纽约市演艺领域 PPP 模式对北京的借鉴

如上所述，纽约市通过PPP模式与33家最优秀的博物馆、表演艺术机构建立长期稳定的合作关系，有效扩展了自身公共服务职能，为纽约市民和世界各地游客提供高水平和丰富多样的文化服务，极大地提升纽约居民的文化生活质量的同时，也增强了纽约作为世界旅游城市的文化魅力和吸引力。北京和纽约同为世界著名城市，为进一步巩固北京在全国乃至世界文化领域的优势地位，北京可借鉴纽约模式，一方面将现有丰富的文物资源中适合作为演出场所的建筑进行适当改造，探索实现文物资源及其文化内涵的生态保护和传承的新途径；另一方面可进一步开发现有闲置或废弃的工厂、学校等公共设施的演艺用途，借鉴和推广天坛神乐署和798开发模式，促进演艺行业发展；亦可考虑新建部分演出场所，选择具有较强公益文化属性、较高艺

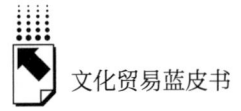

术水准以及强烈演出场地需求的表演艺术团体,与其建立合作关系,由其负责场地和剧目运营,从而实现演艺文化机构发展与文化传播和公共文化服务的有机结合。

参考文献

[1] 〔法〕弗雷德里克·马特尔著、颜子悦主编《论美国的文化在本土和全球之间双向运行的文化体制》,商务印书馆,2013。

[2] 邵坚宁:《PPP 模式如何应用到公共文化设施领域》,《中国文化报》2015 年 10 月 24 日。

[3] 张晓敏、陈通:《公共文化设施 PPP 建设运营模式研究》,《管理科学》2015 年 1 月 4 日。

[4] 王秀芹、梁学光、毛伟才:《公私伙伴关系 PPP 模式成功的关键因素分析》,《国际经济合作》2007 年第 12 期。

[5] SWAPNIL GARG, Working the PPP! Coordination in Public Private Partnership (Ph. D. diss., University of Florida, 2012).

[6] Mengmeng Zhou, Critical Factors for Public Private Partnership (PPP) in urban and environmental infrastructure in Jilin Province, China, (Tufts University, 2015).

[7] TANG liyaning, Effective and Efficient Briefing in Public and Private Partnership Project in Construction Industry (Hong Kong Polytechnic University, 2011).

[8] 刘薇:《PPP 模式理论阐释及其现实例证》,《改革》2015 年第 1 期。

[9] 世界银行官网, http://www.worldbank.org/en/topic/publicprivatepartnerships/overview#1。

[10] 欧盟委员会官网, http://eur-lex.europa.eu/legal-content/EN/TXT/?uri=URISERV:122012。

[11] 美国国家 PPP 委员会官网, http://www.ncppp.org/。

[12] 纽约市文化事务部官网, http://www.nyc.gov/html/dcla/html/home/home.shtml。

[13] 美国国家历史名胜官网, http://www.nps.gov/nr/。

[14] 纽约市长合同服务办公室官网, http://www1.nyc.gov/site/mocs/index.page。

[15] 纽约市议会官网, http://www.council.nyc.gov/html/home/home.shtml。

[16] 纽约市芭蕾舞团官网, http://www.nycballet.com/。

[17] 《发改委发布 1043 个 PPP 项目 总投资 1.97 万亿》,新浪财经,2015 年 5 月 25

日，http：//finance. sina. com. cn/china/20150525/110222258739. shtml。

［18］《关于核定北京市第三次全国文物普查登记不可移动文物的函》，2011 - 11 - 28，http：//pucha. sach. gov. cn/tabid/70/InfoID/15681/Default. aspx。

［19］王鸿年：《北京市第三次文物普查成果分析报告（二）》，北京文博，2004 年 7 月 27 日，http：//www. bjww. gov. cn/2004/7 - 27/3012. html。

［20］《北京城南旧事——天坛神乐署》，中国网，http：//www. china. com. cn/culture/weekend/2010 - 07/29/content_ 20603844. htm。

B.17
韩国演艺基于政府管理机构及法规视角的发展研究

缪珏*

摘　要： 1997年金融危机席卷亚洲，正是在这个阶段韩国文化产业得到了空前的发展，在政府的大力支持下，文化产业相关法律法规日益健全和完善，"文化立国"的方针也深深贯彻到政府各项举措中。韩国文化体育观光部是韩国文化产业的主要管理机构，其下设企划调整室、文化艺术政策室、文化内容产业室、体育旅游政策室、国民沟通室、宗教室共六室。《文化艺术振兴法》与《公共演出法》是韩国文化产业的主要法律。2001年文化产业振兴院的设立对于文化产业的飞速发展起到了极大作用，2004年新设国际文化协力科及文化艺术教育科，推动了韩国文化海外推广营销并为文化艺术领域培养了更多的人才。2005~2007年，政府对版权著作权提高重视，相关部门的设立及变动紧跟步伐。2007年新设亚洲文化中心城市促进团，以扩大韩国文化在整个亚洲乃至世界的影响力为目标。

关键词： 韩国　文化产业　法律法规　文化体育观光部

自1997年亚洲金融危机以来，韩国文化产业得到了空前的发展，同时，1998年金大中上台，提出"文化立国"方针，韩国文化产业得到政府大力

---

* 缪珏，北京第二外国语学院交叉学科国际文化贸易硕士研究生，国家文化发展国际战略研究院科研助理。

支持而不断蓬勃发展。其中，相关支持法律法规的出台与变动，以及总领文化产业发展的政府机构的沿革都发挥了极大作用。表演艺术产业顺势而发，跟随时代潮流而不断扩大发展。

一 韩国文化产业管理机构及相关法律简述

（一）韩国文化体育观光部简介

韩国文化体育观光部是引领韩国文化、体育和旅游事业发展的重要政府部门。文化体育观光部建立的核心理念，即通过构建国家文化品牌、强化文化内容物创造力量、加快生活中的文化扩散来最终达到用文化活动创造幸福生活。

其中，构建国家文化品牌主要是指通过提高国家品牌知名度提升国民自豪感，通过"韩流"扩大文化领土。强化文化内容物创造力量是通过培育融合型全新数码文化内容物产业、形成艺术创作生态体系的良性循环、培养创造性文化人力、构建保护著作权等共同发展基础等方面来实现。此外，生活中的文化扩散包括：生活及地区内文化活动的日常化、形成多种文化空间、通过人文精神及传统文化构建健康社会。

文化体育观光部下设企划调整室、文化艺术政策室、文化内容产业室、体育旅游政策室、国民沟通室、宗教室共六室，前三者由第一副部长统领管理，后三者由第二副部长统领管理。其中，文化艺术政策室以及文化内容产业室即为本文研究的重点。

1. 文化艺术政策室

文化艺术政策室的设立主要是为了制定韩国文化、休闲政策的基本方向，运营国民休闲项目，制定、推进语言政策和韩国语相关综合计划，传播和振兴、宣传韩文价值，激活地区居民的文化福利和文化享受，发掘和灵活运用地区文化资源，实现韩国文化的全球化和扩大国家间相互文化交流，支援文化艺术创作和为加强国民文化艺术享受权制定艺术振兴政策，扩充表演艺术和传统艺术设施和支援创作活动，营造、支援以人为本的文化空间环境，制定和施行文化艺术培训政策，振兴与文化设施和文化艺术、观光等接轨的人文、精神文化,发掘、灵活运用民族文化资源和继承创新性,制定与图书馆信息政策发展相关的综合计划,培育、支援国立、私立博物馆,增强国民读书文化等,为了营造提高生活质量的国民文化环境,推进多元化政策。

文化艺术政策室下分文化政策局、艺术政策局、文化基础政策局。文化政策局又包括文化休假政策科、国语政策科、地方传统文化科、国际文化科。艺术政策局包括艺术政策科、演出传统艺术科、视觉艺术设计科、文化艺术教育科。文化基础政策局包括人文精神文化科、图书馆政策企划团、博物馆政策科。

2. 文化内容产业室

文化内容产业室的目的在于扩充电影、视频、动画片、角色、游戏、游戏产业、音乐、漫画、大众文化艺术、时尚、娱乐产业等各领域基础设施,培养专业人才,开发高附加值文化商品、扩大支援韩国文化产业的海外进军,制定、推进著作权政策综合计划,构建合理的著作物使用体系,加强著作权保护体系,为提高著作权意识进行教育和宣传,为振兴定期刊物、广播视频、广告、出版、印刷等文化媒体产业而制定、施行综合发展计划等,为了加强文化内容产业的国家竞争力,推进多元化政策。

文化内容产业室下分内容政策局、著作权政策局、媒体政策局以及亚洲文化中心城市促进团。其中,内容产业政策局包括文化产业政策科、影像内容产业政策科、游戏内容产业科、大众文化产业科;著作权政策局包括著作权政策科、著作权产业科、著作权保护科;媒体政策局包括媒体政策科、广播视频广告科、出版印刷产业科。

(二)《文化艺术振兴法》与《公共演出法》简述[①]

1.《文化艺术振兴法》

(1) 目的及定义

首先,该法律旨在通过促进文化艺术的相关项目活动来传承传统文化艺

---

① 由于受语言条件的限制,笔者找到的英文版法律文献存在严重缺失。现就法律文件最新版本做简要介绍。

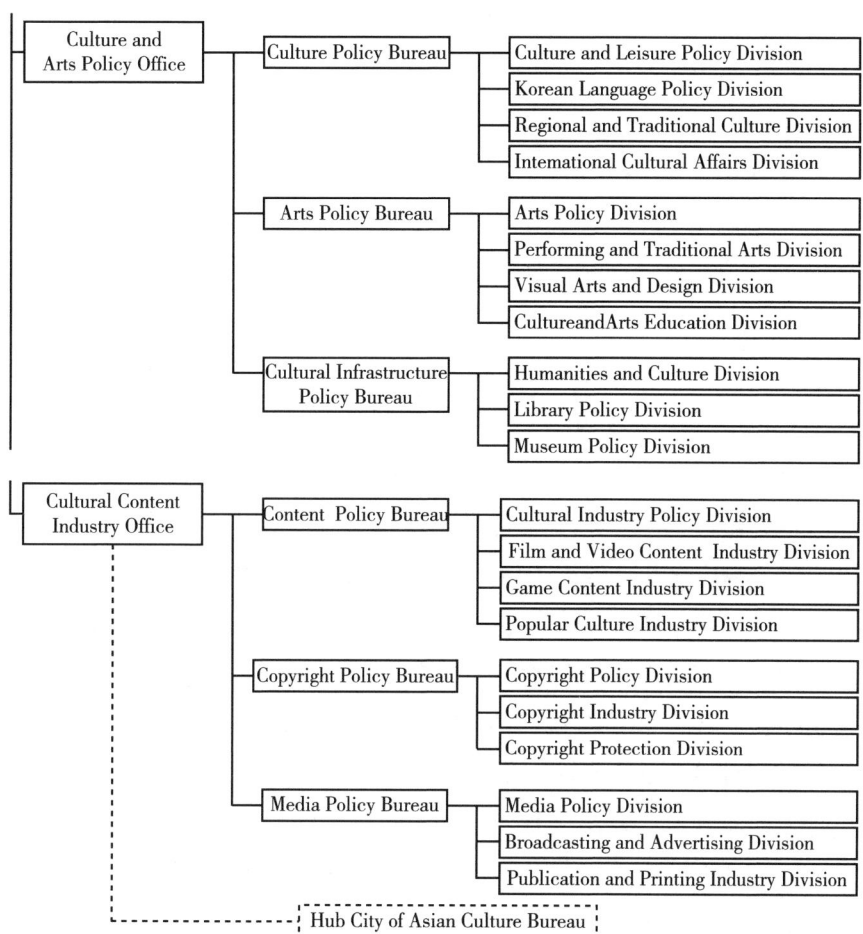

图 1　文化艺术政策室与文化内容产业室结构图

注：结构图来源于韩国文化体育观光部英文版官网。

术以及对文化进行创新，以此进一步促进国家文化的发展。该法律就韩国文化艺术、文化产业、文化设施给出明确定义如下。

文化艺术：文学、美术（包括应用美术）、音乐、舞台、戏剧、电影、娱乐、韩国经典音乐、摄影、建筑、语言学、出版和卡通漫画。

文化产业：作为商业项目，利用产业化手段从事文化艺术创意作品以及文化艺术文章的设计、生产、表演、展览、销售等工作。

文化设施：持续用于文化艺术活动的设施，如以下几个：
（a）演出设施，例如表演场地；
（b）展览设备，例如博物馆和艺术画廊；
（c）图书设施例如图书馆；
（d）包含演出设施的全部设施（例如文化艺术中心）和其他文化设施；
（e）政府法令规定的其他设施。
（2）具体内容

该法律规定多种促进文化艺术发展的措施手段，以下将分条概述。

《文化艺术振兴法》第三条明确要求国家和地方政府应该制定政策措施促进文化艺术发展，并且鼓励、保护、培养市民的文化艺术活动以及明确创造相应的金融资源。此外，相关机构组织必须配合文化体育观光部以及地方政府长官的要求来执行促进文化艺术发展的政策措施和程序。

法律文件第二章主要从供给角度促进文化艺术发展，主要强调文化艺术场地的建立。鼓励国家和地方政府建立文化建筑物、指派文化艺术公司或组织、建立文化区，给予文化场地减免税收和费用等优惠政策。

法律文件第三章从消费角度出发，要求国家必须设定文化日（每年10月的第三个星期六）及文化月（每年10月）。并且推出文化代金券，主要用于购买专业书籍文化用品等，并为残疾人士提供文化享受福利。从供给角度来看，对于在文化艺术领域做出卓越贡献的艺术家们给予补贴或颁发奖章，支持残疾人文化艺术活动。

此外，还推进校园文化艺术促进，开放文化课程。旨在培养发展潜在文化艺术供给者和消费者。

法律文件第四章要求建立文化艺术促进基金并规定基金主要用于：①文化艺术的创造和宣传；②韩国传统文化的保护、传承和发展；③韩国、朝鲜之间的文化艺术交流；④国际文化艺术交流；⑤促进从事文化艺术者福利的项目；⑥地方文化艺术促进基金的出资；⑦韩国文化艺术委员会运营资费；⑧边缘人群文化艺术的创造和宣传，例如病残群体；⑨促进公共艺术的业务（在公开场合为公众设置或展览艺术作品）；⑩其他文化设施相关的项目和活动，例如支持培植图书馆，旨在促进文化艺术。

第五章要求建立韩国文化艺术委员会（Arts Council Korea）与艺术殿堂（Seoul Arts Center）。

法律中所提到的最高监管部门及委派部门即为韩国文化体育观光部。

2.《公共演出法》

（1）目的及定义

该法律旨在为公共表演事业提供便利，保证艺术的自由，促进健全的公共表演活动。以下就公共表演、表演者、演艺厅、排练厅给出具体定义。

公共表演：让公众观看的艺术表演，如音乐、舞蹈、戏剧、娱乐、韩国传统音乐、杂技等，以销售或宣传商品为目的的公共表演除外。

表演者：领导公开场合表演的人或在公开场合亲自表演的人。

演艺厅：法令规定建立的用于举行公共表演的设施场地。

排练厅：主要用于排演而建立的设施场地。

（2）具体内容

法律要求文化体育观光部部长必须制定和执行演艺总规划。如果文化体育观光部要求，地方政府官员为了地方演艺均衡发展，必须提交总规划制定执行所需材料，包括①演艺的培训和支持工作事项；②与公共表演计划相关的演艺培训和辅助人员事项，包括舞台设备、灯光、设计、音响等；③公共表演设施的扩建，如演艺厅；④关于利用体育或教育设施场地作为演艺厅的事项以及对其的鼓励支持工作；⑤关于海外演艺的拓展工作事项；⑥关于促进演艺产业的事项；⑦法令规定的关于促进演艺发展的其他重要事项。

此外，法律要求针对未成年人保护，对公共演出提出限制规定。为外方在韩国进行公共表演提供规范及限制。从供给角度，法律要求国家和地方为促进演艺发展，需要建立并运营演艺厅及排练厅。再有，文化体育观光部为从事演艺厅经营者及表演者提供财政补贴或是要求韩国艺术委员会为他们提供援助，例如提供文化艺术基金贷款。

文化贸易蓝皮书

法律文件还涉及专业舞台培训、演艺厅的指导与监管等相关内容。演艺运营发展相关程序监管的最高管理部门也是韩国文化体育观光部。

二 韩国文化产业管理机构及相关法律变动情况①

为了更加便于观察，以下用表格形式归纳整理亚洲金融危机之后法律及文化体育观光部内部变动情况。由于存在法律缺失问题，现仅以《文化艺术振兴法》现有八版内容做具体研究（见表1）。

表1 《文化艺术振兴法》历年版本比较

	年份	法律变动	机构变动
	1993	—	文化部与体育青少年部合并为文化体育部
	1994	—	成立文化产业局
	1996	修改文化艺术促进基金的资金来源	—
金大中时期	1998（亚洲金融危机）	—	成立文化观光部，成立艺术殿堂
	2000	法律管理主体文化体育部改为文化观光部	—
		国家文化艺术促进委员会内容去掉，改为地方文化艺术促进委员会	
		韩国文化艺术促进机构相关职能改为韩国文化艺术振兴院相关职能	
		新增培养专业经营文化设施的人才	
		新增文化区的建立	
		新增艺术殿堂相关内容	
	2001	—	成立文化产业振兴院
	2002	文化区建立设施提供减免税改为对文化区业务和设施法人的禁止和限制措施	—

---

① 由于文献局限，又因为表演艺术是文化艺术中极为重要的一部分，本文从侧面即法律机构变动对文化艺术大背景的影响说明法律机构变动对演艺的影响。

续表

	年份	法律变动	机构变动
卢武铉时期	2004	—	国语政策科改为国语民族文化科
			新设国际文化协力科
			新设文化艺术教育科
			文化产业局分为文化政策局和文化媒体局
			文化媒体局新设文化媒体产业振兴科、广播电台广告科、出版产业科
	2005	新增建立财团法人内容	将文化政策局版权相关业务移交给文化产业局
		韩国文化艺术振兴院相关职能改为韩国文化艺术委员会相关职能	
		文化艺术促进基金的用途中用于韩国人民文化发展的研究、写作、宣传改为对传统文化的保护传承与发展	
		新增专用的图书文化商品证书的认证系统	
		新增韩国文化艺术委员会章程、构成、成员任期、职能、会议、韩国文学翻译机构等	
		在首尔特别市、直辖市、道建立地方文化艺术促进基金改为地方政府建立文化艺术促进基金	
		删除促进韩语发展相关内容	
		删除汉语委员会、语言规范等内容	
	2007	专用的图书文化商品认证系统改为专用的图书文化商品券认证系统	文化产业局著作权组变为著作权政策科和著作权产业科
		新增促进文化设施的有效管理和利用	新设亚洲文化中心城市促进团

续表

	年份	法律变动	机构变动
李明博时期	2008（金融危机）	文化观光部相关内容改为文化体育观光部	成立文化体育观光部
		新增残疾人文化艺术活动支持	
		删除韩国文学翻译机构	
	2009	—	新设文化艺术局
	2010	—	新设文化政策局
			国际文化科变为海外文化宣传院
	2011	文化艺术促进基金来源增加了建筑物所有者的捐赠	将国语民族文化科变为国语政策科
		基金用途增加了病残群体等边缘人群文化艺术的创造和宣传	
		韩国文化艺术委员会成员任期及成员不合格情况相关内容发生改动	
	2012	文化艺术定义增加一项卡通	—
		文化设施添加了详细分类	
		新增促进边缘人群的文化艺术福利政策措施	
		新增文化代金券的规定管理	
		新增韩国文化艺术中心联盟相关内容	
朴槿惠时期	2013	—	将文化艺术局分为文化政策局和艺术局
			在内容政策局新设大众文化产业科

从表1可以看出，法律和机构的变动具有承接性，政府对文化艺术的支持事业并未出现断层，这是一个不断延续发展的过程。

从机构具体变动上看，管理部门从最初的文化体育部再到文化观光部最后成为文化体育观光部，不断整合包容，扩大职能，完善部门联合管理，大大提高部门执行效率，极大程度上增强了对文化艺术领域推动、促进、监管的职能效力。

2001年文化产业振兴院的设立对于文化产业的飞速发展起到了极大作用。韩国文化产业振兴院是在扩大改编已有的文化产业支援中心的基础上建成的，下属韩国文化观光部。该院成立的主要目的是全方位支援文化产业，包括从基金、信息等各方面向具有创意及高新技术的文化信息风险企业给予综合支持，提高和加强文化产业的国际竞争力，致力于推动韩国成为21世纪文化强国。该院在美国、日本、中国、欧洲都设有专门事务所，进一步为韩国文化海外市场扩建提供助力。2004年新设国际文化协力科及文化艺术教育科，一方面是为了推动韩国文化海外推广营销，另一方面是为文化艺术领域培养更多的人才，满足日益增长的文化产品与服务的需求。2005~2007年，容易看出政府对于版权著作权的重视提高，相关部门的设立及变动紧跟步伐。2007年新设亚洲文化中心城市促进团，目标为扩大韩国文化在整个亚洲乃至世界的影响力。

2008年，韩国文化体育观光部成立后，文化艺术局和文化政策局的成立、整合重组在韩国文化艺术不断发展过程中起到重要作用。海外宣传院和大众文化产业科分别针对扩大国际国内文化消费市场建立，旨在使韩国文化渗透到国民以及海外民众生活中，潜移默化传播文化艺术。此外，韩国文化体育观光部在世界各地都设有韩国文化院，至今已有28处，在中国的北京和上海分别建有韩国文化院。韩国文化院的主要目的在于以文化为纽带，加深中国人民对韩国的理解，促进两国交流合作，增进两国人民友谊。这又是韩国政府为传播本国文化，扩大海外市场所做的一大努力。总的来说，韩国文化体育观光部机构演进与《文化艺术振兴法》法律变动有以下几个特点。

（1）机构管理职能不断扩大，文化、体育、观光相关产业联合组织管理，更能提高工作效率。

（2）文化艺术管理机构逐渐由粗入细，注重部门细分。

（3）扩大重视海外文化市场的拓展。

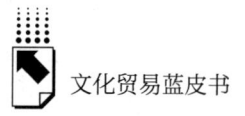

从法律具体变动上看，第一点，去除文化体育部建立的文化艺术促进委员会而改由首尔特别市、直辖市、道等地方政府建立地方文化艺术促进委员会，文化艺术促进工作由中央扩散到地方，范围更广，促进推动过程更有针对性及差异性。

第二点，对于文化艺术促进分别从供给侧和需求侧两方面推进，文化场地文化区的建立，以及对文化项目以及文化艺术从业者的资金支持都从供给角度鼓励文化艺术的创造、经营和推广；商品认证系统、文化券的推出及改进，文化日、文化月以及提供文化艺术福利都从需求角度刺激文化市场需求，使得文化艺术市场日渐繁荣。

第三点，文化艺术促进基金的来源和用途不断增加改变，体现了随时代发展，不同时期不同的文化艺术促进目的以及文化艺术类资金来源扩大，体现了文化类投资市场的扩大。

第四点，文化艺术基金的管理机构从文化艺术促进机构到文化艺术振兴院再到文化艺术委员会，是一个逐渐市场化、开放化的过程。

三 政府管理机构及法律对韩国演艺发展的影响

韩国演艺发展很大程度上与文化艺术政策及机构变动管理是密不可分的。而政府政策又与时代背景包括经济、政治背景紧密相关。1997年亚洲金融危机之后，韩国政府根据市场发展变化，调整国内产业结构，提出了"文化立国"发展战略，战略重点支持文化产业的发展。政府作为文化产业主体，在制定文化产业政策、法律法规，培养文化艺术人才等方面起到了不可或缺的作用。韩国文化产业的快速发展以及不断积极向海外扩张都离不开政府的文化政策、文化产业发展战略的制定和实施。大背景文化产业的发展不可避免地会对演艺发展产生影响，因此，亚洲金融危机也同样是韩国演艺的一个起点。

韩国的表演艺术与音乐产业发展在一定程度上有联动关系，同时也在一定意义上相互影响。而公共表演同样也受"韩流"影响，尤其是海外市场。

因此，由于统计数据不完全，2007年之前韩国演艺发展将参照音乐产业及"韩流"发展过程以及法律机构变动情况辅助进行前期阶段划分。

根据已有资料，综合分析，将韩国演艺发展情况分为以下三个阶段：第一阶段：发展阶段，1998～2004年；第二阶段：蓬勃阶段，2005～2008年；第三阶段：复苏再兴起阶段，2009～2013年。

（一）第一阶段——发展阶段（1998～2004）

从第二章管理机构以及法律变动表中可以明显看出，在1998年之前，相关法律以及文化管理机构并没有很大改变，而从1998年之后，法律机构变动调整频繁，这一方面是来自领导人的更替，另一方面也受到亚洲金融危机的极大影响，为度过危机，更好发展，将重点放到文化艺术上。所谓的"韩流"也是从这个时期开始，韩国电影、音乐在这样的政策背景下不断发展直至走向海外。

从机构角度分析，政府成立文化观光部，成立艺术殿堂，接着成立文化产业振兴院，此后，新设国际文化协力科、文化艺术教育科，文化产业局分为文化政策局和文化媒体局；从法律角度分析，韩国文化艺术促进机构改为韩国文化艺术振兴院相关职能部门，新增培养专业经营文化设施的人才，新增文化区的建立，随着艺术殿堂的建立，新增艺术殿堂管理运营相关内容。

艺术殿堂建于1998年，是韩国最初的综合文化艺术中心，建立目的是"振兴弘扬文化艺术，扩大国民享受文化艺术的机会"。艺术殿堂集合了博物馆剧场等文化设施，为文化艺术事业的发展提供优质场地，大大方便了演艺院团的发展及运营。艺术殿堂的建立在极大程度上促进了韩国演艺的振兴发展。从韩国音乐产业的前期发展阶段（见表2）更能看出产业发展与政府政策的联动性。1998～2004年，在政府支持、管理变动的情况下，韩国演艺业处于真正的发展阶段。而2004年之后，又是一番新景象。

表2 韩国流行音乐产业发展阶段划分

	第一阶段	第二阶段	第三阶段
时间	20世纪90年代	20世纪90年代中期至2004年	2005年至今
代表组合	徐太志和孩子们、酷龙、Fly to the sky等	HOT、SES、神话、GOD、FIN. K. L、Jewelry、1TYM、Baby VOX、NRG、BIGMAMA、东方神起等	SS501、BEG、SJ、JYJ、Bigbang、Kara、Wonder Girls、少女时代、FTIsland、2AM、2PM、SHINee、After School、4minute、2NEI、F(x)、T-ara、Rainbow、BEAST、MBLAQ、Secret、CNBlue、MISS A、Infinite、ZE：A、Girl's day、Sistar、Teen Top、Apink、Crayon Pop、WINNER、Got7、AOA、Red Velvet等
主要公司	Loen、DSP	Loen、DSP、SM、JYP、YG、TN、Woollim、NH Media	Loen、DSP、SM、JYP、YG、TN、Woollim、NH Media、Pledis、F&C、C-JeS、J. TUNE、CUBE、Good、TS、MBK、Star Empire、Starship、Chrome、AB、Dream Tea
主要地区	韩国	韩国、中国、日本、东南亚等地区	韩国、中国、日本、东南亚、欧美、南美洲、中亚、非洲等地区
涉及领域	音乐、戏剧	音乐、戏剧、电影、电视剧、游戏	音乐、戏剧、电影、电视剧、游戏、动漫、综艺、韩语、韩国美食、韩国旅游
关键词	转折点	韩流风潮	爆发期

资料来源：贾佳：《韩国流行音乐产业可持续发展能力研究》，云南大学硕士学位论文，2015。

（二）第二阶段——蓬勃阶段（2005~2008）

从表2来看，2004年之后，韩国的流行音乐产业进入爆发期，其中涉及戏剧等内容，一定意义上可说明演艺发展也进入了一个爆发期。而从管理机构来看，2004年新设国际文化协力科、文化艺术教育科，文化产业局分为文化政策局和文化媒体局，在一定程度上能够解释为什么2004年成为阶段分水岭。从法律角度来看，仅以法律变动内容数量来看2005~2008年是更改最为频繁的阶段。结合政治背景来看，此时期更换了国家领导人，随之而来的政策变动也为演艺发展带来新的变化。

在此阶段，国家更加重视文化艺术的传承保护与传播，致力于成为亚洲文化中心并且成立了文化体育观光部。乘第一阶段发展之势而进一步推进韩国文化的影响力，推动文化艺术市场的繁荣发展。就音乐产业来说，自2005年之后一直处于稳步上升状态。（见图2）

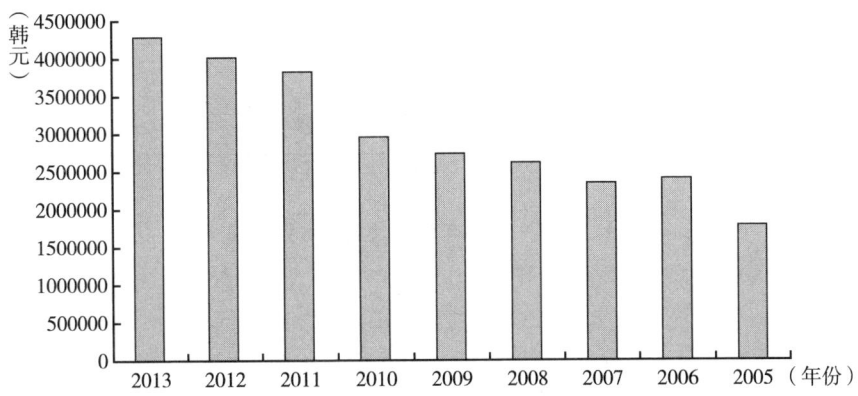

图2　2005~2012年音乐产业销售额统计

资料来源：韩国文化体育观光部官网。

然而，就已有数据来看，演艺发展却在2008年遇到瓶颈，骤然下跌。不难想象，很大程度上全球金融危机给演艺行业带来了一定影响。从图3、图4、图5中可以清晰看到分界点。

（三）第三阶段——复苏再兴起阶段（2009~2013）

这一阶段的出现，同样伴随着政府的身影。2009~2010年，文化体育观光部新设文化艺术局、文化政策局，并将国际文化科变为海外文化宣传院。而从公演市场实绩统计数据来看（见图3），2009年发展尤为明显，达到峰值，随后法律政策未及时跟进，出现短暂降温。2010年以后，法律规定文化艺术促进基金来源增加了建筑物所有者的捐赠，基金用途增加了病残群体等边缘人群文化艺术的创造和宣传，新增促进边缘人群的文化艺术福利政策措施，文化代金券的规定管理，以及韩国文化艺术中心联盟相关内容并

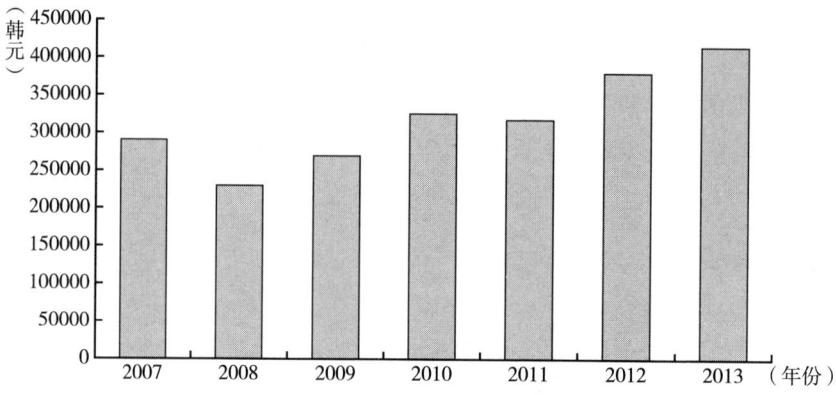

图3　2007~2013年韩国公演行业销售额

资料来源：韩国文化体育观光部官网。

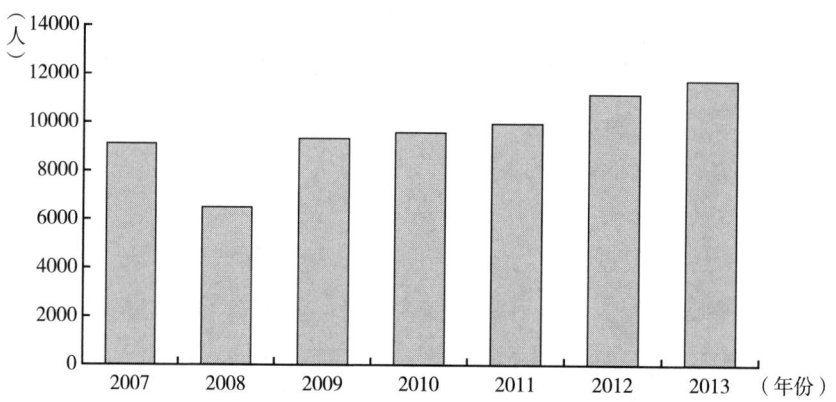

图4　2007~2013年韩国公演从业人员统计

资料来源：韩国文化体育观光部官网。

且对韩国文化艺术委员会的运营发展作出更为详细合理的改动。一系列法律变动使得公演市场再次兴起。

四　结论及启示

结合前文分析，韩国政府文化管理机构变动以及法律变动的影响将韩国

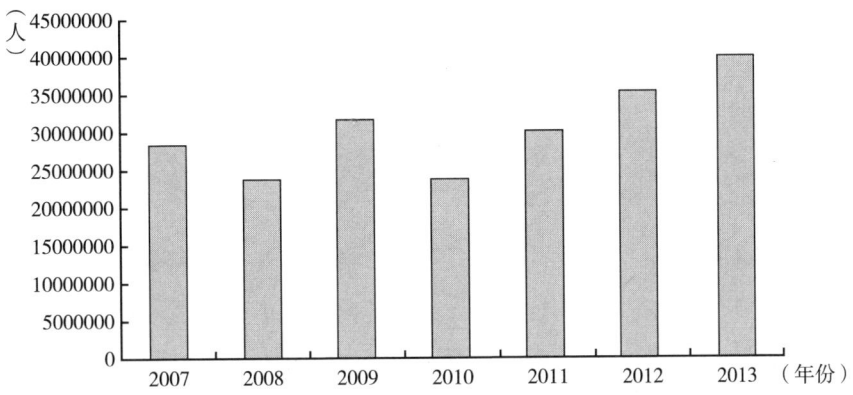

图5 2007~2013年公演剧场观众总人数统计

资料来源：文化体育观光部官网。

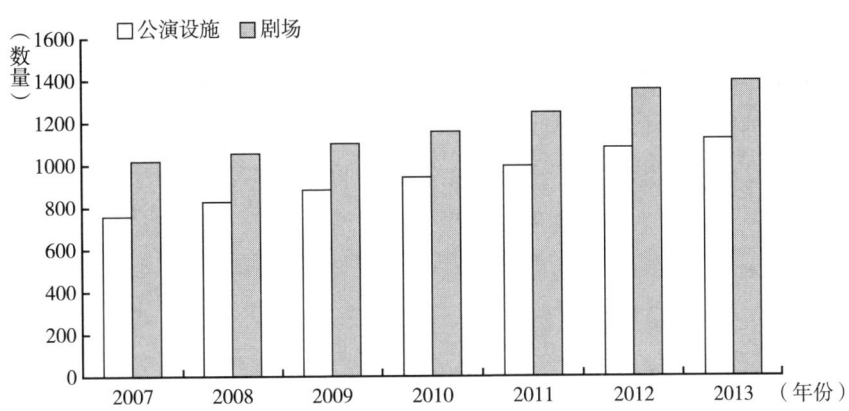

图6 2007~2013年韩国演艺市场规模

资料来源：韩国文化体育观光部。

演艺分为三个阶段。两次金融危机对于韩国政府就文化艺术发展所做的努力有着极大的影响作用，从而进一步带动演艺发展。中国与韩国文化艺术发展背景与环境在很大程度上有一定的相似度，而从韩国政府对演艺发展切实有效的推动促进来看，政府对于演艺发展具有总领作用。而就法律和管理机构而言，以下对我国发展演艺事业提供几点借鉴建议。

从法律角度出发，政府基于时代背景必须及时更新改进相应文化艺术促进类法律以及配套执行法。其次，任务下放地方政府，加紧文化艺术工作的规划与执行。另外，建立地方文化艺术促进基金，扩大资金来源及用途，切实有效管理和利用基金。最后，根据历年数据调查，自2007年以来，韩国演艺市场的规模一直处于逐年增长的趋势（见图6），结合图2、图3、图4来看，除了特殊年份受到一定的影响，其余年份的演出实绩情况都随着市场规模的扩大同向增长。因此，演艺发展与市场规模的扩大密不可分。国家适当扩大演艺市场规模，尤其是演艺设施场地的建立很有必要，而以法律形式鼓励演出设施、剧场的建立（如韩国《公共演出法》相关内容）更具执行效力。

从管理机构角度出发，可以适当整合各司，扩大职能范围，更利于文化艺术项目的管理与实施。对于不同类文化产业可分别建立振兴机构，更有针对性地进行研究规划和推动发展。对于演艺业，可以建立表演艺术振兴机构并设立专项基金，融合国家、企业、个人资金，集中运用于演艺业的发展。此外，在机构设置上，可以改变原有的按照具体艺术类别分门别类，尝试按照职能分类如政策制定类、艺术教育类、艺术媒体类等，更有统领针对性。

参考文献

［1］王维力：《韩国文化产业政策分析及当前主要问题》，《中国商界》2008年第11期。
［2］韩国文化体育观光部官网：http://www.mcst.go.kr/english/index.jsp。
［3］韩国文化产业振兴院官网：http://chn.kocca.kr/ch/main.do。
［4］韩国国家法律网：http://www.moleg.go.kr/english/。
［5］韩国《文化艺术振兴法》《公共演出法》英文文件。
［6］贾佳：《韩国流行音乐产业可持续发展能力研究》，云南大学硕士研究生毕业论文，2015。
［7］吴莲姬摘译《韩国文化产业振兴院》，《当代韩国》2002年春季号。

B.18 荷兰文化发展中 DutchCulture 的角色定位及作用研究

沈言珂[*]

摘　要： 荷兰不仅在历史上深刻影响着欧洲文化和世界文化的发展，至今仍迸发着独有的活力与创造性，活跃在世界文化之林。为了推动荷兰文化发展、推进国际文化交流与合作，荷兰出台了《荷兰国际文化政策纲要（2017~2020）》作为指导性文件，在宏观的文化管理模式下，DutchCulture 作为战略咨询机构，担任进程统筹者的角色，在执行荷兰国际文化政策上发挥中心作用。不仅在政府制定国际文化政策时建言献策，鼓励荷兰文化组织和世界各地的艺术家开展国际活动，助推文化创意产业的发展、保护共享的文化遗产，更是作为文化外交的推动者，加快荷兰文化的国际化脚步。同时，作为文化发展战略实施进展的监控者，监控和评估国家战略。DutchCulture 在荷兰文化发展中发挥了巨大作用，作为借鉴，我国也需要认识到组建一个专门的致力于文化发展进程统筹的机构的重要性，以此加快文化事业与文化产业的发展速度，同时吸纳社会资本积极参与到文化发展过程中。不仅要加强文化发展的有效性评估，而且在文化政策上要加大文化立法，为文化发展保驾护航。

关键词： 荷兰　DutchCulture　文化发展　国际文化合作

---

[*] 沈言珂，北京第二外国语学院交叉学科国际文化贸易硕士研究生，国家文化发展国际战略研究院科研助理。

文化贸易蓝皮书

世界各国的交流与合作越来越频繁，经济全球化的同时，文化也以其润物细无声的方式逐渐深入其他国家人民的生活中。各国间的合作不仅仅限于经济领域，文化也被赋予新的时代使命。荷兰在历史上就开启了对外文化交流活动，在17世纪，作为航海和贸易强国的"海上马车夫"，荷兰在世界各地建立殖民地和贸易据点，同时也向世界输出荷兰文化。今天，作为欧盟一员，荷兰仍然活跃在世界舞台的前列，而荷兰文化也在新的时代背景下迸发出更多的活力与创造性，影响着欧洲文化乃至世界文化的发展。

由荷兰教育、文化与科学部（OCW）和外交部出台的《荷兰国际文化政策纲要（2017~2020）》[①]（以下简称《纲要》）中，可见荷兰政府对于发展荷兰文化的决心。该《纲要》分析了荷兰文化发展的背景和环境，展示了荷兰政府对于国际文化合作的高度重视，并根据荷兰的现状制定了2017~2020年的主要文化发展目标以及实现手段。其中着重强调了DutchCulture作为进程统筹者，在执行荷兰国际文化政策上担任的中心角色，并赋予DutchCulture重要的任务。

DutchCulture（荷兰文化国际合作中心）是战略咨询机构，为了国际文化合作在世界范围内组织活动。DutchCulture实际上和文化部门、政府以及荷兰海外的外交网络一起并且为它们工作。

一 荷兰的公共文化政策与DutchCulture

（一）荷兰的公共文化政策

荷兰采取宏观的文化管理模式，秉持"一臂之距"原则。政府避免对艺术进行价值判断，采取中立立场。表现在以下方面：在制定文化政策时依

---

① International_Cultural_Policy_2017-2020，http：//dutchculture.nl/en/international-cultural-policy-2017-2020.

赖各类文化委员会的支持和建议，而政府部门包括荷兰教育、文化与科学部则只关注一些宏观的政治议题，如文化遗产保护和继承，男女权利平等议题等；在分配财政资金时多依赖各类文化基金所开展的各类项目和活动。[①] 这样不仅避免了政府决策时的主观性，使得决策科学严谨，而且增强了政府求真务实的工作作风，提高办事效率。

荷兰公共文化管理坚持"政府—委员—基金会"决策体制。政府三层治理，即中央、省级和市级，而主管文化事务的部门是教育、文化与科学部，该部下属文化委员会、文化遗产和艺术司、媒体和文化产业司、国际政策司、文化遗产局、国家档案馆等，还设有公共媒体基金和公共文化基金。[②] 在此体制下，三者各司其职，政府负责制定和执行相关政策，文化委员会为政府决策建言献策，基金会组织在资金方面为文化艺术活动加油助力，公共文化基金组织负责评估具体补贴事项的同时，自身也受到文化委员会的监督。这种"三位一体"的决策机制，不仅确保了公共文化管理的科学性和有效性，更体现了荷兰文化政策中"一臂之距"的原则。

（二）关于DutchCulture

DutchCulture由荷兰教育、文化与科学部和欧盟委员会委任授权，并且得到了一个四年期（2013～2016年）的财政补贴。欧盟委员会也为DutchCulture的欧洲活动提供赞助。目前，DutchCulture坐落于阿姆斯特丹，拥有33名员工。DutchCulture为欧洲补助、世界的艺术家合法居住资格方面提供信息，为大使和外国专家安排公事访问，为荷兰的文化输出收集信息，促进与中国、巴西、俄罗斯和土耳其的合作，以及协调在国际场合的文化活动。[③]

DutchCulture通过与社会多方参与者的广泛联系，不仅包括文化领域的

---

① 杨晓龙：《"一臂之距"原则是什么原则》，《中国文化报》2016年2月29日。
② 杨晓龙：《"一臂之距"原则是什么原则》，《中国文化报》2016年2月29日。
③ DutchCulture-centre _ for _ international _ cooperation，http：//dutchculture.nl/en/about-dutchculture.

文化贸易蓝皮书

艺术家、设计师,经济领域的生产者、消费者、推广者,更包括政府和社会层面的外交官、基金会、大学和研究者,从而推动文化、经济、社会和政策的良性互动,在荷兰文化发展中起到积极的推动作用。

二 DutchCulture 在荷兰文化发展中的角色定位及作用

(一)荷兰国际文化政策制定的智囊团

DutchCulture 作为智囊团在荷兰国际文化政策上发挥着积极作用。荷兰文化发展过程中,DutchCulture 在政府制定国际文化政策时建言献策,从而提高国际文化政策的有效性,并且增强它的可预见性。《纲要》中选择 8 个主要国家来实施的长期战略就是由 DutchCulture、大使馆、基金会、社会公共机构和其他组织共同起草制定的,并且由外交部和教育、文化与科学部批准实施,充分彰显了 DutchCulture 在荷兰国际文化政策制定中的咨询作用。

(二)荷兰艺术家和文化机构的国际市场地位的推动者

随着全球化和数字化的发展,艺术家、设计师和文化机构都在国际层面工作,国际化和国际交流已成为文化领域工作方式中不可缺少的一部分。国际化为个体艺术家、社会公共机构和文化产业提供了机会,但艺术家、文化机构和遗产专家常常囿于国际主义和国际化交流方面的知识和资源的限制。由此,荷兰政府通过提供基础设施如大使馆、基金会和其他社会公共机构支持,来推动文化交流的国际化。DutchCulture 鼓励荷兰文化组织和世界各地的艺术家的国际活动,特别是在部分国家(包括中国),为了加强在那些国家荷兰的影响力,为文化创意产业建立一个良好的环境。

DutchCulture 设立的 TransArtists 平台,在艺术项目内连接和分享知识与经验,提供国际艺术家进驻机会的实际情况、使用和价值,为有创造力的专家提供海外暂留和工作的国际机会。平台通过创新的方式来加强"艺术家进驻"（AiR）机会的使用和价值，为年轻的艺术家、艺术教育机构和相关的艺术组织提供定制的"工作室计划"，通过平台建立的网上数据库，保证来自任何学科背景的艺术家能最优地使用这些机会，找到最适合自己的项目。但 DutchCulture 并不提供基金支持，只利用 TransArtists 平台发挥指导性功能，具体的资金支持、基金还是依赖各基金委员会，另一方面体现了荷兰公共文化政策中"政府—委员会—基金会"三位一体的决策体制。

作为艺术创造主体的艺术家和文化机构，DutchCulture 推动了荷兰艺术工作者与国外艺术工作者间的交流，同时也扩大了荷兰艺术家和文化机构的国际影响力，推动荷兰文化的发展。

（三）文化创意产业的助燃剂

荷兰向来有"创意之国"和"设计之邦"的美誉，尤其以设计和建筑的质量蜚声世界。荷兰首都阿姆斯特丹更是作为艺术创意的"温床"享誉全球。创意产业作为 9 个经济领先的产业之一，其发展同样受到荷兰政府的高度重视。2011 年，荷兰政府确定了国内九大优先发展产业，其中之一就是文化产业，目的是在 2020 年建成欧洲创意产业发展最强的国家。[①] 创意产业作为荷兰一个革新的产业，大使馆毋庸置疑会用文化外交为其提供机会。通过对创意产业的成果等全球巡展提供资助来扩大荷兰创意的世界影响力，带动产业链发展。

作为北京国际设计周[②]稳固的合作伙伴，荷兰在"北京国际设计周 2016"上继续大放异彩，积极参与，力求达到设计的整体性、连接生活质量和人类需求等重要议题。荷兰十分重视创造力与创新，尤其是创意产业的发展，荷兰也因此希望通过与中国稳固的伙伴关系来推动在创意设计领域与中国更多的合作。

[①] 杨晓龙：《开放务实的荷兰对外文化交流政策》，《中国文化报》2016 年 3 月 17 日。
[②] 北京国际设计周，2009 年首届创办，作为国家级大型年度文化活动项目和国际 A 类设计活动，已成为亚洲规模最大的设计周和首都具有国际影响力、可持续发展的创意设计公共服务平台。

(四)文化外交的推动者

文化长时间与外交出现在一个显著的位置,在现代外交中,文化外交发挥着自身的活力与作用。《纲要》中将文化作为现代外交的工具被有效地利用作为三个目标之一。DutchCulture 作为文化外交的推动者,加快了荷兰文化的国际化脚步,促进了荷兰与其他国家的文化交流。

在国际文化合作进程中,荷兰选择了 8 个国际文化交流的重点国家来实施一个长期战略,这个战略由相关组织(DutchCulture、大使馆和基金会等)制定,并且由教育、文化与科学部和外交部批准。这 8 个主要国家是法国、比利时(弗兰德斯)、德国、中国、土耳其、英国、印度尼西亚和美国。DutchCulture 在实施国际文化政策时将重点关注这 8 个主要国家。此外,荷兰政府也激励与阿拉伯国家以及中东欧的文化合作,计划聚集有限数量的国家,从而构建具有良好社会凝聚力和对于文化差异拥有更多空间的更加开放的社会,同时加强这些国家与荷兰之间的相互理解和信任。

DutchCulture 为海外的大使馆和领事馆从事现代的、专业的文化外交提供支持,尤其是对于荷兰文化网络的使用,使得他们获得荷兰文化领域最基本的信息和知识的途径变得更加便捷和迅速。交叉部门网络和知识数据库的维护作为 DutchCulture 的主要任务,保证了文化外交在数据化时代变得更加畅通无阻。

(五)文化发展战略实施进展的监控者

政策和行动评估部门与文化委员会共同指出了在调整国际文化政策和鉴定效果上监控和评估的重要性。由于专门鉴定和合理估值的方法依然紧缺,国家文化政策的有效性很难被测量。但对一项政策实施后期进展和有效程度来说,监控和评估十分重要。

DutchCulture 作为文化发展战略实施进展的监控者,在监控和评估国家战略上将会重点参与。因此 DutchCulture 不仅要组织境外的数据库推动国际文化政策的实施,还要实时监控国际文化政策实施情况,尤其是对基于文化政策吸收基金的基金会和社会公共机构，不仅需要报告这些基金的支出，而且需要明确地报告在每个目标上它们所实现的效果。

（六）共享的文化遗产的保护者

在历史的进程中，荷兰在世界各地留下了足迹，并且输出了很多的实体的或者无形的文化影响。如果要保护和管理这些共享的文化遗产并且使它们变得可使用，那么就需要国际合作。从2000年起，荷兰紧紧围绕国际文化发展政策的优先领域进行修改，现包括共享文化遗产的可持续保护、可访问性及使用方法，并与澳大利亚、印度、巴西、日本、印度尼西亚、美国、俄罗斯、斯里兰卡、南非、苏里南这10个伙伴国家开展广泛合作。①

为了共享文化遗产的保护和发展，DutchCulture将与文化遗产局和荷兰国家档案馆更加紧密地合作，而具体的手段则是基于不同角色定位来分配任务：DutchCulture负责基金使用情况、针对国外访问者的计划以及信息的数字化供应；文化遗产局、国家档案馆则负责培训和建议，此外国家档案馆还需保证档案的数字化和获得途径。

DutchCulture作为共享文化遗产的保护者，使得文化遗产可以得到有效保护，以及重新发现价值，数字化也使得世界各地获取档案资料的途径变得更加容易，也推动了世界对于文化遗产的认识和保护。

三 对中国的启示

（一）组建专门的文化发展进程统筹机构

DutchCulture在荷兰文化发展中起了积极的作用，作为一个进程统筹者，在国际文化政策制定、实施和监控方面发挥了能动作用。以此为借鉴，我国在推动中华文化"走出去"的过程中，可以设立一个统筹文化发展进程的

---

① 杨晓龙：《开放务实的荷兰对外文化交流政策》，《中国文化报》2016年3月17日。

战略机构,在国际文化政策的制定方面积极建言献策,成为实施文化政策的主力军,在文化政策实施效果上作为一个监督者来有效评估政策的合理性与有效性,不断关注文化发展的进程,减少由政府工作中的官僚作风带来的不利影响,为中华文化"走出去"提供更宽的路径与更强有力的支持,从而推动中华文化的伟大复兴。

(二)推动文化事业与文化产业共同发展

文化发展不能局限在文化产业的发展,在注重文化经济效益的同时,更加需要加大公共文化的发展。政府在推动企业通过国际文化贸易和文化投资提升文化的经济创造力的同时,要培育国民的文化消费偏好,激发国内文化市场潜力。与此同时,要加大对公共文化事业的投入,积极打造公众文化服务平台,为个体艺术家、文化工作者提供国际化交流的机会,推动国内外文化的碰撞与交流。对于具有创造力的青年艺术家要大力支持,通过艺术基金等方式为他们创造机会。由此推动文化事业与文化产业共同发展,在国内形成良好的文化氛围,积累文化底蕴,同时将文化生产力充分反作用于经济效益,推动文化的良性发展。

(三)吸纳社会资本参与文化发展

对于文化活动的资金支持除了政府拨款,还可以通过吸纳社会资金,如成立专门的"文化银行",为有需要的艺术工作者提供资金方面的支持。通过税收优惠政策等措施鼓励企业进行文化投资,鼓励企业对于公共文化的投入,鼓励企业支持文化工作者,借此激发他们的文化创造力,通过将文化创意构思转换为文化商品和服务来增加企业的盈利,并且提升企业的文化形象。通过吸纳社会资本,可以使得那些有良好创意但政府难以给予支持的项目得到开展,同时减轻了政府的财政压力,推动文化事业的发展。

(四)加强文化发展的有效性评估

建立文化发展的有效性评估指标体系,提高财政资源的利用率,切实提升对外文化交流以及文化活动的影响力。对于政府支持的项目需要对开展的进度、资金利用率以及所达成的成果，以一个科学的、有效的衡量标准来考察项目的完成度。对于优秀的文化企划可以加大支持力度，延长它的生命期，甚至打造一个文化品牌，形成独有的"文化名片"。企业对于自己投资的文化项目也需要科学地评价，合理地评估文化项目投资给企业本身所带来的经济效益以及潜在的、长远的各方面所得，衡量下一阶段对于新的文化项目的投入力度大小，或是对已有项目的深入开发程度。

（五）加大文化立法，为文化发展保驾护航

制定相关的文化政策，出台针对文化产业和文化事业发展的法律法规，尤其是创意产业知识产权的评定与保护方面，对于个体艺术创造者对于艺术创作所有权的保护、被商业化时涉及的版权纠纷等方面，切实加大立法范围，加强社会的版权意识，严厉打击恶意侵占他人成果来牟取经济利益的个体或企业，借此来整顿社会对于"盗版"不以为然的不良风气，激发艺术创造者的创作热情和动力，为文化创造提供肥沃的土壤。

参考文献

[1] International_Cultural_Policy_2017-2020，http：//dutchculture.nl/en/international-cultural-policy-2017-2020.
[2] 许清：《荷兰公共文化政策研究》，《山东图书馆学刊》2013年第3期。
[3] 杨晓龙：《"一臂之距"原则是什么原则》，《中国文化报》2016年2月29日。
[4] DutchCulture-centre_for_international_cooperation.http：//dutchculture.nl/en/about-dutchculture.
[5] 崔卿：《文化立法为"荷兰创意"护航》，《中国文化报》2015年4月27日。
[6] 杨晓龙：《开放务实的荷兰对外文化交流政策》，《中国文化报》2016年3月17日。

B.19
俄罗斯图书市场现状、趋势和发展前景研究

张洪波[*]

摘　要： 俄罗斯作为中国的全面战略协作伙伴，其图书市场的发展对中俄两国的文化合作与文化贸易具有重大影响，本报告用大量翔实的数据资料介绍2008~2016年俄罗斯图书市场的相关情况，分析近年来俄罗斯图书种类和印数的增减趋势，重点介绍俄罗斯出版体系和出版社情况、媒体消费和数字出版情况，以及俄罗斯电子书市场的发展趋势。同时，介绍俄罗斯政府扶持文学、出版和阅读的重要措施，包括中俄开展的政府间图书互译出版等合作项目。

关键词： 俄罗斯　图书出版　图书市场

据俄罗斯出版与大众传媒署发布的《2016年俄罗斯图书市场：现状、趋势和发展前景》年度行业报告，2016年，俄罗斯出版图书11.7万种，自2006年俄罗斯出书品种首次突破10万大关，这一数字已经连续保持10年。

一　出书品种连续十年超十万种

据俄罗斯版本图书馆统计，2016年，俄罗斯出版图书117076种，比上

---

[*] 张洪波，国家文化贸易学术研究平台专家，中国文字著作权协会常务副会长兼总干事，研究领域：版权贸易、版权集体管理等。本文数据资料由俄罗斯出版与大众传媒署和俄罗斯版本图书馆提供。

一年（112647 种）增长 3.9%，接近 4%。总印数达 4.463 亿册，同比下降 3%，而 2015 年下降 5.4%，2014 年下降 10.4%，总体而言，2016 年总印数下降速度缓慢，与正常水平相近。尽管俄罗斯书业面临流动资金不足和出现危机现象等问题，但整体上情况稳定。与 2008 年（123336 种）相比，2016 年图书品种减少了 5.1%，而总印数下降了 40% 多。2016 年，图书平均印数为 3812 册，比 2015 年下降了 6.5%，比 2008 年下降了 38.2%（见表1）。

表1 2008～2016 年俄罗斯图书品种增减趋势

年份	图书品种及增长幅度					在总品种中占比(%)		
	2008	2015	2016	2016/2015(%)	2016/2008(%)	2008	2015	2016
总数	123336	112647	117076	+3,9	-5,1	100.0	100.0	100.0
新书	106382	96583	99411	+2,9	-6,6	86,3	85,7	84,9
再版书丛书	16954	16064	17665	+10,0	+4,2	13,7	14,3	15,1
丛书	51397	43469	47633	+9,6	-7,3	41,7	38,6	40,7
翻译图书	14197	11628	12516	+7,6	-11,8	11,5	10,3	10,7

资料来源：俄罗斯出版与大众传媒署、俄罗斯版本图书馆。

2016 年，俄罗斯出版新书 99611 种，占总品种的 84.9%。2015 年为 96583 种，占 85.7%。2008 年为 106382 种，占 86.3%。2016 年比 2015 年增长 2.9%，比 2008 年下降 6.6%。2016 年，俄罗斯图书再版率保持相对稳定状态，达 17665 种，占总品种的 15.1%；2015 年为 16064 种，占 14.3%；2008 年为 16954 种，占 13.7%。2016 年比 2015 年增长 10%，比 2008 年增长 4.2%。2016 年图书再版平均印数为 10550 册，比 2015 年的 10680 册略有减少，而 2008 年为 12800 册。

2016 年，平均印数 1000 册以下的图书占 55.5%。2008 年，平均印数 1000 册以下的图书占 40%，8 年增长了 26%，而平均印数超过 1000 册的图书品种缩减了 34.4%。2008～2016 年，平均印数 5000～50000 册的图书品种缩减了 51.2%，总印数缩减了 44.2%。这 8 年，小印数（500 册以内）

图书数量显著增长，品种增长了35.7%，印数增长了12.1%。小印数图书品种占总品种数的48.2%，但是小印数图书印数仅占2.7%。平均印数50000册以上的图书仅占总品种的0.5%，但是占总印数的18.4%（见表2）。

表2 2008～2016年俄罗斯图书印数增减趋势

年份	印数(按百万册)及增长幅度					在总印数中占比(%)		
	2008	2015	2016	2016/2015(%)	2016/2008(%)	2008	2015	2016
总数	760.4	459.4	446.3	-2.9	-41.3	100.0	100.0	100.0
新书	561.1	288.3	323.1	12.1	-42.4	73.8	62.7	72.4
再版书	199.3	171.2	123.1	-28.0	-38.2	26.2	37.3	27.6
丛书	446.2	341.0	315.4	-7.5	-29.3	58.7	74.2	70.7
翻译图书	93.0	59.4	54.8	-7.7	-41.1	12.2	12.9	12.3

资料来源：俄罗斯出版与大众传媒署、俄罗斯版本图书馆。

2016年，俄罗斯各类图书品种占比如下：教育类——34.5%，学术类——21.6%，儿童类——15%，文学类——9.5%，手册类——1.6%，其他类——17.8%。印数占比为：教育类——44.3%，学术类——2.0%，儿童类——18.2%，文学类——12.6%，手册类——1.4%，其他类——21.5%。

近年来，翻译图书一直保持比较稳定的状态，2016年为12516种，占总品种的10.7%，占总印数的12.3%。丛书为47633种，占总品种的40.7%，占总印数的70.7%，比2008年增长了12%。

2016年，俄罗斯出版学术类图书品种和印数都有所下降，品种达25308种，同比下降4.3%；印数达910万册，同比下降13.3%。2008～2016年，学术类图书品种增长了21.8%，而印数下降了几乎10%。2016年，俄罗斯出版教育类图书40428种，同比增长9.2%，印数达19780万册，同比下降6%。2008～2016年品种增长了7.4%，印数下降了19%。2016年，俄罗斯出版文学类图书17540种，同比增长7.6%，印数达5610万册，同比下降6.8%。俄罗斯文学类图书增长的趋势反映了俄罗斯书业的整体趋势，即连续第二年出书品种增加，而印数下降放缓。俄罗斯版本图书馆专家认为，这是俄罗斯举办"文学年"带来的积极效应。2016年，俄罗斯"文学年"期间，出版了很多文学畅销书：公众读书兴趣下降趋势放缓，人们读书更多。而2008~2016年，文学类图书品种减少了13%，印数下降了63.6%。2016年，俄罗斯出版儿童青少年类图书达11159种，同比增长3.1%，印数为8120万册，同比下降20%。俄罗斯2016年全年图书总印数下降主要体现在童书出版领域。2008~2016年，童书品种减少1.2%，印数下降45.8%。

2016年，俄罗斯用俄语出版的翻译作品来自外语和其他民族语言共95个语种，总品种为12516种，其中译自英语的图书7349种，占翻译作品总数的58.7%，印数3870万册。译自法语的图书938种，占7.5%，印数410万册。译自德语的图书690种，印数270万册。此外，从俄语翻译成其他语言的图书有1971种，印数260万册。翻译作品占总品种的10.7%，占总印数的12.3%。从外语翻译成俄语的图书主要集中在儿童和文学领域。据俄罗斯版本图书馆统计，2016年用俄罗斯其他民族语言和外国语言共89种语言直接出版图书5136种。英语图书仍居首位，有1212种，印数250万册。与2015年的1200种、450万册相比，总印数锐减，减少了44.4%。俄罗斯100多个民族中，80多个民族有自己的文字，出版有60多种语言的图书、报刊。除俄语外，以其他民族语言出版图书依次是鞑靼语、巴什基尔语、雅库特语。

多年雄踞俄罗斯文学类畅销书排行榜第一名的是达利娅·东佐娃，2016年总印数达130.85万册。与2008年相比，所有畅销书作家的图书印数都下降很多。俄罗斯本土作家东佐娃、乌斯季诺娃和波利亚科娃三位女作家包揽前三名（见表3）。

2016年，俄罗斯获销售量最高的儿童文学作家是科尔涅伊·楚科夫斯基，总印数达225.42万册。此前连续三年获得第1名的是弗拉基米尔·斯捷潘诺夫，2016年降至第3名。俄罗斯本土作家占据俄罗斯十大儿童作家中的8位，其包揽了俄罗斯最著名的儿童文学作家前五名，可见俄罗斯本土作家在图书销售市场上的领先地位（见表4）。

表3 2008年、2016年俄罗斯作品发行量最大的十大作家

排名	2008年	品种	总印数（万册）	排名	2016年	品种	总印数（万册）
1	东佐娃	147	976.47	1	东佐娃	123	130.85
2	什洛娃	117	374.8	2	乌斯季诺娃	66	76.25
3	乌斯季诺娃	100	321.09	3	波利亚科娃	75	71.5
4	波利亚科娃	102	225.42	4	布赖特佩里	99	70
5	阿库宁	79	211.8	5	金	132	67.2
6	柯艾略	40	151.6	6	维里蒙特	49	56.6
7	维里蒙特	79	150.44	7	罗伯茨	14	53
8	布什科夫	93	124.87	8	莫耶斯	30	52.2
9	玛丽尼娜	102	111.12	9	切兹	104	49.919
10	科雷乔夫	86	110.42	10	雷马克	78	48.15

资料来源：俄罗斯出版与大众传媒署，俄罗斯版本图书馆。

表4 2008年、2016年俄罗斯作品发行量最大的十大儿童文学作家

排名	2008年	品种	总印数（万册）	排名	2016年	品种	总印数（万册）
1	斯捷潘诺夫	97	290.3	1	楚科夫斯基	198	235
2	楚科夫斯基	166	261.27	2	巴尔托	115	119.85
3	巴尔托	109	159.28	3	斯捷潘诺夫	71	90.9
4	古琳娜	54	153.9	4	诺索夫	101	77.7
5	罗琳	10	97.02	5	古琳娜	57	75.9
6	米哈尔科夫	58	74.01	6	安徒生	66	63.34
7	诺索夫	45	60.62	7	韦伯	87	59.5
8	马尔夏克	52	57.0	8	普希金	88	57.415
9	克雷洛夫	57	55.31	9	马尔夏克	90	53.2
10	叶梅茨	46	54.62	10	沃尔科夫	53	39.2

资料来源：俄罗斯出版与大众传媒署，俄罗斯版本图书馆。

目前，俄罗斯最有影响力的图书奖有"大书奖""国家畅销书奖""俄罗斯布克奖""亚斯纳亚·波良纳奖""照明灯奖"等。

2016年，俄罗斯人均图书3.04册，比上一年下降3.2%（2015年同比下降5.4%，2014年同比下降12.2%），比2008年人均5.35册下降了43.2%。

另外，近年来，俄罗斯图书不标明印数的情况也有所增加。

二 俄罗斯出版体系与图书发行

俄罗斯设立出版社实行登记制。俄罗斯版本图书馆的统计资料显示，2016年，俄罗斯正常出书的出版社有5800家左右，这包括每年只向俄罗斯版本图书馆提交已出版的一种图书的出版社。其中年出书超过12种的出版社有1239家，与2008年数量大致相当。

俄罗斯最大的出版社是艾克斯莫出版集团，2016年出版图书8385种。第二名是教育出版社，2016年出版图书4657种，它是奥尔玛传媒集团的成员单位。位居第三的是标准信息出版社，2016年出版图书2919种（见表5）。

表5 2008年、2016年俄罗斯十大出版社（按出书品种）

排名	出版社	出书品种、排名			年度比较（%）	
		2008年	2015年	2016年	2016/2015	2016/2008
1	艾克斯莫	10439	7234 (1)	8385 (1)	+15,9	-19,7
2	教育	1078	2294 (3)	4657 (2)	+103,0	+332,0
3	标准信息	614 (18)	2709 (2)	2919 (3)	+7,8	+375,4
4	字母-阿基库斯	1367 (14/20)	2274 (4)	2887 (4)	+27,0	+111,2
5	考试	1065 (8)	1319 (6)	1219 (5)	-7,6	+14,5
6	凤凰	1261 (3)	1347 (5)	1005 (6)	-25,4	-20,3
7	罗斯人	1154 (5)	786 (9)	996 (7)	+26,7	-13,7
8	列南特	48 (439)	675 (12)	933 (8)	+38,2	+1843,8
9	笔尖	-	525 (17)	740 (9)	+41,0	-
10	瓦科	150 (119)	619 (14)	729 (10)	+17,8	+386,0

图书印数最大的出版社是教育出版社，2016年总印数高达6084.94万册；第二名是艾克斯莫出版集团，总印数4146.1万册；第三名是考试出版社，总印数1691.1万册。此前的十几年里，出书品种和发行量两个指标，艾克斯莫出版集团一直雄踞全国第一。2015年9月，俄罗斯最大的两家出版集团艾克斯莫和阿斯特合并，成为俄罗斯最大的出版集团（见表6）。

表6 2008年、2016年俄罗斯十大出版社（按印数）

排名	出版社	印数（万册）、排名			年度比较（%）	
		2008年	2015年	2016年	2016/2015	2016/2008
1	教育	4566.11	6093.42 (1)	6084.94 (1)	-0,1	+33,3
2	艾克斯莫	9968.07	4121.68 (2)	4146.1 (2)	+0,6	-58,4
3	考试	1606.57 (8)	1642.13 (5)	1691.10 (3)	+3,0	+5,3
4	字母-阿基库斯	1722.23 (12/15)	1584.99 (6)	1643.25 (4)	+3,7	-4,6
5	弗拉明戈	2988 (4)	1743.55 (4)	1427.6 (5)	-18,1	-52,2
6	艾格蒙特	2035.99 (6)	1758.68 (3)	939.2 (6)	-46,6	-53,9
7	马赛克-综合	303.4 (46)	938.3 (9)	923.55 (7)	-1,6	+204,4
8	罗斯人	1163.42 (9)	942.08 (8)	877.07 (8)	-6,9	-24,6
9	瓦科	187.9 (66)	667 (10)	840.5 (9)	+26,0	+347,3
10	中央书局	588.11 (21)	424.3 (18)	401.46 (10)	-5,4	-31,7

资料来源：俄罗斯出版与大众传媒署，俄罗斯版本图书馆。

俄罗斯的出版社主要集中在首都莫斯科，莫斯科集中了俄罗斯一半以上的出版社，出版图书印数占全国的80%以上。第二大城市是圣彼得堡，其他地方出版社出书品种和印数都有很大增长。

近年来，电子书在首都莫斯科各大书店的品种占比越来越大。莫斯科和圣彼得堡两地的出版社出版电子书的数量已经占总品种的30%，占销售码洋的7%，而在地方出版社，品种和销售码洋还不到1%。30%的俄罗斯出版社希望在纸质图书出版后一到两个月推出电子书，而35%的俄罗斯出版社认为纸质图书出版后立即出版电子书。俄罗斯电子书最通行的格式是E-pub格式（71%）和PDF格式（61%）。俄罗斯出版社35%的电子书销售额是通过俄罗斯国内数字内容聚合平台向最终用户销售电子书完成，20%通过本国网上书店，15%通过出版社自己的网站销售（见表7）。

表7 2016年俄罗斯十大出版社（按销售码洋）

单位：%

排名	出版社	销售码洋占比
1	艾克斯莫	16.32
2	教育	12.13
3	阿斯特	11.55
4	字母－阿基库斯	7.04
5	罗斯人	4.26
6	德罗法	2.58
7	考试	2.19
8	文塔纳－格拉夫	1.56
9	利波尔－经典	1.14
10	彼得堡	1.14

俄罗斯出版社一般与本国聚合平台合作采取下列方式：按月或季度结算电子书销售情况；一般许可2~3年非专有权；聚合平台一般按照电子书销售额的一定比例与出版社结算。

俄罗斯高等经济学院根据俄罗斯国家统计局对消费者进行的调查结果研究表明，39%的受访者认为经济状况恶化，只有9%的受访者认为经济状况有所改善。各种研究结论表明，俄罗斯居民的消费需求速度减缓，俄罗斯经济转型和居民更集中购买生活必需品的趋势也在图书市场有明显体现。在2009~2012年金融危机之后，俄罗斯专家并没有对俄罗斯图书市场会发生

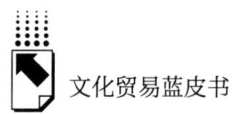

根本性改变给予厚望。据俄罗斯书业比较权威的杂志《图书产业》统计，2016年，俄罗斯图书市场产值为559.2亿卢布（约合63.52亿元人民币）。《图书产业》杂志对全国大型书店和网店进行的调查结果显示，2016年俄罗斯图书市场各个销售渠道推荐给消费者的图书中，文学、儿童青少年以及教育类图书是首选，分别占26.14%、24.23%、24.17%。2016年，俄罗斯所有出版社都将网络作为图书销售的一个方面，但并不是所有的出版社都与专业网络销售商合作，而是寄希望于自身的网站。大多数大中型出版社网络售书平均不超过总销售额的9%~20%。而对一些规模不大的创意团队而言，网络售书可达40%~60%。教学法类出版社网络售书在6%~7%。而在学校教材类教育图书市场，整体上很少通过网络渠道销售，网络售书仅占总销售额的0.4%~2.5%。《图书产业》杂志的研究数据显示，最近五年间，只有2014年出版社网络售书数量下降，其他年份都呈增长态势。

俄罗斯专家认为，2016年俄罗斯网络书店销售额上升主要得益于平均销售价格上涨。网络渠道销售的主要是儿童图书（占26%）、文学（占23%）以及中小学教育类图书（占20%）。俄罗斯权威专家认为，早在2015年网络售书书店第一名就易主了，多年位居第一的亚逊网（Ozon.ru）让位于迷宫网了。最近三年，迷宫网售书数额增长迅速。而亚逊网对读者对多媒体图书商品的需求大增关注不够，以及社交媒体利用不高。据亚逊网的统计资料，2017年1月，该网在图书电子商务市场所占份额只有25%。但是，从2017年初开始，迷宫网络书店也发生了一些问题。据俄罗斯《生意人报》报道，从2017年2月开始，几家俄罗斯出版社开始拒绝向其供货。出版社抱怨迷宫网的合作条件过于苛刻，给出版社支付的保证金过低。

2015年9月，俄罗斯最大的两家出版集团艾克斯莫和阿斯特合并，成为俄罗斯最大的出版集团。2016年底，俄罗斯最大的出版集团"艾克斯莫－阿斯特"出版控股集团收购了俄罗斯非常大的一家网络书店"读书网"（Read.ru），这是俄罗斯网络书店收购中的一件大事。目前，该出版控股集团正在将读书网用户导入其旗下的"图书24网"（Book24）。读书网成立于

2009年，主营图书销售，还销售报刊、玩具、办公用品、休闲用品、化妆品等。在被收购前，读书网用户已达120万人。截至2017年1月，"图书24网"访问用户已达110万人。

非书店类销售渠道——快速消费品（FMCG）商业网点在俄罗斯图书销售中也发挥很大作用。在这些网点、卖场中，图书往往被作为次要商品。欧尚、OK、儿童世界、我要当妈妈等商业机构在全国有数十家、数百家自己的连锁门店，或者在大型商场有数千家上万家网点、店铺。2016年，俄罗斯书报亭销售额在俄罗斯图书市场销售体系中占1.5%，而2014年为4.2%，2015年为2.2%。并不是所有出版社都利用这一销售渠道。

2016年，俄罗斯图书出口最多的国家是印度、中国，出口额分别为7000万美元、2200万美元；俄罗斯进口图书最多的国家是中国和意大利，进口额分别为2120万美元、1570万美元。2015~2016年，中国在俄罗斯进口图书、报刊、图片方面稳居第一位。从2013年开始，俄罗斯出口乌克兰的出版物数量大幅减少，尤其是2016年12月乌克兰颁布了《限制含有反乌克兰内容的出版物进口法修正案》，俄罗斯出版物尤其是俄语出版物出口到乌克兰受到重创。

表8　2016年俄罗斯十大本土文学畅销书排行榜

排名	作家	书名
1	雅黑娜	《祖列依哈睁开双眼》
2	乌利茨卡娅	《雅克布的楼梯》
3	阿库宁	《寡妇的披肩》
4	沃多拉斯金	《飞行员》
5	普利列宾	《七条命》
6	阿克肖诺夫	《神秘的欲望》
7	阿库宁	《水星》
8	乌斯季诺娃	《宇宙的阴谋》
9	沃多拉斯金	《月桂树》
10	布尔加科夫	《大师和玛格丽特》

资料来源：俄罗斯书业网站Pro-books网。

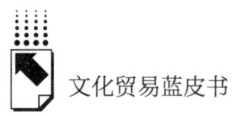

三 媒体消费与数字出版

根据 GfK 公布的调查数据，俄罗斯是全球第二大居民爱读书的国家。据 Mediascope 公司调查，2016 年，俄罗斯 16 岁以上公民媒体消费总指数为每天 8 小时 36 分钟，其中，电视——49.8%（4 小时 17 分钟），广播——32.3%（2 小时 47 分钟），读书——2.35%（12 分钟），看报——1.1%（5 分钟），看杂志——0.8%（4 分钟）。与 2012 年相比，媒体消费总指数四年增长了 30 分钟，增幅为 6.2%。看报下降了 0.7 个百分点，看杂志下降了 0.4 个百分点，只有读书增长了 0.5 个百分点。

GfK 俄罗斯分公司公布的研究数据显示，2016 年，俄罗斯 16 岁以上网民数量仍与 2015 年持平，占总人口的 70.4%，达 8400 万人。2016 年俄罗斯电子产品市场上智能手机销量增加，因此，手机上网用户增加。2016 年，俄罗斯移动终端上网用户增加了 600 万人。俄罗斯 16 岁以上使用移动终端（智能手机和平板电脑）上网的用户已达 5600 万人，但主要是智能手机用户有所增加——从 2015 年的 37.2% 增加到 2016 年的 42.1%，而平板电脑用户实际上有所减少——从 2015 年的 19.2% 减少到 2016 年的 19%。GfK 俄罗斯分公司预测，由于 2017 年俄罗斯智能手机销量将平均增长 5%，移动终端上网用户数量也将持续增长。许多俄罗斯人使用的智能手机都具有上网功能，2016 年销售的智能手机有一半以上是 5 英寸级以上的大屏手机。80% 的用户选择四核手机，一半以上智能手机支持 LTE 装置。

多年前，上网在俄罗斯年轻人人群（16~29 岁）就达到了极限值。据 GfK 调查，现在年轻人上网用户已占网民总数的 96%，其中，智能手机年轻人用户占 76%，平板电脑年轻人用户占 32%。从俄罗斯网民的地理分布看，网民最多的城市是莫斯科（84%），60% 的网民用智能手机上网，36% 的网民用平板设备上网。

据 MITC 公布的数据，2016 年 1~9 月俄罗斯莫斯科图书网站访问量同比增加了 6 倍。从 2016 年初开始，俄罗斯有声书普及率增长了一倍，占图书网站访问量的15%。没有内置内容的图书软件（如iBookstore，GooglePlay）反而失宠——下降了5个百分点，下降到10%。据GfK公布的数据，俄罗斯和中国、西班牙为世界上最爱读书的三个国家，俄罗斯位居第二。中国读书人占70%，西班牙占57%。全世界每周看书一次的人口占50.7%。这是该公司对17个国家的22000人进行的问卷调查结果，包括美国、英国、德国、法国、俄罗斯、中国等。俄罗斯每周都看书的人口逐年在增长。2000年，读书人占被调查人数的47.3%，其中，每天读书或者计划每天读书的人数占20%。而到了2016年，被调查的俄罗斯人有30%每天都在读书，17%的人每月看一次书，6%的人根本不看书。61%的受调查男性和56%的受调查女性每天都读书或几乎每天都读书。

四 电子书市场发展趋势

据俄罗斯《图书产业》杂志的研究数据，2016年，俄罗斯电子书市场B2C规模为22亿卢布，比2015年增长52%。该杂志预测，2017年俄罗斯电子书市场B2C规模可达27亿卢布。2016年，俄罗斯有声书市场B2C规模发展喜人，比2015年增长了68%。但是俄罗斯有声书市场产值不超过4.2亿~4.5亿卢布，即文本内容销售的20%。

目前，俄罗斯数字图书馆系统B2B市场正处在萧条期。2016年，向高校销售数字图书馆规模比2015年下降了10%。2016年，俄罗斯电子书市场规模为31.2亿卢布，仅占出版业的4.3%。《图书产业》杂志预测，2017年俄罗斯电子书市场规模将达36.4亿卢布。

俄罗斯ЛитРес网站调查数据显示，2016年，俄罗斯电子书市场最有力的竞争者是《ЛитРес》网（占59%）和《GooglePlay》（占6.5%）。目前，《ЛитРес》网有电子书150万种，其中15%是俄语书。该网站的主要图书是文学（占47%）。2016年每月网民下载量为375000册，比2015年增长8%。最受网民欢迎的图书是幻想类、爱情类、侦探类和动作类。最受欢迎的读书服务是"请读书！"和"请听书！"两款软件（适合IOS和安卓系

统），www.litres.ru（可以在线阅读、下载）、"免费读书！"软件、MyBook订阅软件。

2016年，俄罗斯电子书市场没有上新项目，投资吸引力下降。这与俄罗斯宏观经济问题和汇率不稳定有关。俄罗斯电子书变现的商业模式主要有三种：付费下载、订阅、广告。付费下载占78%，订阅占20%，广告仅占2%。在过去的五年，俄罗斯电子书平均价格一直低于纸书。《ЛитРес》网数据显示，2016年电子书平均价格为113.9卢布。而数字内容购买者平均每单为160~220卢布，比上一年增长15%。俄罗斯专家认为，推动俄罗斯电子书市场增长的主要因素有：电子书普及率增长、在售的电子书品种增加、电子书价格上涨、有声书持续增长、自出版发展、数字图书进一步渗透到图书馆、实施"反盗版法"。影响俄罗斯电子书市场发展的主要因素有：网络侵权盗版，B2C市场的垄断（如ЛитРес网站垄断大量版权），基础设施缩减，有力竞争者退出电子书市场，著作权人低估电子书市场的商业机会。

有俄罗斯分析家认为，与电子书市场蓬勃发展相比，俄罗斯的科技类和教育类数字图书馆正在经历萧条期，已经达到了发展的顶峰。截至2016年，俄罗斯最大的科技类和教育类内容的数字图书馆形成了比较稳定的竞争格局，主要有五大数字图书馆：大学在线图书馆、ZNANIUM.com、IPRbooks、eLibrary和"蓝"出版社数字图书馆。与传统图书市场相比，俄罗斯数字图书馆和数字出版集成商呈现比较平衡的地理结构：从数字内容提供商销售额看，莫斯科占25%~35%，圣彼得堡占10%~15%，其他地区占50%~75%。换言之，俄罗斯地方高校是数字图书馆收入的主要贡献者。俄罗斯高校65%~97%的数字内容资源采购自俄罗斯国内的数字图书馆系统和国内出版社。也就是说，俄罗斯科技类和教育类数字图书馆集成商没有经历外国供应商的竞争压力。俄罗斯高校数字内容资源不到20%（指品种）采购自海外供应商。

电子阅读设备市场对电子书市场发展影响巨大。俄罗斯《图书产业》杂志研究表明，2016年平板电脑和手机用户占64%，电脑占31%，电子阅读器占5%。

五 政府扶持文学、出版和阅读

2015年,俄罗斯举办了"文学年",让人们开始公开讨论一些与全民阅读有关的尖锐问题:扶持本国图书出版问题、保障居民获取图书问题、建设数字图书馆资源、发展文学创作事项,让读书成为儿童青年的日常生活方式。有鉴于此,2016年2月6日,俄罗斯政府在总结"俄罗斯文学年"工作时,决定在"俄罗斯文学年组委会"基础上,进行改组,成立了"俄罗斯联邦扶持文学、图书出版和阅读组委会",由俄罗斯联邦议会下院——国家杜马主席纳雷什金担任组委会主席。由于6月6日是普希金诞辰日,也是俄罗斯"俄语节",所以,俄罗斯政府批准,2016年6月3~6日,在莫斯科红场举办"红场图书节"。这是俄罗斯联邦扶持文学、图书出版和阅读组委会举办的最成功的阅读推广项目。据俄罗斯出版与大众传媒署副署长弗拉基米尔·格里高利耶夫介绍,在俄罗斯的"心脏"——红场举办图书节是谁都没有想过的,申请报告很快获得批准,而且图书节非常成功。首届"红场图书节"吸引了来自俄罗斯50个地区的400多家出版机构参加,展出图书十多万种。人们不但可以在红场选购各种精美图书,还可以欣赏著名作家、诗人、剧作家的作品朗诵会,与作家面对面交流,现场欣赏戏剧表演……6月"红场图书节",让红场这一最庄严的场所成为俄罗斯全国的文学中心、学术演讲中心、戏剧舞台、图书馆、多媒体实验室、学校、儿童乐园,甚至成了市民的图书"夏季疗养胜地"。除红场这一主会场外,在莫斯科还设了6个分会场。有20多万人参加"红场图书节",电视观众达1亿人次,销售图书50多万册。

2016年还被俄罗斯政府确定为"俄罗斯电影年"。俄罗斯还出台政策扶持本国文学出版、翻译、传播。组委会决定恢复设立从少数民族语言翻译成俄语的翻译学校,实施扶持本国文学的措施。成立联邦和地方的编委会,负责编辑、翻译、出版各民族文学。2016年,俄罗斯颁布了《扶持儿童青少年阅读国家纲要》《国家文化政策战略》。该战略落实了2014年12月24日

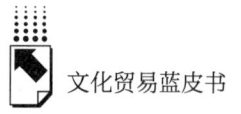

普京总统签发的《关于批准国家文化政策基础的总统令》。

俄罗斯出版与大众传媒署是俄罗斯新闻出版、大众传媒的主管部门,一直积极推广国民阅读,在扶持文学、图书出版、推广阅读等方面都是积极的组织者。为了落实《国家文化政策战略》,俄罗斯出版与大众传媒署对电子和印刷大众传媒以及图书出版领域具有重大社会意义的项目提供国家扶持。2016年,该机构根据《(2012~2018)俄罗斯文化》联邦专项纲要,对650个图书项目提供了资金支持。在《(2011~2020)信息社会》国家纲要框架下,该机构资助了119个推广本国文学和阅读、报刊和印刷的活动,包括举办莫斯科国际书展、圣彼得堡图书沙龙、年度最佳图书奖评选、阅读俄罗斯国际大奖赛、国际青年作家论坛、非虚构文学国际书展、国际书展俄罗斯主宾国活动、俄罗斯文学国际翻译大会等。俄罗斯出版与大众传媒署与包括中国在内的一些国家开展"俄外经典与现代文学作品互译出版项目"。

2013年5月,在中国驻俄罗斯大使馆和莫斯科中国文化中心的大力倡议和积极协调下,中国新闻出版总署和俄罗斯出版与大众传媒署签署《"中俄经典与现代文学作品互译出版项目"合作备忘录》,确定在2018年前完成翻译出版100种中俄文学作品(各50种),中国文字著作权协会和俄罗斯翻译学院分别为中俄双方执行协调机构。2015年,中国国家新闻出版广电总局和俄罗斯出版与大众传媒署签署补充协议,决定在第一期的100种图书基础上,增加一倍即100种,增加儿童、青少年、文化、哲学社科、人物传记等图书。在中国文字著作权协会和俄罗斯翻译学院的有力协调下,在两国翻译家和出版界的积极参与下,截至2016年底,"中俄经典与现当代文学作品互译出版项目"已经完成62种,其中中国已经翻译出版俄罗斯文学作品39种,俄罗斯翻译出版中国文学作品23种。这一项目的顺利开展,为中俄两国新闻出版、版权领域的交流和合作架起了一座金桥,极大地调动了两国出版机构开展交流与合作的积极性,同时,也激发了大批中国俄苏文学专家、俄罗斯汉学家、翻译家的翻译热情,有力地推动了两国人文文化领域的合作和交流,丰富了两国人文文化领域交流合作的内涵。"中俄经典与现代文学作品互译出版项目"是中俄两国与其他国家开展的文学作品互译出版项目中进展最顺利、成果最丰硕、影响最好的。在2016年8月和9月举办的北京国际图书博览会和莫斯科国际书展期间，由中国国家新闻出版广电总局和俄罗斯出版与大众传媒署主办，中国文字著作权协会和俄罗斯翻译学院主办了"中俄经典与现代文学作品互译出版项目"新书发布会暨座谈会，分别由中国《国际出版周报》和俄罗斯《图书评论周报》出版了"中俄互译出版项目"中俄文专刊（各八个版），在两国文化、新闻出版界产生很大反响。"中俄经典与现代文学作品互译出版项目"已经名副其实地成为中俄两国对外开展的政府间互译出版项目，已经成为中俄两国重要的人文文化合作项目。目前，中国文字著作权协会和俄罗斯翻译学院正在协商，将在充分尊重作家、翻译家和出版社合法权益的基础上，对"中俄经典与现代文学作品互译出版项目"已有成果进行电子书、有声书开发，通过网络新媒体等新技术手段进行传播，有效推动中俄人文文化交流与合作。

近两年，俄罗斯电子书市场整体状况显示，由于2015年颁布实施"反盗版法"，使用正版资源的用户越来越多，出版商与发行商的对话加强，可以期待，俄罗斯电子书销售将迎来较大增长。俄罗斯政府和主管部门在2016年所采取的扶持文学、图书出版、鼓励阅读等一系列举措，对于图书出版、媒体消费、提升国民阅读发挥了重要作用。

B.20
欧盟文化政策及文化贸易

门 镜*

摘　要： 近十几年来，欧盟非常注重文化的发展，制定了很多促进和支持文化发展的政策，并通过在文化领域的对外交流与合作促进欧盟经济贸易的增长和社会就业。欧盟对文化领域的重视和经济发展的目标是分不开的。文化的传播促进社会凝聚力的增加，文化创意部门的快速发展会产生对其他行业的溢出效应，促进"欧盟2020战略"的实现。文化创意产业作为文化领域的开发重点，越来越成为经济发展的重要支柱。欧盟希望通过创意文化产业的发展，促进其内贸和外贸的增加。本报告首先介绍欧盟近年来的文化政策，然后探析欧盟文化贸易的情况，最后将考察欧中文化贸易的现状并做总结和展望。

关键词： 欧盟　文化政策　文化贸易　经济增长　就业机会

欧洲在第二次世界大战以后推行一体化的进程中，在很大程度上注重经济一体化的发展，却没有给予文化领域足够的重视。直到21世纪开始，欧盟逐渐加强了对文化领域的政策制定和支持力度。近十几年来，欧盟非常注

---

* 门镜，欧洲学院欧中研究中心主任，中国国家文化贸易学术研究平台专家，巴耶·拉图尔欧中关系讲席教授，欧洲学院自1949年成立以来第一位专门从事欧中关系研究和教学的学科带头人。研究领域：欧中关系研究等。

重文化的发展，制定了很多促进和支持文化发展的政策，并通过在文化领域的对外交流与合作促进欧盟经济贸易的增长和社会就业。欧盟在文化领域的作用在《欧盟条约》第167条中有所规定：欧盟应在尊重成员国文化的同时，尊重其国家和区域的多样性，促进成员国文化的发展，共同传承共同遗产，并且把共同文化遗产的保护放在首位。①欧盟成员国对各自的文化领域的政策负责，欧委会的作用是帮助成员国应对共同的挑战，例如数字经济的影响，文化治理模式的变化以及支持文化创新领域革新潜力的开发。欧委会还致力于促进文化多样性，保护文化遗产，减轻成员国之间文化专业人员流动的障碍，并以符合《欧洲文化议程》的原则为前提，支持文化创意产业对促进欧盟增长和就业做出了贡献。

需要指出的是，欧盟对文化领域的重视和经济发展的目标是分不开的，文化的传播促进社会凝聚力的增加，文化创意部门的快速发展会产生对其他行业的溢出效应，促进"欧盟2020战略"的实现。因此，欧盟的文化政策不仅仅是对文化多样性的支持和文化遗产的保护，而是如何利用欧洲的文化优势，获得经济利益和社会效益。文化创意产业作为文化领域的开发重点，越来越成为经济发展的重要支柱。尤其是在科学技术突飞猛进的今天，文化创意与数字化对接，知识经济与可持续发展以及社会就业的增长紧密相连。欧盟希望通过创意文化产业的发展，促进其内贸和外贸的增加。本文首先介绍欧盟近年来的文化政策，然后探析欧盟文化贸易的情况，最后将考察欧中文化贸易的现状并做总结和展望。

一 欧盟文化政策

《文化2000年项目》是欧盟第一次尝试在具有文化多样性和共同文化

---

① 《欧洲联盟运作条约》综合版，《欧盟官方公报》，2012年10月26日，第75~76页，http://eur-lex.europa.eu/legal-content/EN/TXT/PDF/? uri = CELEX：12012E/TXT&from = en#page = 75&zoom = 100&view = FitB。

遗产的欧盟范围内推广面向大众的共同文化活动,从 2000 年至 2006 年为期 7 年,鼓励艺术家的创造力和流动性,传播艺术和文化,开展跨文化对话以及普及欧洲各国人民的历史和文化遗产知识。①

同年,欧盟发布了《里斯本战略》,也称为《里斯本议程》或《里斯本进程》,是 2000 年至 2010 年期间为欧盟经济发展制定的一项行动和发展计划。其目标是使欧盟成为世界上最有竞争力和最有活力的知识经济体,能够实现可持续经济发展,创造更多更好的就业机会和加强社会向心力。在此文件中,欧盟首次提到,以数字技术、多媒体技术和网络技术等为基础,利用信息资源和其他相关资源,鼓励内容行业创作、开发和销售信息产品与服务,通过利用欧洲文化多样性来创造附加值。② 自此以后,欧盟越来越多地提到文化经济和文化创意产业的发展。

欧盟的文化发展和文化贸易政策也与国际组织的影响密切相关。2005 年,欧盟及其成员国加入联合国教科文组织的《保护和促进文化表现形式多样性公约》,此公约作为欧盟对外关系文化政策框架,促进欧盟对外贸易与发展合作。欧洲共同体及其成员国致力于使文化多样性成为对外关系的关键因素,在国际关系中积极发挥文化的作用。世界贸易组织成员 2001 年发起的一轮多边谈判"多哈发展议程"以及 2013 年 4 月由 23 个世贸组织成员发起的"服务贸易协定"(TISA),也都涉及文化贸易的内容。作为活跃的地区组织,欧盟一直以积极的态度参与国际组织的制度建设,并积极遵守这些国际组织的规定。

在《文化 2000 年项目》即将到期的时候,欧盟在 2006 年进行了广泛的协商,以确定新的欧盟文化议程达成共识,并以过去的成就为基础,进一步加强文化活动的开展。《全球化世界中的欧洲文化议程》建立在三个相互关联的战略目标之上:第一,促进文化多样性和文化间对话;第二,在"里

---

① 欧委会:《文化 2000 年项目》,https://ec.europa.eu/programmes/creative-europe/previous-programmes/culture-2000_en。
② 里斯本欧盟理事会:《主席国结论》,2000 年 3 月 23~24 日,http://www.europarl.europa.eu/summits/lis1_en.htm。

斯本战略"框架内，文化作为创造力的催化剂，促进经济增长和就业；第三，把文化的宣传看作国际关系的重要组成部分。① 《全球化世界中的欧洲文化议程》制定了欧盟文化政策战略和工作方法的指导原则，在所有相关政策领域强调文化的作用。通过这个议程，欧盟承认文化是欧洲与伙伴国家区域交往的基本要素。议程同时也强调了在促进第三国与欧盟文化产业的合作中欧洲创意产业的经济和社会的重要性。②

自2007年开始，欧盟开始施行新的文化项目，即《2007～2013文化项目》。此项目旨在进一步促进相互理解，刺激创造力，丰富文化内容。帮助成千上万的文化组织创造和实施文化艺术项目，提高文化知识水平，传承欧洲文化遗产，促进文化交流。③

为了实施前面提到的三个战略目标，欧委会建议将2007年以后的文化工作集中在两个平台上：文化获取平台和文化创意产业平台。这两个平台制定了一系列政策建议，并于2009年9月在文化论坛上提出和讨论。根据平台的相关建议，2010年4月，欧委会发布了《解锁文化创意产业潜力绿皮书》和相关咨询；2010年9月，欧委会启动了有关2013年后文化项目的审查的磋商。根据欧委会的绿皮书，欧洲议会也准备了一个相同题目的报告。报告于2011年3月被议会的文化委员会采纳，并于2011年5月被全体会议通过。

绿皮书中明确提出，为了能够为客户提供文化多元化的服务，企业家必须获得适当的条件，这包括通过互通性和标准化来促进的公平市场准入。因此，为了改善数字环境下文化创意产业的框架条件，欧委会将继续努力实现

---

① 《全球化世界中的欧洲文化议程》，欧委会致欧洲议会，理事会，欧洲经济和社会委员会和区域委员会的通讯文件，布鲁塞尔，2007年5月10日，欧委会（2007），242号最终文本，第7~8页。
② 《全球化世界中的欧洲文化议程》，欧委会致欧洲议会，理事会，欧洲经济和社会委员会和区域委员会的通讯文件，布鲁塞尔，2007年5月10日，欧委会（2007），242号最终文本，第9~10页。
③ 《全球化世界中的欧洲文化议程》，欧委会致欧洲议会，理事会，欧洲经济和社会委员会和区域委员会的通讯文件，布鲁塞尔，2007年5月10日，欧委会（2007），242号最终文本，第4页。

"欧盟2020战略"以及"知识产权战略"下的旗舰创意:"欧洲数字化议程"和"创新型联盟"。①

文化创意产业属于欧盟文化多年度工作计划的重中之重。在欧盟制定的"2011~2014年文化工作计划"中,由成员国专家组成的工作组确定需要优先推行的政策,利用欧盟支持机制,促进文化在地方和区域发展中的作用以及支持文化创意产业出口和内化的战略。②

2012年欧委会发表了政策文件《文化创意部门的发展促进欧盟的增长和就业》。在文件中,欧委会指出,文化创意产业是"欧盟2020战略中基本还未开发的资源"。文化创意产业处于战略位置,不仅可以带动其他行业的发展,而且是全球竞争和软实力的关键要素。数字化和全球化的发展在降低生产成本或拓展新的分销渠道方面提供了很好的机会,但是,文化创意部门面对着快速变化的外部环境,从地方到欧盟各级应该采取全面的战略性对策。③

2014年通过并于2015年1月开始实施的欧盟"文化工作纲要"(2015~2018)旨在应对全球化和数字化背景下文化组织和中小企业在国家和欧盟层面创意产业面临的重大挑战。这个四年计划建立在"欧洲文化议程"的基础上,重点关注如何最好地管理欧洲文化遗产,提升文化创意部门的创造力和创新能力,提高欧盟对外关系中的文化形象。④

同时,欧委会制定了"创意欧洲2014~2020计划"。这是欧盟委员会支持文化和音像部门的框架计划。此预算为14.6亿欧元,比前面的项目预

---

① 欧委会:《欧盟文化创意产业绿皮书》,2010年4月27日,欧委会(2010),183号最终文本,http://eur-lex.europa.eu/legal-ontent/EN/TXT/HTML/?uri=LEGISSUM:cu0006&from=EN。
② "2011~2014年文化工作计划"理事会和各成员国政府代表的理事会会议结论,2010年11月18日和19日,布鲁塞尔,http://www.consilium.europa.eu/uedocs/cms_data/docs/pressdata/en/educ/117795.pdf。
③ 《文化创意部门的发展促进欧盟的增长和就业》,欧委会致欧洲议会,理事会,欧洲经济和社会委员会和区域委员会的通讯文件,布鲁塞尔,2012年9月26日,欧委会(2012),537号最终文本,第4页。
④ 欧委会:《新的文化工作方案》,https://ec.europa.eu/culture/news/2014/2711-work-plan-culture_en。

算高出9%，用来支持欧洲的文化和创意行业。此计划主要有三个目的：第一，帮助文化创意部门抓住数字时代和全球化的机遇；第二，使各部门实现经济增长，促进可持续发展，增加就业机会和增强社会向心力；第三，让欧洲的文化和媒体部门获得新的国际机会、市场和观众。①

总之，欧盟一直在不断地推出文化政策、战略、议程和计划，系统、规范、长效地推行文化保护和文化创新活动。尤其是把文化和创新经济挂钩，以达到刺激文化市场发展的目的。但是，文化政策的支持并没有促进欧盟文化贸易的巨额增长。虽然欧盟在文化领域的内贸和外贸从整体上看是在稳步提升，由于90%以上的文化企业是中小企业，规模小，贸易发展受到一定限制。

二 欧盟文化贸易情况

进入21世纪，欧盟内的文化创意产业发展很快。总部位于布鲁塞尔的一家研究及咨询公司——KEA欧洲事务所——在2006年的报告中研究了文化创意产业对社会经济的影响并提出一些很有说服力的数据。报告指出，文化创意产业2003年的营业额是6540亿欧元，对欧盟国内生产总值（GDP）的贡献是2.6%。同期，房地产业的贡献是2.1%，食品，饮料和烟草制造业的贡献是1.9%，纺织业的贡献是0.9%。1999~2003年，文化创意产业的总体增长为19.7%，其增长率比整体经济增长高出12.3个百分点。2002~2004年欧盟总体就业水平下降期间，该产业的就业率增加1.85%。在2004年，有580万人就职于该行业。②

文化创意部门的经济表现非常值得关注：2008~2011年，虽然在各个分行业之间的增长速度有所不同，文化创意部门的就业比欧盟整体经济发展的势头更好。文化创意部门占欧盟国内生产总值的3.3%，雇用670万人（占

---

① 欧委会：《创意欧洲》，https://ec.europa.eu/programmes/creative-europe/about_en。
② KEA欧洲事务所：《欧委会教文总司——欧洲文化经济》，第6页，http://ec.europa.eu/culture/library/studies/cultural-economy_en.pdf。

总就业人数的3%)。另外,时尚和高端行业在很大程度上也是依赖文化创意的投入,它们占欧盟国内生产总值的3%,分别雇用500万人和100万人,到2020年高端行业就业人数将达到200万人。①

在过去十年中,欧盟的文化产品贸易从2008年的26.8亿欧元的贸易赤字转为2015年的7.86亿欧元的贸易顺差,这意味着出口和进口的比例从0.8增加到1.2。在这期间,出口从10.53亿欧元增加到14.926亿欧元;而进口基本停滞——2008年为12.03亿欧元,2015年为12.4亿欧元。出口总体年均增长率为5.1%,进口为0.5%。2008~2015年,艺术品、古董、乐器、照片、电影和地图作品的出口和进口均有增长。自2008年以来,艺术品的出口额年均增长12%,是2015年文化贸易总体水平提高的最大贡献者之一。欧盟的文化贸易有如下几个特点:第一,虽然文化贸易有逐年增加的趋势,但各个成员国的对外贸易情况悬殊,出口的文化产品也各有千秋。2008~2015年,欧盟成员国的文化贸易非常不平衡,有的国家达到两位数的增加,而有的遭遇两位数的下降。12个成员国出口持续增加,卢森堡和波兰领先,分别年增加26%和20%。主要是由于艺术品的交易,卢森堡的出口额从2008年的5000万欧元增长到2015年的2400万欧元。而爱尔兰、塞浦路斯和芬兰的文化产品出口2008~2015年分别年平均下降了18%、17%和12%。爱尔兰的出口下降原因是CD、DVD以及留声机片出口的降低,塞浦路斯是由于书籍出口的下降,而芬兰是报纸、杂志出口下降造成出口显著下滑。在成员国中,波兰的进口增幅最大,达到年均20%,主要进口产品是电影、视频游戏、游戏机、CD、DVD以及留声机片。塞浦路斯的进口下跌最厉害,达到年均10%,希腊和匈牙利的进口年均降低9%。②

第二,文化贸易可开发的前景广阔。在欧盟对外贸易的格局中,文化贸易的比例非常低,还需要进一步拓展。尽管贸易值在增加,但欧盟对文化产

---

① 《文化创意部门的发展促进欧盟的增长和就业》,第2页。
② 欧盟统计局:《文化统计——文化产品国际贸易》,2017年1月,第6页,http://ec.europa.eu/eurostat/statistics-explained/index.php/Culture_statistics_-_international_trade_in_cultural_goods。

品的出口额占欧盟出口总额的比例仍相当低，2008年为0.8%，到2015年为0.83%。在2015年，成员国中只有四个国家的文化贸易出口比例高于欧盟文化贸易在总体贸易中的比例，其中，英国的文化贸易出口占其总出口的2.4%。而2015年文化贸易进口的比例只占欧盟总进口的0.7%，比2008年低0.1个百分点。在欧盟成员国中，只有波兰和克罗地亚2015年的文化产品进口与总进口的比例高于2008年的水平。①

第三，欧盟的文化贸易主要在成员国之间进行。也就是说，欧盟的对内文化贸易比对外文化贸易更加发达。2015年，52%的成员国文化产品出口是给其他欧盟成员国，只有48%的文化产品出口是给欧盟以外的国家。保加利亚、波兰、斯洛伐克、马耳他和卢森堡90%以上的文化产品是对其他欧盟成员国出口的。只有英国、法国、瑞典和葡萄牙对欧盟外的出口高于对欧盟其他成员国的出口。同样，欧盟内54%的文化产品进口是来自欧盟成员国的。只有荷兰和英国大规模地从欧盟外进口文化产品。②

艺术品的出口差不多占了欧盟对外文化贸易的一半，达到49%。这些艺术品主要来自卢森堡、英国和法国。书籍的出口也很重要，是16个成员国的主打产品，包括西班牙、拉脱维亚、马耳他和斯洛文尼亚。爱沙尼亚、克罗地亚、芬兰主要出口报纸、杂志；意大利主要出口针织或钩编织物、刺绣和挂毯；丹麦、荷兰和瑞典主要出口电影、视频游戏、游戏机；塞浦路斯和奥地利主要出口CD、DVD和留声机片。美国是欧盟领先的文化产品出口市场。关于欧盟文化出口的合作伙伴，2015年有2/5的产品出口到美国。美国和瑞士共同占欧盟向非欧盟国家出口的60%，主要是在艺术类。欧盟与美国的贸易在2008～2015年从27%上升到41%，而瑞士的百分比略有下降，从22%降至19%。2008～2015年，欧盟文化出口的十大目的地份额从近75%增加到81%。中国是欧盟最大的文化产品进口国。其次是美国，其份额从2008年的22%上升到2015年的29%（主要由艺术作品组成）。新加

---

① 欧盟统计局：《文化统计——文化产品国际贸易》，2017年1月，第6页。
② 欧盟统计局：《文化统计——文化产品国际贸易》，2017年1月，第6页。

坡 2008 年被列为欧盟文化产品进口第八大来源，但在 2015 年从前十位中消失，被加拿大取而代之。总体而言，进口来源比出口目的地更为集中。在 2015 年，欧盟十大合作伙伴占其文化进口的 94%。①

三 欧中文化交流与文化贸易前景

欧中之间的文化交流和贸易活动在 21 世纪取得了很多进展。在 2003 年欧中之间达成战略伙伴关系，同年 12 月，欧盟文化事务和教育专员维维安·雷丁（Viviane Reading）与中国签署了谅解备忘录，成为双方文化政策对话的基础。其目的是促进更密切的合作、促进中国与欧盟的相互了解。此外，在 2006 年欧盟发表的对中国政策文件，强调要加强欧中人文交流和联系。② 在 2006 年 9 月 9 日在赫尔辛基举行的欧中峰会上，双方的联合声明承认文化多样性对可持续发展的重要性，要积极发展和增进欧盟成员国和中国之间的文化互动和关系。③ 2007 年 10 月 22 日，教育、培训、文化和青年事务专员杨·菲戈尔（Jan Figel）与中国文化部部长孙家正签署了联合声明，希望加强文化领域的合作。该声明取代了 2003 年联合声明。④ 随着欧中文化交流的增加，双方选定 2011 年为欧中青年年，2012 年为欧中文化对话年。在 2012 年第十四届中欧峰会上，双方领导人达成共识，把文化交流列为中欧关系的三大支柱之一，并在同年建立了双边高级别人文交流对话机制。从此，欧中之间的文化交流成为双边关系的重要内容。

欧中双方都有着悠久的历史和丰富的文化，都重视文化的继承和发展，也都致力于文化创新与数字经济的结合，而同时，文化又是价值

---

① 欧盟统计局：《文化统计——文化产品国际贸易》，2017 年 1 月，第 8 页。
② 《欧盟—中国：更紧密的伙伴、扩大的责任》，欧委会致欧洲议会、理事会的通讯文件，布鲁塞尔，2006 年 10 月 24 日，欧委会（2006），631 号最终文本，第 9 页。
③ 《第九届中欧峰会赫尔辛基 2006 年 9 月 9 日联合声明》，布鲁塞尔，2006 年 9 月 11 日，12642/06（新闻发布第 249 号），第 11 页。
④ 媒体咨询集团：《欧盟与第三国文化交流潜力：中国的情况》，欧洲议会文化教育委员会项目，2009 年，第 85 页。

观、认同感和归属感的源泉。欧中文化贸易既为双方带来经济增长、创造就业机会，也是彼此经济和社会发展的推动力，是促进彼此相互了解和学习的有力工具。欧中文化贸易近年来有所发展，但在双边贸易中所占比例有限。未来还需要进一步努力开拓双方的文化贸易合作。2004～2007年，虽然欧盟27国对外文化贸易下降了10.3%，从107.07亿欧元降至98.1亿欧元，但对中国的文化服务出口却有所增加。事实上，欧盟27国对中国文化贸易从2004年的3100万欧元增加到2007年的4900万欧元，增长了58%。然而，在整个欧盟对外文化贸易中，中国只是一个微不足道的合作伙伴，2004年占欧盟文化贸易总额的2.9%，2007年占5.1%。①

2008～2015年，中国在欧盟的文化贸易中的地位在逐渐上升。从欧盟的文化产品出口市场来看，2008年的欧盟十大出口市场并没有中国，到了2015年，虽然欧盟出口到中国的文化产品只占其总文化出口的2.2%，但中国已经进入欧盟十大出口市场的第六位。此外，中国是欧盟文化产品最大的进口来源。但是对比2008年的情况，欧盟从中国的进口（主要是电影、电子游戏和游戏机）份额在2015年有明显的下降——从2008年的52%下降到2015年的40%。②

从以上数据可以看出，双方文化贸易有待进一步挖掘，无论是欧盟还是中国，其文化产品贸易总额以及所占总贸易额的比例都还比较有限。双方文化贸易潜力很大。通过双方更多的政策对话和人文交流，以及更多的文化产品和服务的开拓，可以加深双方对文化的理解和认同，提高在文化贸易方面广泛深层的合作，实现文化产业的创新与共赢发展。

---

① 媒体咨询集团：*The Potential for Cultural Exchanges between the European Union and Third Countries: The Case of China*（《欧盟与第三国文化交流的潜力：中国的情况》），此文是应欧洲议会文化教育委员会要求而作，2009，第92页。
② 欧盟统计局：《文化统计——文化产品国际贸易》，2017年1月，第8页。

实践创新篇

Practice and Innovation

B.21
文化授权：文化贸易发展的有效路径

任义彪*

摘　要： 文化授权是一类以文化创作及以文化标识产品的权利为主体的综合性授权形式，其对象和授权类型多样①；同时，文化授权的过程又是知识产权有效保护和规范运用的过程。当前，国际授权产业与市场已十分发达和成熟，我国文化授权产业正加速起步，文化授权可以促进文化资源向文化资本的转化，打造多方共赢的发展模式，将有效促进与推动文化产业与贸易规模的提升。国家对外文化贸易基地（上海）勇当文化"丝绸之路"排头兵，自2014年起着力创新打造"中国（上

---

* 任义彪，国家文化贸易学术研究平台专家，国家对外文化贸易基地（上海）运营机构总经理，研究领域：文化贸易，文化授权等。
① 王秀伟：《文化创意产业视域下的博物馆文化授权研究》，中国科学技术大学博士学位论文，2016。

海）自由贸易试验区文化授权交易会",不断拓展文化贸易和版权贸易的发展及其实现形式。交易会特色鲜明,成效显著,呈现国际化、多渠道助推、多类型合作等一系列特点,逐步成为文化授权促进产业融合发展的专业平台。在机遇和挑战共存的当下,积极开拓文化授权,无疑是文化贸易与文化产业做强做大的有效途径,更是实现中华文化"走出去",不断提升与扩大影响力的重要方式。

关键词: 文化授权　国家对外文化贸易基地（上海）　文化授权交易会

一　文化授权的概念与内涵

"授权"从法律意义上讲,是授权者与被授权者双方在法律规制下通过履行法律规定和相关规则进行的双向互动过程,包括:授权者将权利委托或许可他人使用或执行,被授权者在行使所授权利的同时相应承担一定的义务和职责。从经济学的视角来看,可将其视为权利资源的生产、消费与再生产过程。随着市场经济与现代管理思想的发展,"授权"这一概念已经从最初的政治和法律领域扩展到组织管理、经济管理等诸多领域。在国际上,授权作为一项经济活动,已经与市场行为深度结合,成为一类重要的产业——授权产业。

作为授权产业的组成部分,文化授权是一类以文化创作及以文化标识产品的权利为主体的综合性授权形式。相对于其他授权类型,文化授权涉及范围较为宽泛,而不是单一的授权类型。其对象涵盖了与特定文化相关的著作权、商标权、专利权等知识产权,授权类型涵盖了国际授权业协会（International Licensing Industry Merchandiser's Association, LIMA）授权分类中的商标和品牌授权、艺术授权、人物和玩偶授权、电视电影授权、出版授权等各个类型。在此基础上,可以将文化授权界定为授权者将自己所拥有或

代理的文化创作或生产的产品以及与产品相关标的物的权利,以合同的形式授权给被授权者使用,被授权者根据合同的规定将授权物在特定的地理区域和时间范围内应用于特定产品的创意、生产和营销之中,以此提高经营活动、产品的附加值,并按约定向授权者支付权利金或其他报酬的活动。[①]文化授权的过程又是知识产权有效保护和规范运用的过程。通过授权这一形式,能够实现文化内容相关知识产权载体及价值的转换、再开发与再创造。所以,文化授权也可理解为以保护、开发和运用知识产权为核心的文化创意活动。

二 国家对外文化贸易基地(上海)的文化授权探索、实践与创新

国家对外文化贸易基地(上海)紧跟"一带一路、文化先行"的倡议和要求,勇当文化"丝绸之路"的排头兵,主动融入"一带一路"文化创意产业开拓大潮。为不断拓展文化贸易和版权贸易的发展及其实现形式,自2014年起就着力创新打造自主品牌文化贸易专业展会——中国(上海)自由贸易试验区文化授权交易会(英文简称"CCLF")暨"中国文化产品国际营销年会(文化艺术授权)",为中外文化授权产业中的IP拥有方、产品制造商、授权经营商、投资者、品牌运营商等搭建起全新概念的跨界拓展与贸易促进的大平台。这也是基地结合自贸区的开放政策、功能优势和自身的公共平台服务定位,"先行先试"进一步探索实践自贸区内对外文化贸易和版权贸易促进与发展的重要举措。

交易会采用新颖独特的"酒店式交易会"会展形式,定位国际化、专业化、市场化、品牌化,注重B2B的业内交流与互动,围绕"艺术类授权;创意设计类授权;民间非遗类授权;动漫、游戏、影视、音乐、文学等综合

---

① 王秀伟、潘彬彬:《文化授权理论及其在博物馆中的应用》,《文化产业研究》2016年第2期。

类授权"四大板块，配合以专业互动体验活动、线上商洽配对、法务与政策咨询等多种综合服务，同期举行中国文化产品国际营销年会（文化艺术授权），探索实践文化与授权相融合、相交互的发展业态，搭建IP授权促进产业交融发展的专业平台。

2016年，结合"一带一路"倡议，交易会汇聚了来自中国、新加坡、以色列、泰国、南非、丹麦、印度、美国、加拿大、法国、德国、英国、俄罗斯、日本、韩国等15个国家的130余家展商、140个重点参展项目、200余个优质IP、万余件展品与项目。参展商数量、展品数量以及展品品质等均超出往届，增幅超过20%，其中新IP和品牌占比一半以上。90%的展商及展品都与心仪的专业观众或机构进行了洽谈，达成了多项意向与合作，洽谈意向金额近1.2亿元。交易会呈现以下特色。

（一）"一带一路"+"金砖五国"，全面拓展国际文化授权市场

此次交易会首次引入南亚、东南亚、北欧和非洲地区的相关展商，吸引了多个"一带一路"沿线重点国家及"金砖五国"成员国展商参展，积极对接海外文化授权市场，打造文化授权领域的国际展示与交易平台。韩国、南非等国家的组团参展，也形成了别具一格、特色鲜明的国家展区。

其中，植根花实艺术空间已是第三度携以色列裔艺术家作品参与授权展，2016年除了来自大卫·歌斯坦的不锈钢艺术品，还带来了其他以色列艺术家风格迥异、创意无限的作品。植根花实通过三年的参展，已累积了一定的观众与客户群体，慕名而来的观众指定要看植根花实艺术空间带来的新作。借助授权展这一平台，大卫·歌斯坦的艺术作品也与浦东唐镇文创中心，世界级标准医养活力社区——泰康之家等先后签订合作协议，作品销售代理权、衍生品开发等授权合作已全面开展。

作为"金砖五国"的成员国之一，南非多家文化艺术机构集体亮相本届交易会。开普国家大剧院选取极富非洲民族特色的文化艺术元素，坚持原创设计，用纯手工的方式，制作世界级优质产品。好望城堡国家博物馆携馆藏绘画、陶瓷等艺术精品，带领观众领略多种艺术形式表达出的多种生命形

态。津巴木雕艺术创作中心带来了非洲独特的手工木刻艺术。开普亚洲展示的非洲原创、纯手工编制艺术品，将精细和优雅做到极致。交易会不仅为中国观众近距离感受南非艺术魅力提供了难得机会，也为进一步深入拓展南非文化授权市场和扩大合作打下坚实基础。

（二）汇聚海内外文博机构，助推文博衍生产业发展

2016年3月国务院公布的《关于进一步加强文物工作的指导意见》强调，要"大力发展文博创意产业，延伸文博衍生产品链条，拓展产业发展空间，进一步调动博物馆利用馆藏资源开发创意产品的积极性，大力引导文化消费，培育新型文化业态"。国家这些重大政策的推出与倡导，使得文化创造、文化创新、文化创意被提升到一个全新的高度，博物馆文化创意产品的研发和拓展迎来了前所未有的最佳机遇。此次交易会也紧密结合国家文化重大政策，汇聚了上海博物馆、中国航海博物馆、陈云纪念馆、孙中山故居纪念馆、鲁迅纪念馆、翰林匾额博物馆等沪上十多家重点文博机构，以及来自"一带一路"重点省份的新疆维吾尔自治区博物馆、新疆当代美术馆和来自南美的好望城堡国家博物馆等集聚参展，纷纷推出它们的文博文创概念，带来了极具特色、富含设计感的博物馆创意产品，产品类型涉及家居、服饰、办公用品、艺术复制品、书籍、食品等，令人目不暇接，想象无限。

其中，新疆一行文化艺术学术中心是致力于丝绸之路艺术创作、展览、出版及新疆非物质文化遗产保护、传承、推广的综合性、非营利艺术机构。2013年新疆一行文化作为"塔吉克族刺绣"项目保护单位列入"新疆维吾尔自治区第四批自治区级非物质文化遗产名录"中；先后策划、设计、出版图书《阿不都克里木·纳斯尔丁》美术作品集、《黄金腹地行——2007环塔克拉玛干写生作品集》等20余部。版权作品"新疆龟兹壁画艺术衍生品系列"荣获"丝路·长安——第二届中国创意产品大赛"银奖，在艺术衍生品开发领域积累了许多成功的经验和案例。此次首次参展，展出的富有新疆特色的艺术衍生品系列吸引了众多的目光，给业界以耳目一新的观感。

（三）非遗技艺异彩纷呈，授权激发传承与创新

"创新创意""IP授权"这些新兴的基于科技发展、市场运营的全新拓展方式和渠道，不仅让非遗传统手工艺的绝品绝活回归广大民众的视野，也为更多的工业品、日用品乃至食品等日常产品和商品有了增添艺术美感和气息的创制空间。"京绣""上海绒绣""木版年画""烙画""哈密疆绣""金山农民画""绣塑"等众多非物质文化遗产齐齐亮相本届交易会，借助交易会授权服务平台，推动民族文化元素与现代时尚设计有机结合，不仅实现中国优秀文化资源的共享、传承和传播，也让更多热爱中国优秀传统文化的人们能更多体验与感受到非遗技艺的魅力与风采，最终探索并形成中国文化特色和国际视野兼备的非遗与创意设计融合发展之路。

其中，京绣又称宫绣，是一门古老的汉族传统刺绣工艺。定兴京绣是京绣大家族中的一个分支，历史悠久、传承至今，并于2014年被评为国家级非物质文化遗产。定兴京绣用料讲究、技术精湛、格调典雅，目前文创产品已有千余种，既包括传统题材式样的龙袍、凤袍、官补、唐卡等，也有壁挂、靠垫、箱包等现代家居饰品，更有借鉴现代时尚元素的高档手绣旗袍、礼服、披肩等。本次参展，除了让观众有机会近距离研赏令人叹为观止的刺绣艺术，更为刺绣这一充满中国特色的艺术元素寻求更多授权合作与开拓提供了全新的渠道。

（四）路演评选聚焦优质IP，多渠道助推企业"走出去"

企业IP路演评选是交易会与同期举行的中国文化产品国际营销年会相互联动的一个亮点创新举措。经过层层选拔入围现场路演评选的5家优秀文化企业分别是：山西灌木文化项目、景德镇格物陶瓷文化项目、青岛星蓝文化项目、上海聚灵文化项目和掏子工作室项目，覆盖非遗、创意设计、动漫影视等多个核心文化领域，代表着IP生态链中的不同环节。来自业界的5位专家评委在评分环节就项目核心竞争力、营销策略、品牌管理、商业模式等方面进行了深入的点评和探讨，同时也指出了每个项目所存在的不足之处

与努力方向。

借助路演评选这种形式,为文化企业间搭建起一个信息流通、交流展示、顺畅对接的公共服务平台,为优质文化项目提供切实有效的落地机会,不仅能积极促进单个文创企业的发展,也能推动整个中国 IP 生态链的构建与完善。经过激烈角逐,上海聚灵文化项目、青岛星蓝文化项目和掏子工作室项目最终斩获现场路演评选"优秀项目"奖,并获得随基地参与香港国际授权展、美国拉斯维加斯品牌授权展等国际知名专业展会,在更高层次的国际专业舞台上,进一步推介自身优秀文化品牌的宝贵机会,也充分体现了基地致力于开辟多种渠道,助推中国文化企业与产品更好地"走出去"的不懈努力。

(五)拓展线上线下对接平台,促成多类型多业态授权合作

文化衍生品的创意开发不仅依托于原作本身精致的创意、外形、多元的元素及丰富的内涵,同样也考验中端设计者将原作嫁接转移到商品上的独思巧想有机衔接,即富有创意的二次创作与开发,及下端分销商、品牌管理商等在商品营销、推广上的专业理念和成功实践。因此,此次交易会仍然十分着重加强专业人士与创意机构间的商务配对,以精准配对为目标,实现"线上"与"线下"商洽平台的有效拓展与有机对接。

此次交易会首次体验线上 B2B 的商洽配对,全面实行线上商务邀约,应用 O2O 电子商务模式,买家和投资商可预先从网上查看交易会上的 IP 项目,并随时向主办方预约心仪的 IP 项目进行洽谈,有效提高商务对接的便捷性、针对性和成功率。关注创意前端,引导传统行业、优质 IP 全方位对接移动互联网,触达更多有效人群,帮助企业消除行业壁垒和对话通道等制约与限制,辅助现场交易达成,让更多参展企业享受和实现更好的商务服务体验,为参展企业与买家、新 IP 与投资方之间实现更活跃的互动、碰撞与交流,创造更多的商务合作与开发机遇和空间。交易会结合线上"商洽平台"与线下观众数据库,吸引了版权拥有方、授权商、授权代理机构、制造商、品牌管理公司、市场推广人、授权顾问等近 1000 个业内专业机构与

人士参与交易会进行洽谈，取得了丰硕的成果。

通过连续举办这类专业展会，国家对外文化贸易基地（上海）在为文化客商们提供良好的参展和观展氛围与环境的同时，也培育着中国文化企业的版权保护和版权开发意识。展商们尤其是来自民间的"草根"创客们对产品知识产权的保护意识也正发生着不小的变化，这方面的意识正日益增强和体现，如对未获得版权登记的新形象加以拍摄的限制；对新产品或设计及时进行版权登记；严格按照授权合同，仅展示可公开的产品设计或仅将被授权的产品进行展示，而不进行销售等专业的行为表现与可喜的变化。版权保护意识的增强和运用，也对有效促进中国文化产业及对外文化贸易尤其是版权贸易的发展奠定了良好的基础。

三 结语

当前，国际授权产业与市场已十分发达和成熟，美国、日本、英国等国家已走在世界行业发展前列。我国文化产业与文化贸易蓬勃发展，文化授权产业的加速起步，将有效促进与推动文化产业与贸易规模的提升。国家对外文化贸易基地（上海）自主创办的文化授权展为中外授权产业中的文化创意者、产品制造商、授权商、授权经营商、授权代理机构等搭建了一个展示、交流、商洽与服务的综合性国际平台，整合全球专业资源，实行全球化产业链条布局、助推传统与新兴产业与文化创意间交互与融合，带动文化贸易的蓬勃发展做强做大。

首先，文化授权可以促进文化资源向文化资本的转化。从经济学的角度分析，单件文化艺术作品，即便能够在市场上进行交易，但由于流通量不足的限制与艺术品交易本身的规律特点，无法形成规模经济。而文化授权凭借先进的数字科技和无穷的文化创意，使文化艺术作品的复制、包装、深度开发、融合、交互等开拓形式成为现实。"授权"是对原创文化艺术作品进行再开发、再利用，打通了文化产业价值链中受知识产权保护的文化创意的授权、策划、开发和产业化等各个环节，使文化创意在知识产权的保护下不断

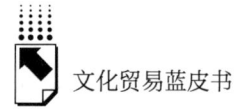

扩散、延伸和增值。通过"授权"的形式进行评估定值、确权登记、限量限时等规范的运营方式，可以有效地推动文化资源向文化资本的开创性转化，在此基础上也促成文化创意和设计与制造业、旅游业、服务业乃至金融业等传统规模行业的资源实现跨界整合与交融①，提升和健全传统行业与产品的价值体系，既满足广大消费者的个性需求，又能提高市场整体效益、影响和国际竞争力，进而实现文化价值的最大化与规模化。

其次，文化授权能够打造多方共赢的发展模式，促进文化贸易各个环节主体的良性发展。文化授权不只是将标的物以简单的、原封不动的形式授予被授权人，而会根据消费者审美和文化消费特点，以及衍生产品的本身特点等对授权内容进行必要的二次创意设计，融入当代的审美价值，以创意设计和理念的方式加以呈现。对授权内容进行创意性设计，属于知识的创新与再生产过程，实质上是对已有知识产权的开发。文化授权这一商业模式，对产业环节的每一个单位都有益处：从应用文化授权企业的角度来说，自家产品因为文化授权创造的附加价值提升而获益；对艺术家而言，把作品的无形价值作为版权商品推向市场过程中的包装、推广、展售行为，不仅是对艺术家进行良性的社会化宣传，同时其原作在艺术市场的经济价值和影响也会随之提升与扩散；从美术馆、博物馆的角度来看，将馆藏作品以授权方式转变为特定商品，为其自身的发展与提升也带来较高的价值补偿，由销售取得的获益可返回至馆内作为艺术与文化永续推广与教育的经济补充和来源。②

但就总体而言，中国的文化授权产业正处于起步阶段，"文化授权"的概念在中国市场的接受度、认知度与运用度仍然较低。文化授权产业的发展也面临着诸多挑战：原创力较为薄弱、核心品牌缺失；品牌价值定位模糊、保护意识还不够强；开发者与营运者的短视、不够专业；相关产业的意识和能力的不足；等等，如一旦某部动漫作品走红，动漫企业容易盲目地对其进

---

① 王秀伟、汤书昆：《从文化资源到文化资本的转化——产业融合视角下的艺术授权思路》，《民族艺术研究》2015年12月。
② 苏怡和：《艺术授权产业的政策、法规与模式——基于大陆和台湾的比较研究》，《广告大观（理论版）》2012年6月。

行媒体曝光，扩大授权领域，过分追求品牌在短期内的价值变现，而忽视对品牌长效价值的保护与运作，从而透支了市场对该作品的期待，让品牌的生命周期快速变短；盗版现象的存在、知识产权保护仍有待强化，由于文化授权的经营具有创意及研发投入高、复制成本低等特点，如果知识产权无法得到有效保护，创意人员便难以收回在创作过程中所耗费的大量投资，直接影响着文化授权产业的发展与规模形成；中介组织不足、复合型人才的短缺，也是制约我国文化授权产业发展的关键因素之一，文化授权产业的发展，需要艺术家、授权商、制造商、销售商等不同角色的携手，但目前国内这条产业链尚未形成[1]，不少艺术家向下游延伸的专业能力有限，而授权商、制造商和销售商向上游对接的专业能力也有限，这就大大降低了文化授权行业的运行效率，也限制了文化授权产业规模的快速扩张。文化授权的运营需要懂艺术、懂法律、懂商业、懂市场、懂消费心理等复合型跨界人才的串联和整合。发掘和培养既懂文化本质又熟识产业运作的人才十分紧迫，而市场能提供的机会和空间也有限，相应的专业人才培养的师资力量和市场主体也亟待提升。建立政产学研联动的文化授权专门人才培养模式，也是文化授权产业实现长期健康积极发展的重要基础之一。但在机遇和挑战共存的当下，积极开拓文化授权，无疑是文化贸易与文化产业做强做大的有效途径，更是实现中华文化"走出去"，不断提升与扩大影响力的重要方式。

---

[1] 樊诗禹：《"艺术授权"，把名家名作带进生活》，《文汇报》2011年8月18日。

B.22
借力文化保税区优势创新发展影视贸易

程春丽*

摘　要： 文化保税区是通往国际市场的渠道，享有"免证、免税、保税"优惠政策，旨在为文化"走出去"战略提供一个全新的平台，文化保税实践与经济发展水平、经济区位、交通条件等联系密切。影视贸易在文化保税区中的发展还处于刚刚起步的阶段，两者的结合具有重要意义，影视贸易在很大程度上同时具备文化产品和文化服务的特性，所以在文化保税区中更容易形成产业链式的发展，惠及其他相关文化产业，提高总体的文化产业国际竞争力。目前，影视贸易的发展潜力逐步得到挖掘，文化保税区能够通过保税仓库和技术优化推进影视贸易的基本功能。近年来，多项积极政策的出台为中国电影艺术全面繁荣发展注入了强劲的动力，为充分借力北京、上海、天津自贸区的优势和政策，拓宽影视贸易的发展渠道，我们需要强化融合机制、创新管理模式、加强合作协调、落实创新实践以及其他一些必要措施来创新发展影视贸易。

关键词： 文化保税区　优惠政策　影视贸易

---

* 程春丽，国家文化贸易学术研究平台专家，华谊兄弟文化传媒有限公司电视部副总经理，研究领域：影视版权贸易、国际发行等。

近年来，中国综合国力不断增强、国际地位不断提高，改革开放在文化领域的步伐不断加快，大量具有中国特色的文化产品和服务走出国门，融入国际市场，同时国内对优秀文化产品和服务的需求也急剧增加。由此，文化产业得以快速发展，在获得良好的社会效益的同时，实现了其巨大的经济价值。但是，中国文化产业的进一步深化发展依然面临许多问题，例如文化资源尚未充分开发、文化产品出口数量仍然相对较少、文化服务出口质量相对不高、国际市场竞争力与西方发达国家有一定差距等。为此，文化部出台《关于进一步加强和改进文化产品和服务出口工作的意见》，要求认真实施"走出去"重点工程，不断探索出口渠道，建设和强化国际营销网络模式，通过多样化途径使我国文化产品和服务走向国际。继党的十八大提出要深化我国文化体制改革，推动社会主义文化大发展大繁荣之后，党的十九大提出坚定文化自信，推动社会主义文化繁荣昌盛，要加强国际传播能力建设，提高国家文化软实力。因此，文化保税区的构想应运而生，是一次大胆探索，为充分利用资源和政策发展对外文化贸易提供了绝佳的机会。

一 中国文化保税区的发展现状

文化保税是指将保税区、出口加工区、保税港区等各类海关特殊监管区域的功能和政策运用到文化产业的贸易环节上，并加以创新应用。文化保税区，即依托综合保税区的平台，将国际贸易中针对普通商品的保税政策及通常做法运用在文化领域，并根据文化产品创意、设计、生产、存储、销售特点进行政策资源整合和制度创新。① 文化保税区是通往国际市场的渠道，旨在为文化"走出去"战略提供一个全新的平台。文化贸易是实现文化产业化和国际化的有效途径，应该与综合保税区平等地享有"免证、免税、保税"优惠政策，在文化保税区内文化企业以及文化产品不仅享有免进出口

---

① 刘航、王荣忠：《西部首个文化产业保税园区落户西安综合保税区》，《西安晚报》2013年7月26日，http://district.ce.cn/newarea/roll/201307/26/t20130726_1163345.shtml。

许可证的待遇，简化部分报关手续，提高文化产品的国际转运效率，而且企业自由文化贸易，外贸及合资文化贸易、中介、生产企业特许入区，发生的企业间交易，特别是国外文化产品进区中转及存储免证、保税、交易免税还可免征交易税。此外，在保税区内，可免除境外文化产品入境30%以上的关税等，国内文化产品、原材料进区退税，企业同时还可享受保税区的其他特殊政策。至于"境内关外"运作方式，即文化企业可以利用保税区"入境不入关"的相关政策优势，降低生产与贸易活动的运营成本，增加企业利润，增强企业合作活力。

经济发展水平对文化保税实践影响重大。社会经济发展水平越高，其产业结构、消费能力以及交通条件等因素都更利于大规模对外文化贸易的发展。因而，目前我国文化保税走在最前列的当属一线城市北京、上海、深圳。上海是国内首个推行实践文化保税的城市。2007年，上海在外高桥保税区率先建立上海国际文化服务贸易平台，并于2011年11月成为文化部命名的全国首个国家对外文化贸易基地。一年之后，由文化部命名、北京歌华文化发展集团与北京天竺综合保税区共建的北京国际文化贸易服务中心，借助园中园的实现形式，使北京成为目前国内唯一依托空港建立国家级文化保税区的城市。2013年12月，深圳成为中国第三个拥有对外文化贸易基地的城市。不同于一些发达的文化市场体系，我国文化领域的改革开放同样是具有中国特色的、不断实践创新的。目前，上海外高桥保税区和北京天竺综合保税区走在全国前列，发展活力强劲，为我国文化贸易保税区的建设提供了较好的示范作用。

二 文化保税区实现影视贸易的基本功能

国家对外文化贸易基地作为我国实施文化"走出去"国家战略的首块"试验田"，是中国文化"引进来、走出去"的前沿阵地。根据国家《"十三五"时期加强全国文化中心建设规划》，国家对外文化贸易基地近年来不断调整定位，实现从实物贸易到服务贸易的产业升级。其中，在愈来愈大的电影市场背景下，影视贸易包括生产制作、发行与推广、金融投资、设备与服务等方面，其发展潜力逐步得到挖掘。特别是当影视贸易公司借力于文化保税区，极大地增加贸易的便利性、降低了贸易的成本、提高了贸易的效率。目前，文化保税区能够实现影视贸易的基本功能有以下几个。

（一）保税仓库

1. 器材租赁服务

在首都国际对外文化贸易基地里，有一个特殊的仓库——保税仓库，这里是为许多大型演出活动、影视拍摄以及制作设备提供免税租赁的场所。以影视贸易中心展示区的一辆超大房车为例，它是一辆转播车，可跟随拍摄完成3D电视转播和赛事等活动项目，可完成影视设备保税租赁贸易，文化企业能够保税租赁非常昂贵的影视设备，大大降低其制作成本。

同时，舞台演出等项目所需的很多设备需要进口，在设备引进的过程中时常会遇到价格高昂、搁置浪费的情况，但是如果文化保税园能够引进国际较先进的各类演出所需器材，然后租赁给国内的各个企业团队，关税分次摊销，不但能够降低成本，而且使资源得到充分利用。国外演出团体进入中国市场，可以在设备进关和转关环节等方面得到便利，而中国演出团体赴国外演出，则可以通过中国保税区海关体系与国际海关的沟通合作，降低运营成本。

2. 片库资源储存

由"保税仓库"带来的减免关税政策，能够大大降低商务费用。这是上海保税区的一个非常经典的案例带来的经验。在上海外高桥保税区，曾经储存着来自星空卫视的7000多筒电影资料胶片。在2010年上海东方传媒集团有限公司（SMG）旗下华人文化产业投资基金，收购默多克新闻集团星空卫视3个频道及星空华语电影片库业务后，星空卫视在境外的很多宝贵片库资料遇到价格评估、通关手续繁杂、税费高昂等问题，基地利用保税区政策，星空卫视庞大的片库资源以"入境而不通关"的形式，运抵

上海外高桥保税区，SMG相关负责人表示，今后不但会将星空卫视华语影视片库全部分批运回国内，还会将星空卫视的节目制作、发射等相关传媒业务逐步移至该平台内开展运营。未来，这里将成为该集团对外文化输出的窗口。①

（二）技术优化

保税园的目的不仅仅是提供器材租赁服务，而且希望依托器材项目，为中国影视文化贸易带来全方位的国际先进技术、团队、服务等，改善国内的影视后期制作因受设备、技术等多方限制而在海外完成的困境。将海外先进的技术和设备等硬件制作设备引入保税区，既免去了入驻团队需要交税的顾虑，又有助于提高国内影视产业的技术水平和产出效果。目前，该器材租赁中心已为100余部中国影片提供了服务。

在国外，除了器材租赁，影片的后期加工也是影响影视效果的重要环节。例如，一部国内拍摄制作的电影胶片到海外做后期加工，完成的胶片在没有经过技术和内容审查时仍属于半成品，但在回国入关时要比照成品电影对其征税。而文化保税区能够使企业的文化产品在保税区内享受免进出口许可证待遇，减少部分报关环节，降低制作成本。

三 自贸区发展影视贸易的积极政策

由于国家促进电影产业发展政策密集出台，为中国电影带来了良好的发展机遇。2010年颁布的促进文化市场发展的《关于促进电影产业繁荣发展的指导意见》，第一次将电影产业的发展提升至国策的高度，并通过了发展的主要措施；2014年6月，财政部、国家新闻出版广电总局等七部门推出了《关于支持电影发展若干经济政策的通知》等多项政策出台形成的组合

---

① 刘妮丽：《北京"文化保税区"：减免税费护航进出口》，《中国文化报》2015年3月28日。

拳，为电影产业发展提供了有力支撑，为中国电影艺术全面繁荣发展注入了强劲的动力。在北京、上海、天津等地区的自贸区内也有相应务实的针对影视贸易的政策，充分利用自贸区的优势和政策，为影视贸易的发展拓宽了渠道，打通了道路。

（一）国家对外文化贸易基地（北京）启动影视娱乐产业板块

国家对外文化贸易基地（北京）以其空港的优势、文化部和北京市政府的政策倾斜，在发展影视娱乐产业方面具有非常明显的优势。2017年3月23日，正式启动了影视娱乐产业板块的建设，园区计划引入具有世界水平的影视动画生产企业、长期供应合作伙伴、国际专业人才以及世界前沿的技术和创新理念要素，尝试构建一个国际影视制作分发平台，形成涵盖影视、动画和游戏三大产业的创意、研发、制作团队，并开拓海外版权发行渠道。

中新合资企业Huhu Studios是第一批入驻基地的影视动画制作企业，它是新西兰第二大动画公司，拥有成熟的IP运作模式和销售网，以及成熟的影视动画管理系统、先进的动画制作技术，自中新两国签署自贸协定以来，与中国企业在文化产业领域有多个重要合作案例，其参股公司在入驻北京基地后将筹建一个具有国际水准的动画工作室和影视特效工厂，深入挖掘中国特色文化元素，创新动画产品，融入国际动画市场，使中国文化走向世界，传播到全球。Huhu Studios还计划在中国开展影视动画制作的系统培训课程，网络课程现已在北京一些专业技术培训学校上线，为中国培养一批具有国际水准的影视动画制作人才。在此之后，基地还计划引入好莱坞顶级影视制作公司——THE THIRD FLOOR。

这两个具有成熟的影视生产体系和核心制作技术的企业，将成为基地的核心企业，这为后期再通过引进上下游相关联企业，例如，搭建数字摄影棚，完全覆盖生产加工制作流程，构建一个以影视制作、艺术创作为主，并融入国际服务贸易的产业生态体系奠定了基础。进而，不断融合并发挥入驻企业的核心优势，并利用相关机构和企业的国际发行途径，构建一个"全球通畅"的国际影视发行平台。

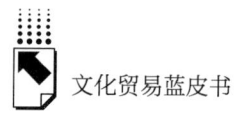

（二）上海文化保税区重点打造影视产业链布局

2015年由上海市委宣传部和市文广影视管理局等多个部门共同研究制定《关于促进上海电影发展的若干政策》。近年来，上海电影产业发展的新趋势和今后发展的重点主要是围绕产业链部署创新点，通过优化电影产业布局，推动电影与教育、金融、科技等融合发展。

在影视资金上，依托上海自贸区文化领域开放的契机与上海建设金融中心的优势，聚焦在好莱坞已被广泛应用和认可，但在内地市场尚未破冰的"完片担保模式"，通过对完片担保的本土化探索，制定适合上海电影产业需求特点的投融资机制和服务模式；在出口方式上，采用"抱团出海"的方式，组织国内企业参加海外影视文化交易专业展会与活动，积极推动文化产品和服务"走出去"。如法国戛纳电视节、洛杉矶艺术展、美国演艺出品人年会、科隆游戏展、香港国际影视展、香港国际授权展、美国拉斯授权展、中南文化年文化贸易活动、中拉文化产业交流会和中新欢乐春节文贸系列等活动，让文化企业、项目和产品能"借船出海"；在提升国际化竞争力上，保税区与美国国家广播影视行业协会签署战略合作协议，引入全球数字媒体娱乐行业中贸易规模最大的展会之一全美广播影视设备展（NAB SHOW），并于同年12月在上海举行高峰论坛和小型装备展，2016年12月6~9日，汇聚了索尼、哈曼、科视、上海广播电视台、大疆等来自16个国家的近150家专业展商的2016 NAB Show Shanghai在上海首次开展。文化与科技、研发、制造、影视、投资、贸易、服务各业态将通过文化装备产业的引进与发展，推动全产业链在中国得到进一步的打通和能级的提升；在培养国内影视企业上，积极引进优秀的影视企业入驻，鼓励企业与国际化接轨，利用合拍片为发展机遇。例如中影（上海）国际文化传媒有限公司，是一家由中国电影股份有限公司旗下中影数字电影发行有限公司、中影器材有限责任公司、中国国际传媒集团有限公司和华大影业四家共同投资的公司，2014年成立于上海自贸区，是具有电影制作、发行、推广、后产品开发、会展、产业孵化基地等完整产业链，具有综合国际国内竞争力的电影企业。

公司旨在建设国际水准的发行合作平台，推动中外合拍电影项目的深度合作和发展，推出一系列具有世界影响力的电影文化产品，推动中国电影走向世界舞台。

（三）天津自贸区首推影视文化专项政策，筹建影视自贸区

影视产业与金融资本的合作是密不可分的，但由于影视产业普遍为轻资产，融资难问题始终存在。作为推进影视金融产融结合、金融创新的重要举措，2017年8月天津滨海新区中心商务区暨中国（天津）自由贸易试验区中心商务片区在京召开天津自贸区影视文化政策推介会暨影视金融创新产品发布会，推出国内首个自贸区内较为详细的影视文化扶持政策。政策提出要加大财政扶持力度，扩大专项政策扶持范围，同时，设立产业发展专项资金，补贴产业发展。鼓励举办高水平、多样化、专业级别的影视文化产业活动，积极扩大产业影响。另外，鼓励就业落户，加强人才支撑。设立产业引导基金，支持影视创作。对在中心商务区设立的为影视文化企业提供服务的创新型企业和机构；对有影视版权、剧本版权、影视衍生品跨境交易，艺术品保税展示、影视设备保税租赁、中外制作影视作品平台等自贸试验区的企业，经认定，可采取"一企一策"的方式，为企业提供专门的政策创新支持和政府服务支持。

并且，高新区目前正在积极筹备建立中国第一个文化与影视自贸区，还将成立影视产业基金，支持中外合拍制作影视作品。未来涉及关税、签证、设备租赁等问题，都有望通过自贸区的建设得以解决。依托国家影视网络动漫实验园、国家影视网络动漫研究院、智慧山创意产业基地、渤龙湖视觉工业大道等产业发展载体，天津高新区已经汇集了卡梅隆佩斯中国集团、欧划影业、乐道互动、今日头条、中文在线、神界漫画等一批具有带动性、示范性和原创性的科技文化企业，在未来三年内将力争形成超千亿元的影视文化产业链。[1]

---

[1] 贾旭、张海燕：《龙头项目带动 筑起千亿产业集群》，《科技日报》2017年3月10日。

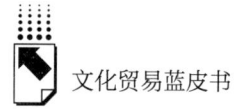
文化贸易蓝皮书

四 进一步推动文化保税区可持续发展的展望和建议

目前中国的三家文化保税区都各自有着自身突出的特色优势和相对的劣势和局限，其他一些还没有设立文化保税区的地区，例如天津，也不断在自贸区中探索与文化相关的产业政策和实践。所以，文化保税区的发展必将在北京和上海的示范引导下蓬勃地发展。因此，文化保税区内的影视贸易也将随之发展得越来越成熟。以下是对进一步推动文化保税区可持续发展的几点建议。

（一）扩大禀赋优势，强化融合机制

推进优势和特色对外文化贸易行业领域不断壮大，形成具有国内外影响力的对外文化贸易基地。在创新文化保税实践过程中，要进一步开发利用文化资源，发挥并扩大在人才、技术等方面的比较优势。通过科技引领、渗透，产业集聚、示范，政策扶持、引导等措施，促进文化与科技、文化与不同行业的融合。一方面，推进对外文化贸易领域静态比较优势向动态比较优势乃至竞争优势转化，尤其是已经颇具规模和竞争力的文化制造业，将其做大做强，培育具有世界影响力的跨国文化制造企业；另一方面，推动新兴文化行业特别是特色文化服务行业的成长。所谓特色，一是通过融合产生的新行业，能够代表新技术、新产业发展方向；二是体现文化经济发展潜力和文化产业高度的行业领域。在此基础上，通过保税等多种方式加大文化企业品牌、产品和服务品牌的建设力度，努力培育对外文化贸易中的国际知名品牌。要在文化保税区建设过程中积极推动城市文化贸易发展，将文化与城市经济贸易发展密切结合、融为一体，着力打造具有国内外影响力的对外文化贸易，如创意设计、数字出版、平面媒体、网络游戏等行业中心和基地。

（二）创新管理模式，拓展交易机制

推动灵活高效的对外文化贸易系统建设，形成具有国内外辐射力的对外

文化贸易促进平台。要大力弘扬改革创新的精神，依据文化保税及对外文化贸易实际，创新贸易及保税管理模式——不仅加强文化进口贸易及保税的管理，更要强化文化贸易出口及保税的管理，丰富管理思路和手段，尤其是在保税实践过程中针对文化产品和服务的贸易定价、贸易渠道、贸易促进和交易机制等方面探索科学的管理方式，如艺术品海外贸易、文化版权贸易以及利用现代网络科技等开展的跨境交易。全力推动以文化产品、服务价值链和产业链为线索的从创作生产直到跨国交易，整合相关管理部门和第三方机构、社会组织等职能的灵活高效的对外文化贸易及保税系统建设。特别要重视文化中介机构的建设，同时要依托现有的文化展会，形成具有国内外辐射力的对外文化贸易促进平台。

（三）科学规划布局，加强合作协调

促进稳定对外文化贸易行业联盟和联席机制，形成具有国际竞争力的对外文化自由贸易试验区。对外文化贸易及文化保税实践发展绝非一城一市的事情，在文化经济全球化的背景下，必须要有区域集群、规模和竞争力的概念。因此，要依据各城市文化经济、地缘文缘状况，科学引导文化行业发展和保税区空间布局，强化协作协同效应，形成以不同都市圈为核心，辐射腹地经济的文化产业、对外文化贸易分工竞合的空间格局。同时要努力推动相关城市、区域建设稳定对外文化贸易和文化保税行业联盟和联席机制，加强对内、对外合作协调。

（四）落实创新实践，加强政策支持

让基地在文化领域创新、开放实践中能走在更前列、发挥更大动力、做出更多努力、形成更多亮点是行之有效的探索之路。比如：影视作品后期特效制作的落地；印刷来料加工（按需印刷）的开展；文物回流拍卖实践；文化资本资金对外投资（兼并、收购等）的运作；影视、文化版权交易、服务、登记、管理、运营等（版权交易的退税等）的开展；文化装备的国际开拓、交易、研发、投资、制造、服务的拓展；游戏游艺展示体验（演

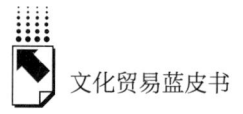

出和娱乐类）的提升等。

对一些文化贸易创新开放政策、探索实践项目给予更多直接的指导和支持，尤其是自贸区里的创新实践与探索，在政府宏观指导、政策引导、资源选择、服务配套、资金扶持等方面给予更多的帮助和关心，让文化"走出去"、做大文化贸易规模、提升中华文化影响力知名度（占有率）不变成一句空话。我们的政策一定要具有可持续性，不能只有开头没有后续，我们的政策制定、设计、落实、实施和督察都要具有战略、前瞻和系统思维，只有不忘初心、持之以恒，坚持不懈、不断前行，才能最终达到圆梦的彼岸。

五 结语

虽然影视贸易在文化保税区中的发展还处于刚刚起步的阶段，但这两者的结合是具有历史性战略意义的，影视贸易在很大程度上同时具备文化产品和文化服务的特性，所以在文化保税区中更容易形成产业链式的发展，惠及其他相关文化产业的成熟，提高总体的文化产业国际竞争力。巨大的国内影视市场需求以及质量和数量都不断提升的国内影视供给是影视贸易发展最有力的支撑，加上文化保税区的政策倾斜和宽松自由的贸易氛围，相信在中国不断探索文化保税区的过程中，影视贸易的潜在价值也会被不断挖掘，贸易模式会被不断创新，国际化竞争力也会越来越强。

B.23 戏剧高清影像产业的中国之路

李琮洲*

摘 要： 活动影像是影院内容中很重要的一个分支，随着技术的革新，尤其是卫星传输技术在影院的普遍应用，活动现场的影像直播越来越成为很多影院的特色内容。本报告从英国戏剧高清影像直播录制产业入手，通过对英国国家剧院NTLive项目的产生、落地和发行策略等方面进行剖析，详尽介绍了该产业的中国之路。从引起中国戏剧人的极大关注到NTLive项目正式落地中国，戏剧高清影像放映项目在华合作机构、内容选择和推广发行三个方面是项目得以顺利、有效落地中国市场的关键所在。戏剧现场影像的产业化发展应当成为整个中国戏剧产业发展趋势，但仍然面临一些严峻的挑战。

关键词： 戏剧高清影像产业 NTLive项目 戏剧产业趋势

2015年6月19日，风靡全球的"英国国家剧院现场"在中国落地。两年间，包括"英国国家剧院现场"在内的6个全球戏剧影像录制播出品牌落地中国，在北京、上海、广州、台北等20余个城市的40多个放映场所播放超过1000场，观影人次超过15万。作为一直被看作"小众"的文化产

---

* 李琮洲，国家文化贸易学术研究平台专家，北京奥哲维文化传播有限公司总裁，研究领域：戏剧版权贸易等。

品是如何在这么短的时间里爆发这么大的能量,本报告将从项目的产生、落地和发行策略几个方面进行剖析。

一 英国的戏剧高清影像直播录制产业

(一)英国戏剧高清影像直播录制产业的诞生

活动影像(Event Cinema)一直是影院内容中很重要的一个分支,随着技术的革新,尤其是卫星传输技术在影院的普遍应用,活动现场的影像直播越来越成为很多影院的特色内容。之前的活动影像内容集中在体育,后来发展到演唱会的领域。大家都意识到,不管是多大的体育场,容量总是有限的,而场外的亿万观众也可以通过某种方式和在场的观众一起,体验现场的感受。通过卫星技术,这个场外的观众可以延展到全球的各个角落。

艺术活动的现场影像大约在10年前逐渐成为这类产品的一个重要分支,主要包括歌剧、舞蹈、音乐会,甚至博物馆的游览影像,尤其在欧洲,播放的场次和场所都逐年上升。其中最重要的是2006年,由美国大都会歌剧院开发的歌剧现场高清放映项目(METHD Live),运用高清拍摄和卫星直播技术,将歌剧演出的现场画面传输到全球的剧院、影院当中。在项目开始之后,有很多积极的数据表明,这个项目有效地增加了大都会歌剧院的知名度,也促使更多的观众走进歌剧院观看歌剧演出。

2009年6月,英国国家剧院率先开启了对戏剧现场内容的直播,首部作品是由海伦·米伦(Helen Mirren)在英国国家剧院奥利弗剧场主演的话剧《费德尔》。演出通过高清摄像进行全球同步直播,直播信号传送到全英国228家电影院,超过5万人在各个电影院中与在英国国家剧院剧场中的上千观众共同观看了这场演出。在之后的几年,英国国家剧院平均有6~7部作品进行拍摄播放。目前英国国家剧院的片库中已经有50部作品,"英国国家剧院现场"(National Theatre Live,简称NTLive)稳坐戏剧界现场影像直播的第一把交椅。

NTLive 实际上是受到纽约大都会歌剧院高清歌剧现场的启发,一开始其实只是一个试验性的内容。试验性的意思就是没有正式的团队,没有针对该项目的资金,一切都是从零开始。首先进行这一项目实现开发的人是大卫·萨贝尔(David Sabel),他是一个美国人,芝加哥西北大学表演专业的毕业生,在巴黎贾克·乐寇戏剧学院接受过训练,在巴黎的一家餐厅当过厨师长,而后又在剑桥大学攻读 MBA 学位。MBA 毕业之后,他仍然非常热衷从事戏剧工作,恰好当时希望来国家剧院实习。时任英国国家剧院艺术总监的尼古拉斯·海特纳(Nicholas Hytner)思来想去,决定让萨贝尔负责这个项目的推进试验。萨贝尔进行团队组建、筹款,并进行内容策划,同时联系发行渠道。经过 12 个月的努力,项目获得了英格兰艺术委员会(Arts Council)的支持,并在英国国家剧院上上下下的一致支持下,成功进行了第一场现场直播。

目前,英国主流的剧团、剧场纷纷推出了戏剧现场项目,比如皇家莎士比亚剧团于 2013 年便推出"来自埃文河畔斯特拉福德的莎剧现场"。一些商业剧院要么借助 NTLive 的平台,或者推出独立的拍摄品牌。美国百老汇、俄罗斯以及日本的戏剧行业也纷纷跟进。

(二)戏剧高清影像如何拍摄

"英国国家剧院现场"在首次直播之后,获得强烈好评。而让这种高清戏剧现场拍摄内容与以往的录像、DVD 不同的是一套严格专业的拍摄体系和团队结构,其中包括剧团和拍摄组的协调管理部门、拍摄制作部门、卫星直播部门和发行部门。

就拍摄制作来说,直播的导演非常重要,由他们来决定拍摄团队,同时也决定每一场演出如何拍摄、如何架设机位、如何切换画面,根据导演风格和经验,不同的戏基本上会有不同的导演,导演会再组织拍摄团队。虽然拍摄相比剧目制作要简单很多,但因为也会涉及所有部门,一次直播项目也约需 80 人一起协作。

在正式实况直播前,直播团队会先进行试录,这对整个项目至关重要;以 NTLive 为例,需要两次试录,美国百老汇的 Broadway HD 甚至需要三次

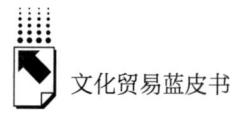

试录。每一次试录,都没有现场观众,只有演员在舞台上表演,但所有技术环境与直播时的要求一样。虽然针对不同的戏剧作品,现场的摄像机数量以及位置会略有不同,但一般来说,拍摄录制都需要六七台机器,布置在剧院的各个位置。很多剧目还需要滑轨、摇臂,把摄像机放在滑轨上来回移动,捕捉演员的表演,为了实现这个效果,还需要把座位拆除。

在第一次试录之后,拍摄小组、剧场、剧组所有相关的艺术家、管理者会整个看一遍播放,同时会记下各种各样的比较,双方会进行非常密切的交流。比如演员要适应在镜头前的走位,同时演员的服装和化妆也要根据试录的效果进行不断的修改,调整衣服设计,甚至改变衣服的颜色,重新制作发型,哪些镜头戏剧导演希望被看到、哪些不希望被看到等。在这一阶段,技术小组也要不断改进演出的技术问题,例如一场演出需要200~300个不同型号的舞美灯,但是为了直播效果需要调整灯光设计、增加灯光亮度等。整个拍摄团队也会在一个月中不断调整拍摄方案,与剧场和剧组协调,直到正式转播的前一天进行第二次试录。第二次试录和正式转播没有任何区别,是转播之前的彩排。在正式转播日,本次摄制剧目通过卫星传输到英国本土和世界各地能够接收卫星信号的电影院,观众坐在电影院中便能同步欣赏千里之外的演出。

目前所有高清录制的机构,包括英国国家剧院在内,传输的卫星信号都是第三方专业的机构解决的,根据直播时间在不同覆盖地区的卫星上购买不同的时段。目前,NTLive在英国和欧洲不需要使用字幕的国家都实现了直播放映。在一些有时差的地区,比如美国,当地剧场仍然接受卫星实时发送的数字信号,但播放时间则按照当地的习惯开演。如果在美国的话,英国的演出会在当天晚些时候,美国时间的晚上7:00或者7:30向当地观众播出。这些都称为是现场直播(Live Screening)。

对于无法进行卫星直播的地区,不管是因为技术条件还是需要字幕支持,都是采取制作DCP数字电影拷贝,通过高清数字放映机播放的方式进行放映。当然,每个剧目在直播之后都有重复播出,最终也会采用DCP进行放映。这些方式都叫作复播(Encore Screening)。而直播与复播的戏剧内容画面全部一样,都是零剪辑的。所以,国内一些专业人士总提到的"戏剧电影"与戏剧现场影像的直播是有本质区别的。也有很多人认为拍摄的成本可以很低,但其实英国国家剧院这种高质量的拍摄一般需要 250 万~300 万元人民币,在美国甚至超过了 100 万美元(约合 700 万元人民币),也是一笔很大的投资。

(三)戏剧高清影像的内容确定

不同的高清戏剧现场品牌内容确定的方法也有很多不同,像皇家莎士比亚剧团推出的"来自埃文河畔斯特拉福德的莎剧现场"(Live from Stratford-upon-Avon)则仅录制剧团在斯特拉福德大剧场演出的莎士比亚作品,剧团小剧场制作的实验作品则一律不进行拍摄。除了皇家莎士比亚剧团,如阿尔梅达剧院、肯尼斯·布拉纳剧团等均坚持这样的制作原则。

而已经变成戏剧录制平台的"英国国家剧院现场"则在选戏方面更加宽泛,针对每一季的内容,NTLive 项目的负责人都会与英国国家剧院的负责人进行非常密切的沟通,因为涉及观众群的拓展。英国国家剧院的前行政总监尼克·斯塔尔(Nick Starr)先生坦言,这样的对话每周都在进行。

在这些剧目当中,大部分来自英国国家剧院制作的戏剧作品,有少数来自英国其他剧院或者美国百老汇。对于英国国家剧院自己的剧目来说,从版权上谈判比较容易,而且从品牌塑造上是比较对味的,所以英国国家剧院自己的内容还是主流,比如中国影迷熟知的英国著名演员"卷福"本尼迪克特·康伯巴奇(Benedict Cumberbatch)与另一位著名演员约翰尼·李·米勒(Jonny Lee Miller)主演的《弗兰肯斯坦》、获奖无数一直长演的舞台剧《深夜小狗离奇事件》(Curious Incidence of the Dog in the Night-time)和《战马》以及近期在中国放映的莎士比亚名剧《李尔王》和《奥赛罗》,都是英国国家剧院出品制作的。

对于其他制作人或者剧院的剧目来说,在版权谈判上可能比较复杂,同时也可能牵涉高昂的版税预付金,但不管是哪种方式,演出的剧作家、导演和明星演员的同意都是至关重要的。有时英国国家剧院主动去联系第三方制作人或者剧院,有时第三方制作人或者剧院会主动来找英国国家剧院。英国

国家剧院有两个比较重要的合作伙伴——丹玛尔仓库剧院（Donmar Warehouse）和小维克剧院（Young Vic）——一直都有非常密切的合作，在 NTLive 的内容中，像"抖森"汤姆·希德勒斯顿主演的《科利奥兰纳斯》以及两部美国经典复排《欲望号接车》（*A Streetcar Named Desire*）和《桥头风景》（*A View from Bridge*）均出自这两个剧院。

很多西区和百老汇的商业戏，也都在 NTLive 的视野范围里。比如，刚刚在巴比肯艺术中心上演的《哈姆雷特》，10 万张戏票在开票不久就销售一空。NTLive 经过与制作人的谈判，顺利得以拍摄播出，让没有买到票的观众大饱眼福，并通过复播的方式传送到世界各地，从而创造了更高的文化价值。另外，像《天窗》（*Skylight*）、《女王召见》（*The Audience*）这些戏也都是 NTLive 通过与西区的商业制作人谈判，获得拍摄播放授权的。2014 年，NTLive 甚至还特意派团队前往美国百老汇，拍摄正在上演的《人鼠之间》（*Of Mice and Men*），成为 NTLive 第一个百老汇剧目。

但是 NTLive 所选的剧院外的剧目，一般也都与英国国家剧院有比较强的联系，比如刚刚提到的 NTLive 录制播放的西区复排版的《天窗》在 1997 年首次登上舞台时，是在英国国家剧院，而且该剧作者大卫·黑尔的成名作也多是在英国国家剧院首先推出，不论是剧作家还是剧目都和英国国家剧院有非常深厚的联系；另一部片子《女王召见》中的女主角一直都是英国国家剧院舞台上的常客。

不管哪一种选戏拍摄模式，都需要争得主创和制作方的授权。版权的期限通常都是一年，到期可以续约，但也有很多剧目不再续约，无法继续播放，比如在中国已经播放过的《人鼠之间》《李尔王》和《深夜小狗离奇事件》。

二 戏剧高清影像放映项目在中国的引进

（一）从零星放映到常规落地

2015 年，英国国家剧院的财报中，NTLive 项目在全球收入达 610 万英镑（约合5530万元人民币），占英国国家剧院总收入的5%。总观剧人数超过120万人，其中本土观众人数为72.5万人，而其他国家的观众为47.5万人。截至2015年，英国本土的放映银幕超过了600块，而全面的国际化使得NTLive项目的影响超出了英国本土，迅速发展到世界各地。在短短的6年内，NTLive项目先后在世界上50多个国家2000个场地进行过放映活动。至此，NTLive项目已经实现覆盖世界的发行和放映院线。在7年间，NTLive项目成功把自己由英国本土推向了全世界。从俄罗斯到澳大利亚，从加拿大到智利，从南非到土耳其，世界各地都能看到"剧院现场"制作的英国现场演出剧目。这阵旋风也刮到了中国。

NTLive项目曾经在2012~2014年进入中国。拿督黄纪达基金会曾经在北京的百老汇MoMA影城、北京人民艺术剧院以及上海大剧院举办过本尼迪克特·康伯巴奇（Benedict Cumberbatch）主演的《弗兰克斯坦》以及汤姆·希德勒斯顿主演的《科利奥兰纳斯》点映会。虽然放映场次加起来也就10场左右，但也引起了中国戏剧人的极大关注，但大多数观众的注意力更加集中于演员的表演和不同以往画质粗糙的"戏剧电影"的超高清晰度。

直到2015年，中国国家话剧院与英国国家剧院达成战略合作，NTLive项目正式在中国落地才算有了更好的契机。

2013年，中国国家话剧院与英国国家剧院在卡梅隆首相访华之际宣布合作制作舞台剧《战马》中文版的意向，而在2014年，两国国家剧院签署了以技能交换为核心的战略合作协议，同时，中英两国也借签约之际为中英在华重要的合作伙伴和潜在合作伙伴举办了一场小型的NTLive版《战马》的放映会。也就是在此之后，英国国家剧院提出NTLive是否有可能作为《战马》中文版之后的第二个项目落地中国。基于技能交换，即英国国家剧院有效的戏剧制作和推广手段都需要学习并在中国结合实际进行利用，中国国家话剧院也同意将NTLive一并落地。经过大约10个月的谈判准备，NTLive最终于2015年6月19日落户中国。

NTLive在中国的项目范围实际上包括中国大陆、台湾和澳门，在这个地区范围内，尚不能实现直播放映。所有英国播放的NTLive需要首先进行

字幕翻译,然后制作数字电影拷贝,而后由专人送往不同地区的影院或者剧院进行放映。然而,就像之前提到的,在中国项目中播出的画面和在英国转播的画面没有任何差别,不会做任何的剪辑或者重拍,现场观众发出的声音也能很清晰地听到,甚至演员的小失误也丝毫不忌讳地呈现在画面当中。

NTLive成功落地之后,逐渐在多个场馆进行常规放映,技术流程逐渐成熟,市场逐渐打开,包括皇家莎士比亚剧团在内的6家戏剧高清影像录制品牌也陆续落户中国。

(二)戏剧高清影像放映项目在华落地策略

1. 合作机构

戏剧高清影像在华的落地离不开各专业机构的通力合作,在落地的每个环节都有必要的支持是至关重要的。

北京奥哲维文化传播有限公司在这些戏剧高清影像落地的背后充当的是一个专业发行机构的角色,就跟在英国一样,NTLive的背后有英国国家剧院的数字播出部门,其他剧院背后是专门的第三方发行公司。笔者作为奥哲维文化的负责人对NTLive等一系列高清戏剧直播项目都很关注,五年前就已经是NTLive的固定观众了,公司里也有一批这样的同事,对形式、内容、推广方式都有比较深入的了解;同时,我们也对中国的市场比较了解,有很多场地关系。英国的版权方也都非常配合内容选择,协助放映版权的获得与持续。

另外,从2015年开始,在华落地的所有戏剧高清影像直播项目都得到了英国文化教育协会的资助,在场馆联络和渠道拓展上做了非常多的工作,尤其是项目初期,各专业机构有效地从不同层面进行配合,是这个项目得以顺利落地的关键所在。

2. 内容选择

在内容选择上,包括NTLive在内的众多戏剧高清影像在中国的落地虽然有众多明星戏积攒人气,但总的来说,更重要的是用王牌内容对品牌整体质感进行塑造,用明星戏带动内容整体的吸引力。

对于外国作品来说，中国观众首先看的肯定是明星。NTLive 的明星也的确有很多，比如之前提到的卷福和抖森。然而，除了卷福和抖森，其他明星的明星效应似乎不足以撑起整个放映计划，但卷福和抖森的戏加起来也就三部，撑起十几部放映计划的还是观众对品牌的认可。

我们从来不忌讳谈论明星，恰好我们是用明星吸引更多观众的，但我们更应该看到明星带领下的优秀戏剧作品，因为那样对观众来说才有做二次传播的动力。过往的数据也表明，我们的观众黏着度非常高，看了第一部戏就想看第二部，我们的套票销售非常火爆。还有好多观众，看一遍还不够，这对一般的戏剧演出来说都是很少见到的。

前不久，我们刚刚发布了 2017 年下半年要发行的 23 部作品，但都在内容上可以造成一些主题。比如最近的《弗兰肯斯坦》《无人之境》《罗森格兰兹与吉尔登斯吞死了》和《莫扎特传》就组成了均在英国国家剧院首演并推向世界的剧目组合，而且据此设置套票，用《弗兰肯斯坦》中"卷福"、《无人之境》中伊恩·麦克莱恩爵士等人的明星效应互相带动。但通过明星把观众吸引进剧场，最终起作用的还是观众对于戏剧的口碑，提起戏剧影像，观众记住的更多的还是剧场品牌带来的整体戏剧内容质感，而非明星。

3. 推广发行

在推广发行上，作为跨界产品的戏剧高清影像放映项目，注重对跨界平台的利用，做增量合作，在巩固核心观众群的同时，有目标地拓展观众群体。从放映场地上，目前有美术馆、有影院，也有剧场，不同的场地本身就有不同的受众，因此，跨界平台的开发首先是从场馆开始的。也因为不同的场地合作方，戏剧高清影像放映项目获得了不同平台的露出机会，比如 2016 年的北京国际电影节，特别安排了舞台戏剧影像单元，NTLive 有 18 场放映，包括 6 部新片首映，单月放映场次一下增长 2 倍，自媒体后台的粉丝数量也迅速增长，并获得了多家媒体的报道；而 2017 年 7 月 6 日至 8 月 14 日，我们将 12 部来自英国、美国、俄国的戏剧影像作品集结在一起，与百老汇电影中心举办首届国际戏剧影像展，在一个月内集中放映，在北京、广州、深圳、济南和大连五个城市，也取得了非常好的效果。

另外，在媒体选择上，戏剧高清影像放映项目的推广主要还是戏剧媒体和戏剧公众号，但也有不少电影媒体的露出，有影评人和电影爱好者的平台（比如看电影、虹膜等）。

从项目落地开始，戏剧高清影像放映项目也非常注重不同平台之间合作所产生的增量效应，不是无谓地做一些赠票活动，或是向票务公司、广告公司支付高昂的代理费，而是针对戏剧内容，做更为深度的合作。比如此前与果壳网针对《弗兰肯斯坦》的内容以及与自闭症康复治疗机构针对《深夜小狗离奇事件》的内容做的讲座效果都非常好。最近，我们与企鹅图书合作又推出了图书套票，满足很多看了戏又想买剧目或者买原作小说的观众的需求，因为很多戏剧作品来源于小说或者有很多值得回味的台词，非常符合两边的受众群体。

三　戏剧高清影像放映项目影响下的中国戏剧产业

很多人都担心戏剧高清影像这样的形态会从真正现场的剧场中抢走观众，因为戏剧影像产品的价格相对较低，因此观众会更倾向于选择看影像产品。其实这个比较是有失偏颇的，因为这些项目录制的戏剧作品都已经是不再演出的戏剧作品，直播也都是安排在戏剧作品演出快结束之前。这个比较其实应该是如果以最好的方式来留存经典的戏剧演出，笔者认为这样的模式无疑是最好的形式。

不光是存留经典戏剧作品的演出影像，这样的形式也鼓励更多的人喜欢戏剧，走进剧场，对于这一点英国国家剧院、皇家莎士比亚剧团等主流英国艺术机构都有很详细的研究报告支撑。在中国，不管是不是英国国家剧院自己拍摄的作品，64%的观众都表示想去英国国家剧院看一下现场。在观众中，有很多只是明星粉丝，但因为看高清放映喜欢上了看戏，把其他戏的票也都买了。

这种形式其实对中国戏剧产业来说，应该是一个方向。一方面是从戏剧教育、普及艺术的角度来说，高规格戏剧现场影像的放映应该说是一个极好的方式，用最低的门槛带给观众最好的体验；另一方面，对于文化传播普及是有强大助推力量的。中国剧团的戏剧作品也可以用这样的方式进行记录，并在中国以及全球进行发行，这就变成一条文化"走出去"的道路。

因此，戏剧现场影像的产业化发展应当成为整个中国戏剧产业发展趋势，但仍然面临一些严峻的挑战。

首先，内容审批尚处于灰色地带。在中国大陆范围内，电影与演出向来是通过广电与文化两个不同的部门进行审批的，即便是广电与文化已经合体的地区，不同类别的审批也是有不同流程的。然而，戏剧现场影像的内容是戏剧演出，形式又是影像，针对这种特别的产品类型目前尚无专门的机构和部门对放映进行审批。因此，戏剧现场影像产品的审批实际上处于"模糊地带"，负责电影审查的广播电视部门不认可这是电影，而负责演出审批的文化部门又因为没有真人演出而不能做出决定。从来没有一个部门对这个产品发布禁令，但也从来没有一个部门对这种产品类型有规范化的指导。目前的戏剧高清播放项目在不同的场所采取不同的方法，而且都是场地方去审批，也就是说，影院去找广电部门审批、剧场去找文化部门审批，作为放映方之一的北京尤伦斯当代美术馆，则是去798管委会进行备案。各地均属于特事特办，但这大大限制了戏剧影像内容在中国的产业化发展。因为不管是哪家在运作戏剧影像的拍摄和发行，都会首先面临审批无门的窘境，进而发现能完成这些审批流程的场地合作方又非常少，因此，这种产品在这样的情况下很难成为规模化的产业。现在各地也均没有直播放映，而戏剧影像现场直播是一个重要的环节，如果之后做直播的话，那么手续可能要更加复杂，简直难以想象。

其次，很多放映场地的观影体验尚不完美，这里主要指的是剧场。因为上述审批的问题，戏剧现场影像尚无法进行大规模院线发行，国内又是商业影院扎堆，少有艺术影院和院线，影院进行合作发行的意愿比较弱，所以，目前中国的戏剧现场影像放映以在剧院为主。一般的剧院场地的设备环境对于放映来说都是不达标的，这是因为先期就没有放映此类作品的想法。现在

中国的剧场普遍缺少能够放映高清数字电影的 DCP 放映机，进行高规格的高清放映，采用蓝光放映等其他低制式放映会使现场感大打折扣。戏剧高清影像放映项目的发行过程中，DCP 放映和 5.1 环绕立体声是最低要求，为了引进这个项目，很多剧院花费巨资重新装修并购买了放映设备，进行场地改造。这个改造预算将近 100 万元人民币，如果有直播需求，则需要再花 100 万元人民币来架设卫星接收设备，并不是所有场馆都有这个底气和意愿去实现。还有就是即便剧场场馆进行改造，因为原本的声学结构不是按照播放戏剧影像作品设计的，在整体的放映效果上，剧场放映的效果仍然不完美。

最后，网络盗版仍然缺乏有效防范措施。不管是在影院、剧场还是在网络上进行放映播出，都存在着一个盗版的问题。与一般电影利用秘钥防范盗版有所不同，戏剧现场影像产品因为首次播出为卫星直播放映，无法利用密钥进行保护，而目前网络上存在的大量盗版问题都是这样产生的。此外，国内一些网站的侵权处理流程又非常低效和不规范。在国际视频网站 YouTube 上如果发现侵权视频，申诉方式非常简单清楚。而在国内的几家大型视频网站和购物网站如果发现侵权产品，需要写邮件，并附很多说明材料，才能投诉，而在投诉之后，大多没有任何回复，同时问题也一直没有被解决。通过网盘进行盗版文件的传输则是一个更加复杂的问题。因为戏剧现场影像的受众群体非常集中，人数也不多，网络盗版的存在以及无法治理，对戏剧现场影像产业的损害非常大。

B.24 "一带一路"背景下聚橙网的国际音乐剧布局

耿军*

摘　要： "一带一路"背景下聚橙网成为中国文化产业"走出去"的践行者中的一员，从国内和国外两个方面来看，聚橙网在国内成功整合了行业环节并构成了O2O全产业链，着眼于"投资+引进+制作"的布局，并且在国外不断完善国际市场布局。通过参与国际顶级音乐剧的投资和制作，聚橙音乐剧现已成功打入音乐剧核心市场。虽然以聚橙网为代表的文化企业已经走出了国门，但是原创作品"走出去"仍然是亟待解决的难题。

关键词： 聚橙网　音乐剧　原创作品

以习近平同志为核心的党中央提出了建设"一带一路"的重大倡议，这是实现中华民族伟大复兴中国梦、推进"四个全面"战略布局的重要举措。文化产业作为21世纪的朝阳产业，在整体经济中的地位不断提升，已成为西方发达国家的支柱产业。由于"一带一路"倡议的传播推广为中国文化产业"走出去"铺路，在国际市场上文化的地位和作用也变得越来越重要，文化贸易在整个经济贸易中的比重也越来越大，聚橙网成为中国文化

---

* 耿军，深圳市聚橙网络技术有限公司总经理，研究领域：演艺产业、数字版权贸易等。

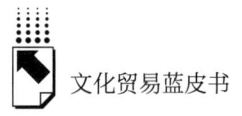

产业"走出去"的践行者中的一员。

从 2007 年成立到今天,聚橙网已走过了十年的时间。在这十年里,聚橙网已经成为民营演艺公司中的佼佼者。在国内,成功修整了产业链的行业环节,以崭新的 O2O 模式发展。成立至今,聚橙网已累计主办演出超过 7700 场,类型覆盖流行音乐、古典音乐、儿童剧、戏剧舞蹈、艺术展览等,并在全国范围内运营 57 家剧院,覆盖了演出制作、票务推广、院线运营等各个环节。

在国外,聚橙网不断完善国际市场布局。面对复杂的国际市场,聚橙网作为一家民营企业仍然选择跨出国门参与国际市场的竞争,并取得一系列成就。目前,聚橙网在美国、韩国、英国、法国、德国、俄罗斯和意大利、日本等 9 个国家设立采购和办事处,与众多国际同行建立友好合作关系,完成涵盖各大主流语系的全球采购布局,为演出输送优质项目资源。

2015 年 9 月,聚橙网与澳大利亚歌剧院签订了联合投资制作音乐剧的合作协议。19 世纪 60 年代澳大利亚歌剧院的创立,为澳大利亚这片诗情画意的土地带来一场文化盛宴,并在全世界范围内享有盛誉。聚橙网不仅参与澳大利亚歌剧院的制作,还将承接澳大利亚歌剧院合作剧目的亚洲巡演事宜。

2015 年,聚橙网成立了聚橙国际,参与多部百老汇剧目投资与联合制作。聚橙网首部投资制作项目是由国际著名华裔导演陈士争执导的杂技戏剧《叠中叠》(Double It),该剧于 2015 年 11 月 27 日感恩节期间正式于纽约外百老汇全球隆重首演。目前聚橙网参与联合制作的剧目有《日落大道》(Sunset Boulevard)、《女服务生》(Waitress,百老汇驻场版本以及美国巡演版本)、《活在当下》(Present Laughter)、《不老泉》(Tuck Everlasting)、《美国精神病人》(American Psycho)、《明亮之星》(Bright Star)、《逃到玛格丽塔》(Escape to Margaritaville)等剧目,另投资了《猫》(Cats)、《窈窕淑女》(My Fair Lady)、《你好,多莉》(Hello, Dolly)、《胭脂战争》(War Paint)、《圣女贞德》(St. Joan)、《海绵宝宝》(Sponge Bob)、《屋顶上的小提琴手》(Fiddler on the Roof)、《全情投入》(Fully Committed)、《乐队来访》（The Band's Visit）等多部著名音乐剧。

相比国内剧目，因为制作成本非常高昂，百老汇剧目的盈利周期变得更加漫长。尽管如此，聚橙网联合制作的《女服务生》在2016年4月首演之后仅仅用了10个月就开始赢利了，这也是中国企业投资的百老汇剧目当中第一个收回成本的剧目。目前，《女服务生》仍在百老汇上演。

聚橙音乐剧从成立之初，就着眼于"投资+引进+制作"的布局，为未来的发展打下坚实的基础。通过参与国际顶级音乐剧的投资和制作，聚橙音乐剧现已成功打入音乐剧核心市场，掌握了当代百老汇音乐剧的一手IP与剧目资源，并与国外音乐剧演出机构建立了长期的战略合作关系，为将来大批量引进优质音乐剧以及中文版制作奠定基础。

2017年，聚橙网作为一家民营企业主办方，将堪称瑰宝的原版音乐剧《魔法坏女巫》引入中国北京、上海、广州三地，给现场的观众带来了85场演出，每场剧院内都响彻着如雷贯耳的掌声。《魔法坏女巫》是世界音乐剧历史上最璀璨的瑰宝，它的成功万众瞩目，《魔法坏女巫》从2003年在百老汇首演以来，获得1座格莱美奖、2座奥利弗奖和3座托尼奖等共计100多个奖项。目前，《魔法坏女巫》已经在14个国家上演，有6种语言版本，在全世界范围内吸引了超过5000万的观众，全球票房总收入40亿美元。

2018年，聚橙网还将继续引进《猫》《罗密欧与朱丽叶》《吉屋出租》等原版音乐剧作品。《猫》是音乐剧历史上最成功的剧目，一度成为音乐剧的代名词。在伦敦西区，《猫》凭借难以打破的票房纪录成为英国有史以来最成功、连续演出最久的音乐剧。在纽约百老汇，《猫》也创造了百老汇连续演出最久和次数最多的纪录。法国原版经典音乐剧《罗密欧与朱丽叶》是法国音乐剧史上制作规模最大的音乐剧，与《悲惨世界》和《巴黎圣母院》并称为法国三大音乐剧，曾两度到访中国，总共50场的演出，场场爆满。2018年，《罗密欧与朱丽叶》将再度来华，让中国观众再次体验法式的唯美浪漫。《吉屋出租》描绘了艺术家生活中的柴米油盐酱醋茶，讲述了凄美的爱情故事和百味人生，突破传统百老汇舞台演出剧场模式，添加了更加

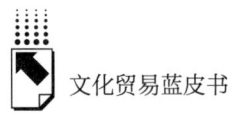

生动富有活力的音符，堪称百老汇音乐剧历史上的辉煌传奇。

商业取得成功之外，《女服务生》也获得了音乐剧界的肯定。托尼奖作为音乐剧界含金量最高的几个奖项之一，一直是百老汇音乐剧乃至世界音乐剧的风向标。在2016年第70届托尼奖当中，《女服务生》获得了最佳音乐剧、最佳词曲创作、最佳音乐剧女主角、最佳音乐剧男配角等4项提名。

在2017年的第71届托尼奖当中，聚橙网取得了更骄人的成绩。聚橙网联合制作及投资的项目共获得了17项提名。联合制作的复排版音乐剧《你好，多莉》更是一举拿下最佳复排音乐剧、最佳女主角、最佳服装设计和最佳男配角等四项大奖，为中国企业获得了第一个托尼奖最佳剧目类奖项。联合制作的话剧《活在当下》获得最佳男主角奖。这标志着由聚橙音乐剧代表的中国音乐剧公司已经走上国际轨道。

纵观近几年中国音乐剧市场，演出较多的项目仍然是国外引进的原版剧目和经典剧目的中文版。2002年《悲惨世界》来华演出，中国市场开始接触音乐剧。虽然经过了十多年的时间，但一系列因素也限制了中国音乐剧的发展。摸索发展，中国音乐剧市场仍然没有取得重大突破。优秀的本土原创音乐剧作品少之又少。演出投资、创作团队、表演团队、制作团队、技术团队人才储备不足都影响了原创音乐剧作品的发展。如何发展中国音乐剧仍是摆在我们面前的一个严峻课题。聚橙网在2017年也制作了四季剧团经典家庭音乐剧《想要变成人的猫》中文版和原创音乐剧《酒干倘卖无》。在2018年，聚橙网将为观众制作更多更好的中文版剧目和原创剧目。

以聚橙网为代表的文化企业已经走出了国门，但如何把自己的原创作品带出去仍然是摆在我们面前的难题。虽然我国已成为世界第二大经济体，文化产业出口的总额逐渐增大，但相比于国内其他产业，文化产业的发展仍相对落后，一大原因便是文化创造力不足。

在全球对外文化贸易发展中，发达国家是以知识密集型和技术密集型产品为出口导向，应用在艺术、试听、设计、新媒体等行业。但是在中国企业"走出去"的进程中，仍以中国传统文化如汉服、唐装等为主打旗帜"走出去"。"走出去"的演出艺术少之又少，难以在国际市场上形成强有力的竞争力。

以音乐剧为例，美国纽约百老汇和英国伦敦西区一直是全球音乐剧发展的标杆。百老汇和西区的一些作品，比如《歌剧魅影》《猫》《悲惨世界》等演出场次过万。以《歌剧魅影》为例，这部由安德鲁·劳埃德·韦伯等人创作于1986年的作品，迄今为止已经在全球范围内100多个城市演出超过65000场，总收入超过16亿英镑，至今仍在上演。2015年《歌剧魅影》来华演出时，几乎全面攻陷了北京的演出市场。百老汇和西区的其他一些作品，比如《猫》《悲惨世界》《狮子王》等，在中国演出时都是连演数十甚至上百场。在百老汇和西区，这些剧目仍然是一些长演不衰的作品。这对于中国演出市场来说是难以企及的高度。

发展国内音乐剧市场，离不开音乐剧观众的培养。聚橙网要做的，正是通过引进一部部国外上乘剧目来培养观众，让更多人熟悉音乐剧，喜欢音乐剧。在将来，聚橙网将继续投资更优质的国外剧目，并引进更多与西区和百老汇同步上演的高品质音乐剧，给中国观众带来更多更好的演出。聚橙网也将通过项目投资，学习国外剧目的制作经验，以此促进国内音乐剧市场的繁荣与发展，为中国文化产业的发展做出自己的贡献。

Abstract

In March, 2014, the State Council released a document of "Views on Acceleration of the Development of International Cultural Trade", which is an important measure to develop the cultural industry, promote Chinese culture to spread around the world and improve the level of open economy in the new era. With the prosperity of Chinese culture field and the rapid development of international trade, the trade of cultural products and cultural services has attracted much attention. As the first annual report of think tank in the field of Chinese culture and trade, this book came into being.

The book of "Report on the Development of China's International Cultural Trade (2017)" puts the paper of "Opportunities and Challenges of Chinese Cultural Trade Development under the Background of 'the Belt and Road'" as the total report which analyses the annual development of Chinese cultural trade. On this basis, through the four parts of industry, special topics, international reference and practical innovation, the book conducts deep research on hot topics and key issues in cultural trade theory and practice. The first part is the industry sector. From the perspective of core culture industries, it analyses China's radio, film and television, news and publishing, performing arts, animation and online games, creative design, digital culture and other fields. Since the 12th five-year plan for China's national economic and social development, the core industries of cultural trade have achieved respective development, including scale expansion, structure upgrade and innovation ability. But at the same time, there are some problems to be solved, such as, low quality of the supply of some products and services, unimpeded cultural trade export, lack of interdisciplinary talents for international cultural trade and lack of information of demand for market. The second part is about special articles, it targeted analyses some hot topics and focus issues of China's cultural trade development from 2011 to 2016, including "One Belt, One Road" initiative, foreign culture investment, international cultural trade cooperation, internationalization of private cultural enterprises, globalization of financial services, and international trade of artworks and other issues. The third part, the international reference, selects many classic cases which are characterized by distinct characteristics and remarkable success in international cultural trade. It gives suggestions by analyzing modes and experience of development of other countries' cultural trade, involving the mechanism, policies measures and modes. The fourth part is about practice and innovation. It focuses the innovative aspects from practice and academic research in China's cultural trade during 2016. Based on several topics such as practice of cultural empowerment, exploration of bonded culture, and innovation of drama trade modes, this part explores the innovation and practice result of the development of China's cultural trade, summarizes the "China's wisdom" and "China's experience" in the theoretical and practical development of cultural trade. Combining with the opportunities and challenges brought by the "One Belt and One Road" initiative, the whole book focuses on the development of China's international cultural trade since the 12th Five-Year Plan. It analyzes the current situation and existing problems of China's cultural trade development under the background of globalization. Meanwhile, it draws some lessons and effective experience so as to play an active role in the process of creative transformation and innovative development of Chinese excellent traditional culture and also makes efforts to rationally state "China's opportunities", express "China's attitude" and realize "China's influence" in the process of exporting culture.

Keywords: Cultural Trade; Culture Industry; The Belt and Road; Chinese Culture

Contents

Ⅰ General Report

B. 1 Opportunities and Challenges of Chinese Cultural
        Trade Development under the Background of
        "the Belt and Road"   *Li Jiashan, Zhang Wei* / 001

    1. Characteristics of China's Foreign Cultural Trade   / 003
    2. Opportunities for China's Foreign Cultural Trade   / 008
    3. Challenges Facing China's Foreign Cultural Trade   / 014
    4. Prospects for China's Foreign Cultural Trade   / 017

Abstract: Since the 18th CPC National Congress, China has been promoting its strategic layout and during this period the 12th Five-Year Plan was successfully implemented and the 13th Five-Year Plan was announced. Also during this time the world was trying to escape problems like the economic decline, social unrest, etc. In such an environment, the cultural industry of China also grows increasingly and the cultural confidence is highlighted.

With the deepening of reform in all respects and the improvement of system reform, great achievements have been realized, the efficiency and quality of developed have been highly enhanced and the economic structure has been improved.

The international development strategy of the Belt and Road has led China's international cultural trade to come across the developing opportunities, marking the trend of quick increase. Endogenous power has been shown in the extension of cultural trade, the structure optimization, and the improvement of domestic market. Facing the international competition, China's cultural trade still needs to overcome challenges form inside and outside. Only through finding reasonable measures can China's cultural trade make full use of the domestic development and occupy the international market precisely, truly realize the globalization of China's cultural products and services.

Keywords: Foreign Cultural Trade; the Belt and Road; Cultural Products; Cultural Services

II Industry Topics

B. 2　Report of the Development of Chinese Radio Film
　　　Television Foreign Trade　　　　　　　　　　　　／021

Abstract: Chinese radio film television foreign trade had been developed during 2011 – 2016. In one hand, Chinese radio film television industry had produced better works due to the improvement of technology. On the other hand, the IT industry also brought new resources of capital and distribution channels to the development of radio, film and television. Chinese documentary movies became the pioneer on international market. However, the old problems remained the same like the past: the adverse balance of Chinese radio film television foreign trade. Meanwhile, the IT industry and private capital also brought some "side-effects" into radio film television industry. For all the insiders of Chinese radio film television foreign trade, they still have many challenges waiting ahead. This report introduces the overview of development in 2011 – 2015 and analyses the current situation and problems of radio film television foreign trade.

Keywords: Radio Film Television; Foreign Cultural Trade; Cultural Industry

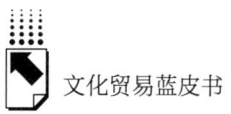

B.3　Report of the Development of Press and Publishing

　　　Foreign Trade　　　　　　　　　　　　　　　　／044

Abstract: Press and publishing industry is always the major support of Chinese cultural industry. During 2011 -2016, press and publishing industry had grown fast and became the new economic growth point. The competitiveness of Chinese press and publishing industry in international market had also been improved. The Chinese government also introduced supportive policies to help press and publishing export to other countries and the success of *The Three-Body Problem* was a good case for the insiders. Though the copyright problem and the increasing of adverse balance may become the obstacle on the way of Chinese press and publishing works "going out", in general, the future of press and publishing foreign trade may still be promising. This report introduces the overview of development in 2011 -2015 and analyses the current situation and problems of press and publishing foreign trade.

Keywords: Press and Publishing; Foreign Cultural Trade; Cultural Industry

B.4　Foreign Trade Development of Performing Arts　　　／058

Abstract: The Performing Arts Industry of China comes across the new development opportunity during "the 12th Five-Year Plan", marking the stable increase of industrial scale and the improvement of market participants. On one side the performing arts industry breaks through more traditional models and integrates with other cultural industry field, and on the other hand the gap between the markets of different cities is shrinking, meaning the ability and efficiency of market resource allocation is improving. And the trade deficit of performing arts industry is still existing for a long time, but the qualified plays imported to Chinese market keeps improving the connoisseurship of Chinese customers. Also successful cases like War Horse turn up. The challenges and problems that the performing arts industry is facing yet can not be neglected. The key point to realize the trade surplus is to complete the whole system which includes policies, market mechanism and all participants.

Keywords: Performing Arts Industry; Foreign Cultural Trade; Performance Market

B. 5　The International Trade Development Report of
　　　　Anime and Online Games　　　　　　　　　　　　　　/ 080

Abstract: Anime and online games industry is a kind of new industry, because its audience covers a wide range of ages and wide fields of occupations, so the large number of audiences in today's social and economic development and cultural construction plays an increasingly important role. With the increasingly developed Internet, anime and online games should follow the trend of the times to the Internet technology as the core, so as to maximize the anime and online games industry in the international economic and cultural benefits.

This paper introduces the development of China's cartoon industry since the 12th Five-Year Plan, and the development of its foreign trade, and then summarizes some problems in the process of foreign trade in China's cartoon games, and then summarizes a few suggestions can help to promote the development of China's anime and online games industry. At the end of this paper, a classic case of Chinese anime and online games foreign trade is given. It is of great significance for the development of foreign trade in China through the excellent production and marketing analysis.

Keywords: Animation Online Game Industry; Foreign Cultural Trade; Internet Industry

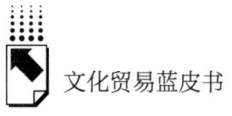

B.6　Creative Design Foreign Trade Report　　　　　　　　　/ 100

Abstract: During the 12th five-year plan period, with the development of social economy and globalization, the creative design industry is getting more and more attention, and the internationalization trend is strengthened. Government departments have introduced a number of creative design industrial policies and regulations, which further promote the healthy and sustainable development of the industry. Creative design industry is to communicate ideas and technology, culture and science, culture and science and the bridge and the link which conforms to our country culture creativity, scientific and technological innovation, promoting economic transformation, from "made in China" to "created in China" development strategy. At present, the foreign trade of creative design industry has a problem to be solved. In order to better develop the foreign trade of China's creative design industry, we need to strengthen the protection of intellectual property rights. We need to strengthen scientific and technological innovation to drive the new development of creative design industry. Need to strengthen the training of creative design talents; Through the "One Belt And One Road" initiative, we need to promote international creative design to exchange and cooperate with foreign countries.

Keywords: Creative Design; Foreign Cultural Trade; Cultural and Creative Industries

B.7　Report on the Development of Foreign Trade in
　　　Digital Cultural Industry　　　　　　　　　　　　　/ 118

Abstract: China is currently in the high-digitized age in which digital technology, endlessly creating new miracles, has penetrated into all aspects of people's lives. Digital technology spawns many new cultural formats and constantly innovates the production of traditional cultural industries. At the same time, the new cultural formats change the traditional cultural industry and market structure. This paper starts from the definition and connotation of the digital cultural industry, combs the international profile of the development of the digital cultural industry and the strategic policy of the Chinese government in this field, and analyzes the current state of development of digital cultural industry through some representative filed of digital industry, such as, network literature, online games, digital music and virtual reality. China's digital cultural industry has made great progress, laying a foundation for the expansion of foreign trade. Through looking forward to trends and characteristics of foreign trade of China's digital cultural industry, this paper explores the existing problems and provides some countermeasures and suggestions for further development.

Keywords: Digital Cultural Industry; Foreign Cultural Trade; Network Technique

III Special Topics

B.8 Research on Foreign Trade Development of Chinese Cultural Service Industry   *Li Jiashan, Guan He* / 136

Abstract: Under the background of the increasingly prosperous economy in the new era, China's cultural service industry has ushered in new opportunities for development. It has taken up an ever-increasing proportion in the lives of people, driving a rise in national demand. Cultural service industry possesses the attributes of social culture and that of economical production, thus the development of the industry can not only stimulate the emergence of new growth points in the economy, but also satisfy people's spiritual needs. In this context, China's cultural service industry embarked on a new journey of trade and investment development, and it also played an irreplaceable role in the global market.

Keywords: Cultural Service Industry; Foreign Cultural Trade; International Influence

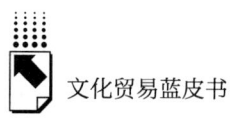

B.9　Strengthening the International Influence of China's Cultural and Creative Industry in the Construction of "the Belt and Road"　　　*Zhang Guoqing* / 155

Abstract: With the development of economic globalization, One Belt And One Road development platform brings more opportunities to China's cultural and creative industry. At present, the development of China's cultural industry is not commensurate with the international status of China's second largest economy and the largest exporter. The construction of "One Belt And One Road" attaches great importance to the development of the cultural industry to display and disseminate Chinese culture. The promotion, development and prosperity of China's cultural and creative industry in the construction of "the Belt and Road", we must support the development of cultural and creative industries. We must promote the foreign cooperation of cultural and creative industries. We must seek and nurture common values. We must shape the international image of China. We must tell a good Chinese story. This will accelerate the development of cultural and creative industries and the promotion of "the Belt And Road".

Keywords: the Belt and Road; Cultural and Creative Industries; Civilization Blend

B.10　A Study on the Development of Cultural Trade in Central and Eastern European Countries and Regions
　　　　　　　　　　　　　　　　　　Li Xiaomu, *Luo Hui* / 166

Abstract: China has become one of the biggest countries of cultural products with the "Belt and Road" initiative. Cultural trade plays a pivotal role in the "Belt and Road". Culture is the area which can broaden people-to-people bonds. The development of cultural trade not only facilitates trade but also promotes the connection of people in the countries along "Belt and Road" and builds the bridge of cooperation in infrastructure and other areas. Countries along the "The belt and Road" are important partners of China in international trade. This paper analyzes the cooperation situation of China and Central and Eastern Europe Countries in cultural trade.

Keywords: Central and Eastern European Countries; Cultural Trade; "Belt and Road" Initiative; Cultural Cooperation

B.11　Research on the Current Situation of China's Private
　　　　Cultural Enterprises and the Counter-measures
　　　　to Push Their International Development
　　　　　　　　　　　　　　　　Wang Haiwen, Zhang Yijie / 176

Abstract: Under the background of vigorous development and prosperity of cultural industry in both domestic and overseas, the development environment of China's private cultural enterprises becomes better continuously and policies supports are strengthened. As competitive participants in cultural market of both domestic and overseas, China's private cultural enterprises are not only the new power of development of domestic cultural market, but also the main force which promotes Chinese culture. However, there are still many problems in the development process of China's private cultural enterprises, such as unreasonable cultural supervision system, serious shortage of capital and talents, limited creativity and out-of-order market etc. Therefore, we have to create the environment with the characteristics of fair competition and legal basis, strengthen the talent cultivation and the function of internet in order to push the construction and international development of China's private cultural enterprises.

Keywords: Private Cultural Enterprises; Cultural Market; Internationallization

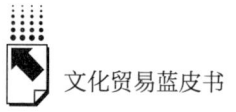

B.12　The Ways Finance Serves Culture "going out"

Sun Junxin / 188

Abstract: Culture "going out" is an important strategy for China to enhance the cultural soft power worldwidely and finance can provide comprehensive supports and services for culture "going out" strategy. Currently these comprehensive supports and services have following features: the government pays high attention and introduces lots of policies; financial institutions are widely involved; boundary of domestic and international markets is fuzzy, that is fund raised serve both domestic and international markets; financial innovation is active; private enterprises have got widely support. But there are still some problems, including difficulty of financing, high financing cost, increasing overseas investment risk, the uncertain actual effect of cultural finance, the limited outstanding cultural products. This paper puts forward some suggestions, in the hope that finance can better help the culture "go out" in the future.

Keywords: Culture Trade; Culture Investment; Culture "Going Out"; Finance

B.13　Research on the Chinese Art Market in the Era
　　　　of Globalization　　　　　　　　　*Cheng Xiangbin / 201*

Abstract: China's great economic achievements have led to the prosperity and development of the Chinese art market, and the market scale and influence have been greatly expanded and increased. The global art market has more than doubled in size compared to a decade ago, with huge contributions to the rapid development of the Chinese art market. Since 2011, the Chinese art market has demonstrated rapid development and impressive performance in the global art market. The market has been rapidly promoted and consolidated in the world art market and has become an important pole in the development of the world art market. The prosperity of the Chinese art market, not only attracted some foreign art operators to open galleries in China, but also attracted some international leading auction companies to enter the Chinese market. Every step change, the Chinese art market is closely related to the global art market. Therefore, it is necessary to continuously carry out in-depth research of Chinese art market in the era of globalization.

Keywords: Art Market; Globalization; Culture Industry

B. 14 Practice of Civilization Confidence and Build a Community of Shared Civilization for Mankind *Yang Zhengwei* / 211

Abstract: The Belt and Road has many ancient civilizations along the route, and civilization dialogue and civilization revival are One of the largest common divisors. The mutual complementarity of economic development, the similarity of cultural status and the actuality of national rejuvenation have gradually increased the possibility of reaching a civilized consensus on the Belt and Road. The topic of civilization is the superiority and enrichment of our country. Also, the civilization concept proposed by our leader has aroused strong international resonance.

A series of important discussions on China's view of civilization and exchanges and mutual learning among various civilizations are of great significance. China can take another step forward on the basis of civilizations exchanges and mutual learning and propose to build a community of shared civilization for mankind. In the three major common community of the Belt and Road, respectively community of shared interests, Community of common destiny and Community of responsibility, emphasize adherence to the civilization value convergence, the civilization achievements of sharing, the sustainability of civilization prosperity and the integration of the future of civilization, for better implementation of the Belt and Road initiative blueprint.

Keywords: The Belt and Road; a Community of Shared Civilization for Mankind; Civilization Revival

文化贸易蓝皮书

B.15 Does Trade Openness Promote Cultural Identity?
—An Empirical Study Based on Data of China from 1990 to 2014
Qu Ruxiao, Zeng Yanping and Li Shiheng / 217

Abstract: Cultural identity refers to the process of cultural recognition and acceptance among countries with narrowing of cultural differences and alleviation of cultural conflicts. Based on China's trade data from 1990 to 2014 with 40 partners and data of World Value Survey, this paper measures the index of Chinese trade openness and degree of cultural identity from foreign countries, and then estimates the impact of trade openness on cultural identity. Results show trade openness not only strengthens Chinese cultural identity from other countries in terms of trust, respect, control and obedience dimension significantly, but also promotes the overall cultural identity. Moreover, inequality of income distribution will not affect the promotion of trade openness on cultural identity.

Keywords: Trade Openness; Cultural Identity; Culture Dimension

Ⅳ International Reference

B.16 Research on the Construction of PPP Model in Performing
Arts in New York City Song Ruixue / 233

Abstract: Public-Private Partnership (PPP) model has been widely favored because of its own superiority in the field of infrastructure construction. But in the realm of public culture, especially in the field of performing arts, discussion on this model is still very limited. Based on the concept and characteristics of PPP, this paper analyzes the structure, history and subsidy efficiency of the PPP model established between the New York City Department of Cultural Affairs and 33 major cultural institutions in New York, in order to provide some ideas for Beijing to be built as a worldwide cultural city.

Keywords: New York City; Public-Private Partnership; Performing Arts

B. 17   A Study on the Development of Korean Performing
        Arts Based on the Viewpoint of Government
        Administration and Statute   *Miao Jue* / 248

Abstract: By the time of 1997 when the financial crisis swept through Asia, Korean cultural industry had achieved an unprecedented development. With the strong support of the government, the related laws and regulations are increasingly becoming sound and perfect. At that time, the strategies for "culture orientated national development" were also deeply implemented to various measures. The ministry of Culture, Sports and Tourism is the main administrative body of Korean cultural industry. It includes a planning coordination office, a cultural and arts policy office, a cultural content industry office, a sports and tourism policy office, a public communication office and a religious affairs office. "Culture and Arts Promotion Act" and "Public Performance Law" are the main laws of Korean cultural industry. In 2001, the establishment of the Korea Culture & Content Agency played a great role in the rapid development of the cultural industry. In 2004, the new established International Cultural Cooperation Team and the Culture and Arts Education Team promoted the spreading of Korean culture overseas and also enlarged the number of talents of this field. From 2005 to 2007, it was easy to see that the government's emphasis on copyright, so that the establishment of relevant departments had to keep pace. In 2007, the new Promotional Group for Asian Hub City of Culture aimed to expand the influence of Korean culture throughout the whole world.

Keywords: Korean; Cultural Industry; Law Regulations; the Ministry of Culture, Sports and Tourism

B. 18   A Study on the Role of DutchCulture in Dutch
        Cultural Development and Its Role   *Shen Yanke* / 265

Abstract: The Netherlands, which had a profound impact on the

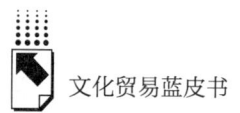

development of European culture and world culture in history, is now still active in the world and full of vitality and creativity. In order to promote the development of Dutch culture and international cultural exchanges and cooperation, the government of the Netherlands introduced International Cultural Policy Framework, 2017 -2020 as the guiding document. In the mode of public culture management, the strategic advice agency DutchCulture, which is playing the role of process coordinator, is given a central role in implementing international cultural policy. It will facilitate the formulation of the international cultural policy, encourage Dutch cultural institutions and artists from all over the world to participate in international activities, speed up the development of cultural and creative industries, and conserve the shared cultural heritage. Even as a facilitator of cultural diplomacy, to accelerate the pace of Dutch culture's internationalization. What's more, DutchCulture will monitor and evaluate the cultural development strategies. DutchCulture plays a huge role in Dutch culture development and as a reference, our government needs to realize the importance of creating a specialized agency to coordinate the process of cultural development. We have to develop cultural undertakings and industry simultaneously, absorb social capital into the development of culture. Moreover, we have to strengthen the evaluation of culture development effectiveness and increase cultural legislation to escort the development of culture.

Keywords: The Netherlands; DutchCulture; Culture Development; International Cultural Cooperation

B.19 Research on the Current Situation, Trend and Development Prospect of Russian Book Market

Zhang Hongbo / 274

Abstract: Russia as one of China's strategic partners, the development of its book market in China and Russia's cultural cooperation and cultural trade has a significant impact. The article adapts a large number of detailed data to introduce the 2008 −2016 Russian book market situation, analyzes the number of printing and dyeing trends of Russian books, focusing on the publishing system and publishing house, media consumption and digital publishing and the use of changes in the e-book market trends in Russia. At the same time, the article introduces the Russian government's important measures for encouraging literature, publishing and reading, including Sino-Russian books translation and other cooperation projects.

Keywords: Russia; Book Publishing; Book Market

B. 20 Cultural Policies and Cultural Trade of EU *Men Jing* / 290

Abstract: Over the past decade or so, the EU has paid great attention to the development of culture, formulated a number of policies to promote and support cultural development, and promoted economic and trade growth and social employment in the EU through cultural exchange and cooperation. The EU's emphasis on cultural is inseparable from the goal of economic development. The promotion of culture helps increase social cohesion, the rapid development of cultural and creative industry creates positive spillover effects for other industries, and facilitates the implementation of the "EU 2020 strategy". As the key sector of development, cultural and creative industry has become an increasingly important pillar of economic development. Through the development of creative and cultural industry, the EU hopes to promote the growth of its internal trade and external trade. This paper first introduces the cultural policy of the EU in recent years, and then explores the situation of EU cultural trade, and finally examines EU-China cultural trade and makes a tentative conclusion.

Keywords: EU; Cultural Policies; Cultural Trade; Economic Development; Employment Opportunities

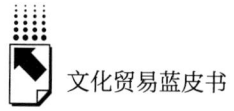
文化贸易蓝皮书

V Practice and Innovation

B. 21 Cultural Authorization: the Effective Path of
Cultural Trade Development　　　　　　　*Ren Yibiao / 300*

Abstract: With diverse objects and types, cultural authorization is a kind of comprehensive authorization form which takes cultural creation and the rights of cultural identity products as its main body. At the same time, the process of cultural authorization is also the one of effective protection and standard use of intellectual property rights. Currently, the international authorization industry and market is already rich and mature, while the cultural authorization industry in China is accelerating, it can promote the conversion of cultural resources to cultural capital, creating a win-win model of development, and finally promote effectively the advance of cultural industry and trade. National foreign cultural trade base (Shanghai) acts bravely as the bellwether of the cultural Silk Road, focus on innovation and building of Cultural Authorization Fair of China's (Shanghai) free trade area since 2014, exploring the development and the realizing form of culture and copyright trade. The fair features bright traits and fruitful results, presents a series of characteristics of the internationalization, multi-channel booster and multi-type cooperation, gradually become a professional platform to promote the development of industrial convergence. In the present, opportunities and challenges coexist, exploring the cultural authorization actively, is undoubtedly an effective way to develop cultural trade and culture industry, it is even more so to export Chinese culture, improve and expand its meaningful influence.

Keywords: Cultural Authorization; National Foreign Cultural Trade Base (Shanghai); Cultural Authorization Fair

B. 22　Leveraging the Advantage of Cultural Bonded Zone
to Develop the Film and Television Trade　*Cheng Chunli* / 310

Abstract: Cultural bonded zone is the gateway to the international market, with its preferential policies such as exemption of papers and tax, to provide a new platform for going global strategy of the culture. Culture bonded practice is closely related to the level of economic development, economic location and traffic conditions. In the field of cultural bonded zone, the development of the film and television trade is still in its starting stage, the combination of the two is of great significance. To a great extent, film and television trade carries the features of cultural products and services at the same time, so it's easier to integrate the whole industry chain in the culture bonded zone, benefit the other related cultural industries, and improve the overall international competitiveness of China's cultural industry. At present, the potential of film and television trade is gradually excavated, and the cultural bonded zone can promote the development of film and television trade through bonded warehouse and technology optimization. Inrecent years, the unveiling of a number of positive policy immits strong power into the development and prosperity of Chinese film art. To fully share the advantages and policies of free trade zone in Beijing, Shanghai and Tianjin, and broaden the development channels, we need to strengthen the integration mechanism, innovate management model, reinforce cooperation coordination, implement the innovation practice and some other measures to innovate and develop the film and television trade.

Keywords: Cultural Bonded Zone; Favoured Policy; Film and Television Trade

B. 23　The Chinese Road to the Drama HD Video Industry
　　　　　　　　　　　　　　　　　　　　Li Congzhou / 321

Abstract: The moving image is a very important branch of cinema content,

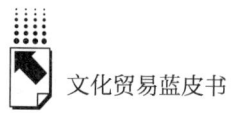

with the innovation of technology, especially for the universal application of satellite transmission technology in cinemas, the live video is becoming a feature of many theaters. This article from the British drama HD live video recording industry introduces the road of China in detail, through to the British National Theater NTLive projects produce, fall to the ground and distribution strategy analysis. From great attention of Chinese drama people to the NTLive project formally landing in China, the key to the successful and effective implementation of the HD video project landing in China is the cooperative institutions in China, content selection and promotion and distribution. The industrialization development of drama scene image should become the development trend of the whole Chinese drama industry, but still faces some severe challenges.

Keywords: Drama HD Image Industry; NTLive Project; Drama Industry Trend

B. 24 The International Musical Layout of A. C. Orange under the Background of the Belt and Road *Geng Jun* / 333

Abstract: Under the background of the Belt and Road, A. C. Orange has become one of the practitioners of China's cultural industry going out. From both domestic and foreign perspectives, It has successfully integrated the industry chain and formed Online To Offline the whole industrial chain interiorly, oriented the layout of investment, introduction and production, also overseas constantly improve the layout of international market. By participating in the investment and production of top international musicals, A. C. Orange has now entered the core musical markets. Although the cultural enterprises represented by A. C. Orange have gone out of the country, it is still a difficult problem to get the original works out.

Keywords: A. C. Orange; Musicals; Original Works

社会科学文献出版社　　皮书系列

❖ 皮书起源 ❖

"皮书"起源于十七、十八世纪的英国，主要指官方或社会组织正式发表的重要文件或报告，多以"白皮书"命名。在中国，"皮书"这一概念被社会广泛接受，并被成功运作、发展成为一种全新的出版形态，则源于中国社会科学院社会科学文献出版社。

❖ 皮书定义 ❖

皮书是对中国与世界发展状况和热点问题进行年度监测，以专业的角度、专家的视野和实证研究方法，针对某一领域或区域现状与发展态势展开分析和预测，具备原创性、实证性、专业性、连续性、前沿性、时效性等特点的公开出版物，由一系列权威研究报告组成。

❖ 皮书作者 ❖

皮书系列的作者以中国社会科学院、著名高校、地方社会科学院的研究人员为主，多为国内一流研究机构的权威专家学者，他们的看法和观点代表了学界对中国与世界的现实和未来最高水平的解读与分析。

❖ 皮书荣誉 ❖

皮书系列已成为社会科学文献出版社的著名图书品牌和中国社会科学院的知名学术品牌。2016年，皮书系列正式列入"十三五"国家重点出版规划项目；2013~2018年，重点皮书列入中国社会科学院承担的国家哲学社会科学创新工程项目；2018年，59种院外皮书使用"中国社会科学院创新工程学术出版项目"标识。

权威报告·一手数据·特色资源

皮书数据库
ANNUAL REPORT(YEARBOOK) DATABASE

当代中国经济与社会发展高端智库平台

所获荣誉

- 2016年，入选"'十三五'国家重点电子出版物出版规划骨干工程"
- 2015年，荣获"搜索中国正能量 点赞2015""创新中国科技创新奖"
- 2013年，荣获"中国出版政府奖·网络出版物奖"提名奖
- 连续多年荣获中国数字出版博览会"数字出版·优秀品牌"奖

成为会员

通过网址www.pishu.com.cn访问皮书数据库网站或下载皮书数据库APP，进行手机号码验证或邮箱验证即可成为皮书数据库会员。

会员福利

- 使用手机号码首次注册的会员，账号自动充值100元体验金，可直接购买和查看数据库内容（仅限PC端）。
- 已注册用户购书后可免费获赠100元皮书数据库充值卡。刮开充值卡涂层获取充值密码，登录并进入"会员中心"—"在线充值"—"充值卡充值"，充值成功后即可购买和查看数据库内容（仅限PC端）。
- 会员福利最终解释权归社会科学文献出版社所有。

卡号：375367567524
密码：

数据库服务热线：400-008-6695
数据库服务QQ：2475522410
数据库服务邮箱：database@ssap.cn
图书销售热线：010-59367070/7028
图书服务QQ：1265056568
图书服务邮箱：duzhe@ssap.cn

中国社会发展数据库（下设12个子库）

全面整合国内外中国社会发展研究成果，汇聚独家统计数据、深度分析报告，涉及社会、人口、政治、教育、法律等12个领域，为了解中国社会发展动态、跟踪社会核心热点、分析社会发展趋势提供一站式资源搜索和数据分析与挖掘服务。

中国经济发展数据库（下设12个子库）

基于"皮书系列"中涉及中国经济发展的研究资料构建，内容涵盖宏观经济、农业经济、工业经济、产业经济等12个重点经济领域，为实时掌控经济运行态势、把握经济发展规律、洞察经济形势、进行经济决策提供参考和依据。

中国行业发展数据库（下设17个子库）

以中国国民经济行业分类为依据，覆盖金融业、旅游、医疗卫生、交通运输、能源矿产等100多个行业，跟踪分析国民经济相关行业市场运行状况和政策导向，汇集行业发展前沿资讯，为投资、从业及各种经济决策提供理论基础和实践指导。

中国区域发展数据库（下设6个子库）

对中国特定区域内的经济、社会、文化等领域现状与发展情况进行深度分析和预测，研究层级至县及县以下行政区，涉及地区、区域经济体、城市、农村等不同维度。为地方经济社会宏观态势研究、发展经验研究、案例分析提供数据服务。

中国文化传媒数据库（下设18个子库）

汇聚文化传媒领域专家观点、热点资讯，梳理国内外中国文化发展相关学术研究成果、一手统计数据，涵盖文化产业、新闻传播、电影娱乐、文学艺术、群众文化等18个重点研究领域。为文化传媒研究提供相关数据、研究报告和综合分析服务。

世界经济与国际关系数据库（下设6个子库）

立足"皮书系列"世界经济、国际关系相关学术资源，整合世界经济、国际政治、世界文化与科技、全球性问题、国际组织与国际法、区域研究6大领域研究成果，为世界经济与国际关系研究提供全方位数据分析，为决策和形势研判提供参考。

法律声明

"皮书系列"（含蓝皮书、绿皮书、黄皮书）之品牌由社会科学文献出版社最早使用并持续至今，现已被中国图书市场所熟知。"皮书系列"的相关商标已在中华人民共和国国家工商行政管理总局商标局注册，如LOGO（ ）、皮书、Pishu、经济蓝皮书、社会蓝皮书等。"皮书系列"图书的注册商标专用权及封面设计、版式设计的著作权均为社会科学文献出版社所有。未经社会科学文献出版社书面授权许可，任何使用与"皮书系列"图书注册商标、封面设计、版式设计相同或者近似的文字、图形或其组合的行为均系侵权行为。

经作者授权，本书的专有出版权及信息网络传播权等为社会科学文献出版社享有。未经社会科学文献出版社书面授权许可，任何就本书内容的复制、发行或以数字形式进行网络传播的行为均系侵权行为。

社会科学文献出版社将通过法律途径追究上述侵权行为的法律责任，维护自身合法权益。

欢迎社会各界人士对侵犯社会科学文献出版社上述权利的侵权行为进行举报。电话：010-59367121，电子邮箱：fawubu@ssap.cn。

社会科学文献出版社

皮书系列

2018年

智库成果出版与传播平台

社会科学文献出版社
SOCIAL SCIENCES ACADEMIC PRESS (CHINA)

社长致辞

蓦然回首,皮书的专业化历程已经走过了二十年。20年来从一个出版社的学术产品名称到媒体热词再到智库成果研创及传播平台,皮书以专业化为主线,进行了系列化、市场化、品牌化、数字化、国际化、平台化的运作,实现了跨越式的发展。特别是在党的十八大以后,以习近平总书记为核心的党中央高度重视新型智库建设,皮书也迎来了长足的发展,总品种达到600余种,经过专业评审机制、淘汰机制遴选,目前,每年稳定出版近400个品种。"皮书"已经成为中国新型智库建设的抓手,成为国际国内社会各界快速、便捷地了解真实中国的最佳窗口。

20年孜孜以求,"皮书"始终将自己的研究视野与经济社会发展中的前沿热点问题紧密相连。600个研究领域,3万多位分布于800个研究机构的专家学者参与了研创写作。皮书数据库中共收录了15万篇专业报告、50余万张数据图表,合计30亿字,每年报告下载量近80万次。皮书为中国学术与社会发展实践的结合提供了一个激荡智力、传播思想的入口,皮书作者们用学术的话语、客观翔实的数据谱写出了中国故事壮丽的篇章。

20年跬步千里,"皮书"始终将自己的发展与时代赋予的使命与责任紧紧相连。每年百余场新闻发布会,10万余人次中外媒体报道,中、英、俄、日、韩等12个语种共同出版。皮书所具有的凝聚力正在形成一种无形的力量,吸引着社会各界关注中国的发展,参与中国的发展,它是我们向世界传递中国声音、总结中国经验、争取中国国际话语权最主要的平台。

皮书这一系列成就的取得,得益于中国改革开放的伟大时代,离不开来自中国社会科学院、新闻出版广电总局、全国哲学社会科学规划办公室等主管部门的大力支持和帮助,也离不开皮书研创者和出版者的共同努力。他们与皮书的故事创造了皮书的历史,他们对皮书的拳拳之心将继续谱写皮书的未来!

现在,"皮书"品牌已经进入了快速成长的青壮年时期。全方位进行规范化管理,树立中国的学术出版标准;不断提升皮书的内容质量和影响力,搭建起中国智库产品和智库建设的交流服务平台和国际传播平台;发布各类皮书指数,并使之成为中国指数,让中国智库的声音响彻世界舞台,为人类的发展做出中国的贡献——这是皮书未来发展的图景。作为"皮书"这个概念的提出者,"皮书"从一般图书到系列图书和品牌图书,最终成为智库研究和社会科学应用对策研究的知识服务和成果推广平台这整个过程的操盘者,我相信,这也是每一位皮书人执着追求的目标。

"当代中国正经历着我国历史上最为广泛而深刻的社会变革,也正在进行着人类历史上最为宏大而独特的实践创新。这种前无古人的伟大实践,必将给理论创造、学术繁荣提供强大动力和广阔空间。"

在这个需要思想而且一定能够产生思想的时代,皮书的研创出版一定能创造出新的更大的辉煌!

社会科学文献出版社社长
中国社会学会秘书长

2017年11月

社会科学文献出版社简介

社会科学文献出版社（以下简称"社科文献出版社"）成立于1985年，是直属于中国社会科学院的人文社会科学学术出版机构。成立至今，社科文献出版社始终依托中国社会科学院和国内外人文社会科学界丰厚的学术出版和专家学者资源，坚持"创社科经典，出传世文献"的出版理念、"权威、前沿、原创"的产品定位以及学术成果和智库成果出版的专业化、数字化、国际化、市场化的经营道路。

社科文献出版社是中国新闻出版业转型与文化体制改革的先行者。积极探索文化体制改革的先进方向和现代企业经营决策机制，社科文献出版社先后荣获"全国文化体制改革工作先进单位"、中国出版政府奖·先进出版单位奖，中国社会科学院先进集体、全国科普工作先进集体等荣誉称号。多人次荣获"第十届韬奋出版奖""全国新闻出版行业领军人才""数字出版先进人物""北京市新闻出版广电行业领军人才"等称号。

社科文献出版社是中国人文社会科学学术出版的大社名社，也是以皮书为代表的智库成果出版的专业强社。年出版图书2000余种，其中皮书400余种，出版新书字数5.5亿字，承印与发行中国社科院院属期刊72种，先后创立了皮书系列、列国志、中国史话、社科文献学术译库、社科文献学术文库、甲骨文书系等一大批既有学术影响又有市场价值的品牌，确立了在社会学、近代史、苏东问题研究等专业学科及领域出版的领先地位。图书多次荣获中国出版政府奖、"三个一百"原创图书出版工程、"五个'一'工程奖"、"大众喜爱的50种图书"等奖项，在中央国家机关"强素质·做表率"读书活动中，入选图书品种数位居各大出版社之首。

社科文献出版社是中国学术出版规范与标准的倡议者与制定者，代表全国50多家出版社发起实施学术著作出版规范的倡议，承担学术著作规范国家标准的起草工作，率先编撰完成《皮书手册》对皮书品牌进行规范化管理，并在此基础上推出中国版芝加哥手册——《社科文献出版社学术出版手册》。

社科文献出版社是中国数字出版的引领者，拥有皮书数据库、列国志数据库、"一带一路"数据库、减贫数据库、集刊数据库等4大产品线11个数据库产品，机构用户达1300余家，海外用户百余家，荣获"数字出版转型示范单位""新闻出版标准化先进单位""专业数字内容资源知识服务模式试点企业标准化示范单位"等称号。

社科文献出版社是中国学术出版走出去的践行者。社科文献出版社海外图书出版与学术合作业务遍及全球40余个国家和地区，并于2016年成立俄罗斯分社，累计输出图书500余种，涉及近20个语种，累计获得国家社科基金中华学术外译项目资助76种、"丝路书香工程"项目资助60种、中国图书对外推广计划项目资助71种以及经典中国国际出版工程资助28种，被五部委联合认定为"2015-2016年度国家文化出口重点企业"。

如今，社科文献出版社完全靠自身积累拥有固定资产3.6亿元，年收入3亿元，设置了七大出版分社、六大专业部门，成立了皮书研究院和博士后科研工作站，培养了一支近400人的高素质与高效率的编辑、出版、营销和国际推广队伍，为未来成为学术出版的大社、名社、强社，成为文化体制改革与文化企业转型发展的排头兵奠定了坚实的基础。

 宏观经济类 　　皮书系列 重点推荐

宏观经济类

经济蓝皮书

2018年中国经济形势分析与预测

李平／主编　2017年12月出版　定价：89.00元

◆ 本书为总理基金项目，由著名经济学家李扬领衔，联合中国社会科学院等数十家科研机构、国家部委和高等院校的专家共同撰写，系统分析了2017年的中国经济形势并预测2018年中国经济运行情况。

城市蓝皮书

中国城市发展报告No.11

潘家华　单菁菁／主编　2018年9月出版　估价：99.00元

◆ 本书是由中国社会科学院城市发展与环境研究中心编著的，多角度、全方位地立体展示了中国城市的发展状况，并对中国城市的未来发展提出了许多建议。该书有强烈的时代感，对中国城市发展实践有重要的参考价值。

人口与劳动绿皮书

中国人口与劳动问题报告No.19

张车伟／主编　2018年10月出版　估价：99.00元

◆ 本书为中国社会科学院人口与劳动经济研究所主编的年度报告，对当前中国人口与劳动形势做了比较全面和系统的深入讨论，为研究中国人口与劳动问题提供了一个专业性的视角。

宏观经济类・区域经济类

中国省域竞争力蓝皮书
中国省域经济综合竞争力发展报告（2017～2018）

李建平　李闽榕　高燕京/主编　2018年5月出版　估价：198.00元

◆ 本书融多学科的理论为一体，深入追踪研究了省域经济发展与中国国家竞争力的内在关系，为提升中国省域经济综合竞争力提供有价值的决策依据。

金融蓝皮书
中国金融发展报告（2018）

王国刚/主编　2018年6月出版　估价：99.00元

◆ 本书由中国社会科学院金融研究所组织编写，概括和分析了2017年中国金融发展和运行中的各方面情况，研讨和评论了2017年发生的主要金融事件，有利于读者了解掌握2017年中国的金融状况，把握2018年中国金融的走势。

区域经济类

京津冀蓝皮书
京津冀发展报告（2018）

祝合良　叶堂林　张贵祥/等著　2018年6月出版　估价：99.00元

◆ 本书遵循问题导向与目标导向相结合、统计数据分析与大数据分析相结合、纵向分析和长期监测与结构分析和综合监测相结合等原则，对京津冀协同发展新形势与新进展进行测度与评价。

 社会政法类

社 会 政 法 类

社会蓝皮书
2018年中国社会形势分析与预测

李培林　陈光金　张翼/主编　2017年12月出版　定价：89.00元

◆ 本书由中国社会科学院社会学研究所组织研究机构专家、高校学者和政府研究人员撰写，聚焦当下社会热点，对2017年中国社会发展的各个方面内容进行了权威解读，同时对2018年社会形势发展趋势进行了预测。

法治蓝皮书
中国法治发展报告No.16（2018）

李林　田禾/主编　2018年3月出版　定价：128.00元

◆ 本年度法治蓝皮书回顾总结了2017年度中国法治发展取得的成就和存在的不足，对中国政府、司法、检务透明度进行了跟踪调研，并对2018年中国法治发展形势进行了预测和展望。

教育蓝皮书
中国教育发展报告（2018）

杨东平/主编　2018年3月出版　定价：89.00元

◆ 本书重点关注了2017年教育领域的热点，资料翔实，分析有据，既有专题研究，又有实践案例，从多角度对2017年教育改革和实践进行了分析和研究。

皮书系列重点推荐 社会政法类

社会体制蓝皮书
中国社会体制改革报告 No.6（2018）

龚维斌 / 主编 2018年3月出版 定价：98.00元

◆ 本书由国家行政学院社会治理研究中心和北京师范大学中国社会管理研究院共同组织编写，主要对2017年社会体制改革情况进行回顾和总结，对2018年的改革走向进行分析，提出相关政策建议。

社会心态蓝皮书
中国社会心态研究报告（2018）

王俊秀 杨宜音 / 主编 2018年12月出版 估价：99.00元

◆ 本书是中国社会科学院社会学研究所社会心理研究中心"社会心态蓝皮书课题组"的年度研究成果，运用社会心理学、社会学、经济学、传播学等多种学科的方法进行了调查和研究，对于目前中国社会心态状况有较广泛和深入的揭示。

华侨华人蓝皮书
华侨华人研究报告（2018）

贾益民 / 主编 2017年12月出版 估价：139.00元

◆ 本书关注华侨华人生产与生活的方方面面。华侨华人是中国建设21世纪海上丝绸之路的重要中介者、推动者和参与者。本书旨在全面调研华侨华人，提供最新涉侨动态、理论研究成果和政策建议。

民族发展蓝皮书
中国民族发展报告（2018）

王延中 / 主编 2018年10月出版 估价：188.00元

◆ 本书从民族学人类学视角，研究近年来少数民族和民族地区的发展情况，展示民族地区经济、政治、文化、社会和生态文明"五位一体"建设取得的辉煌成就和面临的困难挑战，为深刻理解中央民族工作会议精神、加快民族地区全面建成小康社会进程提供了实证材料。

皮书系列
重点推荐

 产业经济类・行业及其他类

产业经济类

房地产蓝皮书
中国房地产发展报告No.15（2018）

李春华 王业强 / 主编　2018年5月出版　估价：99.00元

◆ 2018年《房地产蓝皮书》持续追踪中国房地产市场最新动态，深度剖析市场热点，展望2018年发展趋势，积极谋划应对策略。对2017年房地产市场的发展态势进行全面、综合的分析。

新能源汽车蓝皮书
中国新能源汽车产业发展报告（2018）

中国汽车技术研究中心　日产（中国）投资有限公司
东风汽车有限公司 / 编著　2018年8月出版　估价：99.00元

◆ 本书对中国2017年新能源汽车产业发展进行了全面系统的分析，并介绍了国外的发展经验。有助于相关机构、行业和社会公众等了解中国新能源汽车产业发展的最新动态，为政府部门出台新能源汽车产业相关政策法规、企业制定相关战略规划，提供必要的借鉴和参考。

行业及其他类

旅游绿皮书
2017～2018年中国旅游发展分析与预测

中国社会科学院旅游研究中心 / 编　2018年1月出版　定价：99.00元

◆ 本书从政策、产业、市场、社会等多个角度勾画出2017年中国旅游发展全貌，剖析了其中的热点和核心问题，并就未来发展作出预测。

民营医院蓝皮书

中国民营医院发展报告（2018）

薛晓林 / 主编　　2018 年 11 月出版　　估价：99.00 元

◆ 本书在梳理国家对社会办医的各种利好政策的前提下，对我国民营医疗发展现状、我国民营医院竞争力进行了分析，并结合我国医疗体制改革对民营医院的发展趋势、发展策略、战略规划等方面进行了预估。

会展蓝皮书

中外会展业动态评估研究报告（2018）

张敏 / 主编　　2018 年 12 月出版　　估价：99.00 元

◆ 本书回顾了2017年的会展业发展动态，结合"供给侧改革"、"互联网+"、"绿色经济"的新形势分析了我国展会的行业现状，并介绍了国外的发展经验，有助于行业和社会了解最新的展会业动态。

中国上市公司蓝皮书

中国上市公司发展报告（2018）

张平　王宏淼 / 主编　　2018 年 9 月出版　　估价：99.00 元

◆ 本书由中国社会科学院上市公司研究中心组织编写的，着力于全面、真实、客观反映当前中国上市公司财务状况和价值评估的综合性年度报告。本书详尽分析了 2017 年中国上市公司情况，特别是现实中暴露出的制度性、基础性问题，并对资本市场改革进行了探讨。

工业和信息化蓝皮书

人工智能发展报告（2017～2018）

尹丽波 / 主编　　2018 年 6 月出版　　估价：99.00 元

◆ 本书国家工业信息安全发展研究中心在对 2017 年全球人工智能技术和产业进行全面跟踪研究基础上形成的研究报告。该报告内容翔实、视角独特，具有较强的产业发展前瞻性和预测性，可为相关主管部门、行业协会、企业等全面了解人工智能发展形势以及进行科学决策提供参考。

 国际问题与全球治理类　皮书系列重点推荐

国际问题与全球治理类

世界经济黄皮书

2018年世界经济形势分析与预测

张宇燕 / 主编　2018年1月出版　定价：99.00元

◆ 本书由中国社会科学院世界经济与政治研究所的研究团队撰写，分总论、国别与地区、专题、热点、世界经济统计与预测等五个部分，对2018年世界经济形势进行了分析。

国际城市蓝皮书

国际城市发展报告（2018）

屠启宇 / 主编　2018年2月出版　定价：89.00元

◆ 本书作者以上海社会科学院从事国际城市研究的学者团队为核心，汇集同济大学、华东师范大学、复旦大学、上海交通大学、南京大学、浙江大学相关城市研究专业学者。立足动态跟踪介绍国际城市发展时间中，最新出现的重大战略、重大理念、重大项目、重大报告和最佳案例。

非洲黄皮书

非洲发展报告No.20（2017～2018）

张宏明 / 主编　2018年7月出版　估价：99.00元

◆ 本书是由中国社会科学院西亚非洲研究所组织编撰的非洲形势年度报告，比较全面、系统地分析了2017年非洲政治形势和热点问题，探讨了非洲经济形势和市场走向，剖析了大国对非洲关系的新动向；此外，还介绍了国内非洲研究的新成果。

国别类

美国蓝皮书
美国研究报告（2018）

郑秉文 / 黄平 / 主编　2018年5月出版　估价：99.00元

◆ 本书是由中国社会科学院美国研究所主持完成的研究成果，它回顾了美国2017年的经济、政治形势与外交战略，对美国内政外交发生的重大事件及重要政策进行了较为全面的回顾和梳理。

德国蓝皮书
德国发展报告（2018）

郑春荣 / 主编　2018年6月出版　估价：99.00元

◆ 本报告由同济大学德国研究所组织编撰，由该领域的专家学者对德国的政治、经济、社会文化、外交等方面的形势发展情况，进行全面的阐述与分析。

俄罗斯黄皮书
俄罗斯发展报告（2018）

李永全 / 编著　2018年6月出版　估价：99.00元

◆ 本书系统介绍了2017年俄罗斯经济政治情况，并对2016年该地区发生的焦点、热点问题进行了分析与回顾；在此基础上，对该地区2018年的发展前景进行了预测。

 文化传媒类 | 皮书系列 重点推荐

文化传媒类

新媒体蓝皮书
中国新媒体发展报告No.9（2018）
唐绪军/主编　2018年6月出版　估价：99.00元

◆ 本书是由中国社会科学院新闻与传播研究所组织编写的关于新媒体发展的最新年度报告，旨在全面分析中国新媒体的发展现状，解读新媒体的发展趋势，探析新媒体的深刻影响。

移动互联网蓝皮书
中国移动互联网发展报告（2018）
余清楚/主编　2018年6月出版　估价：99.00元

◆ 本书着眼于对2017年度中国移动互联网的发展情况做深入解析，对未来发展趋势进行预测，力求从不同视角、不同层面全面剖析中国移动互联网发展的现状、年度突破及热点趋势等。

文化蓝皮书
中国文化消费需求景气评价报告（2018）
王亚南/主编　2018年3月出版　定价：99.00元

◆ 本书首创全国文化发展量化检测评价体系，也是至今全国唯一的文化民生量化检测评价体系，对于检验全国及各地"以人民为中心"的文化发展具有首创意义。

地方发展类

北京蓝皮书

北京经济发展报告（2017～2018）

杨松/主编　2018年6月出版　估价：99.00元

◆ 本书对2017年北京市经济发展的整体形势进行了系统性的分析与回顾，并对2018年经济形势走势进行了预测与研判，聚焦北京市经济社会发展中的全局性、战略性和关键领域的重点问题，运用定量和定性分析相结合的方法，对北京市经济社会发展的现状、问题、成因进行了深入分析，提出了可操作性的对策建议。

温州蓝皮书

2018年温州经济社会形势分析与预测

蒋儒标　王春光　金浩/主编　2018年6月出版　估价：99.00元

◆ 本书是中共温州市委党校和中国社会科学院社会学研究所合作推出的第十一本温州蓝皮书，由来自党校、政府部门、科研机构、高校的专家、学者共同撰写的2017年温州区域发展形势的最新研究成果。

黑龙江蓝皮书

黑龙江社会发展报告（2018）

王爱丽/主编　2018年1月出版　定价：89.00元

◆ 本书以千份随机抽样问卷调查和专题研究为依据，运用社会学理论框架和分析方法，从专家和学者的独特视角，对2017年黑龙江省关系民生的问题进行广泛的调研与分析，并对2017年黑龙江省诸多社会热点和焦点问题进行了有益的探索。这些研究不仅可以为政府部门更加全面深入了解省情、科学制定决策提供智力支持，同时也可以为广大读者认识、了解、关注黑龙江社会发展提供理性思考。

宏观经济类

皮书系列 2018全品种

宏观经济类

城市蓝皮书
中国城市发展报告（No.11）
著(编)者：潘家华 单菁菁
2018年9月出版 / 定价：99.00元
PSN B-2007-091-1/1

城乡一体化蓝皮书
中国城乡一体化发展报告（2018）
著(编)者：付崇兰
2018年9月出版 / 估价：99.00元
PSN B-2011-226-1/2

城镇化蓝皮书
中国新型城镇化健康发展报告（2018）
著(编)者：张占斌
2018年8月出版 / 估价：99.00元
PSN B-2014-396-1/1

创新蓝皮书
创新型国家建设报告（2018~2019）
著(编)者：詹正茂
2018年12月出版 / 估价：99.00元
PSN B-2009-140-1/1

低碳发展蓝皮书
中国低碳发展报告（2018）
著(编)者：张希良 齐晔
2018年6月出版 / 估价：99.00元
PSN B-2011-223-1/1

低碳经济蓝皮书
中国低碳经济发展报告（2018）
著(编)者：薛进军 赵忠秀
2018年11月出版 / 估价：99.00元
PSN B-2011-194-1/1

发展和改革蓝皮书
中国经济发展和体制改革报告No.9
著(编)者：邹东涛 王再文
2018年1月出版 / 估价：99.00元
PSN B-2008-122-1/1

国家创新蓝皮书
中国创新发展报告（2017）
著(编)者：陈劲 2018年5月出版 / 估价：99.00元
PSN B-2014-370-1/1

金融蓝皮书
中国金融发展报告（2018）
著(编)者：王国刚
2018年6月出版 / 估价：99.00元
PSN B-2004-031-1/7

经济蓝皮书
2018年中国经济形势分析与预测
著(编)者：李平 2017年12月出版 / 定价：89.00元
PSN B-1996-001-1/1

经济蓝皮书春季号
2018年中国经济前景分析
著(编)者：李扬 2018年5月出版 / 估价：99.00元
PSN B-1999-008-1/1

经济蓝皮书夏季号
中国经济增长报告（2017~2018）
著(编)者：李扬 2018年9月出版 / 估价：99.00元
PSN B-2010-176-1/1

农村绿皮书
中国农村经济形势分析与预测（2017~2018）
著(编)者：魏后凯 黄秉信
2018年4月出版 / 定价：99.00元
PSN B-1998-003-1/1

人口与劳动绿皮书
中国人口与劳动问题报告No.19
著(编)者：张车伟 2018年11月出版 / 估价：99.00元
PSN G-2000-012-1/1

新型城镇化蓝皮书
新型城镇化发展报告（2017）
著(编)者：李伟 宋敏
2018年3月出版 / 定价：98.00元
PSN B-2005-038-1/1

中国省域竞争力蓝皮书
中国省域经济综合竞争力发展报告（2016~2017）
著(编)者：李建平 李闽榕
2018年2月出版 / 定价：198.00元
PSN B-2007-088-1/1

中小城市绿皮书
中国中小城市发展报告（2018）
著(编)者：中国城市经济学会中小城市经济发展委员会
中国城镇化促进会中小城市发展委员会
《中国中小城市发展报告》编纂委员会
中小城市发展战略研究院
2018年11月出版 / 估价：128.00元
PSN G-2010-161-1/1

区域经济类

东北蓝皮书
中国东北地区发展报告（2018）
著(编)者：姜晓秋　2018年11月出版 / 估价：99.00元
PSN B-2006-067-1/1

金融蓝皮书
中国金融中心发展报告（2017~2018）
著(编)者：王力　黄育华　2018年11月出版 / 估价：99.00元
PSN B-2011-186-6/7

京津冀蓝皮书
京津冀发展报告（2018）
著(编)者：祝合良　叶堂林　张贵祥
2018年6月出版　估价：99.00元
PSN B-2012-262-1/1

西北蓝皮书
中国西北发展报告（2018）
著(编)者：王福生　马廷旭　董秋生
2018年1月出版 / 定价：99.00元
PSN B-2012-261-1/1

西部蓝皮书
中国西部发展报告（2018）
著(编)者：璋勇　任保平　2018年8月出版 / 估价：99.00元
PSN B-2005-039-1/1

长江经济带产业蓝皮书
长江经济带产业发展报告（2018）
著(编)者：吴传清　2018年11月出版 / 估价：128.00元
PSN B-2017-666-1/1

长江经济带蓝皮书
长江经济带发展报告（2017~2018）
著(编)者：王振　2018年11月出版 / 估价：99.00元
PSN B-2016-575-1/1

长江中游城市群蓝皮书
长江中游城市群新型城镇化与产业协同发展报告（2018）
著(编)者：杨刚强　2018年11月出版 / 估价：99.00元
PSN B-2016-578-1/1

长三角蓝皮书
2017年创新融合发展的长三角
著(编)者：刘飞跃　2018年5月出版 / 估价：99.00元
PSN B-2005-038-1/1

长株潭城市群蓝皮书
长株潭城市群发展报告（2017）
著(编)者：张萍　朱有志　2018年6月出版 / 估价：99.00元
PSN B-2008-109-1/1

特色小镇蓝皮书
特色小镇智慧运营报告（2018）：顶层设计与智慧架构标准
著(编)者：陈劲　2018年1月出版 / 定价：79.00元
PSN B-2018-692-1/1

中部竞争力蓝皮书
中国中部经济社会竞争力报告（2018）
著(编)者：教育部人文社会科学重点研究基地南昌大学中国
　　　　　中部经济社会发展研究中心
2018年12月出版 / 估价：99.00元
PSN B-2012-276-1/1

中部蓝皮书
中国中部地区发展报告（2018）
著(编)者：宋亚平　2018年12月出版 / 估价：99.00元
PSN B-2007-089-1/1

区域蓝皮书
中国区域经济发展报告（2017~2018）
著(编)者：赵弘　2018年5月出版 / 估价：99.00元
PSN B-2004-034-1/1

中三角蓝皮书
长江中游城市群发展报告（2018）
著(编)者：秦尊文　2018年9月出版 / 估价：99.00元
PSN B-2014-417-1/1

中原蓝皮书
中原经济区发展报告（2018）
著(编)者：李英杰　2018年6月出版 / 估价：99.00元
PSN B-2011-192-1/1

珠三角流通蓝皮书
珠三角商圈发展研究报告（2018）
著(编)者：王先庆　林至颖　2018年7月出版 / 估价：99.00元
PSN B-2012-292-1/1

社会政法类

北京蓝皮书
中国社区发展报告（2017~2018）
著(编)者：于燕燕　2018年9月出版 / 估价：99.00元
PSN B-2007-083-5/8

殡葬绿皮书
中国殡葬事业发展报告（2017~2018）
著(编)者：李伯森　2018年6月出版 / 估价：158.00元
PSN G-2010-180-1/1

城市管理蓝皮书
中国城市管理报告（2017-2018）
著(编)者：刘林　刘承水　2018年5月出版 / 估价：158.00元
PSN B-2013-336-1/1

城市生活质量蓝皮书
中国城市生活质量报告（2017）
著(编)者：张连城　张平　杨春学　郎丽华
2017年12月出版 / 定价：89.00元
PSN B-2013-326-1/1

社会政法类 — 皮书系列 2018全品种

城市政府能力蓝皮书
中国城市政府公共服务能力评估报告（2018）
著（编）者：何艳玲　2018年5月出版／估价：99.00元
PSN B-2013-338-1/1

创业蓝皮书
中国创业发展研究报告（2017～2018）
著（编）者：黄群慧　赵卫星　钟宏武
2018年11月出版／估价：99.00元
PSN B-2016-577-1/1

慈善蓝皮书
中国慈善发展报告（2018）
著（编）者：杨团　2018年6月出版／估价：99.00元
PSN B-2009-142-1/1

党建蓝皮书
党的建设研究报告No.2（2018）
著（编）者：崔建民　陈东平　2018年6月出版／估价：99.00元
PSN B-2016-523-1/1

地方法治蓝皮书
中国地方法治发展报告No.3（2018）
著（编）者：李林　田禾　2018年6月出版／估价：118.00元
PSN B-2015-442-1/1

电子政务蓝皮书
中国电子政务发展报告（2018）
著（编）者：李季　2018年8月出版／估价：99.00元
PSN B-2003-022-1/1

儿童蓝皮书
中国儿童参与状况报告（2017）
著（编）者：苑立新　2017年12月出版／定价：89.00元
PSN B-2017-682-1/1

法治蓝皮书
中国法治发展报告No.16（2018）
著（编）者：李林　田禾　2018年3月出版／定价：128.00元
PSN B-2004-027-1/3

法治蓝皮书
中国法院信息化发展报告No.2（2018）
著（编）者：李林　田禾　2018年2月出版／定价：118.00元
PSN B-2017-604-3/3

法治政府蓝皮书
中国法治政府发展报告（2017）
著（编）者：中国政法大学法治政府研究院
2018年3月出版／定价：158.00元
PSN B-2015-502-1/2

法治政府蓝皮书
中国法治政府评估报告（2018）
著（编）者：中国政法大学法治政府研究院
2018年9月出版／估价：168.00元
PSN B-2016-576-2/2

反腐倡廉蓝皮书
中国反腐倡廉建设报告No.8
著（编）者：张英伟　2018年12月出版／估价：99.00元
PSN B-2012-259-1/1

扶贫蓝皮书
中国扶贫开发报告（2018）
著（编）者：李培林　魏后凯　2018年12月出版／估价：128.00元
PSN B-2016-599-1/1

妇女发展蓝皮书
中国妇女发展报告No.6
著（编）者：王金玲　2018年9月出版／估价：158.00元
PSN B-2006-069-1/1

妇女教育蓝皮书
中国妇女教育发展报告No.3
著（编）者：张李玺　2018年10月出版／估价：99.00元
PSN B-2008-121-1/1

妇女绿皮书
2018年：中国性别平等与妇女发展报告
著（编）者：谭琳　2018年12月出版／估价：99.00元
PSN G-2006-073-1/1

公共安全蓝皮书
中国城市公共安全发展报告（2017～2018）
著（编）者：黄育华　杨文明　赵建辉
2018年6月出版／估价：99.00元
PSN B-2017-628-1/1

公共服务蓝皮书
中国城市基本公共服务力评价（2018）
著（编）者：钟君　刘志昌　吴正杲
2018年12月出版／估价：99.00元
PSN B-2011-214-1/1

公民科学素质蓝皮书
中国公民科学素质报告（2017～2018）
著（编）者：李群　陈雄　马宗文
2017年12月出版／定价：89.00元
PSN B-2014-379-1/1

公益蓝皮书
中国公益慈善发展报告（2016）
著（编）者：朱健刚　胡小军　2018年6月出版／估价：99.00元
PSN B-2012-283-1/1

国际人才蓝皮书
中国国际移民报告（2018）
著（编）者：王辉耀　2018年6月出版／估价：99.00元
PSN B-2012-304-3/4

国际人才蓝皮书
中国留学发展报告（2018）No.7
著（编）者：王辉耀　苗绿　2018年12月出版／估价：99.00元
PSN B-2012-244-2/4

海洋社会蓝皮书
中国海洋社会发展报告（2017）
著（编）者：崔凤　宋宁而　2018年3月出版／定价：99.00元
PSN B-2015-478-1/1

行政改革蓝皮书
中国行政体制改革报告No.7（2018）
著（编）者：魏礼群　2018年6月出版／估价：99.00元
PSN B-2011-231-1/1

皮书系列 2018全品种 社会政法类

华侨华人蓝皮书
华侨华人研究报告（2017）
著(编)者：张禹东 庄国土　2017年12月出版 / 定价：148.00元
PSN B-2011-204-1/1

互联网与国家治理蓝皮书
互联网与国家治理发展报告（2017）
著(编)者：张志安　2018年1月出版 / 定价：98.00元
PSN B-2017-671-1/1

环境管理蓝皮书
中国环境管理发展报告（2017）
著(编)者：李金惠　2017年12月出版 / 定价：98.00元
PSN B-2017-678-1/1

环境竞争力绿皮书
中国省域环境竞争力发展报告（2018）
著(编)者：李建平 李闽榕 王金南
2018年11月出版 / 定价：198.00元
PSN G-2010-165-1/1

环境绿皮书
中国环境发展报告（2017~2018）
著(编)者：李波　2018年6月出版 / 估价：99.00元
PSN G-2006-048-1/1

家庭蓝皮书
中国"创建幸福家庭活动"评估报告（2018）
著(编)者：国务院发展研究中心"创建幸福家庭活动评估"课题组
2018年12月出版 / 估价：99.00元
PSN B-2015-508-1/1

健康城市蓝皮书
中国健康城市建设研究报告（2018）
著(编)者：王鸿春 盛继洪　2018年12月出版 / 估价：99.00元
PSN B-2016-564-2/2

健康中国蓝皮书
社区首诊与健康中国分析报告（2018）
著(编)者：高和荣 杨叔禹 姜杰
2018年6月出版 / 估价：99.00元
PSN B-2017-611-1/1

教师蓝皮书
中国中小学教师发展报告（2017）
著(编)者：曾晓东 鱼霞
2018年6月出版 / 估价：99.00元
PSN B-2012-289-1/1

教育扶贫蓝皮书
中国教育扶贫报告（2018）
著(编)者：司树杰 王文静 李兴洲
2018年12月出版 / 估价：99.00元
PSN B-2016-590-1/1

教育蓝皮书
中国教育发展报告（2018）
著(编)者：杨东平　2018年3月出版 / 定价：89.00元
PSN B-2006-047-1/1

金融法治建设蓝皮书
中国金融法治建设年度报告（2015~2016）
著(编)者：朱小黄　2018年6月出版 / 估价：99.00元
PSN B-2017-633-1/1

京津冀教育蓝皮书
京津冀教育发展研究报告（2017~2018）
著(编)者：方中雄　2018年6月出版 / 估价：99.00元
PSN B-2017-608-1/1

就业蓝皮书
2018年中国本科生就业报告
著(编)者：麦可思研究院　2018年6月出版 / 估价：99.00元
PSN B-2009-146-1/2

就业蓝皮书
2018年中国高职高专生就业报告
著(编)者：麦可思研究院　2018年6月出版 / 估价：99.00元
PSN B-2015-472-2/2

科学教育蓝皮书
中国科学教育发展报告（2018）
著(编)者：王康友　2018年10月出版 / 估价：99.00元
PSN B-2015-487-1/1

劳动保障蓝皮书
中国劳动保障发展报告（2018）
著(编)者：刘燕斌　2018年9月出版 / 估价：158.00元
PSN B-2014-415-1/1

老龄蓝皮书
中国老年宜居环境发展报告（2017）
著(编)者：党俊武 周燕珉　2018年6月出版 / 估价：99.00元
PSN B-2013-320-1/1

连片特困区蓝皮书
中国连片特困区发展报告（2017~2018）
著(编)者：游俊 冷志明 丁建军
2018年6月出版 / 估价：99.00元
PSN B-2013-321-1/1

流动儿童蓝皮书
中国流动儿童教育发展报告（2017）
著(编)者：杨东平　2018年6月出版 / 估价：99.00元
PSN B-2017-600-1/1

民调蓝皮书
中国民生调查报告（2018）
著(编)者：谢耘耕　2018年12月出版 / 估价：99.00元
PSN B-2014-398-1/1

民族发展蓝皮书
中国民族发展报告（2018）
著(编)者：王延中　2018年10月出版 / 估价：188.00元
PSN B-2006-070-1/1

女性生活蓝皮书
中国女性生活状况报告No.12（2018）
著(编)者：高博燕　2018年7月出版 / 估价：99.00元
PSN B-2006-071-1/1

社会政法类

皮书系列
2018全品种

汽车社会蓝皮书
中国汽车社会发展报告（2017~2018）
著(编)者：王俊秀　2018年6月出版 / 估价：99.00元
PSN B-2011-224-1/1

青年蓝皮书
中国青年发展报告（2018）No.3
著(编)者：廉思　2018年6月出版 / 估价：99.00元
PSN B-2013-333-1/1

青少年蓝皮书
中国未成年人互联网运用报告（2017~2018）
著(编)者：李为民　李文革　沈杰
2018年11月出版 / 估价：99.00元
PSN B-2010-156-1/1

人权蓝皮书
中国人权事业发展报告No.8（2018）
著(编)者：李君如　2018年9月出版 / 估价：99.00元
PSN B-2011-215-1/1

社会保障绿皮书
中国社会保障发展报告No.9（2018）
著(编)者：王延中　2018年6月出版 / 估价：99.00元
PSN G-2001-014-1/1

社会风险评估蓝皮书
风险评估与危机预警报告（2017~2018）
著(编)者：唐钧　2018年8月出版 / 估价：99.00元
PSN B-2012-293-1/1

社会工作蓝皮书
中国社会工作发展报告（2016~2017）
著(编)者：民政部社会工作研究中心
2018年8月出版 / 估价：99.00元
PSN B-2009-141-1/1

社会管理蓝皮书
中国社会管理创新报告No.6
著(编)者：连玉明　2018年11月出版 / 估价：99.00元
PSN B-2012-300-1/1

社会蓝皮书
2018年中国社会形势分析与预测
著(编)者：李培林　陈光金　张翼
2017年12月出版 / 定价：89.00元
PSN B-1998-002-1/1

社会体制蓝皮书
中国社会体制改革报告No.6（2018）
著(编)者：龚维斌　2018年3月出版 / 定价：98.00元
PSN B-2013-330-1/1

社会心态蓝皮书
中国社会心态研究报告（2018）
著(编)者：王俊秀　2018年12月出版 / 估价：99.00元
PSN B-2011-199-1/1

社会组织蓝皮书
中国社会组织报告（2017-2018）
著(编)者：黄晓勇　2018年6月出版 / 估价：99.00元
PSN B-2008-118-1/2

社会组织蓝皮书
中国社会组织评估发展报告（2018）
著(编)者：徐家良　2018年12月出版 / 估价：99.00元
PSN B-2013-366-2/2

生态城市绿皮书
中国生态城市建设发展报告（2018）
著(编)者：刘举科　孙伟平　胡文臻
2018年9月出版 / 估价：158.00元
PSN G-2012-269-1/1

生态文明绿皮书
中国省域生态文明建设评价报告（ECI 2018）
著(编)者：严耕　2018年12月出版 / 估价：99.00元
PSN G-2010-170-1/1

退休生活蓝皮书
中国城市居民退休生活质量指数报告（2017）
著(编)者：杨一帆　2018年6月出版 / 估价：99.00元
PSN B-2017-618-1/1

危机管理蓝皮书
中国危机管理报告（2018）
著(编)者：文学国　范正青
2018年8月出版 / 估价：99.00元
PSN B-2010-171-1/1

学会蓝皮书
2018年中国学会发展报告
著(编)者：麦可思研究院　2018年12月出版 / 估价：99.00元
PSN B-2016-597-1/1

医改蓝皮书
中国医药卫生体制改革报告（2017~2018）
著(编)者：文学国　房志武
2018年11月出版 / 估价：99.00元
PSN B-2014-432-1/1

应急管理蓝皮书
中国应急管理报告（2018）
著(编)者：宋英华　2018年9月出版 / 估价：99.00元
PSN B-2016-562-1/1

政府绩效评估蓝皮书
中国地方政府绩效评估报告 No.2
著(编)者：贠杰　2018年12月出版 / 估价：99.00元
PSN B-2017-672-1/1

政治参与蓝皮书
中国政治参与报告（2018）
著(编)者：房宁　2018年8月出版 / 估价：128.00元
PSN B-2011-200-1/1

政治文化蓝皮书
中国政治文化报告（2018）
著(编)者：邢元敏　魏大鹏　龚克
2018年8月出版 / 估价：128.00元
PSN B-2017-615-1/1

中国传统村落蓝皮书
中国传统村落保护现状报告（2018）
著(编)者：胡彬彬　李向军　王晓波
2018年12月出版 / 估价：99.00元
PSN B-2017-663-1/1

皮书系列 2018全品种 — 社会政法类·产业经济类

中国农村妇女发展蓝皮书
农村流动女性城市生活发展报告（2018）
著(编)者：谢丽华　2018年12月出版 / 估价：99.00元
PSN B-2014-434-1/1

宗教蓝皮书
中国宗教报告（2017）
著(编)者：邱永辉　2018年8月出版 / 估价：99.00元
PSN B-2008-117-1/1

产业经济类

保健蓝皮书
中国保健服务产业发展报告 No.2
著(编)者：中国保健协会　中共中央党校
2018年7月出版 / 估价：198.00元
PSN B-2012-272-3/3

保健蓝皮书
中国保健食品产业发展报告 No.2
著(编)者：中国保健协会
　　　　　中国社会科学院食品药品产业发展与监管研究中心
2018年8月出版 / 估价：198.00元
PSN B-2012-271-2/3

保健蓝皮书
中国保健用品产业发展报告 No.2
著(编)者：中国保健协会
　　　　　国务院国有资产监督管理委员会研究中心
2018年6月出版 / 估价：198.00元
PSN B-2012-270-1/3

保险蓝皮书
中国保险业竞争力报告（2018）
著(编)者：保监会　2018年12月出版 / 估价：99.00元
PSN B-2013-311-1/1

冰雪蓝皮书
中国冰上运动产业发展报告（2018）
著(编)者：孙承华　杨占武　刘戈　张鸿俊
2018年9月出版 / 估价：99.00元
PSN B-2017-648-3/3

冰雪蓝皮书
中国滑雪产业发展报告（2018）
著(编)者：孙承华　伍斌　魏庆华　张鸿俊
2018年9月出版 / 估价：99.00元
PSN B-2016-559-1/3

餐饮产业蓝皮书
中国餐饮产业发展报告（2018）
著(编)者：邢颖
2018年6月出版 / 估价：99.00元
PSN B-2009-151-1/1

茶业蓝皮书
中国茶产业发展报告（2018）
著(编)者：杨江帆　李闽榕
2018年10月出版 / 估价：99.00元
PSN B-2010-164-1/1

产业安全蓝皮书
中国文化产业安全报告（2018）
著(编)者：北京印刷学院文化产业安全研究院
2018年12月出版 / 估价：99.00元
PSN B-2014-378-12/14

产业安全蓝皮书
中国新媒体产业安全报告（2016~2017）
著(编)者：肖丽　2018年6月出版 / 估价：99.00元
PSN B-2015-500-14/14

产业安全蓝皮书
中国出版传媒产业安全报告（2017~2018）
著(编)者：北京印刷学院文化产业安全研究院
2018年6月出版 / 估价：99.00元
PSN B-2014-384-13/14

产业蓝皮书
中国产业竞争力报告（2018）No.8
著(编)者：张其仔　2018年12月出版 / 估价：168.00元
PSN B-2010-175-1/1

动力电池蓝皮书
中国新能源汽车动力电池产业发展报告（2018）
著(编)者：中国汽车技术研究中心
2018年8月出版 / 估价：99.00元
PSN B-2017-639-1/1

杜仲产业绿皮书
中国杜仲橡胶资源与产业发展报告（2017~2018）
著(编)者：杜红岩　胡文臻　俞锐
2018年6月出版 / 估价：99.00元
PSN G-2013-350-1/1

房地产蓝皮书
中国房地产发展报告No.15（2018）
著(编)者：李春华　王业强
2018年5月出版 / 估价：99.00元
PSN B-2004-028-1/1

服务外包蓝皮书
中国服务外包产业发展报告（2017~2018）
著(编)者：王晓红　刘德军
2018年6月出版 / 估价：99.00元
PSN B-2013-331-2/2

服务外包蓝皮书
中国服务外包竞争力报告（2017~2018）
著(编)者：刘春生　王力　黄育华
2018年12月出版 / 估价：99.00元
PSN B-2011-216-1/2

产业经济类

皮书系列 2018全品种

工业和信息化蓝皮书
世界信息技术产业发展报告（2017~2018）
著（编）者：尹丽波　2018年6月出版／估价：99.00元
PSN B-2015-449-2/6

工业和信息化蓝皮书
战略性新兴产业发展报告（2017~2018）
著（编）者：尹丽波　2018年6月出版／估价：99.00元
PSN B-2015-450-3/6

海洋经济蓝皮书
中国海洋经济发展报告（2015~2018）
著（编）者：殷克东　高金田　方胜民
2018年3月出版／定价：128.00元
PSN B-2018-697-1/1

康养蓝皮书
中国康养产业发展报告（2017）
著（编）者：何莽　2017年12月出版／定价：88.00元
PSN B-2017-685-1/1

客车蓝皮书
中国客车产业发展报告（2017~2018）
著（编）者：姚蔚　2018年10月出版／估价：99.00元
PSN B-2013-361-1/1

流通蓝皮书
中国商业发展报告（2018~2019）
著（编）者：王雪峰　林诗慧
2018年7月出版／估价：99.00元
PSN B-2009-152-1/2

能源蓝皮书
中国能源发展报告（2018）
著（编）者：崔民选　王军生　陈义和
2018年12月出版／估价：99.00元
PSN B-2006-049-1/1

农产品流通蓝皮书
中国农产品流通产业发展报告（2017）
著（编）者：贾敬敦　张东科　张玉玺　张鹏毅　周伟
2018年6月出版／估价：99.00元
PSN B-2012-288-1/1

汽车工业蓝皮书
中国汽车工业发展年度报告（2018）
著（编）者：中国汽车工业协会
　　　　　中国汽车技术研究中心
　　　　　丰田汽车公司
2018年5月出版／估价：168.00元
PSN B-2015-463-1/2

汽车工业蓝皮书
中国汽车零部件产业发展报告（2017~2018）
著（编）者：中国汽车工业协会
　　　　　中国汽车工程研究院深圳市沃特玛电池有限公司
2018年9月出版／估价：99.00元
PSN B-2016-515-2/2

汽车蓝皮书
中国汽车产业发展报告（2018）
著（编）者：中国汽车工程学会
　　　　　大众汽车集团（中国）
2018年11月出版／估价：99.00元
PSN B-2008-124-1/1

世界茶业蓝皮书
世界茶业发展报告（2018）
著（编）者：李闽榕　冯廷佺
2018年5月出版／估价：168.00元
PSN B-2017-619-1/1

世界能源蓝皮书
世界能源发展报告（2018）
著（编）者：黄晓勇　2018年6月出版／估价：168.00元
PSN B-2013-349-1/1

石油蓝皮书
中国石油产业发展报告（2018）
著（编）者：中国石油化工集团公司经济技术研究院
　　　　　中国国际石油化工联合有限责任公司
　　　　　中国社会科学院数量经济与技术经济研究所
2018年2月出版／估价：98.00元
PSN B-2018-690-1/1

体育蓝皮书
国家体育产业基地发展报告（2016~2017）
著（编）者：李颖川　2018年6月出版／估价：168.00元
PSN B-2017-609-5/5

体育蓝皮书
中国体育产业发展报告（2018）
著（编）者：阮伟　钟秉枢
2018年12月出版／估价：99.00元
PSN B-2010-179-1/5

文化金融蓝皮书
中国文化金融发展报告（2018）
著（编）者：杨涛　金巍
2018年6月出版／估价：99.00元
PSN B-2017-610-1/1

新能源汽车蓝皮书
中国新能源汽车产业发展报告（2018）
著（编）者：中国汽车技术研究中心
　　　　　日产（中国）投资有限公司
　　　　　东风汽车有限公司
2018年8月出版／估价：99.00元
PSN B-2013-347-1/1

薏仁米产业蓝皮书
中国薏仁米产业发展报告No.2（2018）
著（编）者：李发耀　石明　秦礼康
2018年8月出版／估价：99.00元
PSN B-2017-645-1/1

邮轮绿皮书
中国邮轮产业发展报告（2018）
著（编）者：汪泓　2018年10月出版／估价：99.00元
PSN G-2014-419-1/1

智能养老蓝皮书
中国智能养老产业发展报告（2018）
著（编）者：朱勇　2018年10月出版／估价：99.00元
PSN B-2015-488-1/1

中国节能汽车蓝皮书
中国节能汽车发展报告（2017~2018）
著（编）者：中国汽车工程研究院股份有限公司
2018年9月出版／估价：99.00元
PSN B-2016-565-1/1

皮书系列 2018全品种

产业经济类·行业及其他类

中国陶瓷产业蓝皮书
中国陶瓷产业发展报告（2018）
著（编）者：左和平 黄速建
2018年10月出版 / 估价：99.00元
PSN B-2016-573-1/1

装备制造业蓝皮书
中国装备制造业发展报告（2018）
著（编）者：徐东华
2018年12月出版 / 估价：118.00元
PSN B-2015-505-1/1

行业及其他类

"三农"互联网金融蓝皮书
中国"三农"互联网金融发展报告（2018）
著（编）者：李勇坚 王弢
2018年8月出版 / 估价：99.00元
PSN B-2016-560-1/1

SUV蓝皮书
中国SUV市场发展报告（2017~2018）
著（编）者：靳军　2018年9月出版 / 估价：99.00元
PSN B-2016-571-1/1

冰雪蓝皮书
中国冬季奥运会发展报告（2018）
著（编）者：孙承华 伍斌 魏庆华 张鸿俊
2018年9月出版 / 估价：99.00元
PSN B-2017-647-2/3

彩票蓝皮书
中国彩票发展报告（2018）
著（编）者：益彩基金　2018年6月出版 / 估价：99.00元
PSN B-2015-462-1/1

测绘地理信息蓝皮书
测绘地理信息供给侧结构性改革研究报告（2018）
著（编）者：库热西·买合苏提
2018年12月出版 / 估价：168.00元
PSN B-2009-145-1/1

产权市场蓝皮书
中国产权市场发展报告（2017）
著（编）者：曹和平
2018年5月出版 / 估价：99.00元
PSN B-2009-147-1/1

城投蓝皮书
中国城投行业发展报告（2018）
著（编）者：华景斌
2018年11月出版 / 估价：300.00元
PSN B-2016-514-1/1

城市轨道交通蓝皮书
中国城市轨道交通运营发展报告（2017~2018）
著（编）者：崔学忠 贾文峥
2018年3月出版 / 定价：89.00元
PSN B-2018-694-1/1

大数据蓝皮书
中国大数据发展报告（No.2）
著（编）者：连玉明　2018年5月出版 / 估价：99.00元
PSN B-2017-620-1/1

大数据应用蓝皮书
中国大数据应用发展报告No.2（2018）
著（编）者：陈军君　2018年8月出版 / 估价：99.00元
PSN B-2017-644-1/1

对外投资与风险蓝皮书
中国对外直接投资与国家风险报告（2018）
著（编）者：中债资信评估有限责任公司
　　　　　中国社会科学院世界经济与政治研究所
2018年6月出版 / 估价：189.00元
PSN B-2017-606-1/1

工业和信息化蓝皮书
人工智能发展报告（2017~2018）
著（编）者：尹丽波　2018年6月出版 / 估价：99.00元
PSN B-2015-448-1/6

工业和信息化蓝皮书
世界智慧城市发展报告（2017~2018）
著（编）者：尹丽波　2018年6月出版 / 估价：99.00元
PSN B-2017-624-6/6

工业和信息化蓝皮书
世界网络安全发展报告（2017~2018）
著（编）者：尹丽波　2018年6月出版 / 估价：99.00元
PSN B-2015-452-5/6

工业和信息化蓝皮书
世界信息化发展报告（2017~2018）
著（编）者：尹丽波　2018年6月出版 / 估价：99.00元
PSN B-2015-451-4/6

工业设计蓝皮书
中国工业设计发展报告（2018）
著（编）者：王晓红 于炜 张立群　2018年9月出版 / 估价：168.00元
PSN B-2014-420-1/1

公共关系蓝皮书
中国公共关系发展报告（2017）
著（编）者：柳斌杰　2018年1月出版 / 定价：89.00元
PSN B-2016-579-1/1

20　权威·前沿·原创

皮书系列 2018全品种

行业及其他类

公共关系蓝皮书
中国公共关系发展报告（2018）
著（编）者：柳斌杰　2018年11月出版 / 估价：99.00元
PSN B-2016-579-1/1

管理蓝皮书
中国管理发展报告（2018）
著（编）者：张晓东　2018年10月出版 / 估价：99.00元
PSN B-2014-416-1/1

轨道交通蓝皮书
中国轨道交通行业发展报告（2017）
著（编）者：仲建华　李闽榕
2017年12月出版　定价：98.00元
PSN B-2017-674-1/1

海关发展蓝皮书
中国海关发展前沿报告（2018）
著（编）者：干春晖　2018年6月出版 / 估价：99.00元
PSN B-2017-616-1/1

互联网医疗蓝皮书
中国互联网健康医疗发展报告（2018）
著（编）者：芮晓武　2018年6月出版 / 估价：99.00元
PSN B-2016-567-1/1

黄金市场蓝皮书
中国商业银行黄金业务发展报告（2017~2018）
著（编）者：平安银行　2018年6月出版 / 估价：99.00元
PSN B-2016-524-1/1

会展蓝皮书
中外会展业动态评估研究报告（2018）
著（编）者：张敏　任中峰　聂鑫焱　牛盼强
2018年12月出版 / 估价：99.00元
PSN B-2013-327-1/1

基金会蓝皮书
中国基金会发展报告（2017~2018）
著（编）者：中国基金会发展报告课题组
2018年6月出版 / 估价：99.00元
PSN B-2013-368-1/1

基金会绿皮书
中国基金会发展独立研究报告（2018）
著（编）者：基金会中心网　中央民族大学基金会研究中心
2018年6月出版 / 估价：99.00元
PSN G-2011-213-1/1

基金会透明度蓝皮书
中国基金会透明度发展研究报告（2018）
著（编）者：基金会中心网
　　　　　清华大学廉政与治理研究中心
2018年9月出版 / 估价：99.00元
PSN B-2013-339-1/1

建筑装饰蓝皮书
中国建筑装饰行业发展报告（2018）
著（编）者：葛道顺　刘晓一
2018年10月出版 / 估价：198.00元
PSN B-2016-553-1/1

金融监管蓝皮书
中国金融监管报告（2018）
著（编）者：胡滨　2018年3月出版 / 定价：98.00元
PSN B-2012-281-1/1

金融蓝皮书
中国互联网金融行业分析与评估（2018~2019）
著（编）者：黄国平　伍旭川　2018年12月出版 / 估价：99.00元
PSN B-2016-585-7/7

金融科技蓝皮书
中国金融科技发展报告（2018）
著（编）者：李扬　孙国峰　2018年10月出版 / 估价：99.00元
PSN B-2014-374-1/1

金融信息服务蓝皮书
中国金融信息服务发展报告（2018）
著（编）者：李平　2018年5月出版 / 估价：99.00元
PSN B-2017-621-1/1

金蜜蜂企业社会责任蓝皮书
金蜜蜂中国企业社会责任报告研究（2017）
著（编）者：殷格非　于志宏　管竹笋
2018年1月出版 / 估价：99.00元
PSN B-2018-693-1/1

京津冀金融蓝皮书
京津冀金融发展报告（2018）
著（编）者：王爱俭　王璟怡　2018年10月出版 / 估价：99.00元
PSN B-2016-527-1/1

科普蓝皮书
国家科普能力发展报告（2018）
著（编）者：王康友　2018年5月出版 / 估价：138.00元
PSN B-2017-632-4/4

科普蓝皮书
中国基层科普发展报告（2017~2018）
著（编）者：赵立新　陈玲　2018年9月出版 / 估价：99.00元
PSN B-2016-568-3/4

科普蓝皮书
中国科普基础设施发展报告（2017~2018）
著（编）者：任福君　2018年6月出版 / 估价：99.00元
PSN B-2010-174-1/3

科普蓝皮书
中国科普人才发展报告（2017~2018）
著（编）者：郑念　任嵘嵘　2018年7月出版 / 估价：99.00元
PSN B-2016-512-2/4

科普能力蓝皮书
中国科普能力评价报告（2018~2019）
著（编）者：李富强　李群　2018年8月出版 / 估价：99.00元
PSN B-2016-555-1/1

临空经济蓝皮书
中国临空经济发展报告（2018）
著（编）者：连玉明　2018年9月出版 / 估价：99.00元
PSN B-2014-421-1/1

皮书系列 2018全品种 — 行业及其他类

旅游安全蓝皮书
中国旅游安全报告（2018）
著(编)者：郑向敏 谢朝武　2018年5月出版／估价：158.00元
PSN B-2012-280-1/1

旅游绿皮书
2017~2018年中国旅游发展分析与预测
著(编)者：宋瑞　2018年1月出版／定价：99.00元
PSN G-2002-018-1/1

煤炭蓝皮书
中国煤炭工业发展报告（2018）
著(编)者：岳福斌　2018年12月出版／估价：99.00元
PSN B-2008-123-1/1

民营企业社会责任蓝皮书
中国民营企业社会责任报告（2018）
著(编)者：中华全国工商业联合会
2018年12月出版／估价：99.00元
PSN B-2015-510-1/1

民营医院蓝皮书
中国民营医院发展报告（2017）
著(编)者：薛晓林　2017年12月出版／定价：89.00元
PSN B-2012-299-1/1

闽商蓝皮书
闽商发展报告（2018）
著(编)者：李闽榕 王日根 林琛
2018年12月出版／估价：99.00元
PSN B-2012-298-1/1

农业应对气候变化蓝皮书
中国农业气象灾害及其灾损评估报告（No.3）
著(编)者：矫梅燕　2018年6月出版／估价：118.00元
PSN B-2014-413-1/1

品牌蓝皮书
中国品牌战略发展报告（2018）
著(编)者：汪同三　2018年10月出版／估价：99.00元
PSN B-2016-580-1/1

企业扶贫蓝皮书
中国企业扶贫研究报告（2018）
著(编)者：钟宏武　2018年12月出版／估价：99.00元
PSN B-2017-593-1/1

企业公益蓝皮书
中国企业公益研究报告（2018）
著(编)者：钟宏武 汪杰 黄晓娟
2018年12月出版／估价：99.00元
PSN B-2015-501-1/1

企业国际化蓝皮书
中国企业全球化报告（2018）
著(编)者：王辉耀 苗绿　2018年11月出版／估价：99.00元
PSN B-2014-427-1/1

企业蓝皮书
中国企业绿色发展报告No.2（2018）
著(编)者：李红玉 朱光辉
2018年8月出版／估价：99.00元
PSN B-2015-481-2/2

企业社会责任蓝皮书
中资企业海外社会责任研究报告（2017~2018）
著(编)者：钟宏武 叶柳红 张蒽
2018年6月出版／估价：99.00元
PSN B-2017-603-2/2

企业社会责任蓝皮书
中国企业社会责任研究报告（2018）
著(编)者：黄群慧 钟宏武 张蒽 汪杰
2018年11月出版／估价：99.00元
PSN B-2009-149-1/2

汽车安全蓝皮书
中国汽车安全发展报告（2018）
著(编)者：中国汽车技术研究中心
2018年8月出版／估价：99.00元
PSN B-2014-385-1/1

汽车电子商务蓝皮书
中国汽车电子商务发展报告（2018）
著(编)者：中华全国工商业联合会汽车经销商商会
　　　　　北方工业大学
　　　　　北京易观智库网络科技有限公司
2018年10月出版／估价：158.00元
PSN B-2015-485-1/1

汽车知识产权蓝皮书
中国汽车产业知识产权发展报告（2018）
著(编)者：中国汽车工程研究院股份有限公司
　　　　　中国汽车工程学会
　　　　　重庆长安汽车股份有限公司
2018年12月出版／估价：99.00元
PSN B-2016-594-1/1

青少年体育蓝皮书
中国青少年体育发展报告（2017）
著(编)者：刘扶民 杨桦　2018年6月出版／估价：99.00元
PSN B-2015-482-1/1

区块链蓝皮书
中国区块链发展报告（2018）
著(编)者：李伟　2018年9月出版／估价：99.00元
PSN B-2017-649-1/1

群众体育蓝皮书
中国群众体育发展报告（2017）
著(编)者：刘国永 戴健　2018年5月出版／估价：99.00元
PSN B-2014-411-1/3

群众体育蓝皮书
中国社会体育指导员发展报告（2018）
著(编)者：刘国永 王欢　2018年6月出版／估价：99.00元
PSN B-2016-520-3/3

人力资源蓝皮书
中国人力资源发展报告（2018）
著(编)者：余兴安　2018年11月出版／估价：99.00元
PSN B-2012-287-1/1

融资租赁蓝皮书
中国融资租赁业发展报告（2017~2018）
著(编)者：李光荣 王力　2018年8月出版／估价：99.00元
PSN B-2015-443-1/1

皮书系列 2018全品种

商会蓝皮书
中国商会发展报告No.5（2017）
著（编）者：王钦敏　2018年7月出版／估价：99.00元
PSN B-2008-125-1/1

商务中心区蓝皮书
中国商务中心区发展报告No.4（2017~2018）
著（编）者：李红军　单菁菁　2018年9月出版／估价：99.00元
PSN B-2015-444-1/1

设计产业蓝皮书
中国创新设计发展报告（2018）
著（编）者：王晓红　张立群　于炜
2018年11月出版／估价：99.00元
PSN B-2016-581-2/2

社会责任管理蓝皮书
中国上市公司社会责任能力成熟度报告No.4（2018）
著（编）者：肖红军　王晓光　李伟阳
2018年12月出版／估价：99.00元
PSN B-2015-507-2/2

社会责任管理蓝皮书
中国企业公众透明度报告No.4（2017~2018）
著（编）者：黄速建　熊梦　王晓光　肖红军
2018年6月出版／估价：99.00元
PSN B-2015-440-1/2

食品药品蓝皮书
食品药品安全与监管政策研究报告（2016~2017）
著（编）者：唐民皓　2018年6月出版／估价：99.00元
PSN B-2009-129-1/1

输血服务蓝皮书
中国输血行业发展报告（2018）
著（编）者：孙俊　2018年12月出版／估价：99.00元
PSN B-2016-582-1/1

水利风景区蓝皮书
中国水利风景区发展报告（2018）
著（编）者：董建文　兰思仁
2018年10月出版／估价：99.00元
PSN B-2015-480-1/1

数字经济蓝皮书
全球数字经济竞争力发展报告（2017）
著（编）者：王振　2017年12月出版／定价：79.00元
PSN B-2017-673-1/1

私募市场蓝皮书
中国私募股权市场发展报告（2017~2018）
著（编）者：曹和平　2018年12月出版／估价：99.00元
PSN B-2010-162-1/1

碳排放权交易蓝皮书
中国碳排放权交易报告（2018）
著（编）者：孙永平　2018年11月出版／估价：99.00元
PSN B-2017-652-1/1

碳市场蓝皮书
中国碳市场报告（2018）
著（编）者：定金彪　2018年11月出版／估价：99.00元
PSN B-2014-430-1/1

体育蓝皮书
中国公共体育服务发展报告（2018）
著（编）者：戴健　2018年12月出版／估价：99.00元
PSN B-2013-367-2/5

土地市场蓝皮书
中国农村土地市场发展报告（2017~2018）
著（编）者：李光荣　2018年6月出版／估价：99.00元
PSN B-2016-526-1/1

土地整治蓝皮书
中国土地整治发展研究报告（No.5）
著（编）者：国土资源部土地整治中心
2018年7月出版／估价：99.00元
PSN B-2014-401-1/1

土地政策蓝皮书
中国土地政策研究报告（2018）
著（编）者：高延利　张建平　吴次芳
2018年1月出版／估价：98.00元
PSN B-2015-506-1/1

网络空间安全蓝皮书
中国网络空间安全发展报告（2018）
著（编）者：惠志斌　覃庆玲
2018年11月出版／估价：99.00元
PSN B-2015-466-1/1

文化志愿服务蓝皮书
中国文化志愿服务发展报告（2018）
著（编）者：张永新　良警宇　2018年11月出版／估价：128.00元
PSN B-2016-596-1/1

西部金融蓝皮书
中国西部金融发展报告（2017~2018）
著（编）者：李忠民　2018年8月出版／估价：99.00元
PSN B-2010-160-1/1

协会商会蓝皮书
中国行业协会商会发展报告（2017）
著（编）者：景朝阳　李勇　2018年6月出版／估价：99.00元
PSN B-2015-461-1/1

新三板蓝皮书
中国新三板市场发展报告（2018）
著（编）者：王力　2018年8月出版／估价：99.00元
PSN B-2016-533-1/1

信托市场蓝皮书
中国信托业市场报告（2017~2018）
著（编）者：用益金融信托研究院
2018年6月出版／估价：198.00元
PSN B-2014-371-1/1

信息化蓝皮书
中国信息化形势分析与预测（2017~2018）
著（编）者：周宏仁　2018年8月出版／估价：99.00元
PSN B-2010-168-1/1

信用蓝皮书
中国信用发展报告（2017~2018）
著（编）者：章政　田侃　2018年6月出版／估价：99.00元
PSN B-2013-328-1/1

行业及其他类

休闲绿皮书
2017~2018年中国休闲发展报告
著(编)者：宋瑞　2018年7月出版 / 估价：99.00元
PSN G-2010-158-1/1

休闲体育蓝皮书
中国休闲体育发展报告（2017~2018）
著(编)者：李相如 钟秉枢
2018年10月出版 / 估价：99.00元
PSN B-2016-516-1/1

养老金融蓝皮书
中国养老金融发展报告（2018）
著(编)者：董克用 姚余栋
2018年9月出版 / 估价：99.00元
PSN B-2016-583-1/1

遥感监测绿皮书
中国可持续发展遥感监测报告（2017）
著(编)者：顾行发 汪克强 潘教峰 李闽榕 徐东华 王琦安
2018年6月出版 / 估价：298.00元
PSN B-2017-629-1/1

药品流通蓝皮书
中国药品流通行业发展报告（2018）
著(编)者：佘鲁林 温再兴
2018年7月出版 / 估价：198.00元
PSN B-2014-429-1/1

医疗器械蓝皮书
中国医疗器械行业发展报告（2018）
著(编)者：王宝亭 耿鸿武
2018年10月出版 / 估价：99.00元
PSN B-2017-661-1/1

医院蓝皮书
中国医院竞争力报告（2017~2018）
著(编)者：庄一强　2018年3月出版 / 定价：108.00元
PSN B-2016-528-1/1

瑜伽蓝皮书
中国瑜伽业发展报告（2017~2018）
著(编)者：张永建 徐华锋 朱泰余
2018年6月出版 / 估价：198.00元
PSN B-2017-625-1/1

债券市场蓝皮书
中国债券市场发展报告（2017~2018）
著(编)者：杨农　2018年10月出版 / 估价：99.00元
PSN B-2016-572-1/1

志愿服务蓝皮书
中国志愿服务发展报告（2018）
著(编)者：中国志愿服务联合会
2018年11月出版 / 估价：99.00元
PSN B-2017-664-1/1

中国上市公司蓝皮书
中国上市公司发展报告（2018）
著(编)者：张鹏 张平 黄胤英
2018年9月出版 / 估价：99.00元
PSN B-2014-414-1/1

中国新三板蓝皮书
中国新三板创新与发展报告（2018）
著(编)者：刘平安 闻召林
2018年8月出版 / 估价：158.00元
PSN B-2017-638-1/1

中国汽车品牌蓝皮书
中国乘用车品牌发展报告（2017）
著(编)者：《中国汽车报》社有限公司
　　　　　博世（中国）投资有限公司
　　　　　中国汽车技术研究中心数据资源中心
2018年1月出版 / 定价：89.00元
PSN B-2017-679-1/1

中医文化蓝皮书
北京中医药文化传播发展报告（2018）
著(编)者：毛嘉陵　2018年6月出版 / 估价：99.00元
PSN B-2015-468-1/2

中医文化蓝皮书
中国中医药文化传播发展报告（2018）
著(编)者：毛嘉陵　2018年7月出版 / 估价：99.00元
PSN B-2016-584-2/2

中医药蓝皮书
北京中医药知识产权发展报告No.2
著(编)者：汪洪 屠志涛　2018年6月出版 / 估价：168.00元
PSN B-2017-602-1/1

资本市场蓝皮书
中国场外交易市场发展报告（2016~2017）
著(编)者：高峦　2018年6月出版 / 估价：99.00元
PSN B-2009-153-1/1

资产管理蓝皮书
中国资产管理行业发展报告（2018）
著(编)者：郑智　2018年7月出版 / 估价：99.00元
PSN B-2014-407-2/2

资产证券化蓝皮书
中国资产证券化发展报告（2018）
著(编)者：沈炳熙 曹彤 李哲平
2018年4月出版 / 定价：98.00元
PSN B-2017-660-1/1

自贸区蓝皮书
中国自贸区发展报告（2018）
著(编)者：王力 黄育华
2018年6月出版 / 估价：99.00元
PSN B-2016-558-1/1

国际问题与全球治理类

"一带一路"跨境通道蓝皮书
"一带一路"跨境通道建设研究报(2017~2018)
著(编)者:余鑫 张秋生 2018年1月出版 / 定价:89.00元
PSN B-2016-557-1/1

"一带一路"蓝皮书
"一带一路"建设发展报告(2018)
著(编)者:李永全 2018年3月出版 / 定价:98.00元
PSN B-2016-552-1/1

"一带一路"投资安全蓝皮书
中国"一带一路"投资与安全研究报告(2018)
著(编)者:邹统钎 梁昊光 2018年4月出版 / 定价:98.00元
PSN B-2017-612-1/1

"一带一路"文化交流蓝皮书
中阿文化交流发展报告(2017)
著(编)者:王辉 2017年12月出版 / 定价:89.00元
PSN B-2017-655-1/1

G20国家创新竞争力黄皮书
二十国集团(G20)国家创新竞争力发展报告(2017~2018)
著(编)者:李建平 李闽榕 赵新力 周天勇
2018年7月出版 / 定价:168.00元
PSN Y-2011-229-1/1

阿拉伯黄皮书
阿拉伯发展报告(2016~2017)
著(编)者:罗林 2018年6月出版 / 估价:99.00元
PSN Y-2014-381-1/1

北部湾蓝皮书
泛北部湾合作发展报告(2017~2018)
著(编)者:吕余生 2018年12月出版 / 估价:99.00元
PSN B-2008-114-1/1

北极蓝皮书
北极地区发展报告(2017)
著(编)者:刘惠荣 2018年7月出版 / 估价:99.00元
PSN B-2017-634-1/1

大洋洲蓝皮书
大洋洲发展报告(2017~2018)
著(编)者:喻常森 2018年10月出版 / 估价:99.00元
PSN B-2013-341-1/1

东北亚区域合作蓝皮书
2017年"一带一路"倡议与东北亚区域合作
著(编)者:刘亚政 金美花
2018年5月出版 / 估价:99.00元
PSN B-2017-631-1/1

东盟黄皮书
东盟发展报告(2017)
著(编)者:杨静林 庄国土 2018年6月出版 / 估价:99.00元
PSN Y-2012-303-1/1

东南亚蓝皮书
东南亚地区发展报告(2017~2018)
著(编)者:王勤 2018年12月出版 / 估价:99.00元
PSN B-2012-240-1/1

非洲黄皮书
非洲发展报告No.20(2017~2018)
著(编)者:张宏明 2018年7月出版 / 估价:99.00元
PSN Y-2012-239-1/1

非传统安全蓝皮书
中国非传统安全研究报告(2017~2018)
著(编)者:潇枫 罗中枢 2018年8月出版 / 估价:99.00元
PSN B-2012-273-1/1

国际安全蓝皮书
中国国际安全研究报告(2018)
著(编)者:刘慧 2018年7月出版 / 估价:99.00元
PSN B-2016-521-1/1

国际城市蓝皮书
国际城市发展报告(2018)
著(编)者:屠启宇 2018年2月出版 / 估价:89.00元
PSN B-2012-260-1/1

国际形势黄皮书
全球政治与安全报告(2018)
著(编)者:张宇燕 2018年1月出版 / 定价:99.00元
PSN Y-2001-016-1/1

公共外交蓝皮书
中国公共外交发展报告(2018)
著(编)者:赵启正 雷蔚真 2018年6月出版 / 估价:99.00元
PSN B-2015-457-1/1

海丝蓝皮书
21世纪海上丝绸之路研究报告(2017)
著(编)者:华侨大学海上丝绸之路研究院
2017年12月出版 / 定价:89.00元
PSN B-2017-684-1/1

金砖国家黄皮书
金砖国家综合创新竞争力发展报告(2018)
著(编)者:赵新力 李闽榕 黄茂兴
2018年8月出版 / 估价:128.00元
PSN Y-2017-643-1/1

拉美黄皮书
拉丁美洲和加勒比发展报告(2017~2018)
著(编)者:袁东振 2018年6月出版 / 估价:99.00元
PSN Y-1999-007-1/1

澜湄合作蓝皮书
澜沧江-湄公河合作发展报告(2018)
著(编)者:刘稚 2018年9月出版 / 估价:99.00元
PSN B-2011-196-1/1

皮书系列 2018全品种 — 国际问题与全球治理类

欧洲蓝皮书
欧洲发展报告（2017~2018）
著（编）者：黄平 周弘 程卫东
2018年6月出版 / 估价：99.00元
PSN B-1999-009-1/1

葡语国家蓝皮书
葡语国家发展报告（2016~2017）
著（编）者：王成安 张敏 刘金兰
2018年6月出版 / 估价：99.00元
PSN B-2015-503-1/2

葡语国家蓝皮书
中国与葡语国家关系发展报告·巴西（2016）
著（编）者：张曙光
2018年8月出版 / 估价：99.00元
PSN B-2016-563-2/2

气候变化绿皮书
应对气候变化报告（2018）
著（编）者：王伟光 郑国光
2018年11月出版 / 估价：99.00元
PSN G-2009-144-1/1

全球环境竞争力绿皮书
全球环境竞争力报告（2018）
著（编）者：李建平 李闽榕 王金南
2018年12月出版 / 估价：198.00元
PSN G-2013-363-1/1

全球信息社会蓝皮书
全球信息社会发展报告（2018）
著（编）者：丁波涛 唐涛 2018年10月出版 / 估价：99.00元
PSN B-2017-665-1/1

日本经济蓝皮书
日本经济与中日经贸关系研究报告（2018）
著（编）者：张季风 2018年6月出版 / 估价：99.00元
PSN B-2008-102-1/1

上海合作组织黄皮书
上海合作组织发展报告（2018）
著（编）者：李进峰 2018年6月出版 / 估价：99.00元
PSN Y-2009-130-1/1

世界创新竞争力黄皮书
世界创新竞争力发展报告（2017）
著（编）者：李建平 李闽榕 赵新力
2018年6月出版 / 估价：168.00元
PSN Y-2013-318-1/1

世界经济黄皮书
2018年世界经济形势分析与预测
著（编）者：张宇燕 2018年1月出版 / 定价：99.00元
PSN Y-1999-006-1/1

世界能源互联互通蓝皮书
世界能源清洁发展与互联互通评估报告（2017）：欧洲篇
著（编）者：国网能源研究院
2018年1月出版 / 定价：128.00元
PSN B-2018-695-1/1

丝绸之路蓝皮书
丝绸之路经济带发展报告（2018）
著（编）者：任宗哲 白宽犁 谷孟宾
2018年1月出版 / 定价：89.00元
PSN B-2014-410-1/1

新兴经济体蓝皮书
金砖国家发展报告（2018）
著（编）者：林跃勤 周文
2018年8月出版 / 估价：99.00元
PSN B-2011-195-1/1

亚太蓝皮书
亚太地区发展报告（2018）
著（编）者：李向阳 2018年5月出版 / 估价：99.00元
PSN B-2001-015-1/1

印度洋地区蓝皮书
印度洋地区发展报告（2018）
著（编）者：汪戎 2018年6月出版 / 估价：99.00元
PSN B-2013-334-1/1

印度尼西亚经济蓝皮书
印度尼西亚经济发展报告（2017）：增长与机会
著（编）者：左志刚 2017年11月出版 / 定价：89.00元
PSN B-2017-675-1/1

渝新欧蓝皮书
渝新欧沿线国家发展报告（2018）
著（编）者：杨柏 黄森
2018年6月出版 / 估价：99.00元
PSN B-2017-626-1/1

中阿蓝皮书
中国-阿拉伯国家经贸发展报告（2018）
著（编）者：张廉 段庆林 王林聪 杨巧红
2018年12月出版 / 估价：99.00元
PSN B-2016-598-1/1

中东黄皮书
中东发展报告No.20（2017~2018）
著（编）者：杨光 2018年10月出版 / 估价：99.00元
PSN Y-1998-004-1/1

中亚黄皮书
中亚国家发展报告（2018）
著（编）者：孙力
2018年3月出版 / 定价：98.00元
PSN Y-2012-238-1/1

国别类·文化传媒类

皮书系列
2018全品种

国别类

澳大利亚蓝皮书
澳大利亚发展报告（2017-2018）
著(编)者：孙有中 韩锋　2018年12月出版 / 估价：99.00元
PSN B-2016-587-1/1

巴西黄皮书
巴西发展报告（2017）
著(编)者：刘国枝　2018年5月出版 / 估价：99.00元
PSN Y-2017-614-1/1

德国蓝皮书
德国发展报告（2018）
著(编)者：郑春荣　2018年6月出版 / 估价：99.00元
PSN B-2012-278-1/1

俄罗斯黄皮书
俄罗斯发展报告（2018）
著(编)者：李永全　2018年6月出版 / 估价：99.00元
PSN Y-2006-061-1/1

韩国蓝皮书
韩国发展报告（2017）
著(编)者：牛林杰 刘宝全　2018年6月出版 / 估价：99.00元
PSN B-2010-155-1/1

加拿大蓝皮书
加拿大发展报告（2018）
著(编)者：唐小松　2018年9月出版 / 估价：99.00元
PSN B-2014-389-1/1

美国蓝皮书
美国研究报告（2018）
著(编)者：郑秉文 黄平　2018年5月出版 / 估价：99.00元
PSN B-2011-210-1/1

缅甸蓝皮书
缅甸国情报告（2017）
著(编)者：祝湘辉
2017年11月出版 / 定价：98.00元
PSN B-2013-343-1/1

日本蓝皮书
日本研究报告（2018）
著(编)者：杨伯江　2018年4月出版 / 定价：99.00元
PSN B-2002-020-1/1

土耳其蓝皮书
土耳其发展报告（2018）
著(编)者：郭长刚 刘义　2018年9月出版 / 估价：99.00元
PSN B-2014-412-1/1

伊朗蓝皮书
伊朗发展报告（2017~2018）
著(编)者：冀开运　2018年10月 / 估价：99.00元
PSN B-2016-574-1/1

以色列蓝皮书
以色列发展报告（2018）
著(编)者：张倩红　2018年8月出版 / 估价：99.00元
PSN B-2015-483-1/1

印度蓝皮书
印度国情报告（2017）
著(编)者：吕昭义　2018年6月出版 / 估价：99.00元
PSN B-2012-241-1/1

英国蓝皮书
英国发展报告（2017~2018）
著(编)者：王展鹏　2018年12月出版 / 估价：99.00元
PSN B-2015-486-1/1

越南蓝皮书
越南国情报告（2018）
著(编)者：谢林城　2018年11月出版 / 估价：99.00元
PSN B-2006-056-1/1

泰国蓝皮书
泰国研究报告（2018）
著(编)者：庄国土 张禹东 刘文正
2018年10月出版 / 估价：99.00元
PSN B-2016-556-1/1

文化传媒类

"三农"舆情蓝皮书
中国"三农"网络舆情报告（2017~2018）
著(编)者：农业部信息中心
2018年6月出版 / 估价：99.00元
PSN B-2017-640-1/1

传媒竞争力蓝皮书
中国传媒国际竞争力研究报告（2018）
著(编)者：李本乾 刘强 王大可
2018年8月出版 / 估价：99.00元
PSN B-2013-356-1/1

传媒蓝皮书
中国传媒产业发展报告（2018）
著(编)者：崔保国
2018年5月出版 / 估价：99.00元
PSN B-2005-035-1/1

传媒投资蓝皮书
中国传媒投资发展报告（2018）
著(编)者：张向东 谭云明
2018年6月出版 / 估价：148.00元
PSN B-2015-474-1/1

皮书系列 2018全品种 — 文化传媒类

非物质文化遗产蓝皮书
中国非物质文化遗产发展报告（2018）
著(编)者：陈平　2018年6月出版 / 估价：128.00元
PSN B-2015-469-1/2

非物质文化遗产蓝皮书
中国非物质文化遗产保护发展报告（2018）
著(编)者：宋俊华　2018年10月出版 / 估价：128.00元
PSN B-2016-586-2/2

广电蓝皮书
中国广播电影电视发展报告（2018）
著(编)者：国家新闻出版广电总局发展研究中心
2018年7月出版 / 估价：99.00元
PSN B-2006-072-1/1

广告主蓝皮书
中国广告主营销传播趋势报告No.9
著(编)者：黄升民　杜国清　邵华冬　等
2018年10月出版 / 估价：158.00元
PSN B-2005-041-1/1

国际传播蓝皮书
中国国际传播发展报告（2018）
著(编)者：胡正荣　李继东　姬德强
2018年12月出版 / 估价：99.00元
PSN B-2014-408-1/1

国家形象蓝皮书
中国国家形象传播报告（2017）
著(编)者：张昆　2018年6月出版 / 估价：128.00元
PSN B-2017-605-1/1

互联网治理蓝皮书
中国网络社会治理研究报告（2018）
著(编)者：罗昕　支庭荣
2018年9月出版 / 估价：118.00元
PSN B-2017-653-1/1

纪录片蓝皮书
中国纪录片发展报告（2018）
著(编)者：何苏六　2018年10月出版 / 估价：99.00元
PSN B-2011-222-1/1

科学传播蓝皮书
中国科学传播报告（2016~2017）
著(编)者：詹正茂　2018年6月出版 / 估价：99.00元
PSN B-2008-120-1/1

两岸创意经济蓝皮书
两岸创意经济研究报告（2018）
著(编)者：罗昌智　董泽平
2018年10月出版 / 估价：99.00元
PSN B-2014-437-1/1

媒介与女性蓝皮书
中国媒介与女性发展报告（2017~2018）
著(编)者：刘利群　2018年5月出版 / 估价：99.00元
PSN B-2013-345-1/1

媒体融合蓝皮书
中国媒体融合发展报告（2017~2018）
著(编)者：梅宁华　支庭荣
2017年12月出版 / 定价：98.00元
PSN B-2015-479-1/1

全球传媒蓝皮书
全球传媒发展报告（2017~2018）
著(编)者：胡正荣　李继东　2018年6月出版 / 估价：99.00元
PSN B-2012-237-1/1

少数民族非遗蓝皮书
中国少数民族非物质文化遗产发展报告（2018）
著(编)者：肖远平（彝）　柴立（满）
2018年10月出版 / 估价：118.00元
PSN B-2015-467-1/1

视听新媒体蓝皮书
中国视听新媒体发展报告（2018）
著(编)者：国家新闻出版广电总局发展研究中心
2018年7月出版 / 估价：118.00元
PSN B-2011-184-1/1

数字娱乐产业蓝皮书
中国动画产业发展报告（2018）
著(编)者：孙立军　孙平　牛兴侦
2018年10月出版 / 估价：99.00元
PSN B-2011-198-1/2

数字娱乐产业蓝皮书
中国游戏产业发展报告（2018）
著(编)者：孙立军　刘跃军　2018年10月出版 / 估价：99.00元
PSN B-2017-662-2/2

网络视听蓝皮书
中国互联网视听行业发展报告（2018）
著(编)者：陈鹏　2018年2月出版 / 定价：148.00元
PSN B-2018-688-1/1

文化创新蓝皮书
中国文化创新报告（2017·No.8）
著(编)者：傅才武　2018年6月出版 / 估价：99.00元
PSN B-2009-143-1/1

文化建设蓝皮书
中国文化发展报告（2018）
著(编)者：江畅　孙伟平　戴茂堂
2018年5月出版 / 估价：99.00元
PSN B-2014-392-1/1

文化科技蓝皮书
文化科技创新发展报告（2018）
著(编)者：于平　李凤亮　2018年10月出版 / 估价：99.00元
PSN B-2013-342-1/1

文化蓝皮书
中国公共文化服务发展报告（2017~2018）
著(编)者：刘新成　张永新　张旭
2018年12月出版 / 估价：99.00元
PSN B-2007-093-2/10

文化蓝皮书
中国少数民族文化发展报告（2017~2018）
著(编)者：武翠英　张晓明　任乌晶
2018年9月出版 / 估价：99.00元
PSN B-2013-369-9/10

文化蓝皮书
中国文化产业供需协调检测报告（2018）
著(编)者：王亚南　2018年3月出版 / 定价：99.00元
PSN B-2013-323-8/10

文化传媒类 · 地方发展类-经济

皮书系列
2018全品种

文化蓝皮书
中国文化消费需求景气评价报告（2018）
著(编)者：王亚南　2018年3月出版／定价：99.00元
PSN B-2011-236-4/10

文化蓝皮书
中国公共文化投入增长测评报告（2018）
著(编)者：王亚南　2018年3月出版／定价：99.00元
PSN B-2014-435-10/10

文化品牌蓝皮书
中国文化品牌发展报告（2018）
著(编)者：欧阳友权　2018年5月出版／估价：99.00元
PSN B-2012-277-1/1

文化遗产蓝皮书
中国文化遗产事业发展报告（2017~2018）
著(编)者：苏杨　张颖岚　卓杰　白海峰　陈晨　陈叙图
2018年8月出版／估价：99.00元
PSN B-2008-119-1/1

文学蓝皮书
中国文情报告（2017~2018）
著(编)者：白烨　2018年5月出版／估价：99.00元
PSN B-2011-221-1/1

新媒体蓝皮书
中国新媒体发展报告No.9（2018）
著(编)者：唐绪军　2018年7月出版／估价：99.00元
PSN B-2010-169-1/1

新媒体社会责任蓝皮书
中国新媒体社会责任研究报告（2018）
著(编)者：钟瑛　2018年12月出版／估价：99.00元
PSN B-2014-423-1/1

移动互联网蓝皮书
中国移动互联网发展报告（2018）
著(编)者：余清楚　2018年6月出版／估价：99.00元
PSN B-2012-282-1/1

影视蓝皮书
中国影视产业发展报告（2018）
著(编)者：司若　陈鹏　陈锐
2018年6月出版／估价：99.00元
PSN B-2016-529-1/1

舆情蓝皮书
中国社会舆情与危机管理报告（2018）
著(编)者：谢耘耕
2018年9月出版／估价：138.00元
PSN B-2011-235-1/1

中国大运河蓝皮书
中国大运河发展报告（2018）
著(编)者：吴欣　2018年2月出版／估价：128.00元
PSN B-2018-691-1/1

地方发展类-经济

澳门蓝皮书
澳门经济社会发展报告（2017~2018）
著(编)者：吴志良　郝雨凡
2018年7月出版／估价：99.00元
PSN B-2009-138-1/1

澳门绿皮书
澳门旅游休闲发展报告（2017~2018）
著(编)者：郝雨凡　林广志
2018年5月出版／估价：99.00元
PSN G-2017-617-1/1

北京蓝皮书
北京经济发展报告（2017~2018）
著(编)者：杨松　2018年6月出版／估价：99.00元
PSN B-2006-054-2/8

北京旅游绿皮书
北京旅游发展报告（2018）
著(编)者：北京旅游学会
2018年7月出版／估价：99.00元
PSN G-2012-301-1/1

北京体育蓝皮书
北京体育产业发展报告（2017~2018）
著(编)者：钟秉枢　陈杰　杨铁黎
2018年9月出版／估价：99.00元
PSN B-2015-475-1/1

滨海金融蓝皮书
滨海新区金融发展报告（2017）
著(编)者：王爱俭　李向前　2018年4月出版／估价：99.00元
PSN B-2014-424-1/1

城乡一体化蓝皮书
北京城乡一体化发展报告（2017~2018）
著(编)者：吴宝新　张宝秀　黄序
2018年5月出版／估价：99.00元
PSN B-2012-258-2/2

非公有制企业社会责任蓝皮书
北京非公有制企业社会责任报告（2018）
著(编)者：宋贵伦　冯培
2018年6月出版／估价：99.00元
PSN B-2017-613-1/1

皮书系列 2018全品种
地方发展类–经济

福建旅游蓝皮书
福建省旅游产业发展现状研究（2017~2018）
著（编）者：陈敏华 黄远水　　2018年12月出版 / 估价：128.00元
PSN B-2016-591-1/1

福建自贸区蓝皮书
中国（福建）自由贸易试验区发展报告（2017~2018）
著（编）者：黄茂兴　　2018年6月出版 / 估价：118.00元
PSN B-2016-531-1/1

甘肃蓝皮书
甘肃经济发展分析与预测（2018）
著（编）者：安文华 罗哲　　2018年1月出版 / 定价：99.00元
PSN B-2013-312-1/6

甘肃蓝皮书
甘肃商贸流通发展报告（2018）
著（编）者：张应华 王福生 王晓芳
2018年1月出版 / 定价：99.00元
PSN B-2016-522-6/6

甘肃蓝皮书
甘肃县域和农村发展报告（2018）
著（编）者：包东红 朱智文 王建兵
2018年1月出版 / 定价：99.00元
PSN B-2013-316-5/6

甘肃农业科技绿皮书
甘肃农业科技发展研究报告（2018）
著（编）者：魏胜文 乔德华 张东伟
2018年12月出版 / 估价：198.00元
PSN B-2016-592-1/1

甘肃气象保障蓝皮书
甘肃农业对气候变化的适应与风险评估报告（No.1）
著（编）者：鲍文中 周广胜
2017年12月出版 / 定价：108.00元
PSN B-2017-677-1/1

巩义蓝皮书
巩义经济社会发展报告（2018）
著（编）者：丁同民 朱军　　2018年6月出版 / 估价：99.00元
PSN B-2016-532-1/1

广东外经贸蓝皮书
广东对外经济贸易发展研究报告（2017~2018）
著（编）者：陈万灵　　2018年6月出版 / 估价：99.00元
PSN B-2012-286-1/1

广西北部湾经济区蓝皮书
广西北部湾经济区开放开发报告（2017~2018）
著（编）者：广西壮族自治区北部湾经济区和东盟开放合作办公室
　　　　　广西社会科学院
　　　　　广西北部湾发展研究院
2018年5月出版 / 估价：99.00元
PSN B-2010-181-1/1

广州蓝皮书
广州城市国际化发展报告（2018）
著（编）者：张跃国　　2018年8月出版 / 估价：99.00元
PSN B-2012-246-11/14

广州蓝皮书
中国广州城市建设与管理发展报告（2018）
著（编）者：张其学 陈小钢 王宏伟　　2018年8月出版 / 估价：99.00元
PSN B-2007-087-4/14

广州蓝皮书
广州创新型城市发展报告（2018）
著（编）者：尹涛　　2018年6月出版 / 估价：99.00元
PSN B-2012-247-12/14

广州蓝皮书
广州经济发展报告（2018）
著（编）者：张跃国 尹涛　　2018年7月出版 / 估价：99.00元
PSN B-2005-040-1/14

广州蓝皮书
2018年中国广州经济形势分析与预测
著（编）者：魏明海 谢博能 李华
2018年6月出版 / 估价：99.00元
PSN B-2011-185-9/14

广州蓝皮书
中国广州科技创新发展报告（2018）
著（编）者：于欣伟 陈爽 邓佑满　　2018年8月出版 / 估价：99.00元
PSN B-2006-065-2/14

广州蓝皮书
广州农村发展报告（2018）
著（编）者：朱名宏　　2018年7月出版 / 估价：99.00元
PSN B-2010-167-8/14

广州蓝皮书
广州汽车产业发展报告（2018）
著（编）者：杨再高 冯兴亚　　2018年7月出版 / 估价：99.00元
PSN B-2006-066-3/14

广州蓝皮书
广州商贸业发展报告（2018）
著（编）者：张跃国 陈杰 荀振英
2018年7月出版 / 估价：99.00元
PSN B-2012-245-10/14

贵阳蓝皮书
贵阳城市创新发展报告No.3（白云篇）
著（编）者：连玉明　　2018年5月出版 / 估价：99.00元
PSN B-2015-491-3/10

贵阳蓝皮书
贵阳城市创新发展报告No.3（观山湖篇）
著（编）者：连玉明　　2018年5月出版 / 估价：99.00元
PSN B-2015-497-9/10

贵阳蓝皮书
贵阳城市创新发展报告No.3（花溪篇）
著（编）者：连玉明　　2018年5月出版 / 估价：99.00元
PSN B-2015-490-2/10

贵阳蓝皮书
贵阳城市创新发展报告No.3（开阳篇）
著（编）者：连玉明　　2018年5月出版 / 估价：99.00元
PSN B-2015-492-4/10

贵阳蓝皮书
贵阳城市创新发展报告No.3（南明篇）
著（编）者：连玉明　　2018年5月出版 / 估价：99.00元
PSN B-2015-496-8/10

贵阳蓝皮书
贵阳城市创新发展报告No.3（清镇篇）
著（编）者：连玉明　　2018年5月出版 / 估价：99.00元
PSN B-2015-489-1/10

地方发展类-经济

皮书系列 2018全品种

贵阳蓝皮书
贵阳城市创新发展报告No.3（乌当篇）
著(编)者：连玉明　2018年5月出版／估价：99.00元
PSN B-2015-495-7/10

贵阳蓝皮书
贵阳城市创新发展报告No.3（息烽篇）
著(编)者：连玉明　2018年5月出版／估价：99.00元
PSN B-2015-493-5/10

贵阳蓝皮书
贵阳城市创新发展报告No.3（修文篇）
著(编)者：连玉明　2018年5月出版／估价：99.00元
PSN B-2015-494-6/10

贵阳蓝皮书
贵阳城市创新发展报告No.3（云岩篇）
著(编)者：连玉明　2018年5月出版／估价：99.00元
PSN B-2015-498-10/10

贵州房地产蓝皮书
贵州房地产发展报告No.5（2018）
著(编)者：武廷方　2018年7月出版／估价：99.00元
PSN B-2014-426-1/1

贵州蓝皮书
贵州册亨经济社会发展报告（2018）
著(编)者：黄德林　2018年6月出版／估价：99.00元
PSN B-2016-525-8/9

贵州蓝皮书
贵州地理标志产业发展报告（2018）
著(编)者：李发耀　黄其松　2018年8月出版／估价：99.00元
PSN B-2017-646-10/10

贵州蓝皮书
贵安新区发展报告（2017~2018）
著(编)者：马长青　吴大华　2018年6月出版／估价：99.00元
PSN B-2015-459-4/10

贵州蓝皮书
贵州国家级开放创新平台发展报告（2017~2018）
著(编)者：申晓庆　吴大华　李泓
2018年11月出版／估价：99.00元
PSN B-2016-518-7/10

贵州蓝皮书
贵州国有企业社会责任发展报告（2017~2018）
著(编)者：郭丽　2018年12月出版／估价：99.00元
PSN B-2015-511-6/10

贵州蓝皮书
贵州民航业发展报告（2017）
著(编)者：申振东　吴大华　2018年6月出版／估价：99.00元
PSN B-2015-471-5/10

贵州蓝皮书
贵州民营经济发展报告（2017）
著(编)者：杨静　吴大华　2018年6月出版／估价：99.00元
PSN B-2016-530-9/9

杭州都市圈蓝皮书
杭州都市圈发展报告（2018）
著(编)者：洪庆华　沈翔　2018年4月出版／估价：98.00元
PSN B-2012-302-1/1

河北经济蓝皮书
河北省经济发展报告（2018）
著(编)者：马树强　金浩　张贵　2018年6月出版／估价：99.00元
PSN B-2014-380-1/1

河北蓝皮书
河北经济社会发展报告（2018）
著(编)者：康振海　2018年1月出版／定价：99.00元
PSN B-2014-372-1/3

河北蓝皮书
京津冀协同发展报告（2018）
著(编)者：陈璐　2017年12月出版／定价：79.00元
PSN B-2017-601-2/3

河南经济蓝皮书
2018年河南经济形势分析与预测
著(编)者：王世炎　2018年3月出版／定价：89.00元
PSN B-2007-086-1/1

河南蓝皮书
河南城市发展报告（2018）
著(编)者：张占仓　王建国　2018年5月出版／估价：99.00元
PSN B-2009-131-3/9

河南蓝皮书
河南工业发展报告（2018）
著(编)者：张占仓　2018年5月出版／估价：99.00元
PSN B-2013-317-5/9

河南蓝皮书
河南金融发展报告（2018）
著(编)者：喻新安　谷建全
2018年6月出版／估价：99.00元
PSN B-2014-390-7/9

河南蓝皮书
河南经济发展报告（2018）
著(编)者：张占仓　完世伟
2018年6月出版／估价：99.00元
PSN B-2010-157-4/9

河南蓝皮书
河南能源发展报告（2018）
著(编)者：国网河南省电力公司经济技术研究院
　　　　　河南省社会科学院
2018年6月出版／估价：99.00元
PSN B-2017-607-9/9

河南商务蓝皮书
河南商务发展报告（2018）
著(编)者：焦锦淼　穆荣国　2018年5月出版／估价：99.00元
PSN B-2014-399-1/1

河南双创蓝皮书
河南创新创业发展报告（2018）
著(编)者：喻新安　杨雪梅
2018年8月出版／估价：99.00元
PSN B-2017-641-1/1

黑龙江蓝皮书
黑龙江经济发展报告（2018）
著(编)者：朱宇　2018年1月出版／定价：89.00元
PSN B-2011-190-2/2

湖南城市蓝皮书
区域城市群整合
著(编)者：童中贤 韩未名　2018年12月出版 / 估价：99.00元
PSN B-2006-064-1/1

湖南蓝皮书
湖南城乡一体化发展报告（2018）
著(编)者：陈文胜 王文强 陆福兴
2018年8月出版 / 估价：99.00元
PSN B-2015-477-8/8

湖南蓝皮书
2018年湖南电子政务发展报告
著(编)者：梁志峰　2018年5月出版 / 估价：128.00元
PSN B-2014-394-6/8

湖南蓝皮书
2018年湖南经济发展报告
著(编)者：卞鹰　2018年5月出版 / 估价：128.00元
PSN B-2011-207-2/8

湖南蓝皮书
2016年湖南经济展望
著(编)者：梁志峰　2018年5月出版 / 估价：128.00元
PSN B-2011-206-1/8

湖南蓝皮书
2018年湖南县域经济社会发展报告
著(编)者：梁志峰　2018年5月出版 / 估价：128.00元
PSN B-2014-395-7/8

湖南县域绿皮书
湖南县域发展报告（No.5）
著(编)者：袁准 周小毛 黎仁寅
2018年6月出版 / 估价：99.00元
PSN G-2012-274-1/1

沪港蓝皮书
沪港发展报告（2018）
著(编)者：尤安山　2018年9月出版 / 估价：99.00元
PSN B-2013-362-1/1

吉林蓝皮书
2018年吉林经济社会形势分析与预测
著(编)者：邵汉明　2017年12月出版 / 定价：89.00元
PSN B-2013-319-1/1

吉林省城市竞争力蓝皮书
吉林省城市竞争力报告（2017~2018）
著(编)者：崔岳春 张磊
2018年3月出版 / 定价：89.00元
PSN B-2016-513-1/1

济源蓝皮书
济源经济社会发展报告（2018）
著(编)者：喻新安　2018年6月出版 / 估价：99.00元
PSN B-2014-387-1/1

江苏蓝皮书
2018年江苏经济发展分析与展望
著(编)者：王庆五 吴先满
2018年7月出版 / 估价：128.00元
PSN B-2017-635-1/3

江西蓝皮书
江西经济社会发展报告（2018）
著(编)者：陈石俊 龚建文　2018年10月出版 / 估价：128.00元
PSN B-2015-484-1/2

江西蓝皮书
江西设区市发展报告（2018）
著(编)者：姜玮 梁勇
2018年10月出版 / 估价：99.00元
PSN B-2016-517-2/2

经济特区蓝皮书
中国经济特区发展报告（2017）
著(编)者：陶一桃　2018年1月出版 / 估价：99.00元
PSN B-2009-139-1/1

辽宁蓝皮书
2018年辽宁经济社会形势分析与预测
著(编)者：梁启东 魏红江　2018年6月出版 / 估价：99.00元
PSN B-2006-053-1/1

民族经济蓝皮书
中国民族地区经济发展报告（2018）
著(编)者：李曦辉　2018年7月出版 / 估价：99.00元
PSN B-2017-630-1/1

南宁蓝皮书
南宁经济发展报告（2018）
著(编)者：胡建华　2018年9月出版 / 估价：99.00元
PSN B-2016-569-2/3

内蒙古蓝皮书
内蒙古精准扶贫研究报告（2018）
著(编)者：张志华　2018年1月出版 / 定价：89.00元
PSN B-2017-681-2/2

浦东新区蓝皮书
上海浦东经济发展报告（2018）
著(编)者：周小平 徐美芳
2018年1月出版 / 估价：89.00元
PSN B-2011-225-1/1

青海蓝皮书
2018年青海经济社会形势分析与预测
著(编)者：陈玮　2018年1月出版 / 定价：98.00元
PSN B-2012-275-1/2

青海科技绿皮书
青海科技发展报告（2017）
著(编)者：青海省科学技术信息研究所
2018年3月出版 / 估价：98.00元
PSN G-2018-701-1/1

山东蓝皮书
山东经济形势分析与预测（2018）
著(编)者：李广杰　2018年7月出版 / 估价：99.00元
PSN B-2014-404-1/5

山东蓝皮书
山东省普惠金融发展报告（2018）
著(编)者：齐鲁财富网
2018年9月出版 / 估价：99.00元
PSN B2017-676-5/5

地方发展类-经济

皮书系列 2018全品种

山西蓝皮书
山西资源型经济转型发展报告（2018）
著（编）者：李志强　2018年7月出版／估价：99.00元
PSN B-2011-197-1/1

陕西蓝皮书
陕西经济发展报告（2018）
著（编）者：任宗哲　白宽犁　裴成荣
2018年1月出版／定价：89.00元
PSN B-2009-135-1/6

陕西蓝皮书
陕西精准脱贫研究报告（2018）
著（编）者：任宗哲　白宽犁　王建康
2018年4月出版／定价：89.00元
PSN B-2017-623-6/6

上海蓝皮书
上海经济发展报告（2018）
著（编）者：沈开艳　2018年2月出版／定价：89.00元
PSN B-2006-057-1/7

上海蓝皮书
上海资源环境发展报告（2018）
著（编）者：周冯琦　胡静　2018年2月出版／定价：89.00元
PSN B-2006-060-4/7

上海蓝皮书
上海奉贤经济发展分析与研判（2017~2018）
著（编）者：张兆安　朱平芳　2018年3月出版／定价：99.00元
PSN B-2018-698-8/8

上饶蓝皮书
上饶发展报告（2016~2017）
著（编）者：廖其志　2018年6月出版／估价：128.00元
PSN B-2014-377-1/1

深圳蓝皮书
深圳经济发展报告（2018）
著（编）者：张骁儒　2018年6月出版／估价：99.00元
PSN B-2008-112-3/7

四川蓝皮书
四川城镇化发展报告（2018）
著（编）者：侯水平　陈炜　2018年6月出版／估价：99.00元
PSN B-2015-456-7/7

四川蓝皮书
2018年四川经济形势分析与预测
著（编）者：杨钢　2018年1月出版／定价：158.00元
PSN B-2007-098-2/7

四川蓝皮书
四川企业社会责任研究报告（2017~2018）
著（编）者：侯水平　盛毅　2018年5月出版／估价：99.00元
PSN B-2014-386-4/7

四川蓝皮书
四川生态建设报告（2018）
著（编）者：李晟之　2018年5月出版／估价：99.00元
PSN B-2015-455-6/7

四川蓝皮书
四川特色小镇发展报告（2017）
著（编）者：吴志强　2017年11月出版／定价：89.00元
PSN B-2017-670-8/8

体育蓝皮书
上海体育产业发展报告（2017~2018）
著（编）者：张林　黄海燕
2018年10月出版／估价：99.00元
PSN B-2015-454-4/5

体育蓝皮书
长三角地区体育产业发展报（2017~2018）
著（编）者：张林　2018年6月出版／估价：99.00元
PSN B-2015-453-3/5

天津金融蓝皮书
天津金融发展报告（2018）
著（编）者：王爱俭　孔德昌
2018年5月出版／估价：99.00元
PSN B-2014-418-1/1

图们江区域合作蓝皮书
图们江区域合作发展报告（2018）
著（编）者：李铁　2018年6月出版／估价：99.00元
PSN B-2015-464-1/1

温州蓝皮书
2018年温州经济社会形势分析与预测
著（编）者：蒋儒标　王春光　金浩
2018年6月出版／估价：99.00元
PSN B-2008-105-1/1

西咸新区蓝皮书
西咸新区发展报告（2018）
著（编）者：李扬　王军
2018年6月出版／估价：99.00元
PSN B-2016-534-1/1

修武蓝皮书
修武经济社会发展报告（2018）
著（编）者：张占仓　袁凯声
2018年10月出版／估价：99.00元
PSN B-2017-651-1/1

偃师蓝皮书
偃师经济社会发展报告（2018）
著（编）者：张占仓　袁凯声　何武周
2018年7月出版／估价：99.00元
PSN B-2017-627-1/1

扬州蓝皮书
扬州经济社会发展报告（2018）
著（编）者：陈扬
2018年12月出版／估价：108.00元
PSN B-2011-191-1/1

长垣蓝皮书
长垣经济社会发展报告（2018）
著（编）者：张占仓　袁凯声　秦保建
2018年10月出版／估价：99.00元
PSN B-2017-654-1/1

遵义蓝皮书
遵义发展报告（2018）
著（编）者：邓彦　曾征　龚永育
2018年9月出版／估价：99.00元
PSN B-2014-433-1/1

地方发展类-社会

安徽蓝皮书
安徽社会发展报告（2018）
著（编）者：程桦　2018年6月出版 / 估价：99.00元
PSN B-2013-325-1/1

安徽社会建设蓝皮书
安徽社会建设分析报告（2017~2018）
著（编）者：黄家海　蔡宪
2018年11月出版 / 估价：99.00元
PSN B-2013-322-1/1

北京蓝皮书
北京公共服务发展报告（2017~2018）
著（编）者：施昌奎　2018年6月出版 / 估价：99.00元
PSN B-2008-103-7/8

北京蓝皮书
北京社会发展报告（2017~2018）
著（编）者：李伟东
2018年7月出版 / 估价：99.00元
PSN B-2006-055-3/8

北京蓝皮书
北京社会治理发展报告（2017~2018）
著（编）者：殷星辰　2018年7月出版 / 估价：99.00元
PSN B-2014-391-8/8

北京律师蓝皮书
北京律师发展报告No.4（2018）
著（编）者：王隽　2018年12月出版 / 估价：99.00元
PSN B-2011-217-1/1

北京人才蓝皮书
北京人才发展报告（2018）
著（编）者：敏华　2018年12月出版 / 估价：128.00元
PSN B-2011-201-1/1

北京社会心态蓝皮书
北京社会心态分析报告（2017~2018）
北京市社会心理服务促进中心
2018年10月出版 / 估价：99.00元
PSN B-2014-422-1/1

北京社会组织管理蓝皮书
北京社会组织发展与管理（2018）
著（编）者：黄江松
2018年6月出版 / 估价：99.00元
PSN B-2015-446-1/1

北京养老产业蓝皮书
北京居家养老发展报告（2018）
著（编）者：陆杰华　周明明
2018年8月出版 / 估价：99.00元
PSN B-2015-465-1/1

法治蓝皮书
四川依法治省年度报告No.4（2018）
著（编）者：李林　杨天宗　田禾
2018年3月出版 / 定价：118.00元
PSN B-2015-447-2/3

福建妇女发展蓝皮书
福建省妇女发展报告（2018）
著（编）者：刘群英　2018年11月出版 / 估价：99.00元
PSN B-2011-220-1/1

甘肃蓝皮书
甘肃社会发展分析与预测（2018）
著（编）者：安文华　谢增虎　包晓霞
2018年1月出版 / 定价：99.00元
PSN B-2013-313-2/6

广东蓝皮书
广东全面深化改革研究报告（2018）
著（编）者：周林生　徐成林
2018年12月出版 / 估价：99.00元
PSN B-2015-504-3/3

广东蓝皮书
广东社会工作发展报告（2018）
著（编）者：罗观翠　2018年6月出版 / 估价：99.00元
PSN B-2014-402-2/3

广州蓝皮书
广州青年发展报告（2018）
著（编）者：徐柳　张强
2018年8月出版 / 估价：99.00元
PSN B-2013-352-13/14

广州蓝皮书
广州社会保障发展报告（2018）
著（编）者：张跃国　2018年8月出版 / 估价：99.00元
PSN B-2014-425-14/14

广州蓝皮书
2018年中国广州社会形势分析与预测
著（编）者：张强　郭志勇　何镜清
2018年6月出版 / 估价：99.00元
PSN B-2008-110-5/14

贵州蓝皮书
贵州法治发展报告（2018）
著（编）者：吴大华　2018年5月出版 / 估价：99.00元
PSN B-2012-254-2/10

贵州蓝皮书
贵州人才发展报告（2017）
著（编）者：于杰　吴大华
2018年9月出版 / 估价：99.00元
PSN B-2014-382-3/10

贵州蓝皮书
贵州社会发展报告（2018）
著（编）者：王兴骥　2018年6月出版 / 估价：99.00元
PSN B-2010-166-1/10

杭州蓝皮书
杭州妇女发展报告（2018）
著（编）者：魏颖
2018年10月出版 / 估价：99.00元
PSN B-2014-403-1/1

地方发展类–社会

皮书系列 2018全品种

河北蓝皮书
河北法治发展报告（2018）
著（编）者：康振海　2018年6月出版 / 估价：99.00元
PSN B-2017-622-3/3

河北食品药品安全蓝皮书
河北食品药品安全研究报告（2018）
著（编）者：丁锦霞
2018年10月出版 / 估价：99.00元
PSN B-2015-473-1/1

河南蓝皮书
河南法治发展报告（2018）
著（编）者：张林海　2018年7月出版 / 估价：99.00元
PSN B-2014-376-6/9

河南蓝皮书
2018年河南社会形势分析与预测
著（编）者：牛苏林　2018年5月出版 / 估价：99.00元
PSN B-2005-043-1/9

河南民办教育蓝皮书
河南民办教育发展报告（2018）
著（编）者：胡大白　2018年9月出版 / 估价：99.00元
PSN B-2017-642-1/1

黑龙江蓝皮书
黑龙江社会发展报告（2018）
著（编）者：王爱丽　2018年1月出版 / 定价：89.00元
PSN B-2011-189-1/2

湖南蓝皮书
2018年湖南两型社会与生态文明建设报告
著（编）者：卞鹰　2018年5月出版 / 估价：128.00元
PSN B-2011-208-3/8

湖南蓝皮书
2018年湖南社会发展报告
著（编）者：卞鹰　2018年5月出版 / 估价：128.00元
PSN B-2014-393-5/8

健康城市蓝皮书
北京健康城市建设研究报告（2018）
著（编）者：王鸿春　盛继洪
2018年9月出版 / 估价：99.00元
PSN B-2015-460-1/2

江苏法治蓝皮书
江苏法治发展报告No.6（2017）
著（编）者：蔡道通　龚廷泰
2018年8月出版 / 估价：99.00元
PSN B-2012-290-1/1

江苏蓝皮书
2018年江苏社会发展分析与展望
著（编）者：王庆五　刘旺洪
2018年8月出版 / 估价：128.00元
PSN B-2017-636-2/3

民族教育蓝皮书
中国民族教育发展报告（2017·内蒙古卷）
著（编）者：陈中永
2017年12月出版 / 定价：198.00元
PSN B-2017-669-1/1

南宁蓝皮书
南宁法治发展报告（2018）
著（编）者：杨维超　2018年12月出版 / 估价：99.00元
PSN B-2015-509-1/3

南宁蓝皮书
南宁社会发展报告（2018）
著（编）者：胡建华　2018年10月出版 / 估价：99.00元
PSN B-2016-570-3/3

内蒙古蓝皮书
内蒙古反腐倡廉建设报告No.2
著（编）者：张志华　2018年6月出版 / 估价：99.00元
PSN B-2013-365-1/1

青海蓝皮书
2018年青海人才发展报告
著（编）者：王宇燕　2018年9月出版 / 估价：99.00元
PSN B-2017-650-2/2

青海生态文明建设蓝皮书
青海生态文明建设报告（2018）
著（编）者：张西明　高华　2018年12月出版 / 估价：99.00元
PSN B-2016-595-1/1

人口与健康蓝皮书
深圳人口与健康发展报告（2018）
著（编）者：陆杰华　傅崇辉
2018年11月出版 / 估价：99.00元
PSN B-2011-228-1/1

山东蓝皮书
山东社会形势分析与预测（2018）
著（编）者：李善峰　2018年6月出版 / 估价：99.00元
PSN B-2014-405-2/5

陕西蓝皮书
陕西社会发展报告（2018）
著（编）者：任宗哲　白宽犁　牛昉
2018年1月出版 / 定价：89.00元
PSN B-2009-136-2/6

上海蓝皮书
上海法治发展报告（2018）
著（编）者：叶必丰　2018年9月出版 / 估价：99.00元
PSN B-2012-296-6/7

上海蓝皮书
上海社会发展报告（2018）
著（编）者：杨雄　周海旺
2018年2月出版 / 定价：89.00元
PSN B-2006-058-2/7

皮书系列 2018全品种 — 地方发展类-社会 · 地方发展类-文化

社会建设蓝皮书
2018年北京社会建设分析报告
著（编）者：宋贵伦 冯虹　2018年9月出版 / 估价：99.00元
PSN B-2010-173-1/1

深圳蓝皮书
深圳法治发展报告（2018）
著（编）者：张晓儒　2018年6月出版 / 估价：99.00元
PSN B-2015-470-6/7

深圳蓝皮书
深圳劳动关系发展报告（2018）
著（编）者：汤庭芬　2018年8月出版 / 估价：99.00元
PSN B-2007-097-2/7

深圳蓝皮书
深圳社会治理与发展报告（2018）
著（编）者：张晓儒　2018年6月出版 / 估价：99.00元
PSN B-2008-113-4/7

生态安全绿皮书
甘肃国家生态安全屏障建设发展报告（2018）
著（编）者：刘举科 喜文华
2018年10月出版 / 估价：99.00元
PSN G-2017-659-1/1

顺义社会建设蓝皮书
北京市顺义区社会建设发展报告（2018）
著（编）者：王学武　2018年9月出版 / 估价：99.00元
PSN B-2017-658-1/1

四川蓝皮书
四川法治发展报告（2018）
著（编）者：郑泰安　2018年6月出版 / 估价：99.00元
PSN B-2015-441-5/7

四川蓝皮书
四川社会发展报告（2018）
著（编）者：李羚　2018年6月出版 / 估价：99.00元
PSN B-2008-127-3/7

四川社会工作与管理蓝皮书
四川省社会工作人力资源发展报告（2017）
著（编）者：边慧敏　2017年12月出版 / 定价：89.00元
PSN B-2017-683-1/1

云南社会治理蓝皮书
云南社会治理年度报告（2017）
著（编）者：晏雄 韩全芳
2018年5月出版 / 估价：99.00元
PSN B-2017-667-1/1

地方发展类-文化

北京传媒蓝皮书
北京新闻出版广电发展报告（2017~2018）
著（编）者：王志　2018年11月出版 / 估价：99.00元
PSN B-2016-588-1/1

北京蓝皮书
北京文化发展报告（2017~2018）
著（编）者：李建盛　2018年5月出版 / 估价：99.00元
PSN B-2007-082-4/8

创意城市蓝皮书
北京文化创意产业发展报告（2018）
著（编）者：郭万超 张京成　2018年12月出版 / 估价：99.00元
PSN B-2012-263-1/7

创意城市蓝皮书
天津文化创意产业发展报告（2017~2018）
著（编）者：谢思全　2018年6月出版 / 估价：99.00元
PSN B-2016-536-7/7

创意城市蓝皮书
武汉文化创意产业发展报告（2018）
著（编）者：黄永林 陈汉桥　2018年12月出版 / 估价：99.00元
PSN B-2013-354-4/7

创意上海蓝皮书
上海文化创意产业发展报告（2017~2018）
著（编）者：王慧敏 王兴全　2018年8月出版 / 估价：99.00元
PSN B-2016-561-1/1

非物质文化遗产蓝皮书
广州市非物质文化遗产保护发展报告（2018）
著（编）者：宋俊华　2018年12月出版 / 估价：99.00元
PSN B-2016-589-1/1

甘肃蓝皮书
甘肃文化发展分析与预测（2018）
著（编）者：马廷旭 戚晓萍　2018年1月出版 / 定价：99.00元
PSN B-2013-314-3/6

甘肃蓝皮书
甘肃舆情分析与预测（2018）
著（编）者：王俊莲 张谦元　2018年1月出版 / 定价：99.00元
PSN B-2013-315-4/6

广州蓝皮书
中国广州文化发展报告（2018）
著（编）者：屈哨兵 陆志强　2018年6月出版 / 估价：99.00元
PSN B-2009-134-7/14

广州蓝皮书
广州文化创意产业发展报告（2018）
著（编）者：徐咏虹　2018年7月出版 / 估价：99.00元
PSN B-2008-111-6/14

海淀蓝皮书
海淀区文化和科技融合发展报告（2018）
著（编）者：陈名杰 孟景伟　2018年5月出版 / 估价：99.00元
PSN B-2013-329-1/1

地方发展类-文化

皮书系列 2018全品种

河南蓝皮书
河南文化发展报告（2018）
著(编)者：卫绍生　2018年7月出版／估价：99.00元
PSN B-2008-106-2/9

湖北文化产业蓝皮书
湖北省文化产业发展报告（2018）
著(编)者：黄晓华　2018年9月出版／估价：99.00元
PSN B-2017-656-1/1

湖北文化蓝皮书
湖北文化发展报告（2017~2018）
著(编)者：湖北大学高等人文研究院　中华文化发展湖北省协同创新中心
2018年10月出版／估价：99.00元
PSN B-2016-566-1/1

江苏蓝皮书
2018年江苏文化发展分析与展望
著(编)者：王庆五　樊和平　2018年9月出版／估价：128.00元
PSN B-2017-637-3/3

江西文化蓝皮书
江西非物质文化遗产发展报告（2018）
著(编)者：张圣才　傅安平　2018年12月出版／估价：128.00元
PSN B-2015-499-1/1

洛阳蓝皮书
洛阳文化发展报告（2018）
著(编)者：刘福兴　陈启明　2018年7月出版／估价：99.00元
PSN B-2015-476-1/1

南京蓝皮书
南京文化发展报告（2018）
著(编)者：中共南京市委宣传部
2018年12月出版／估价：99.00元
PSN B-2014-439-1/1

宁波文化蓝皮书
宁波"一人一艺"全民艺术普及发展报告（2017）
著(编)者：张爱琴　2018年11月出版／估价：128.00元
PSN B-2017-668-1/1

山东蓝皮书
山东文化发展报告（2018）
著(编)者：涂可国　2018年5月出版／估价：99.00元
PSN B-2014-406-3/5

陕西蓝皮书
陕西文化发展报告（2018）
著(编)者：任宗哲　白宽犁　王长寿
2018年1月出版／定价：89.00元
PSN B-2009-137-3/6

上海蓝皮书
上海传媒发展报告（2018）
著(编)者：强荧　焦雨虹　2018年2月出版／定价：89.00元
PSN B-2012-295-5/7

上海蓝皮书
上海文学发展报告（2018）
著(编)者：陈圣来　2018年6月出版／估价：99.00元
PSN B-2012-297-7/7

上海蓝皮书
上海文化发展报告（2018）
著(编)者：荣跃明　2018年6月出版／估价：99.00元
PSN B-2006-059-3/7

深圳蓝皮书
深圳文化发展报告（2018）
著(编)者：张骁儒　2018年7月出版／估价：99.00元
PSN B-2016-554-7/7

四川蓝皮书
四川文化产业发展报告（2018）
著(编)者：向宝云　张立伟　2018年6月出版／估价：99.00元
PSN B-2006-074-1/7

郑州蓝皮书
2018年郑州文化发展报告
著(编)者：王哲　2018年9月出版／估价：99.00元
PSN B-2008-107-1/1

社会科学文献出版社　　皮书系列

❖ 皮书起源 ❖

"皮书"起源于十七、十八世纪的英国,主要指官方或社会组织正式发表的重要文件或报告,多以"白皮书"命名。在中国,"皮书"这一概念被社会广泛接受,并被成功运作、发展成为一种全新的出版形态,则源于中国社会科学院社会科学文献出版社。

❖ 皮书定义 ❖

皮书是对中国与世界发展状况和热点问题进行年度监测,以专业的角度、专家的视野和实证研究方法,针对某一领域或区域现状与发展态势展开分析和预测,具备原创性、实证性、专业性、连续性、前沿性、时效性等特点的公开出版物,由一系列权威研究报告组成。

❖ 皮书作者 ❖

皮书系列的作者以中国社会科学院、著名高校、地方社会科学院的研究人员为主,多为国内一流研究机构的权威专家学者,他们的看法和观点代表了学界对中国与世界的现实和未来最高水平的解读与分析。

❖ 皮书荣誉 ❖

皮书系列已成为社会科学文献出版社的著名图书品牌和中国社会科学院的知名学术品牌。2016年,皮书系列正式列入"十三五"国家重点出版规划项目;2013~2018年,重点皮书列入中国社会科学院承担的国家哲学社会科学创新工程项目;2018年,59种院外皮书使用"中国社会科学院创新工程学术出版项目"标识。

中国皮书网

（网址：www.pishu.cn）

发布皮书研创资讯，传播皮书精彩内容
引领皮书出版潮流，打造皮书服务平台

栏目设置

关于皮书：何谓皮书、皮书分类、皮书大事记、皮书荣誉、
皮书出版第一人、皮书编辑部
最新资讯：通知公告、新闻动态、媒体聚焦、网站专题、视频直播、下载专区
皮书研创：皮书规范、皮书选题、皮书出版、皮书研究、研创团队
皮书评奖评价：指标体系、皮书评价、皮书评奖
互动专区：皮书说、社科数托邦、皮书微博、留言板

所获荣誉

2008年、2011年，中国皮书网均在全国新闻出版业网站荣誉评选中获得"最具商业价值网站"称号；
2012年，获得"出版业网站百强"称号。

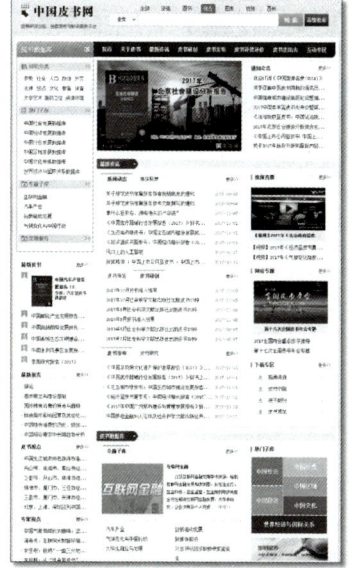

网库合一

2014年，中国皮书网与皮书数据库端口合一，实现资源共享。

权威报告·一手数据·特色资源

皮书数据库
ANNUAL REPORT(YEARBOOK) DATABASE

当代中国经济与社会发展高端智库平台

所获荣誉

- 2016年,入选"'十三五'国家重点电子出版物出版规划骨干工程"
- 2015年,荣获"搜索中国正能量 点赞2015""创新中国科技创新奖"
- 2013年,荣获"中国出版政府奖·网络出版物奖"提名奖
- 连续多年荣获中国数字出版博览会"数字出版·优秀品牌"奖

成为会员

通过网址www.pishu.com.cn或使用手机扫描二维码进入皮书数据库网站,进行手机号码验证或邮箱验证即可成为皮书数据库会员(建议通过手机号码快速验证注册)。

会员福利

- 使用手机号码首次注册的会员,账号自动充值100元体验金,可直接购买和查看数据库内容(仅限使用手机号码快速注册)。
- 已注册用户购书后可免费获赠100元皮书数据库充值卡。刮开充值卡涂层获取充值密码,登录并进入"会员中心"—"在线充值"—"充值卡充值",充值成功后即可购买和查看数据库内容。

数据库服务热线: 400-008-6695　　　　图书销售热线: 010-59367070/7028
数据库服务QQ: 2475522410　　　　　　图书服务QQ: 1265056568
数据库服务邮箱: database@ssap.cn　　　图书服务邮箱: duzhe@ssap.cn

更多信息请登录

皮书数据库
http://www.pishu.com.cn

中国皮书网
http://www.pishu.cn

皮书微博
http://weibo.com/pishu

皮书微信"皮书说"

请到当当、亚马逊、京东或各地书店购买，也可办理邮购

咨询／邮购电话：010-59367028　59367070
邮　　箱：duzhe@ssap.cn
邮购地址：北京市西城区北三环中路甲29号院3号楼
　　　　　华龙大厦13层读者服务中心
邮　编：100029
银行户名：社会科学文献出版社
开户银行：中国工商银行北京北太平庄支行
账　号：0200010019200365434